Mélanges littéraires I
Profession : écrivain

ÉDAQ

Cette édition a été préparée grâce à l'aide financière de l'Université de Montréal, de l'Université du Québec à Montréal, du fonds de la Formation de chercheurs et de l'Aide à la recherche (Québec) et à une importante subvention du Conseil de recherche en sciences humaines (Ottawa). Sa publication a été rendue possible grâce à l'aide de la Fédération canadienne des études humaines, dont les fonds proviennent du Conseil de recherche en sciences humaines du Canada.

Hubert Aquin

Mélanges littéraires I

Profession : écrivain

Édition critique
établie par Claude Lamy
avec la collaboration de
Claude Sabourin

Tome IV, vol. 2

ÉDITION CRITIQUE DE L'ŒUVRE
D'HUBERT AQUIN

BQ

BIBLIOTHÈQUE QUÉBÉCOISE

Bibliothèque québécoise inc. est une société d'édition administrée conjointement par la Corporation des Éditions Fides, les Éditions Hurtubise HMH Ltée et Leméac Éditeur.

Données de catalogage avant publication (Canada)

Aquin, Hubert, 1929-1977

Mélanges

Comprend des réf. bibliogr. et un index.

Sommaire : 1. Profession : écrivain / édition critique par Claude Lamy — 2. Comprendre dangereusement / édition critique par Jacinthe Martel.

ISBN 2-89406-103-X (v. 1) — ISBN 2-89406-104-8 (v. 2)

I. Lamy, Claude, 1953- . II. Martel, Jacinthe, 1957- . III. Titre.

PS8501.Q85Z51 1994 C848'.54 C94-940487-X
PS9501.Q85Z51 1994
PQ3919.2.A68Z51 1994

Cet ouvrage a été publié grâce à une subvention de la Fédération canadienne des études humaines, dont les fonds proviennent du Conseil de recherche en sciences humaines du Canada.

Couverture : Hubert Aquin devant quelques membres de l'Académie Goncourt de passage à Montréal en octobre 1974. Photo *La Presse*.
Manuscrit : Extrait du projet de roman *Obombre*, collection Andrée Yanacopoulo.
Traitement d'image : Danielle Péret
Mise en pages : Dürer *et al.* (Montréal)

DÉPÔT LÉGAL : PREMIER TRIMESTRE 1995
BIBLIOTHÈQUE NATIONALE DU QUÉBEC

ISBN : 2-89406-103-X

Avant-propos

C'est en 1981, à l'initiative de Suzanne Lamy et d'Andrée Yanacopoulo, qu'est né le projet d'une édition critique de l'ensemble de l'œuvre d'Hubert Aquin. L'objectif était double : mettre à la disposition de tous ceux qui s'intéressent au Québec contemporain un ensemble textuel en partie inédit ; éviter que ne se dispersent ou disparaissent des témoignages et des documents de première main.

Accueillie au départ avec quelque scepticisme, tant étaient encore vives les blessures laissées par le geste de 1977, l'entreprise s'est néanmoins peu à peu imposée. Au terme d'un travail collectif de dix années qui ont vu la disparition de Suzanne Lamy qui nous avait apporté son dynamisme et ses leçons d'exigence, et l'éloignement de collaborateurs des premières heures, pris par d'autres tâches, l'équipe de l'ÉDAQ gardera le souvenir de débats stimulants sur l'édition critique d'une œuvre contemporaine et les questions de génétique littéraire qu'elle soulève. Les plus jeunes de nos collaborateurs ont acquis là une expertise dont leurs travaux témoignent et, au cours de ces dix années, une volonté commune de servir à la fois la mémoire d'Hubert Aquin et la recherche universitaire québécoise a inspiré et animé cette entreprise.

Mûrement réfléchie, la décision de publier les résultats de ces travaux dans une collection de poche, la « Bibliothèque québécoise », qui a encore peu de précédents en édition critique, répond à une double intention : imposer aux collaborateurs des contraintes salutaires pour éviter le débordement du commentaire et la tentation de l'essai critique ; plus encore, donner accès aux étudiants des collèges et des universités, tant au Canada que dans les pays qui ouvrent des centres d'études québécoises, à une édition « autorisée » sans en réserver l'accès à quelques professeurs et aux bibliothèques.

En effet, le regard porté désormais sur l'œuvre d'Hubert Aquin ne pourra plus être le même. Les travaux menés séparément sur chaque volume ont, au terme de l'entreprise, abouti par leur convergence à des modifications de plusieurs ordres.

Rapports de la biographie et de l'œuvre

Qu'ils soient romanesques, dramatiques, critiques, les textes écrits par Hubert Aquin sont profondément ancrés dans l'existentiel et le biographique (lieux, événements, expériences affectives et morales). C'est pourquoi le tome I de cette édition, *Itinéraires d'Hubert Aquin*, se révèle, en l'état actuel de l'information disponible, déjà si précieux. Non qu'il s'agisse de replier les textes sur le biographique dans un rapport simple de reflet ou de mimétisme ; mais l'invention travaille sur un donné qu'il y a tout intérêt à connaître et à mettre en évidence. Si le suicide d'Aquin a prêté à des travaux ou des analyses discutables, il reste qu'il est un horizon de l'œuvre dont les traces obsédantes apparaissent très tôt. D'une certaine manière, Hubert Aquin invente aussi sa vie en écrivant, la module et la modèle, quête finalement sans issue d'une origine, d'une naissance ou d'une renaissance appelées à demeurer de l'ordre de la nostalgie.

Ouverture de l'atelier

Cette caractéristique primordiale de toute édition critique — on sait la place qu'y tient la perspective génétique — s'est révélée, dans ce cas particulier, d'une fécondité exceptionnelle, grâce à tous les documents désormais archivés : aux brouillons et aux projets demeurés inédits, aux textes divers dont plusieurs se retrouvent dans les volumes de *Mélanges littéraires* du tome IV. Non seulement le *ductus* de l'écriture dans les manuscrits conservés manifeste un tempérament spontané, hâtif, de plus en plus même avec le temps, mais l'étude attentive des sources et des volumes avec lesquels Aquin a travaillé montre le rôle du montage, de la paraphrase et de la reprise. L'invention est liée au centon, à la mise en œuvre et à l'organisation, selon des rythmes, des séquences et des effets variables, de multiples intertextes et d'un autotexte dont la récurrence n'avait pas jusqu'ici retenu suffisamment l'attention de la critique.

Décentrement du regard critique

La juxtaposition et la confrontation des inédits et des textes publiés, des récits et nouvelles, des œuvres écrites pour la radio et la télévision, encore en attente d'édition, des essais et des notes diverses conduisent à un décentrement du regard qui s'était, jusqu'à aujourd'hui, trop exclusivement focalisé sur les romans. La diversité des activités textuelles ainsi mise en lumière n'a pas pour seul effet un enrichissement du corpus, conséquence purement quantitative. Par un retentissement qualitatif, elle provoque un déplacement de l'équilibre de l'œuvre qui invite à une réévaluation globale et ne sera pas sans incidence sur la manière même d'aborder les textes plus connus.

Facteurs d'évolution

Récurrences, répétitions et reprises de thèmes privilégiés, de modèles ou de procédés s'accompagnent de transformations, de déplacements d'accents qui font que l'œuvre, par-delà sa très forte unité d'inspiration dans la multiplicité de ses formes, obéit à quelques lois d'évolution qui restent à étudier. Parmi les hypothèses possibles, retenons : l'amuïssement ou le reflux de l'intertexte religieux qui était dominant dans *Les Rédempteurs* ou *L'Invention de la mort* ; la montée du parodique, l'exaspération de procédés de construction textuelle qui semblent avoir été de plus en plus lucidement et consciemment appliqués, un souci du détail qui s'exprime dans le soin apporté aux pages de couverture (*L'Antiphonaire* ou *Point de fuite*) assorti d'une hâte, d'une fièvre dont les signes sont multiples et qui semble placer la pratique textuelle d'Aquin sur fond constant d'inachèvement.

Ce n'est qu'une fois tous ces parcours approfondis, suivis dans le détail de l'œuvre complet, que le statut et la stature d'Hubert Aquin pourront être plus exactement précisés et évalués, son rôle et son influence peut-être dissociés de la question de son originalité. Œuvre profondément personnelle, ou œuvre miroir et écho, œuvre carrefour ? Œuvre ouverte dont l'élan a été brutalement interrompu, ou œuvre qui avait trouvé avec *Obombre* le terme de son itinéraire ? Nul doute qu'Hubert Aquin, qui, par la curiosité infinie et l'étendue de culture dont les textes portent témoignage, a été une grande figure de médiateur, ne se voie confirmer par la présente édition une place éminente dans l'histoire littéraire du Québec.

Bernard Beugnot

Des *Mélanges littéraires*

La constitution des deux volumes de *Mélanges littéraires* illustre la polyvalence des activités d'Aquin et la pluralité de ses intérêts. Ces écrits contribuent de façon importante à la définition de son esthétique littéraire et à l'élaboration de sa réflexion politique ; malgré leur hétérogénéité et leur morcellement apparents, ils ont en commun, bien qu'à des degrés divers, d'avoir contribué à l'émergence et à l'affirmation de sa personnalité. Les textes rassemblés ici proposent une vue d'ensemble de la production aquinienne entre 1947 et 1977 ; s'ils permettent de suivre l'évolution de la pensée d'Aquin et d'en identifier les constantes et les lignes de force, ils représentent autant de repères culturels et politiques pour saisir le Québec d'alors et d'aujourd'hui. Plus qu'un témoin, Aquin aura été l'un des acteurs privilégiés de son époque.

La répartition des textes, qui repose sur le principe d'un double classement chronologique et générique, a été faite de façon à créer un certain équilibre entre les deux volumes ; dans quelques cas, les textes ont aussi été regroupés en fonction d'un lieu de publication particulier. Pour des raisons tenant principalement à leur nature et à leur fonction, différents écrits ont été éliminés du corpus général ; en revanche, chaque fois que cela s'est avéré pertinent, ils ont été exploités à titre de documents. Ne figurent donc pas dans *Mélanges littéraires* : cinq textes collectifs[1], deux textes appartenant à une série de type encyclopédique[2], les entretiens accordés ou menés par Aquin et les débats auxquels il a participé, les nombreuses notes de cours et de lecture, qui totalisent plus de mille pages, les textes écrits pour la radio ou la télévision ainsi que la correspondance, les communiqués de presse et les lettres publiées dans les journaux[3]. Les archives d'Aquin ont révélé quelques projets de livres ou d'articles élaborés

---

1. « Le français à la portée de tous » (avec Andrée YANACOPOULO), 1967, tapuscrit inédit, 14 p. (Fonds Hubert-Aquin, Service des archives de l'Université du Québec à Montréal : 44P-205B/008) ; « Le mythe du père dans la littérature québécoise », *Interprétation*, vol. III, n°s 1-2, janvier-juin 1969, p. 216-245 ; « Les grèves universitaires. 25 intellectuels québécois appuient les professeurs », *Le Devoir*, 15 décembre 1976, p. 4 ; « Réflexion à quatre voix sur l'émergence d'un pouvoir québécois » (Michèle LALONDE, Gaston MIRON, Pierre VADEBONCOEUR), *Change*, n°s 30-31, mars 1977, p. 5-10 ; « Manifeste des écrivains québécois », *La Quinzaine littéraire*, du 1er au 15 mai 1977, p. 5.

2. *Histoire du monde*, tome XV : *Les Temps modernes* (Edna RITCHIE et Albert FRIED ; texte français d'Aquin), Ottawa, Éditions Maisonneuve, 1967, p.1345-1440 ; *Histoire du monde*, tome XVI : *Histoire du Canada*, Ottawa, Éditions Maisonneuve, 1967, p. 1441-1536.

3. À l'exception de la correspondance inédite, conservée dans le Fonds Hubert-Aquin du Service des archives de l'Université du Québec à Montréal, tous ces textes ont été répertoriés dans la « Bibliographie analytique d'Hubert Aquin, 1947-1982 » établie par Jacinthe MARTEL, *Revue d'histoire littéraire du Québec et du Canada français*, n° 7, hiver-printemps 1984, p. 79-229 ; mise à jour

entre 1966 et 1974[4] ; contrairement aux projets de romans, aucun dossier suffisamment structuré ou étoffé pour être intégré à cette édition n'a été conservé.

Bien que la publication de *Blocs erratiques*[5] ait contribué à la relecture de quelques-uns des principaux textes et essais d'Aquin, comme en témoignent les nombreux comptes rendus dont le recueil a fait l'objet et, surtout, l'intérêt qu'il a suscité, une part importante du corpus de *Mélanges littéraires*, encore aujourd'hui méconnue, reste à découvrir ou à redécouvrir. Si certains de ces textes ont

---

pour 1983-1984 : *Revue d'histoire littéraire du Québec et du Canada français*, n° 10, été-automne 1985, p. 74-112 ; pour 1985 : *Bulletin de l'ÉDAQ*, n° 6, février 1987, p. 23-61.

4. Selon les informations contenues dans la correspondance, Aquin projetait par exemple d'écrire des articles sur l'historien François-Xavier Garneau (1966) et le poète Saint-Denys Garneau (1966), sur le sport (1969) ainsi que sur le thème de l'exil (1974). Aquin a aussi conservé les dossiers de trois projets particuliers : « L'affaire Cross-Laporte », préparé en collaboration avec Andrée Yanacopoulo (tapuscrit, 1970, 14 p.), « Le football et la stratégie guerrière » (manuscrit, août 1973, 36 p.) et un projet de livre d'art sur Jordi Bonet, en collaboration avec Yvon Rivard ([sans titre], 1976-1977, 6 p.). Ces documents sont conservés dans le Fonds Hubert-Aquin du Service des archives de l'Université du Québec à Montréal : 44P-204/001 A 003, 44P-205A/032, 44P-205A/034.

5. Textes choisis et présentés par René LAPIERRE, Montréal, Quinze, coll. « Prose entière », 1977, 284 p. Le contenu de ce recueil, qui regroupe des textes datant de 1948 à 1977, a été autorisé par Aquin qui en a lui-même trouvé le titre. Nous remercions M. Jacques Lanctôt, du Groupe Ville-Marie littérature, de nous avoir permis de reprendre certains articles de *Blocs erratiques* pour cette édition critique.

longtemps été difficiles d'accès ou si leur valeur littéraire ou documentaire est inégale, d'autres ont été tout simplement négligés par la critique qui s'est surtout attardée à l'œuvre romanesque. Ce phénomène de focalisation critique n'est certainement pas étranger au genre lui-même de certains de ces textes ; jusqu'à ce jour, l'essai n'a par exemple donné lieu qu'à un nombre assez restreint d'études, notamment parce qu'il a longtemps été considéré comme un genre mineur et qu'il a par conséquent été jugé de moindre importance par rapport au roman. Depuis quelques années, un changement semble cependant s'amorcer ; les publications d'anthologies ou de recueils divers et, plus tardivement, d'éditions critiques se multiplient, donnant à lire des textes qui autrement auraient été voués à l'oubli.

Si on exclut un court article paru en 1970, où Victor-Lévy Beaulieu cite et présente brièvement quelques-uns des principaux textes publiés dans *Liberté*, ainsi que l'introduction d'Anthony Purdy à l'anthologie *Writing Quebec* parue en 1988[6], les conférences, les articles et les essais d'Aquin n'ont encore fait l'objet que de deux études élaborées[7]. Dans la première, publiée en 1985,

6. V.-L. BEAULIEU, « Introduction à Hubert Aquin, essayiste », *L'Illettré*, n° 4, été 1970, p. 2-3 ; A. PURDY, *Writing Quebec*, Edmonton, The University of Alberta Press, 1988, XXIV-120 p. Dans son introduction (p. XXI-XXIV), A. Purdy résume et commente rapidement chacun des quinze textes publiés entre 1961 et 1976 dont il livre des traductions ; la plupart d'entre eux y font également l'objet d'une annotation sommaire.

7. Patricia SMART, « Hubert Aquin, essayiste », dans *Archives des lettres canadiennes*, t. VI, *L'Essai et la Prose d'idées au*

Patricia Smart divise la production d'Aquin en trois étapes chronologiquement déterminées ; à chacune, elle fait correspondre une représentation différente de la figure du « frère-ennemi » auquel l'auteur n'aurait pu échapper : le Christ (1948-1951), le colonisateur (1960-1968) et le lecteur (1968-1976). Son analyse porte sur les rapports qu'entretiennent la pensée d'Aquin et « l'expérience collective » ; elle montre que la réflexion d'Aquin s'érige comme un « défi » contre les différents aspects aliénants de son « milieu ». Dans la seconde étude, Anthony Purdy (1986) constate que la période qui couvre les années 1961 à 1965 correspond à l'apogée de l'analyse de la *French Canada's chronic identity crisis* ; il présente et commente quelques-uns des principaux aspects de la réflexion de l'auteur, dont l'identification des causes historiques et politiques de la « fatigue culturelle » des Canadiens français, la politisation de la culture, l'enracinement de l'écrivain, etc.

Profession : écrivain

Dans le premier volume de *Mélanges littéraires* sont présentés trois aspects des écrits d'Aquin concourant à la constitution d'un statut d'écrivain professionnel. La première partie, « Articles et chroniques (1947-1957) », correspond aux débuts journalistiques d'Hubert Aquin ; les écrits de jeunesse publiés dans les journaux étudiants

---

Québec, publié sous la direction de Paul WYCZYNSKI, Montréal, Fides, 1985, p. 513-525 ; Anthony PURDY, « Form and Dis-content. The Writer, Language, and Society in the Essays of Hubert Aquin », *The French Review*, vol. LIX, n° 6, mai 1986, p. 885-893.

manifestent très tôt une fascination pour la littérature et ses composantes biographiques. De sa contribution régulière pendant deux années au *Quartier latin*, journal des étudiants de l'Université de Montréal, nous avons retenu 21 textes traitant en majeure partie de questions philosophiques ou de ses lectures. Enfin, à un choix d'interviews d'auteurs français, rédigées pendant son séjour parisien de 1953-1954 et publiées dans *L'Autorité*, s'ajoutent les sept comptes rendus d'ouvrages contemporains publiés dans l'hebdomadaire *Vrai* en 1956-1957. Ces textes ont été choisis en fonction de leur intérêt biographique et littéraire ou parce qu'ils illustrent les débuts d'Hubert Aquin essayiste.

La partie suivante regroupe, par ordre chronologique, des conférences et des allocutions prononcées entre 1950 et 1975. Ces treize textes, conservés par Aquin dans ses archives et dont six, jusqu'à ce jour, sont restés inédits, font voir l'articulation des discours politique et littéraire, soit en dévoilant ses réflexions sur son œuvre romanesque, soit en soulignant ses préoccupations culturelles et politiques. Ils constituent également des références qui permettent de mieux connaître les divers intérêts d'Hubert Aquin et, surtout, de saisir leur imbrication dans une actualité que le temps a peut-être estompée pour le lecteur d'aujourd'hui.

Enfin, huit projets de romans, élaborés entre 1961 et 1975, forment la troisième partie. Qu'ils soient minimalement structurés en diverses séquences, plans, scénarios ou qu'ils soient partiellement développés sous forme d'esquisses narratives, ces projets contiennent de nombreux commentaires autoréflexifs qui ponctuent la composition d'élans créateurs. Sorte de banc d'essai de l'écriture, ils rendent compte de la technique aquinienne de conception d'une œuvre et des échanges qui s'instaurent entre les plans biographique et intertextuel ; ils permettent aussi de reconnaître certaines constantes de son approche littéraire. Seul *Obombre*, le plus élaboré de ces projets, a fait l'objet d'une publication partielle[8].

Comprendre dangereusement

Le deuxième volume de *Mélanges littéraires* comprend deux parties complémentaires ; si les lieux de publication diffèrent, il reste que ces articles et ces essais témoignent des mêmes préoccupations intellectuelles. On ne peut donc pas dissocier les articles de *Liberté* de ceux qui ont paru ailleurs ; dans tous les cas, Aquin tente de « comprendre dangereusement » la vie et l'écriture qui, sur tous les fronts, l'assaillent et le hantent.

Exception faite des articles qui servent de préambules à des numéros de *Liberté* et qui, par conséquent, ont été donnés dans l'appendice I[9] sans autre traitement édi-

---

8. *Liberté*, vol. XXIII, n° 3 (135), mai-juin 1982, p. 16-24.

9. « Comprendre dangereusement », vol. III, n° 5 (17), novembre 1961, p. 679-680 (*Blocs erratiques*, p. 45-46, © Les Éditions Quinze, 1977 ; *Writing Quebec*, p. 1-3) ; « Préambule », vol. IV, n° 21, mars 1962, p. 66 ; « Pour un prix du roman », vol. IV, n° 22, avril 1962, p. 194-196. Le texte de présentation d'une étude de Denis Szabo intitulée « Le délit idéologique » figure également dans cet appendice : « Préface à un texte scientifique », vol. VIII, n° 1 (43), janvier-février 1966, p. 3-4. La plupart des renseignements relatifs à la participation d'Aquin à *Liberté* proviennent des archives

torial que la correction des coquilles typographiques, et outre un texte repris dans le recueil *Point de fuite* (« Nos cousins de France[10] »), la première partie de ce volume des *Mélanges littéraires* comprend tous les articles et tous les essais originaux d'Aquin publiés dans *Liberté* entre 1961 et 1969 ; parce qu'ils forment un bloc homogène, les comptes rendus d'ouvrages ont été regroupés à la fin. Bien qu'il ait pour effet de rompre la continuité chronologique, ce classement contribue cependant à démarquer les genres ; par rapport aux articles et aux essais, ces comptes rendus, dont l'intérêt est inégal, témoignent de la variété des lectures d'Aquin, mais ne constituent qu'une faible part de sa production à *Liberté*. Si Aquin a été critique littéraire, notamment en 1956 et 1957, ce n'est que de façon très ponctuelle qu'il publie des notes de lecture dans *Liberté*. En effet, huit comptes rendus ont été publiés en 1968 et un seul en 1969 ; six d'entre eux figurent dans le même numéro[11]. Les conférences

---

de la revue qui, quoique incomplètes, se sont avérées extrêmement utiles pour la genèse des textes ou pour comprendre le contexte dans lequel ils ont été publiés. Nous tenons donc à remercier M. François Ricard de nous y avoir donné accès et M. François Hébert de nous avoir autorisés à reproduire quelques documents.

10. Vol. IX, n° 1 (49), janvier-février 1967, p. 76-78 ; *Point de fuite*, Montréal, CLF, 1971, p. 67-70. Hubert Aquin a lui-même constitué ce recueil ; il fait donc l'objet d'une publication autonome dans le cadre de l'édition critique de l'œuvre au complet.

11. Afin d'éviter toute redondance, nous avons réduit l'annotation des comptes rendus à l'essentiel, privilégiant l'information de nature bibliographique ; il a par exemple paru superflu d'annoter le terme de « Confédération » ou le nom de Michel Brunet qui ailleurs avaient fait l'objet de notes étoffées.

publiées dans *Liberté*, ont été regroupées et éditées dans le volume I ; les transcriptions de discussions auxquelles Aquin a participé[12] ainsi qu'une traduction[13] ont été retirées du corpus.

Les « autres écrits » d'Aquin, rédigés ou publiés entre 1963 et 1977, forment la deuxième partie ; huit textes ou articles publiés pour la première fois dans *Point de fuite* ou qui ont été repris dans ce recueil en ont cependant été exclus[14]. Quatre textes peu élaborés et par conséquent de moindre importance, mais qui constituent toutefois des sources utiles, ont été donnés en appendice ; deux textes ayant servi de présentation à des ouvrages historiques, *Notes d'un condamné politique de 1838*, de F.-X. Prieur, suivi de *Journal d'un exilé politique aux terres australes*, de Léandre Ducharme[15], et *La Rébellion de 1837 à Saint-*

12. « L'équipe de *Liberté* devant Montréal : essai de situation », vol. V, n° 4 (28), juillet-août 1963, p. 323-325 et « Quelques interventions », vol. XI, n°s 3-4 (63-64), mai-juin-juillet 1969, p. 31-43. À propos du numéro 28, voir l'introduction de Nathalie FREDETTE à *Montréal en prose (1892-1992)*, Montréal, L'Hexagone, coll. « Anthologies », 1992, p. 34-36.

13. « Grande-Bretagne. Introduction » (Derek PARKER), vol. IX, n° 4 (52), juillet-août 1967, p. 67-69.

14. Voir l'édition critique de Guylaine MASSOUTRE, coll. « Bibliothèque québécoise », 1994. Par ailleurs, un article publié dans le supplément du *Quartier latin* a été intégré au premier volume qui comprend tous les textes parus dans ce journal étudiant : « L'originalité », *Le Cahier*, 3 février 1966, p. 3.

15. Montréal, Éditions du Jour, « Bibliothèque québécoise », 1974, p. 7-9. En février 1973, Aquin s'était engagé à faire une édition critique des ouvrages de Prieur et de Ducharme, mais il a dû modifier son projet en raison du travail énorme que cela lui aurait

Eustache, de Maximilien Globensky[16], ainsi que « Dans le ventre de la ville[17] », réponse à un questionnaire préparé par le quotidien montréalais *Le Devoir*, « Le texte ou le silence marginal[18] », que sa forme apparente plutôt au genre épistolaire, et « Après le 15 novembre 1976[19] », sorte de préface commandée par l'équipe de la revue *Québec français* pour un dossier consacré à Aquin.

---

demandé. À ce propos, voir la correspondance échangée avec Victor-Lévy Beaulieu (Fonds Hubert-Aquin, lettres des 5 et 6 février 1973) et un article de Jacques THÉRIAULT, paru le lendemain du lancement, dans lequel il rapporte les propos d'Aquin : « Les éditions luxueuses : pour qui ? pourquoi ? » (*Le Devoir*, 21 mars 1974, p. 12).

16. Montréal, Éditions du Jour, coll. « Bibliothèque québécoise », 1974, p. 7-9 ; l'ouvrage a été lancé le 14 janvier 1974. Le 21 janvier 1974, dans le cadre de l'émission radiophonique « Carnet Arts et lettres » de Radio-Canada, Aquin a été interviewé par Jean Sarrazin à propos du livre de Globensky. Un important dossier, intitulé « Les Patriotes » (1973), comprend les tapuscrits des deux textes de présentation et des notes de lecture (Fonds Hubert-Aquin : 44P-204/005 à 023).

17. *Le Devoir*, 24 août 1974, p. 10. « Montréal », 21 août 1974, tapuscrit, 3 p., Fonds Hubert-Aquin : 44P-205A/033. Cet article a été repris dans *Blocs erratiques*, p. 183-184 ; © Les Éditions Quinze, 1977.

18. *Mainmise*, n° 64, novembre 1976, p. 18-19 ; *Blocs erratiques*, p. 269-272 ; © Les Éditions Quinze, 1977 (tapuscrit, 4 p. ; Fonds Hubert-Aquin : 44P-205B/019). La lettre est adressée à Michèle Favreau.

19. N° 24, décembre 1976, p. 25 ; *Romanciers du Québec*, Québec, Éditions Québec français, 1980, p. 24. Une copie du manuscrit (5 p.) est conservée dans le Fonds Hubert-Aquin : 44P-301A/006.

Établissement des textes

Le principe de base pour l'établissement des textes est celui de l'intervention minimale. À quelques exceptions près, la ponctuation des textes de base a été respectée, même dans les cas où, quoique surprenante, elle n'était pas incorrecte[20]. Les fautes manifestes et les coquilles typographiques ont cependant été corrigées. Pour des raisons de cohérence et de lisibilité, quelques corrections particulières ont été faites en conformité avec notre protocole d'édition ou avec l'usage[21] ; les quelques mots que nous avons ajoutés ont été placés entre crochets droits. Les références, données en bas de page par Aquin, ont été reproduites telles quelles, même si elles ne sont pas conformes aux règles de description bibliographique[22] ; selon les cas, nous les avons corrigées ou complétées en note. Afin d'en faciliter le repérage et la lecture, mais aussi pour éviter un double système de numérotation, les notes d'Aquin sont indiquées par des astérisques (simples, doubles ou triples selon qu'il s'agit d'une première, d'une deuxième ou d'une troisième note dans une page)[23] ;

---

20. Ainsi, dans « La fatigue culturelle du Canada français », Aquin utilise parfois les deux points là où on attendrait plutôt des points-virgules.

21. Par exemple, la majuscule au mot « État ».

22. Ni l'emploi fautif de *in* et de *idem*, ni l'ordre des éléments dans les adresses bibliographiques n'ont été modifiés ; cependant, nous avons ajouté les virgules qui manquaient et uniformisé l'emploi des guillemets pour les titres d'articles et de l'italique pour les livres, les journaux ou les périodiques.

23. Dans « La fatigue culturelle du Canada français », par exemple, la numérotation d'Aquin était fautive.

l'emplacement des appels de notes a été uniformisé selon les normes de notre protocole typographique. Les chiffres d'appel placés dans les textes renvoient donc à nos notes.

L'argumentation d'Aquin peut recourir à de nombreux artifices typographiques. Les caractères gras ou les guillemets sont ainsi employés pour mettre en relief ou accentuer certains mots et pour signaler des emprunts à d'autres auteurs ; cependant, à quelques reprises, Aquin modifie ou supprime les particularités typographiques d'une citation. La disposition et la typographie originales des textes ont été strictement respectées[24].

Certains textes ont été qualifiés « d'exercices de haute voltige verbale[25] », mais parce qu'Hubert Aquin emploie un grand nombre de termes rares, de néologismes[26], d'anglicismes[27], de mots qui appartiennent à un discours spécialisé (philosophie, politique, cinéma, etc.) ou qui sont empruntés au français parlé au Québec et au

---

24. Parce qu'il était souvent impossible de distinguer les citations *stricto sensu* des expressions empruntées à une époque ou à un discours particuliers, mais aussi parce que les guillemets anglais sont employés sans distinction de niveau dans *Liberté*, nous avons uniformisé l'usage des guillemets anglais.

25. Gérard BOISMENU, Laurent MAILHOT et Jacques ROUILLARD, *Le Québec en textes. 1940-1980*, Montréal, Boréal Express, 1980, p. 299.

26. La néologie (lexicale ou sémantique), caractéristique des textes de fiction, est un phénomène récurrent dans les articles et les essais d'Aquin.

27. Par exemple : « blanc de mémoire » (« L'art de la défaite. *Considérations stylistiques* », 1965), « jumpeur » (« Constat de quarantine », 1972), « scrapbook » (« Le corps mystique », 1964), etc.

Canada, on lui a aussi reproché d'être un « styliste déchaîné[28] ». Afin d'alléger l'appareil des notes, la plupart de ces mots ont été signalés dans les textes par le signe ° ; ceux qui appelaient des éclaircissements ponctuels ont fait l'objet de brèves notes. Les mots et les noms propres qui figurent dans les usuels courants n'ont cependant pas été annotés. Le sens de la plupart des néologismes étant sans équivoque, il nous a semblé superflu de les expliquer. C'est le cas notamment des mots construits selon les procédés de dérivation et de composition[29] ou des néologismes composés de deux mots reliés par un trait d'union ; ces derniers n'ont été ni localisés dans les textes ni annotés. Aquin utilise aussi la dérivation sémantique pour créer des néologismes de sens[30].

Le vocabulaire de quelques articles, en s'inscrivant à l'intérieur d'un véritable réseau sémantique marqué par l'époque[31], peut aussi entraîner des problèmes de décodage ; ainsi, faute d'une certaine connaissance de l'histoire du Québec des années 1950 et 1960, la portée et le sens des nombreuses allusions d'ordre historique, politi-

---

28. Yolande BONENFANT, « *Liberté* », *Le Soleil*, 14 décembre 1963, p. 24.

29. Ces néologismes sont composés par simple adjonction de suffixes ou de préfixes à un mot ou à un radical identifiable : « déglobalisation » (« La fatigue culturelle du Canada français », 1962), « anaclastique » (« Calcul différentiel de la contre-révolution », 1965), etc.

30. Un mot est alors utilisé dans un sens autre que le sien propre : « basique », « exorbitation », « exorbité » (« La fatigue culturelle du Canada français »), « mobilière » (« Autocritique », 1966), etc.

que ou autre risquent d'être escamotés par le lecteur ; les notes visent notamment à résoudre ces problèmes de lecture. Par ailleurs, chaque fois qu'Hubert Aquin cite un ouvrage qui figure dans sa bibliothèque, nous le signalons et précisons de quelle édition il s'agit ; si nous avons pu identifier une source textuelle avec certitude, c'est aussi en note que nous y renvoyons.

Les deux volumes de *Mélanges littéraires* formant un ensemble, chaque renvoi à un texte qui y figure n'est signalé que par le titre et l'année de publication ; dans le cas des citations, la pagination est le plus souvent précisée. La liste complète des textes édités dans l'un ou l'autre volume est donnée en annexe[32].

*

* *

Nos remerciements les plus sincères vont d'abord à Andrée Yanacopoulo, l'initiatrice du projet d'édition critique de l'œuvre d'Hubert Aquin, ainsi qu'à Emmanuel Aquin pour la générosité avec laquelle ils nous ont communiqué les documents et les renseignements dont ils disposaient. Nous tenons également à remercier Bernard

31. Par exemple : « vouloir-vivre » et « traître » utilisés dans « La fatigue culturelle du Canada français » (1962).

32. L'édition critique des œuvres narratives étant incomplète et celle de *Point de fuite* établie par Guylaine Massoutre n'ayant pas encore vu le jour au moment où nous préparions cette édition, ce sont les ouvrages publiés au Cercle du livre de France qui, le plus souvent, ont servi d'éditions de référence.

Beugnot et Jacques Allard, directeurs du projet, les membres du comité de direction et du comité éditorial, notamment Roméo Arbour qui a accepté de relire le manuscrit, et Rose-Marie Parent qui en a assuré la frappe ; sans le soutien intellectuel et l'appui financier de l'ÉDAQ, *Mélanges littéraires* n'aurait pas pu paraître. Il nous faut aussi souligner l'aide précieuse que nous ont apportée plusieurs professeurs, chercheurs et spécialistes dans des domaines aussi variés que la littérature, l'anthropologie, la linguistique, l'histoire, la démographie, etc., les bibliothécaires de la Bibliothèque des lettres et sciences humaines, les documentalistes du Centre d'études québécoises et du Centre de documentation en histoire de l'Université de Montréal ainsi que le personnel du Service de prêt entre bibliothèques et du Service des archives de l'Université du Québec à Montréal. Toutes ces personnes ont contribué à rendre cette édition moins incomplète. Enfin, nous tenons à remercier tous ceux qui nous ont aimablement autorisés à reproduire des lettres et des documents.

Jacinthe Martel
Claude Lamy

Sigles, abréviations et signes conventionnels

AGEUM	Association générale des étudiants de l'Université de Montréal
BIB	Ouvrage qui figure dans la bibliothèque d'Hubert Aquin.
CLF	Le Cercle du livre de France
Éd.	Éditeur
ÉDAQ	Édition critique de l'œuvre d'Hubert Aquin
f.	Feuillet
FLQ	Front de libération du Québec
ONF	Office national du film du Canada
PUF	Presses universitaires de France
PUL	Presses de l'Université Laval
PUM	Presses de l'Université de Montréal
RIN	Rassemblement pour l'indépendance nationale
[s.éd.]	Sans éditeur
[s.l.]	Sans lieu
t.	Tome
trad.	Traduction
UQAM	Université du Québec à Montréal
°	Néologismes, termes rares, québécismes, anglicismes, etc.
[ ]	Dans les textes, les crochets signalent les mots ajoutés par les éditeurs.

Dossiers des notes de cours et de lecture

Titre abrégé	*Titre des dossiers*
C1972	« Courrier 1972 ha n° 1 »
CBA	« Point de fuite (1970)/5 »
CC	« Copies conformes (1973) »
CIT	« Citations »
HNP	« Hamlet (1970) »
JJ	« James Joyce (JCF et HA) »
LBA	« Le baroque »
NL69	« Notes de lecture H 69 + 70 »
NL70	« Notes de lecture - 1970 ha »
NL71	« Notes de lecture - 1971 ha »
PC224	« Pour le cours 224 »
UJ	« *Ulysse* de J. Joyce (1971) »
UJJ	« *Ulysse* de James Joyce »

PROFESSION : ÉCRIVAIN

I. ARTICLES ET CHRONIQUES
(1947-1957)

Introduction

La venue à la littérature

Élève brillant, particulièrement en français, en latin et en grec, Hubert Aquin s'intéresse très jeune au monde de la philosophie et de la littérature. Dès sa quinzième année, il achète *Réflexions sur l'anti-Pascal de Voltaire* de J.-R. Carré, qu'il annote et qu'il conserve jusqu'à la fin dans sa bibliothèque, puis *L'Art romantique* de Louis Réau, achats datés respectivement du « 8 mai » et d'« octobre 1946 ». Entré au Collège Sainte-Marie en septembre 1946, où il suit le cours de Belles Lettres, Aquin devient directeur du journal de classe, *Parenthèses*, dans lequel sera publiée une critique de l'œuvre de Mauriac, son premier texte publié connu. Puis, pendant l'année scolaire 1947-1948, il participe aux *Cahiers d'Arlequin*, revue fondée par Pierre Perrault avec les étudiants de la classe de rhétorique, en rédigeant trois courts textes : « Solitude partagée », « Sur la liberté » et un dernier, non titré, que nous avons intitulé « Une pensée pour l'art ». De plus, il publie cette même année trois textes dans le journal étudiant du collège, *Le Sainte-Marie* : « Une possession » en novembre 1947, puis le compte rendu d'une conférence de Raymond David au collège le 23 décembre 1947 et enfin un « Extrait du gros album », écrit en avril 1948 en collaboration avec Louis-Georges Carrier. De ces trois derniers, nous n'avons retenu que le premier, « Une possession[1] », puisque l'exhaustivité des écrits de jeunesse d'Aquin[2] est moins pertinente ici que le fait de présenter un portrait des premiers intérêts intellectuels et des premières stratégies d'argumentation.

Les débuts journalistiques

> « Notre problème de culture ne pose pas la question de la croyance ou de l'incroyance ; il pose la question de la liberté et celle de la sincérité. »
>
> Pierre VADEBONCOEUR,
> *La Ligne du risque*

Au moment où le manifeste des automatistes, *Refus global*, bouleverse les milieux artistiques et intellectuels montréalais, Hubert Aquin commence ses études universitaires et consigne dans son *Journal*[3] ses réflexions sur

---

1. Ce texte a été repris par Roland HOUDE dans *Histoire et philosophie au Québec. Anarchéologie du savoir historique*, Trois-Rivières, Éditions du Bien public, 1979, p. 159-163.

2. De cette période, d'autres textes sont, à ce jour, inédits ; un conte de Noël intitulé *Le Pont* et daté de décembre 1947, de même qu'un court récit, *L'Oracle,* et un essai humoristique, *Le Drame des hormones*, datés de janvier 1948. Voir l'introduction à l'édition des nouvelles et récits.

3. Le « 26 novembre 1948 », Aquin commence en effet un nouveau « Cahier » avec la mention « faculté de philosophie ».

son expérience de l'amour de même que sur la « création artistique ». L'enseignement qu'il reçoit à la Faculté de philosophie de l'Université de Montréal en 1948 est assuré essentiellement par des Dominicains ; le programme d'études offre un tour d'horizon des « philosophies orientales, grecques, médiévales, modernes et contemporaines. [...De sorte que] l'étudiant en arrive ainsi à posséder une vue d'ensemble de toute la pensée philosophique, de son développement, de ses avances et des régressions. Il n'en acquiert que plus de respect et d'estime pour cette philosophie thomiste qui est l'œuvre des siècles et qui les a traversés en s'enrichissant sans cesse sans se déformer jamais[4]. » Les cinq grands problèmes philosophiques abordés sont « l'être, le mouvement, la vie, la logique et la morale[5] ». Ces thèmes sont effectivement des repères importants pour comprendre toute la démarche intellectuelle d'Aquin. Mais ce qui prédomine dans ses écrits de cette période, autant dans son *Journal* que dans sa collaboration régulière au *Quartier latin*, journal de l'Association générale des étudiants de l'Université de Montréal (AGEUM), ce sont les questions de la sincérité et de la liberté.

Autour de ces deux pôles gravitent des notions qui non seulement se retrouvent fréquemment dans les textes d'Aquin, « l'inquiétude », « le doute », « l'incertitude », la « lucidité », mais qui font également l'objet de débats dans les nombreux essais de cette période. Ces notions

4. *L'Annuaire de la Faculté de philosophie* 1950-1951, Université de Montréal, p. 18.

5. *Ibid.*, p. 20.

sont devenues des valeurs qui s'opposaient à l'orthodoxie du dogme catholique dans le système d'éducation de la société québécoise[6]. Maurice Blain, par exemple, plaçait au cœur du questionnement nouveau la dimension de l'incertitude :

> L'incertitude d'une conscience divisée, déchirée, lui [l'intellectuel d'aujourd'hui] est apparue au centre de la crise de la liberté, comme la question majeure de son être spirituel[7].

Ces valeurs ont également servi de guides pour une libération qu'appelait la modernité philosophique, représentée par les diverses approches françaises de l'existentialisme[8]. Pierre Maheu, présentant ces années de révolte étudiante, précise :

---

6. Voir en particulier l'article de Michèle LALONDE, « La liberté de penser et les exigences de l'inquiétude » (*Liberté*, III, 1 [13], janvier-février 1961, p. 419-424) qui, publié quelque dix années plus tard, fait un retour sur les valeurs dans l'éducation québécoise des années 40-50. Par exemple : « [...] l'éducation canadienne-française et nos modes de penser collectifs [...] ont plutôt réussi à dissocier les notions de liberté et de vérité, de manière à pouvoir interposer entre les deux l'idée d'obligation morale au dogme synonyme de vérité » (p. 421).

7. Maurice BLAIN, « De la liberté de l'esprit » [1952], *Approximations*, Montréal, Hurtubise HMH, 1967, p. 14. Il faut ajouter les ouvrages de Jean LeMoyne (*L'Atmosphère religieuse au Canada français* [1951]) et d'Ernest Gagnon (*L'Homme d'ici* [1952]) et la revue *Cité libre* qui dénoncent également le conservatisme et le cléricalisme dominant dans la société québécoise.

8. Voir les listes de lecture consignées dans le *Journal* d'Aquin de 1949 à 1952. Les diverses tendances de la philosophie

> Nous étions attirés surtout par les auteurs (Gide, Sartre, les surréalistes ou d'autres selon le cas) qui affirmaient le plus hautement la liberté. Nous attendions d'eux qu'ils nous rendent à nous-mêmes, nous fassent retrouver notre identité, et nous permettent, comme en une nouvelle naissance, de lui accorder une valeur positive[9].

Le refus critique de la domination du dogme catholique, qui devait répondre à toutes les interrogations philosophiques et existentielles, prend une vigueur nouvelle avec la multiplication des interventions des jeunes intellectuels ; revues, galeries, maisons d'édition deviennent des foyers de discussion et d'échange.

La collaboration d'Aquin au *Quartier latin* s'inscrit dans cette remise en question du monde québécois de l'éducation.

L'AGEUM et **Le Quartier latin**

À la fin de sa première année d'études à l'Université de Montréal, Hubert Aquin assiste, le 20 avril 1949, à une réunion de l'AGEUM, en tant que représentant par procuration de la Faculté de philosophie. Ce n'est toutefois qu'un an plus tard, le 1er mars 1950, qu'il est officiellement élu délégué de sa faculté. Le 15 mars, il est nommé

---

chrétienne et du personnalisme (Jacques Maritain, Emmanuel Mounier et Étienne Gilson) ainsi que de l'existentialisme (Husserl, Sartre et Camus) y sont présentes.

9. « De la révolte à la révolution », *Parti pris*, vol. I, nº 1, p. 10.

directeur du *Quartier latin*, journal bihebdomadaire de l'AGEUM, avec Jacques Perrault en tant que directeur adjoint, Adèle Lauzon en tant que rédactrice en chef et Marcel Blouin, chef des nouvelles. Sa collaboration écrite au journal étudiant avait débuté en décembre 1948[10]. Aquin en sera le directeur pendant une année, jusqu'en mars 1951, selon les échéances prévues par le comité exécutif de l'AGEUM. Dix-neuf textes paraîtront pendant cette année ; essentiellement des éditoriaux, des commentaires sur l'actualité internationale ainsi que des chroniques de la vie universitaire. Sous sa direction, *Le Quartier latin* prête plus d'attention aux activités culturelles québécoises[11]. Le journal contient régulièrement de longs articles sur la religion, le cléricalisme et la place de l'université dans la société.

Du 10 mars 1950 à octobre 1951, la publication du *Quartier latin* est censurée, c'est-à-dire que tous les textes doivent être soumis à l'approbation du recteur Olivier Maurault. Cette mesure fait suite aux « plaintes » concernant des articles, « notamment contre celui qui était inti-

---

10. Cinq courts récits sont publiés entre le 10 décembre 1948 et le 29 novembre 1949 ; voir l'édition critique des nouvelles et récits.

11. À l'instar des journaux comme *Le Devoir*, lequel, en 1949, avec l'arrivée de Gilles Marcotte et de Jean-Pierre Houle en tant que journalistes à la section « Les Idées et les Hommes », consacre plus d'espace à la littérature québécoise ; à partir de 1952, Germaine Beaupré et Pierre de Grandpré accentuent cet intérêt. De plus, la fondation de *La Nouvelle Revue canadienne* (1951) et de *Cité libre* (1950) offre de nouvelles perspectives à la critique artistique et littéraire.

tulé “Faut-il être anti-clérical[12] ?”, contre le commentaire collectif du journal sur la conférence de presse présidée par Mgr le Chancelier, contre la présentation de Carrefour 50[13], surtout contre la lettre de M. Pierre Gélinas [...][14] ». Tous ces textes avaient en commun de remettre en question la place des clercs dans l'enseignement.

Somme toute, au cours de ces années de collaboration au *Quartier latin*, Hubert Aquin fait l'apprentissage du métier de journaliste, activité qu'il poursuivra en 1953 et en 1954 avec les journaux *L'Autorité* et *Vrai*, puis à l'émission Radio-Collège de Radio-Canada. Cette expérience journalistique semble le transformer puisqu'il préfère, à la fin de ses études de philosophie, continuer des études en sciences politiques. À ce moment, il croit qu'une carrière d'éditorialiste lui conviendrait mieux parce qu'elle suppose une emprise plus concrète sur la réalité[15]. Sous sa direction, *Le Quartier latin* a gagné le trophée *Le Droit*, attribué par la Canadian University Press à un journal universitaire de langue française au Canada, pour son excellence générale[16].

---

12. Article de Claude Paulette, chef des nouvelles du *Quartier latin*, paru en première page du numéro du 29 novembre 1949.

13. Voir l'introduction de « Liberté de pensée et sincérité » dans la section « Conférences et allocutions ».

14. Olivier Maurault, PD, CMG, « Avertissement du recteur », *Le Quartier latin*, 10 mars 1950, p. 1.

15. Voir *Itinéraires d'Hubert Aquin* de Guylaine MASSOUTRE, Bibliothèque Québécoise, 1992, p. 58.

16. Hubert AQUIN, « Le *Q.l.*, premier coureur » (19 janvier 1951, p. 1). Dans cet article, Aquin en profite pour souligner le fait que la CUP s'est prononcée contre toute forme de censure : « Il n'y

Des trente-trois textes publiés dans *Le Quartier latin*, vingt et un ont été retenus en fonction de l'intérêt du sujet traité et de sa pertinence par rapport au reste de l'œuvre d'Aquin[17]. Cinq des textes retenus ont paru dans *Blocs erratiques*[18] ; « Éloge de l'impatience » a également été publié dans l'anthologie de Laurent Mailhot, *Essais québécois 1837-1983*[19]. Par ailleurs, Patricia Smart, dans l'ouvrage collectif *L'Essai et la Prose d'idées*

---

a dans cette volonté de liberté de presse qu'une honnêteté rigoureuse, un souci de vérité. »

17. Parmi les douze textes retirés du corpus de *Mélanges littéraires*, cinq sont de courts récits et paraîtront dans l'édition critique des récits et nouvelles, huit, de brefs articles portant soit sur des activités étudiantes (« Bouillabaisse en deux couleurs et dix-neuf tableaux », 10 octobre 1950, p. 1 ; « Le *Q.l.*, premier coureur », 19 janvier 1951), soit sur des revendications ayant trait à la vie étudiante (« Mémoire sur les annonces », 2 novembre 1949, p. 3 ; « Tramways », 17 mars 1950, p. 1), ayant été écrits en collaboration avec plusieurs étudiants (« L'Un et le multiple », 20 octobre 1950, p. 1, 4 ; « Massacre des 5 innocents », 17 novembre 1950, p. 3) ou constituant des répliques à des lettres de lecteurs (« Le dernier mot », 24 octobre 1950, p. 1 ; « Précisions sur une note du *Devoir* », 10 novembre 1950, p. 3).

18. *Blocs erratiques*, Montréal, © Éd. Quinze, 1977 ; « Éloge de l'impatience » (p. 27-28), « Le jouisseur et le saint » (p. 37-38), « Pensées inclassables » (p. 25-26), « L'équilibre professionnel » (p. 39-40) et « Le Christ ou l'aventure de la fidélité » (p. 33-35). Voir aussi notes, p. XV de cette édition.

19. Laurent MAILHOT, en collaboration avec Benoît MELANÇON, *Essais québécois 1837-1983. Anthologie littéraire*, Hurtubise HMH, Cahiers du Québec, « Textes et documents littéraires », n° 79, 1984, p. 429-430.

au Québec[20], commente les « Écrits de jeunesse (1948-1951) » d'Aquin en faisant remarquer que « vivre pleinement, écrire, rechercher l'unité mouvante de l'abstrait et du concret, de l'esprit et de la matière [sont l]es préoccupations qui seront les constantes de la pensée aquinienne [et elles] se dessinent avec précision à travers les premiers écrits » (p. 515).

L'Autorité *et* Vrai

Entre *Refus global*, en 1948, et le slogan « C'est le temps que ça change » de la campagne électorale des libéraux, en 1960, un véritable mouvement d'éveil à la modernité artistique, culturelle et philosophique se fait sentir dans la société québécoise. Au nom d'idéologies de libéralisation et de rattrapage, plusieurs regroupements d'intellectuels décident de publier des journaux et des revues.

L'Autorité, hebdomadaire publié de 1913 à 1955, est un journal d'opinion libérale, anticlérical et antipatriotique, qui fusionne à l'été 1953 avec *Le Haut-Parleur*[21] (1er janvier 1950 au 22 août 1953), organe de l'Institut démocratique canadien fondé par T. D. Bouchard. La collaboration d'Aquin débute en 1953 alors qu'il complète des études de philosophie à Paris. Il propose aux responsables du journal des entrevues d'auteurs français.

---

20. « Hubert Aquin, essayiste », *Archives des lettres canadiennes*, t. VI, sous la direction de Paul Wyczynski, Montréal, Fides, 1985, p. 513-525.

21. Aquin a publié un court récit dans *Le Haut-Parleur*, « L'intransigeante » (21 juillet 1951, p. 5).

Vingt et un textes d'Aquin seront publiés entre le 25 juillet 1953 et le 27 mars 1954. Puisque ces textes sont de brefs comptes rendus d'entrevue ne contenant pas de propos littéraires, ni de commentaires qui fassent mieux comprendre l'œuvre d'Aquin, nous n'en avons retenu que deux à titre d'échantillons[22].

C'est également dans ce climat que Jacques Hébert publie le journal *Vrai*, hebdomadaire d'une douzaine de pages. Il s'agit d'une entreprise qu'il qualifie lui-même de folle aventure et qui se donne pour mandat de « servir la vérité ». *Vrai* aborde les questions de politique municipale, provinciale et fédérale et couvre également, par des comptes rendus critiques, les divers aspects de la vie culturelle québécoise. Le journal paraît pour la première fois le 2 octobre 1954 et disparaîtra avant d'atteindre sa cinquième année, faute de ressources financières.

Hubert Aquin signe, du 1er décembre 1956 au 2 février 1957, une série de comptes rendus critiques de l'actualité littéraire. Paraîtront également des textes de Pierre Elliott Trudeau et de René Lévesque dont les vues sur le journalisme rejoignent les objectifs de l'hebdomadaire :

> Le plus pressant ne serait-il pas de prêcher sans cesse — et de pratiquer — l'instruction toujours plus poussée de l'information la plus honnête possible, car il faut d'abord savoir. Et puis l'emploi tout simple de cette intelligence dont le propre est

22. La liste des autres titres figure à l'annexe I.

> de choisir une fois qu'elle sait de quoi il s'agit. Nous ne sommes pas du bétail, nous sommes des hommes libres[23].

Les premiers comptes rendus d'Aquin, qui paraîtront les 1er, 8 et 15 décembre 1956, concernent les trois gagnants du prix du Cercle du Livre de France de cette même année : *L'Échéance* de Maurice Gagnon, *Les Inutiles* d'Eugène Cloutier et *Mon fils pourtant heureux* de Jean Simard. Traduisant le déclin des valeurs traditionnelles et privilégiant une perspective urbaine, les ouvrages de Simard, Cloutier et Gagnon marquent un tournant dans la littérature québécoise. Suivra, le 29 décembre 1956, un compte rendu d'ouvrages de la collection « Classiques canadiens » des éditions Fides : *Champlain* de Marcel Trudel, *Frontenac* de Lilianne et Guy Frégault, *Crémazie* de Michel Dassonville et *Saint-Denys Garneau* de Benoît Lacroix. Poursuivant avec des auteurs français, Aquin fera paraître les 5, 12 janvier et le 2 février 1957, des articles sur *Les Roses de septembre* d'André Maurois, *Lettres de voyage* de Pierre Teilhard de Chardin ainsi que *Le Déménagement* de Jean Cayrol. Dans le *Journal* d'Aquin, les œuvres de Cayrol figurent à plusieurs reprises dans la liste des lectures[24]. Lors de son séjour à Paris en 1953, Aquin avait obtenu une entrevue avec le romancier français et rédigé un article intitulé « Si l'on en croit

---

23. René Lévesque, *Vrai*, 15 décembre 1956, p. 4.

24. En mars 1953, Aquin lit *On vous parle* (1947) et *La Fin des jours* (1947), en avril *Le Feu qui prend* (1950). En mars 1959, il lit *Des corps étrangers*. Voir *Journal* d'Aquin, p. 166.

Jean Cayrol… le romancier ne peut traiter qu'un seul sujet : le péché », pour le compte du journal *L'Autorité*[25]. La lecture de l'œuvre de Pierre Teilhard de Chardin laissera une marque plus profonde ; de 1960 jusqu'à ses derniers écrits, Aquin y revient constamment[26].

Transcription et annotation[27]

Seules les fautes de grammaire et les coquilles évidentes ont été corrigées. Les maladresses stylistiques n'ont pas été modifiées. Nous avons proposé un titre pour les textes qui n'en avaient pas ; il est donné entre crochets ([ ]). Les textes de base sont les articles parus dans les journaux ; l'indication du lieu et de la date de publication se trouve au début de l'annotation de chaque article.

---

25. Publié le 19 septembre 1953, p. 6.

26. Dans le *Journal*, le 18 décembre 1960 (p. 186), le nom de Teilhard de Chardin apparaît sous la mention « Livres à lire » ; en avril 1962, Aquin lit le tome V des *Œuvres*, « L'Avenir de l'homme » (Paris, Seuil, 1955) ainsi que *Teilhard de Chardin et la politique africaine* (Seuil, 1962) de Léopold SENGHOR. De plus, il possède dans sa bibliothèque le tome I des *Œuvres*, « Le Phénomène humain » (Seuil, 1955), *L'Hymne de l'univers* (Seuil, 1961) et *Journal 1915-1919* (Seuil, 1975).

27. Je remercie Sylvain Saint-Amour de m'avoir communiqué ses notes de travail pour l'édition des articles d'Aquin publiés dans *L'Autorité*.

Mauriac[1]

L'enquête sur les lectures a révélé que dans notre classe, François Mauriac est un des auteurs les plus populaires. Devant ce fait, examinons la valeur possible de Mauriac pour un humaniste.

L'apport principal que Mauriac peut communiquer à l'humaniste me semble être le sérieux de la vie. Mauriac s'avère d'abord comme un écrivain très sérieux et même tragique. Obsédé du péché, de la misère humaine, tourmenté par le drame de notre destinée (ses romans le montrent bien), il possède intensément cette certitude que chaque minute, chaque instant de notre vie engage notre éternité. Il oblige son lecteur à méditer avec lui sur le péché, le mal, la valeur de notre vie terrestre ; il lui transmet sa hantise de l'éternité, son étrange nostalgie du sublime, de Dieu. Mauriac a le souci des âmes et, si l'on peut dire, la passion du surnaturel : il mesure toute action humaine à l'échelle de l'âme, et évalue tout sentiment en regard de Dieu et de l'éternité. Quand on parcourt ses romans on est pris par cette fièvre lyrique et on ne peut se soustraire à l'angoisse métaphysique de l'auteur.

Mais le sérieux de Mauriac est tout à fait déprimant ; Mauriac ne rit jamais. Pour lui, la vie ne semble avoir rien de vraiment réjouissant et il la regarde d'un œil irrémédiablement triste. Il veut toucher le fond de l'âme humaine : mais il ne s'intéresse, dans cette recherche, qu'aux plaies de l'Homme, qu'à ses faiblesses, et ne semble voir en lui que sa déchéance. Cette complaisance presque morbide pour la misère humaine a engendré en lui un désenchantement profond et presque désespéré. Il est à sa façon (comme le fut Chateaubriand) un « distillateur du poison romantique[2] », une sorte de monarque des gens blasés.

De plus, le sérieux de Mauriac renferme un élément malsain de trouble et d'inquiétude. Dans ses romans les idées les plus élevées et les réalités les plus basses sont entremêlées avec une déconcertante incontinence. Il nous parle de Dieu, de sainteté, de pureté, en nous racontant des histoires abjectes et cela crée un dualisme décevant, une atmosphère hybride et étouffante. Son catholicisme fait des concessions au plaisir et ajoute à la volupté un élément de spiritualité qui ne lui appartient pas. Cette dualité souvent troublante (et recherchée d'ailleurs) ne présente aucun enrichissement valable.

Je n'ai pas parlé de l'art de Mauriac (d'ailleurs très riche et d'une valeur exceptionnelle) parce que je crois que le problème n'est pas là. Il s'agit de savoir si Mauriac peut fournir à l'humaniste la nourriture intellectuelle dont il a besoin. À cela, il faut répondre : non !

Solitude partagée[1]

Toute souffrance non partagée est stérile : souffrir ne purifie, n'enrichit qu'en communauté avec une personne aimée et qui nous aime. Si cette personne est Dieu, la purification par la souffrance atteint sa plénitude, c'est-à-dire la joie. Dans la communauté de l'amour humain, la souffrance partagée est ainsi enrichissante, et d'autant plus que l'œuvre, qui est son contexte, se rattache à Dieu. Mais que de souffrances vaines en amour, que de douleurs non partagées, désespérantes, qui n'aboutissent jamais. Il n'est pas de souffrances plus solitaires que ces tortures ridicules que les amants traînent parallèlement, qu'ils épuisent sans espoir chacun de leur côté. Ces souffrances prendraient tout leur sens, si, au moins, les cœurs, infirmes à la partager entre eux, la supportaient séparément en union avec le Christ. Mais, aveuglés, ils s'enferment dans leur tourment, le conservent minutieusement au creux de leur orgueil pour le savourer : à ce triste jeu le cœur se durcit et ferme à sa douleur toute issue vers la joie. Quel cœur amoureux ne s'est pas ainsi refermé sur ses chagrins, qui n'a pas désespéré de leur trouver d'autre fin que ce néant de solitude et de silence ? Engagés dans l'affection périssable, nous n'imaginons pas que les peines et les joies qui nous naissent de cette affection, à certains moments n'ont plus de sens si nous ne les vivons pas en Dieu... Et ces détresses qui se résorbent dans les cœurs frustrés les induisent dans la tentation orgueilleuse du recroquevillement (cette fausse résignation), les durcissent. Il resterait aux amoureux de souffrir dans le Christ ce qui déborde leur union ; ils s'en détournent, ce qui rend leur souffrance doublement vaine. Ils s'en font vite un masque, une attitude : leur souffrance a raté la grandeur.

Sur la liberté [1]

La marche de l'humanité est marquée par un principe d'émancipation progressive et toujours ascendante vers la liberté. Cela dans tous les domaines, y compris la religion.

Les premières religions que nous connaissons par l'histoire se révèlent de vrais labyrinthes de complications mentales et de superstitions. Aux hommes d'alors, les divinités apparaissaient comme des puissances jalouses et méchantes. « Sur toutes les religions primitives, nous dit Grousset, plane la notion d'un Inconnaissable conçu comme dieu de terreur, un dieu assoiffé de sang[2]. » Au temps d'Homère on décèle encore les vestiges de ces croyances. Mais peu à peu l'esprit se libéra et passa outre ces appréhensions primitives. L'Égypte amorça ce mouvement libérateur mais ce n'est qu'en Grèce qu'il connut son accomplissement le plus retentissant et le plus profond. En se détachant de la religion, la philosophie grecque assurait à l'esprit humain son autonomie, et accomplissait la plus grande réussite dans le sens de cette libération. Aujourd'hui encore on considère le phénomène hellénique comme l'étape capitale de l'affranchissement de la conscience occidentale.

Des mouvements identiques ont suivi dans l'histoire, mais plus ou moins définitifs : la Renaissance par exemple — mais en vérité elle ne fut que la reviviscence d'une ancienne mentalité. Ensuite vient le XVIIIe siècle avec son philosophisme : tout compte fait, la libération qu'il apporta à la Raison eut des résultats plutôt mesquins et arides. Le XIXe siècle fut sombre : on peut se demander si les progrès qu'il réalisa dans certains domaines ne correspondent pas à une régression par ailleurs. Son héritage reste encore touffu.

Et voici le XXe siècle, notre époque, où la volonté d'affranchissement a pris une tonalité d'angoisse et de désespoir. Âge qui débuta par Nietzsche[3], le philosophe de la liberté, et qui inspira d'ailleurs tant d'autres philosophies, tant d'autres systèmes de pensée, tous édifiés sur le même mot, liberté : Gide[4], ou la libération par l'esprit, Proust[5], ou l'affranchissement de la morale, Mauriac[6], ou la libération du désir, Sartre[7], ou la liberté de l'individu (et qu'attendons-nous encore sinon la libération de la vie ?). Et combien de politiques et de doctrines sociales se sont édifiées sur des utopies libertaires !

Si l'homme moderne s'intéresse si violemment à cette notion de liberté, c'est peut-être parce qu'il a senti plus durement que d'autres toute la profondeur de ses attachements, toute l'envergure de ses esclavages. L'affranchissement de la raison à notre époque est incontestable, mais nous nous demandons parfois si cet affranchissement, maintenant poussé à l'excès, n'accable pas l'homme comme une infirmité. L'angoisse s'est emparé[e] des esprits. On sent que quelque chose manque ; mais on refuse de voir la possible correspondance de ce manque, de ce vide, avec l'anarchie généralisée qu'on prône.

Tous se veulent libres. Mais cette liberté qu'ils désirent si intensément n'a de raison d'être qu'en elle-même et on ne lui trouve de justification bien souvent que la joie anarchique de ne plus rien devoir qu'à soi-même. La pourraient-ils obtenir, cette liberté, ils ne sauraient qu'en faire, ni à quelles fins l'employer. La vraie liberté, la seule qu'il faut désirer, c'est le pouvoir de choisir une obéissance. Or précisément les hommes d'aujourd'hui veulent se départir de toute obéissance. Voilà l'erreur, l'illusion. Les hommes oublient qu'ils n'ont qu'une alternative, l'obéissance ou la servitude. En essayant de rejeter l'une ils retombent dans l'autre.

La nostalgie de la liberté habite l'homme, semble-t-il, mais en vérité la maladie qui nous ronge, c'est d'avoir désappris à obéir… et l'obéissance, on ne la comprendra qu'au pied du crucifix[8].

[Une pensée pour l'art] [1]

> « Vous ne savez donc pas, monsieur, que j'ai donné ma démission de la vie. »
>
> É. Bourges [2]

Je suis dépaysé si je n'ai ce poème, si je perds ces quelques romans ; qu'on me condamne à ne plus entendre de musique, j'abdique à la joie. Et si je n'ai pas ce carnet pour écrire, et mon chant pour avouer aux hommes, c'est l'exil ici-bas. Non, je ne vais pas me contenter que de ce monde infligé ; je respire quelques bouffées éperdues dans un univers créé par des hommes qui avaient le cœur plus grand que notre prison. L'art ne dit pas toujours merci à Dieu ; l'homme s'y venge. Il blasphème les fleurs de papier que le monde exhibe.

Trop d'artistes se sont vidés de leur dégoût en l'œuvre à faire, gardant pour vivre un courage mal rincé de sa révolte, à demi consolé d'insatisfaction. L'artiste doit faire parler sa vie plus que son œuvre : qu'on n'aille pas rire du monde en une œuvre si dans la vie on la supporte avec une niaiseuse patience, qu'on n'exalte pas la fraternité quand par en arrière on crache sur les hommes. Baudelaire[3] a écrit ses poèmes avec son sang, et sa vie est un sublime écriteau qu'il promène encore au-dessus de nos têtes. La destinée de Claudel[4] a les accents d'un hymne religieux, dont l'œuvre retentit pour nous l'écho le plus pur. Et Jésus a-t-il dit une parole qu'il n'a pas prononcée par des actes [?].

Je veux bien que l'art me fasse échapper à une plus grande médiocrité, qu'il me soit une oasis ; mais pas une fuite, je ne veux pas fuir la vie, j'ai à l'affronter, la prendre de face dans son absurdité, dans sa grandeur. Je peux me venger intemporellement de la vie ou la glorifier, mais pas la fuir. L'art me purifiera de la vie, en lui je me renouvelle, mais mon sang le meilleur je le garde à l'amour, au travail, c'est à désirer, à combattre que je miserai de passion. Encore des forces me resteront le soir pour faire un poème, écrire ce conte, penser à une musique. L'art qui purifie, en qui nous levons les yeux. Les musées ne me verront pas souvent vagabonder chez eux : ils ont des airs de linceuls, et l'art ne me fait vibrer qu'au sein de la vie, que lorsqu'il s'épanouit sur les tréteaux où les jours j'apprends les êtres, cherche une main amie, le regard qui fait déferler en moi sa joie ou sa désolation. Entre deux tirades, après un désir retombé, l'inspiration parfois m'arrive : c'est la montée.

Suis-je assez fort pour ne pas transiger de mots avec la vie, pour dire non à tout jeu d'esprit [?]. Aller jusqu'au bout de ma pensée pas seulement dans les mots, dans la vie même, quelle tâche.

Quand j'aurai aperçu la trahison de telle convention, il me faudra percer, crever cette illusion chez les autres aussitôt que je la vois. Et la générosité ! Décidément je garderai silence car ma ténacité flanchera. Je pressens des compromis. Ils me guettent à tout carrefour, ils sauront m'égorger. Je sais que je vais manquer à moi-même : je connais d'avance mes chutes, mes hypocrisies, je sais les moments où je marcherai de reculons avec la vérité, tel être que je chéris avec Dieu. Il est des endroits où je me tricherai. (Je me console en secret : il n'est que les médiocres des hommes qui ne traînent pas ces aveux au fond d'eux-mêmes). Il me faudra bien avaler des compromis. Mais de l'art à la vie, je n'en veux point, je me révolte quand l'un n'est pas enfanté de l'autre, et ne résume pas sa résonance intérieure la plus nue, la plus élevée.

C'est au commencement d'une vie qu'on parle ainsi ; je veux ignorer ce que, vieillard, je dirai de ces choses. À dix-huit ans, je n'ai presque rien enfanté que des projets. Mais chaque jour que je vis je porte en moi une pensée pour l'art, et chaque œuvre en qui je vais me rappelle que je vis. Toutes ces choses me pesaient au cœur : j'ai tenté de les dire comme un poème, maintenant je quitte cet endroit, je vais au milieu des êtres. En scène !

Ainsi me parlait l'autre jour un jeune homme. Je le retins de partir si tôt. Une phrase me vient soudainement à l'esprit, imposante, à la démarche noble mais dont je n'avais pas eu le temps de me convaincre. Je la lui dis quand même présumant qu'elle avait l'air vraie pour un artiste :

— L'insatisfaction de ce qui passe rend toujours hommage à l'Éternel.

J'étais content de moi-même, réjoui d'avoir si justement prononcé ma phrase. Le jeune homme n'attendit pas :

— Mon ami, me dit-il, j'ai horreur des politesses, et si j'ai l'âme assez franche, je monterai à Dieu par amour.

Et j'aperçus l'art sur les épaules de l'amour.

Une possession [1]

La jeunesse veut parler et se faire entendre. À quoi bon le silence ? Il ne serait qu'un aveu d'impuissance, ou une vaine résignation. Nous aimons la vie, et nous voulons amplifier cet amour de tous nos chants et de tous les échos possibles.

Nous chérissons notre idéal, notre rêve, et à la seule pensée de les abdiquer un jour, nous frémissons. (On n'accepte pas facilement un tel rétrécissement de soi-même...) Mais les jeunes s'attachent d'autant plus éperdument à ce rêve de poésie, d'amour, à ce désir d'héroïsme, qu'ils les savent éphémères et d'avance perdus pour des pièces de monnaie. Ils réalisent que leur chance est éminemment fugitive, que leur liberté n'est qu'un mythe passager destiné à s'éteindre vite ; ils savent aussi que leurs grands projets se fracasseront sur les pavés. Mais loin de chez la jeunesse sa fièvre de vivre et d'exalter son rêve jusqu'à l'épuisement. Ardeur un peu désespérée que nous mettons à jouir des bonheurs trop fuyants et à vouloir réaliser d'impossibles rêves. Nous arrachons tout ce qui nous reste d'enthousiasme poétique pour écrire un poème, quelques vers seulement, en Rhétorique. Et ce sont parfois les derniers…

Et puis, cette cuisante impression nous obsède que le monde qui nous entoure conspire à empêcher nos élans, à les bousculer, les ridiculiser même[2]. Les jeunes ont conscience de leur fragile situation vis-à-vis la société : situation d'hostilité, de secrète opposition, puisque la jeunesse s'attache à des valeurs inexistantes pour le reste du monde. En effet, le désintéressement de l'étude s'accommode très mal de l'écrasante hiérarchie de l'argent. Souveraineté du dollar ! On croirait que le gagnant reste toujours le même. Mais parfois, ici du moins, les vrais triomphes ne prennent pas les décors de la victoire.

Le rouage pécuniaire de notre monde représente la plus grande déception qui attende les jeunes au tournant du collège et de la vie. Quelques-uns prennent bien cela. Triste soumission. Mais d'autres s'élèvent, refusent de rendre les armes ; ils foncent, s'acharnent à conformer le réel à leurs désirs. Il y eut de grandes tentatives, mais qui ont tourné au découragement ; parfois des révolutions ont éclaté, mais décevantes. N'empêche ! Voilà les forts : ceux qui ne craignent pas d'être fidèles à eux-mêmes.

La jeunesse ne doit pas se résigner. Le monde lui appartient — à elle de le conquérir. Elle se doit de vaincre parce qu'elle est porteuse de vérité, d'idéal, parce qu'elle est neuve et désintéressée. Les cadres de la société pourriraient sans elle, et le monde deviendrait vieillard et ratatiné. Que la jeunesse crie son message et qu'elle le porte aux étoiles pendant qu'il est encore temps.

Exposition Daudelin. Envers de décor [1]

L'artiste nous ouvre une porte sur un nouvel empire : il nous introduit dans un enclos mystérieux dont l'étrangeté nous déroute d'abord, mais bientôt notre œil s'y fait, il y reconnaît un monde particulier qui n'est pas le monde, une vie fantastique qui n'est pas la vie. Nous voilà entrés dans le royaume de cet homme.

On y rencontre les choses les plus inattendues, des animaux presque humains, des hommes jamais vus ; les couleurs mêmes ne sont plus normales, elles ont des airs bâtards ; les formes y sont reformées. Mais ce n'est pas le hasard qui a ainsi entremêlé ces visions virginales : un souverain, puissant, faible ou trompeur, gouverne cet univers, c'est l'inspiration[2]. Lui seul peut justifier tout ce qui existe sur ses terres. Quand on y trouve l'anarchie, le pêle-mêle, c'est que le souverain a abdiqué.

On ne demande pas à l'artiste d'avoir une inspiration puissante ou grandiose, mais d'approfondir celle qu'il a, si humble soit-elle. Daudelin a une vision du monde assez attachante : il invente des formes très mouvementées, qu'il entrelace dans des mises en scène parfois saisissantes. Certaines de ses œuvres nous font pénétrer dans un royaume vraiment inspiré : il est impossible de n'en pas sentir l'unité, nous éprouvons chaque détail collaborer à l'inspiration, rien ne choque. Nous pouvons croire alors que l'artiste nous dévoile un aspect d'un monde inconnu, à lui seul accessible. Nous écoutons un homme inspiré.

Mais hélas cet homme déserte parfois sa muse : c'est d'elle qu'il aurait pu engendrer quelque grande œuvre, mais on dirait qu'il s'en lasse, n'y croit plus. Des artifices plus éclatants le fascinent ; il tente des arrangements à effet baroque, il jongle. L'inspiration est truquée.

En pleine inspiration l'artiste n'a jamais besoin de chercher à « faire original ». Mais il peut arriver que cette préoccupation de faire original devance l'inspiration, l'élimine. Il se peut aussi qu'un artiste qui ne cherche qu'à réussir des tours de passe-passe, croie avoir trouvé là son inspiration profonde. Et il se perd en toutes sortes d'acrobaties, parfois enfantines : il risque de fabriquer de belles œuvres, mais sans âme ; car elles ont perdu toute direction, elles n'ont plus rien pour les conditionner intérieurement. Un certain hasard s'y est installé. On penserait devant ces tableaux pétards[3] que l'auteur aurait pu retrancher ou ajouter ceci ou cela indifféremment. Quelque chose manque à ces œuvres curieuses, une âme. L'artiste vient de sacrifier sa véritable originalité pour une autre, factice. Mais l'inspiration ne trompe jamais.

La formule actuelle de la peinture offre une effrayante disponibilité : on peut y mettre tant de choses, et si librement. Mais à ce grand risque d'éparpillement le véritable artiste oppose sa force de vision intérieure : il triomphe par sa sincérité. Truquer l'inspiration serait évidemment trop facile.

Édition critique

Éloge de l'impatience[1]

N'allez surtout pas devenir patients, c'est un grand vice ! Jadis, dans mes interminables voyages, j'ai rencontré quelques spécialistes de la patience qui m'ont semblé des désastres humains. La patience est la vertu propre à ceux qui ne réalisent pas que la vie est désespérément courte. J'ai même connu quelques mortels de petite envergure qui glorifiaient cette demi-vertu ; plus tard je détectai dans cette admiration un fond d'inconsciente paresse... quelquefois de peur. Quelques peureux sont patients, tous les patients sont peureux... Enfin, je considère la patience comme un petit moyen, une vertu de substitution, accessible aux anémiques, aux personnes que le rythme vital n'effleure pas, aux vieillards, bref à ceux qui ont du temps devant eux...

L'intérêt que je prends à la vie m'inspire une impatience toujours progressive. Je vois danser mon désir à mesure que mon intuition perce les premiers vagissements de la vie, devine quelque magnifique mystère au-delà. Quand je hume la possibilité de décupler ma vie en profondeur, de multiplier ses dimensions, de perfectionner son style, mon âme s'enfièvre, mes soifs se précisent. Tout ce qui empêche la branche de monter dans le ciel, tout ce qui étouffe la fleur, dessèche la source qui bondit, est mon ennemi. Je n'imagine pas d'autre jeunesse que fervente, éprise ; ni d'autre forme de vie que la plus impatiente. Le bonheur tranquille, amollissement sur place, me fait songer à une capitulation d'ardeur ; je l'ai banni à jamais de mes convoitises, lui préférant de toute éternité des joies plus précaires mais profondes. *Plus de vie*, voilà ma formule : ne négliger aucun symptôme d'intensité...

L'impatience est le signe de mon désir[2] : qui reste attentif à la vie n'échappe pas à l'impatience... L'intuition des innombrables rebondissements de ma vie me fait passer de l'indifférence à la ferveur ; la lucidité ne calme jamais, je la sens me piquer, me travailler, m'exaspérer d'enthousiasme. Suprême impatience de mon esprit, concentré sur la vie, follement attentif à moi-même ! Décidément, je ne puis imaginer la patience ici-bas qu'engendrée par une tendance à l'inertie. Patience, résignation, renoncement, tout cela dans mon esprit veut dire fatigue.

Il s'agit, me dis-je, de ne jamais renoncer ; et s'il faut renoncer à telle chose, que ce soit en vue d'en assumer une autre plus totale, plus parfaite. Je conçois d'ailleurs qu'on paie l'accomplissement d'un grand idéal par l'holocauste de tant de désirs particuliers. Atteindre sa plénitude de vie n'est pas une occupation de loisir ; c'est un impératif absolu, le moins écouté peut-être. L'amortissement, voilà le péché le plus regrettable...

Je n'ai plus le temps d'être patient. Je ne puis souffrir pour ma science l'éparpillement de l'érudition, ni pour mon amour ce qui en retarde l'apogée... Si j'étais patient je n'arriverais jamais ; la patience m'atrophie, elle exige que je prenne mon temps, c'est déjà le perdre. Comment puis-je supporter l'interminable diffèrement[3] de ma plénitude ? Voilà mon impatience qui devient avide.

Le spectacle des vies inachevées est le plus désolant ; ces hommes à l'état informulé, en larves intérieures, pensé-je, ont peut-être été patients, ils ont pris leur temps. Moi je n'ai pas ce temps et j'exècre leur patience.

Il n'y a pas de juste milieu ici-bas : la seule justesse de notre vie s'exprime dans un certain excès, notre vraie mesure c'est la démesure. Le juste milieu est ce qui n'ose pas se manifester. La patience non plus n'ose pas... essentiellement, elle est absence de risque. J'affirme donc, devant l'univers, l'audace, l'incertitude et la suprême vivacité de mon impatience. Elle signifie, en moi, ce qui n'en peut plus d'être englouti par la routine et déjoué par l'horaire. Mon impatience, c'est peut-être ma seule chance de vivre un peu.

Discours sur l'essentiel [1]

Tout ce qui scandalise la société m'enchante pernicieusement. Le scandale[2] m'est toujours apparu comme une noble révolte contre ce qui offense la pureté de notre idéal. La sincérité du scandale témoigne de l'idéal qu'on a et de la gravité de ce qui le menace. Plus on sent cet idéal en danger, plus on tente de le défendre ; mais il se peut que la lâcheté de l'âme, seule, menace son propre idéal. Et j'ai connu trop d'humains qui se scandalisaient de voir bafouer des principes qu'ils n'avaient même pas la force de défendre. Le scandale ne serait donc souvent qu'un reste de bonne volonté, l'arrière-garde qui refuse de capituler mais qui sent la partie perdue...

Toutefois, j'ai vite détecté, dans le phénomène scandale, je ne sais quoi de burlesque qui déclenche toutes mes ironies. J'ai remarqué avec détresse que les gens se scandalisent pour de l'accessoire et que l'essentiel leur échappe abominablement. Rien ne provoque tant l'indignation morale que le saugrenu, l'excès de grivoiserie, ou même parfois simplement quelque amour exceptionnellement fiévreux ; et rien n'est moins susceptible de scandaliser que la médiocrité, le mal le plus en vogue et le seul vice vraiment sérieux de l'humanité.

Je connais le point névralgique du scandale dans la société : c'est un lieu particulièrement fortifié en remparts de carton, véritable citadelle de conventions, inattaquable, solide comme l'utilité... Chaque convention défend sa parcelle de vertu, se dresse comme une protestation d'innocence. Mais par une étrange déformation, les conventions qui, au départ, ne sont qu'un signe officiel de la morale, tiennent bientôt lieu de toute morale. Et ce qu'on appelle morale n'est plus que cette effarante collection de préjugés, un manuel d'étiquette tout au plus qu'on observe avec tout le respect d'une bonne habitude.

Le système de conventions morales n'a, en soi, rien de déplorable, c'est bon signe ; ce que je déplore c'est que ces conventions résument toute préoccupation morale, c'est que le bon signe ne signifie plus rien. Je suis désolé qu'on ne se scandalise plus en dehors de ces catégories restreintes ; que quelques aberrations pharisiennes soient tout notre catéchisme.

Ainsi, les costumes de bain français, les profonds décolletés, etc. (bien méprisables d'ailleurs), obtiennent la plénitude d'indignation dont est capable la société. Mais en regard, on nourrit la plus monstrueuse paresse spirituelle, véritable chancre de laideur, d'avilissement et de disgrâce de notre esprit, avec une tranquille insouciance, sans trembler… Quelle disproportion ! La suffisance de l'âme m'apparaît mille fois plus coupable que n'importe quelle excentricité de nos corps fous ; et je considère que si on en est arrivé à ne plus s'en révolter, c'est que la faculté de scandale est émoussée, qu'elle se trouve scandaleusement détraquée. En se concentrant sur certains détails, elle se détourne de l'essentiel. Bien des préjugés moraux qui tourmentent l'honnête homme constituent une tragique distraction de son œuvre de plénitude.

Tant que la pensée restera dans l'homme la chose la plus inculte, la plus négligée, la plus indésirable, je ne pourrai m'empêcher de voir dans les petits caprices de la morale bourgeoise qu'un égarement de plus… Le premier objet de scandale contre lequel un homme doit se buter, devrait être l'image de son âme, miroir de médiocrité et d'étouffements multiples.

Je fais parfois des rêves, et j'imagine présomptueusement une cité parfaite[3] où enfin on enseignerait aux jeunes l'art de penser. Enseigner, par exemple, qu'il n'est pas de plus grand péché que d'étouffer son âme par la paresse de l'esprit, ni de plus grande détresse pour l'homme que la mort de la pensée (dont trop sont victimes avant même de « commencer à vivre »). Quelle admirable chose ce serait de promouvoir la lucidité à sa véritable dignité ; de la considérer comme l'impératif fondamental de l'homme.

Je dis que je n'entrevois pas de perfection pour l'homme, sinon engendrée dans la lumière de l'âme, ni d'amour vraiment efficace que soutenu par une profonde lucidité de pensée. Tant de petits travers, dont je nous vois affublés, seraient anéantis si notre esprit se donnait la peine d'y réfléchir méthodiquement ; la clairvoyance multiplie les chances de vertu. Décidément, je suis pour une morale de la lucidité. Et je ne conçois d'épuration pour l'homme qui n'ait d'autre point de départ que cette lucidité de l'âme. Je déplore qu'on se scandalise de tant de choses, et non de la médiocrité abêtie de notre pensée. Cela me semble la pire détresse, d'autant plus qu'on la pardonne trop facilement et qu'elle se nourrit de cette complicité universelle.

Le jouisseur et le saint [1]

Personne ne nous oblige à être sincère. Et tant mieux d'ailleurs. Si la loi me force d'être juste, et la société me contraint à la franchise, j'ai au moins cette sincérité[2] qui échappe à toute législation. J'en suis le seul maître, c'est une histoire entre moi-même et moi. Qu'un importun tente de s'insinuer, je reste libre d'être hospitalier ou non. Ma chambre intérieure, seul je puis y pénétrer : c'est un tribunal où je me juge moi-même à huis clos[3].

On est toujours sincère à partir d'une idée, et je crois qu'en conséquence la valeur de ma sincérité peut se ramener à cette idée génératrice : ainsi il se peut bien que cette idée soit un désir momentané, la première impulsion qui me vienne — si j'obéis, je suis sincère ; il se peut aussi que mon idée soit une volonté de perfection — si j'agis selon cet idéal, je suis sincère.

Et pourtant je répugne à affirmer que le jouisseur qui veut consentir à toutes ses impulsions, et l'homme qui ne veut rien faire qu'en vue de son idéal, soient aussi *sincères* l'un que l'autre.

Si le jouisseur décidé n'est pas moins sincère que le saint, la sincérité ne serait donc que le fait de s'en tenir à ce qu'on croit, et d'agir en conséquence... Le jouisseur met son absolu dans sa spontanéité physique, et le saint dans son idéal de perfection, mais la sincérité est la même pour les deux, et il n'y a de différence que dans ce que chacun voit... Pourtant, ici, je pressens quelque duperie. J'admets que le jouisseur, autant que le saint, s'en tienne à ce qu'il voit ; mais ce que je redoute chez lui, c'est un secret désir de ne voir que cela. À un certain moment, je crains fort que le jouisseur n'ait refusé de voir plus loin que son contentement immédiat. Sa sincérité admet au départ un refus de lucidité ; le jouisseur s'en tient donc, non à ce qu'il voit, mais à ce qu'il veut bien voir... À ce compte-là, on s'accommode assez facilement avec la sincérité : « Une âme vraiment grande n'acceptera pas d'être honnête à la façon dont on est aveugle », dirait Rivière[4].

S'en tenir à ce qu'on voit, la question n'est pas là assurément ; mais *voir jusqu'au fond*. Je me dis que la sincérité doit partir de cet idéal de lucidité, au risque de devenir la proie de tant de duperies. Si la sincérité n'est que l'enthousiasme à se manifester soi-même, sa règle peut être aussi bien abandon que rigueur, dissolution qu'unité. Entre se manifester tel qu'on est, et tel qu'on croit être, ou tel qu'on se contente d'être..., j'entrevois maints égarements.

Il m'apparaît de plus en plus que la sincérité est impossible sans une connaissance profonde de soi ; l'ignorance la condamne à des élans plus ou moins accidentels. Le saint, par définition, est parfaitement lucide, il voit tout... Et je réponds d'un homme qui se connaîtrait parfaitement, comment pourrait-il se trahir lui-même en pleine conscience ? Là commencerait la vraie faute. « La faute nue, c'est l'acte de la conscience contre elle-même... la faute est un acte de connaissance, non seulement dévié, mais inversé ; une connaissance *contre*[5]... » (Pierre Emmanuel)

J'entrevois toute vie comme un long discernement de soi, et l'effort admirable d'être fidèle à cette vocation dévoilée. Ma sincérité n'a de sens que comme fidélité à moi-même, non pas comme expression de tel ou tel premier mouvement. Ma sincérité ne peut être qu'une ; autrement, je dirais : mes sincérités.

Pensées inclassables[1]

Nous nous approuvons vite, avant même de nous connaître. Qui d'ailleurs cherche à se voir ? Avec soi-même on veut d'abord la tranquillité ; bien avant *l'unité* on cherche ce repos[2].

*
*   *

Celui qui cherche la perfection n'arrête jamais. Rien de ce qui est acquis dans la perfection n'est constamment l'enjeu du présent. À chaque jour je dois refaire mon courage, renouer mon amitié, vérifier ce qui était entendu. Ma vie comporte à chaque instant le risque de ce que j'avais gagné.

*
*   *

C'est un orgueil mesquin que se prétendre déçu par les autres. Certains se disent déçus pour se masquer leurs velléités, et rendre les autres complices de leur faiblesse : incapables d'assumer la responsabilité d'un amour ou d'une amitié, ils ne souhaitent que le moment de s'évader, où ils pourront dire enfin avec un égoïsme rassasié : « Je suis déçu[3]. » La déception arrive aux hommes quand ils ne se sentent plus la force d'aimer généreusement. C'est une porte de sortie.

*
*   *

L'art est une fête, mais excédente, trop forte ; c'est un miroir où je me vois depuis trop longtemps et que tout à coup je fracasse avec mon seul regard concentré. Le propre de l'art est de surprendre l'homme en flagrant délit de profondeur. Même celui qui s'attend à tout de lui-même, garde un secret effroyable ou grandiose : c'est là que frappe l'art, très près du mystère [4].

*

* *

Il y a toujours trop de mots entre moi et moi-même ; ils encombrent, et à force d'en mettre leur transparence devient opacité. Il faudrait ne dire que les paroles indispensables… mais parlons quand même[5].

« Le Corbeau[1] »

Ce film ne m'a pas plongé dans un monde plus excessif et plus noir que notre société régulière et souriante. Les personnages qui sont là ne sont pas plus malsains ni plus fous que nous tous, gens du juste milieu : ce qu'ils ont de plus effrayant que nous c'est qu'ils sont mis à nu. Ce monde n'est pas pire que tout le monde, s'il nous paraît abominable c'est qu'il est démasqué. Mettez un Corbeau avec autant de flair dans n'importe quel petit village… il y aura de quoi soupçonner les laideurs les plus insoupçonnables.

La lucidité du corbeau est l'acte de sa rancune contre la société. Cette société, dont il a longtemps subi l'envoûtement, il a conçu contre elle une telle haine qu'il ne pense plus qu'à la rabaisser, qu'à lui montrer à elle-même sa propre laideur qu'elle ignorait. C'est comme le revirement d'une infériorité, trop longtemps ressentie contre ce qui l'opprimait ; l'homme longtemps écrasé veut écraser à son tour, il veut détecter dans ce qu'il respectait malgré lui, tout ce qui maintenant peut justifier sa haine. L'objet admiré, il veut maintenant le rabaisser.

C'est à ce point que la lucidité du Corbeau est tendancieuse : il ne voit que ce qui est éclairé par sa rancune, que l'appât de sa haine. Il se met à dévoiler méthodiquement dans cette société tous les drames étouffés, toutes les passions secrètes : et ainsi profanée, cette masse de noirs secrets est prise de panique ; les passions réprimées, en prenant conscience d'elles-mêmes, s'affolent. Et ce désarroi, c'est justement le triomphe du Corbeau. C'était un monde habituel, il est désorienté de se voir si horrible.

Le *Corbeau* m'est donc apparu l'histoire d'une profonde rancune contre la société. Toute cette pourriture que le corbeau fait monter à la surface des lacs les plus paisibles, j'avoue que c'était un spectacle réjouissant pour mon cœur endurci. Je suis sorti de là assouvi.

L'équilibre professionnel[1]

Rien de plus désolant, quand on veut penser sa vie, que de réduire sa vie à l'exercice de cette pensée : celui qui veut s'exprimer par la littérature doit redouter par-dessus tout de n'avoir plus d'activité, d'expérience, de vie que son métier de littérateur. C'est justement ce rétrécissement vital que je redoute pour le littérateur professionnel. Les idées ou les mots, quand on s'y consacre pieusement comme à une carrière, peuvent perdre de leur contexte vital ; la littérature alors risque d'être gratuite, profondément inutile.

Le littérateur professionnel, par définition, se meut dans le monde des idées, qui est aussi fragile, aussi peu consistant qu'un château de cartes. Les livres sont des miroirs qui le dispensent d'aller aux choses… le miroir peut se faire écran. Et l'homme « entouré de livres » est un abstrait, un prisonnier enfermé dans un cachot réduit : il est éloigné de l'aventure magnifiquement mouvante de la vie, il la frôle hautainement sans y être présent. Cette littérature a tous les aspects d'une tour d'ivoire intouchée, désincarnée, c'est un métier d'abstraction[2].

Et justement je crois que ces littérateurs décidés qui pourtant se dirigent vers le droit ou la médecine (ou même la pharmacie[3]) ne choisissent pas d'abord cette profession pour l'assurance matérielle qu'elle promet. Ce qu'ils demandent surtout à cette profession, c'est une expérience proprement réelle et vitale qu'ils craignent ne pas trouver dans la vie de la pensée : à son existence d'avocat, le littérateur-avocat demande de tremper quotidiennement, de façon engagée dans le réel ; à la littérature il demande de se dégager par l'esprit, de s'élever au-dessus de la contingence du réel, cette aventure mesquine parfois, et qui souvent détourne de l'essentiel.

Il s'agit donc pour l'avocat-littérateur de réaliser un équilibre de vie, il s'agit de plonger dans l'existence temporelle par sa carrière, et, en même temps, de s'élever au-delà par l'exercice de la pensée. C'est donc un désir de ne rien tronquer en l'homme, ni l'exigence du concret, ni la vie de l'esprit.

J'admets fort qu'il n'y a d'équilibre véritable que cette unité profonde, entre la part du réel et la part désintéressée. L'expérience humaine doit être un tout compact, unifié, et il ne doit pas exister de rupture entre l'homme qui débarbouille ses enfants le matin, l'avocat qui règle des transactions à son bureau, et celui qui, le soir, travaille à un roman. C'est donc une unité de présence à la vie malgré la diversité de plans d'action. Mais je suis sûr que cette diversité d'activités n'est pas nécessaire : je crois qu'un avocat n'a pas besoin d'être littérateur pour être équilibré, et surtout je dis qu'un penseur n'est pas obligé d'assumer une seconde profession pour atteindre sa plénitude.

Le penseur par métier risque toujours de s'éloigner du réel, autant que le professionnel risque d'y être englouti. Les occasions de déséquilibre sont égales pour l'un et pour l'autre, mais en sens contraire. L'abstraction peut devenir l'aberration du penseur, autant que le concret peut aveugler le professionnel. Le penseur doit consentir au concret ; le professionnel, saturé de ce concret, doit s'obliger à le dépasser. Ceci n'est pas tellement loi d'équilibre que loi de plénitude.

À n'être qu'avocat ou littérateur, on réduit l'homme ; mais qui d'abord cherche son accomplissement total donne plus de sens à sa vie professionnelle. La profession n'est qu'une spécialisation forcée de notre vocation humaine ; menée pour elle-même démesurément, elle peut devenir un écart.

Le Christ ou l'aventure de la fidélité [1]

Je ne veux pas demeurer fidèle par habitude, mais par amour. Pour supporter tout le poids d'un attachement, je dois en supporter chaque jour la profondeur renouvelée. La fidélité sans amour est aussi vaine que son inverse : car, à ce moment, je suis divisé contre moi-même, je persévère dans ma fidélité et mon amour est défaillant. Plusieurs fois, à cause du Christ, j'ai été divisé contre moi-même ; plusieurs fois j'ai voulu lui rester fidèle et je ne l'aimais plus, d'autres fois je l'aimais et je ne voulais plus lui être fidèle. Le Christ n'est pas quelqu'un que j'aime immuablement, sans broncher, tous les jours de ma vie. Mon cœur est incertain comme la main d'un aveugle, et mes choix les plus irrévocables sont parfois la proie de mon doute et de mon inconstance. Certains jours je mets le Christ de côté, je l'oublie ; d'autres fois je me place devant lui orgueilleusement et je veux le tenir à distance, lui résister : c'est qu'il me dérange, il exige que je donne tout sans comprendre, il ne me laisse même pas le privilège d'être indifférent ou paresseux.

C'est comme certains jours où je ne puis regarder mon idéal en face tellement il me gêne ; tellement il est insupportable de regarder ce que l'on doit faire quand on voudrait ne rien faire. Quand je suis prêt à capituler, mon idéal me dit qu'il est encore temps de vaincre, quand je me laisse aller à l'irresponsabilité, mon idéal me ramène à l'intransigeante responsabilité de moi-même ; il surveille l'instant où je flancherai, le point précis où je tenterai de le fuir ou de le tricher.

Mon idéal est sans repos. Le Christ aussi est sans repos pour moi : je ne puis pas m'accorder de répit avec lui. Le moindre écart, la moindre légèreté il me les fait sentir. Pas jaloux, mais intransigeant. IL EXIGE D'ÊTRE TOUT OU RIEN. Et je suis balancé justement entre ces deux extrêmes d'amour et d'ignorance : j'imagine parfois le soulagement que j'éprouverais si je me débarrassais de lui, et je veux parfois lui vouer une fidélité profonde et que mon désir de plénitude ne soit qu'un secret désir de m'approcher de lui. Mais l'idéal du Christ est harassant, mais c'est quand je suis au sommet de l'effort que j'ai le vertige de l'indifférence insondable ; c'est aux limites de la persévérance que je ne vois plus pourquoi je persévère, pourquoi je suis fidèle.

Oui, quand il s'agit du Christ, j'hésite vertigineusement entre lui donner tout et tout lui retirer. Non pas que je doute de lui ; je l'ai choisi de toute lucidité comme j'ai choisi d'être moi-même. Mais quand il s'agit d'aller jusqu'au bout de son choix, quand il s'agit d'être soi-même jusqu'au bout comme d'être fidèle au Christ jusqu'au bout, ce n'est plus d'une espérance facile dont je me nourris mais de dureté, ce n'est plus d'un surplus d'enthousiasme dont je souffre mais de l'envahissement du désespoir et de la lassitude. J'ai beau désirer ma plénitude, mille fois sur la route je suis tenté de me négliger élégamment ; j'ai beau vouloir le Christ, chaque jour je risque de me retrancher dans l'indifférence.

Mais je ne puis m'ignorer moi-même. Être fidèle au Christ je sais ce que cela veut dire, c'est être fidèle à moi-même et je ne connais pas d'obligation plus insupportable. Exploiter de moi toute la perfection possible, ne laisser rien à l'inconstance, ni à la résignation, mais choisir, sans flancher, imperturbablement, me choisir jusqu'à l'extrême. Être fidèle au Christ, c'est ne rien permettre que ce choix intransigeant et total de ma perfection. Le Christ m'oblige à me choisir continuellement entre mille tentations d'éparpillement et de mensonge ; je n'ai plus le droit de me retirer du jeu, je n'ai plus la chance d'échapper à l'option. C'est un choix réfléchi, total ; non pas une vague acceptation de tout ce qui arrive, ni un consentement fataliste à la vie, mais une décision à prendre devant chacun de mes actes entre celui qui est néant et celui qui est plénitude, entre un moi réduit et la grandeur.

Je n'arrête pas de choisir entre ce qui me rapproche du Christ et ce qui m'en éloigne. Tout le conflit de ma vie est cette alternative de perfection ou de fuite, ce balancement entre la fidélité au Christ et mon propre désagrègement en tant qu'homme[2].

Cette fidélité au Christ, je suis conscient de l'exprimer surtout par rapport à moi. Je la comprends d'abord comme une œuvre personnelle très précise, d'autant plus ardue qu'elle n'est pas quelque sentiment vague entretenu au-dessus de ma vie. Je cherche d'abord l'achèvement de ma propre vie ; et je vois alors que je ne suis fidèle au Christ qu'en m'accomplissant moi-même héroïquement. Le Christ, je le veux trouver à partir de l'inconséquence, de la multiplicité, et même de l'absurdité parfois de mon existence, je le cherche en tout ou je n'en veux pas. Le Christ, pour moi, n'est pas une image immobile que je place au-dessus de mon lit ; il remue, il est hésitant, changeant, vertigineux, il subit tous les contrecoups de mon aventure humaine. Il n'en est pas l'unité définitive, mais l'unité qui se fait péniblement.

« La Cité parfaite » (Platon) [1]

Je trouve qu'il est plus progressif de parler de la vie universitaire, non pas telle qu'elle est, mais telle qu'elle serait en paradis. Et je possède cette mentalité à un tel point que je ne vois plus mes condisciples, mais leur idéal : je ne me contente pas d'observer des êtres imparfaits, mais je les regarde toujours sous leur aspect perfectible. Bientôt, victime de ma déformation, je me sentais entouré de fantômes de perfection, non plus d'êtres réels. Mais aujourd'hui je consens à faire un décalage entre mes convictions et la réalité ; ma soif de perfection m'avait détaché du réel, j'y reviens.

L'immense majorité des universitaires ne vivent pas pleinement leur vie universitaire : ils n'y apprennent ni le travail ni la fraternité. On s'attend à ce que l'étudiant, longtemps emmuré dans sa discipline de collège, dont je conçois la nécessité, s'épanouisse dans le climat plus favorable de l'université ; loin de là, il s'y atrophie, il achève son embourgeoisement. Ce qui reste nul pendant huit ans[2] l'est à jamais, concluai-je. Je ne veux pas disculper ces étudiants, mais je me dis qu'ils ne peuvent pas tous avoir tort.

Je constate que chez la plupart la pression de l'examen supplée à l'ardeur personnelle : trop d'universitaires ne travaillent que lorsque leur tâche est inévitable. L'absence de contrainte extérieure les rendrait à leur inertie ; l'examen devient la raison d'être du travail. La méthode de travail et l'esprit de recherche sont des mythes ; notre culture, une légende dorée. Les vrais travailleurs qui sortent du cours classique sont hors-série.

Me voilà rendu sévère, mais cet examen de conscience je me l'impose à moi-même.

Je viens de nous accuser de paresse, j'allais presque nous inculper dans une totale inertie.

L'université c'est la cité parfaite de Platon, nous l'oublions trop. C'est l'endroit du monde où la fraternité est encore la plus possible et la mieux favorisée : c'est le temps où notre voisin n'est pas encore un concurrent ou un rival. Je peux parler sans arrière-pensée avec un futur confrère, il n'est pas encore d'un parti politique (... ça dépend !), pas encore préoccupé par le commerce, il n'est pas encore fini, disponible. Le contact humain n'est jamais plus riche que dans un milieu d'hommes libres.

Hélas — et je m'excuse d'être vrai — à l'université chacun se cantonne dans son indolence, personne ne connaît personne et frôle tout le monde, personne n'ose s'exprimer, c'est une masse muette, une armée d'apathiques et de refoulés qui s'ignorent les uns les autres. Mais où est la fraternité ?... dans le titre de quelques associations décadentes, sépulcres d'échanges hypothétiques.

Mes réflexions sont véritablement heureuses. Je mets le doigt sur ce qui est désespéré mais par optimisme. L'université est un empire dans une cité, un privilège unique. Quelques-uns la considèrent comme une période qu'il faut absolument traverser avant la carrière, il faudrait la regarder parfois comme un sursis magnifique avant l'inévitable submersion dans la vie.

Son témoignage [1]

> « Il n'était pas lui-même la lumière, mais il est venu pour rendre témoignage à la lumière. »
>
> Saint Jean, I, I

Il n'était pas le maître, mais le disciple. Et ce qui fait la grandeur du disciple c'est sa résignation, son humilité. Le disciple part avec rien : c'est d'une tradition de pauvreté et d'inconséquence dont il doit tirer profit, il doit avancer avec tout ce qui lui manque.

Notre pauvreté la plus effarante, c'est le QUOTIDIEN : les cours, les notes à prendre, les examens, les repas, les sorties, les grossièretés, les plaisirs... un cycle qui se rapetisse toujours, une habitude qui signifie de moins en moins chaque jour. Le QUOTIDIEN, c'est un enlisement, c'est ce qui à la longue empêche de voir, bref, c'est le lot du disciple, de chacun de nous.

Il ne s'agit pas de refuser notre lot, nous y revenons sans cesse (de quelque façon que ce soit), il faut lui trouver un sens. Ce qui importe n'est pas d'oublier les heures de cours par une sortie, mais de mettre de la continuité de l'un à l'autre, de faire le point ; l'union doit en être pleinement significative, acceptée, complète[2].

L'œuvre du Père fut justement de faire passer l'Incarnation dans les moindres détails du quotidien : que nos cours, nos préoccupations intellectuelles, nos soirées soient, au même titre que les vêpres, des gestes chrétiens. Faire passer le Christ dans notre vie d'universitaires n'est pas un idéal facile : on est même tenté de faire des compartiments, tant pour la profession, tant pour le plaisir, tant pour le Christ... et les bons comptes font les bons amis !

L'abbé Llewellyn a remonté le courant ; avec lui la paroisse[3] devint un coin essentiel de l'Université. Pour qu'on y assiste en plus grand nombre il fit la messe le midi : il fit partir Carrefour pour réunir les intellectuels catholiques, puis les retraites fermées, les groupes de jeunes ménages (tout cela, que vous trouverez en ouvrant le numéro). L'abbé Llewellyn a revivifié la vie universitaire à partir de la foi ; avec un noyau de vie chrétienne notre vie universitaire se trouve toute changée : elle a une direction précise. Nous savons maintenant que la vie chrétienne ne consiste pas dans quelques légères concessions à la chapelle, c'est un réseau beaucoup plus étendu qui, pour chaque occupation de notre vie universitaire, possède une ramification ; c'est un réseau vivant.

Non, cet homme n'était pas la lumière, mais il est venu pour rendre témoignage à la lumière. Il a fait une éclaircie dans notre forêt ; il a fait reculer la frontière de l'obscurité et de la solitude. Il est venu avec sa portion de lumière, nous l'avons reçue…

Sur le même sujet [1]

L'ami Therrien semble s'en prendre au problème de la responsabilité de l'écrivain par le bout moins important. Le problème n'est pas de se demander premièrement si ce qu'on écrit va faire du mal au public. Le premier problème est plutôt de savoir si ce qu'on écrit est en accord avec soi-même ; si nos écrits sont vraiment sincères.

Un auteur ne décide pas à brûle-pourpoint d'écrire du « scabreux ». Il ne fait simplement qu'exprimer un certain aspect de sa vie, expression qui, de l'extérieur, peut paraître scabreuse aux yeux de tel ou tel, exagérée pour un pudibond, suggestive pour un gêné… Ceci est normal. Mais enfin, tout ce qu'on est en droit d'exiger d'un écrivain c'est qu'il soit de bonne foi : qu'il exprime la vie honnêtement, sans mutiler l'important, sans épingler l'accessoire. On demande à l'écrivain la sincérité la plus stricte ; alors, si son lecteur se méprend, s'il se scandalise, c'est que lui-même n'était pas prêt à recevoir telle connaissance, à rencontrer tel homme.

Il est illusoire de penser que l'artiste puisse prévoir toutes les conséquences morales de son œuvre sur un public qu'il ne connaît forcément que peu. Si c'était cela la responsabilité de l'écrivain, tout le monde se tairait, même les écrivains catholiques.

*

* *

Avant de dire vis-à-vis de qui l'écrivain est responsable, disons de quoi. Quel est le *contenu* de sa responsabilité ?... Lui-même, et c'est là le champ de la sincérité. La sincérité (i.e. : être vrai par rapport à soi-même, non par rapport à quelque désir, à quelque partie de soi, mais totalement), la sincérité, dis-je, est la seule vraie responsabilité de l'écrivain[2]. La responsabilité vis-à-vis du public vient après, elle est circonstancielle, imprécise, et surtout imprécisable[3] ; et d'ailleurs elle se réfère toujours à la première. Exigeons de l'écrivain, non pas une mièvre bonne foi, mais la sincérité. Automatiquement, peut-on dire, il sera « correct » vis-à-vis du public ; il ne l'aura pas triché.

Mise au point avec *Le Haut-Parleur* [1]

Si, pour les journalistes, l'éthique professionnelle n'est pas un vain mot, c'est au nom de cette notion que j'accuse aujourd'hui *Le Haut-Parleur* [2] de n'avoir pas joué franc jeu.

Voici les faits. Dans son édition du 6 octobre (nº 2), *Le Quartier latin* publiait un article intitulé : « Les trois libertés [3] ». Cet article correspondait pour nous à un besoin de préciser certaines notions qui étaient chargées à ce moment d'une actualité prenante, par exemple la notion de liberté d'expression. Quelques jours après la publication de ce texte, un individu, Sandro, rédacteur au *Haut-Parleur* [4], a appelé au *Quartier latin* et a sollicité la permission de reproduire l'article « Les trois libertés » dans *Le Haut-Parleur.*

Nous avons répondu que si nous avions à nous défendre, nous étions en mesure de le faire nous-mêmes ; et, en fait, nous ne voulions pas que *Le Haut-Parleur* vienne embrouiller nos cartes, et tenter de défendre *notre* cause à sa façon. Notre attitude fut nette : nous refusions au *Haut-Parleur* de se servir de notre texte. Dans les quatre ou cinq jours qui ont suivi, l'infatigable Sandro rappela au *Quartier latin*, essayant par tous les côtés de faire flancher une décision qui devenait de plus en plus inébranlable. Nous avons donc laissé Sandro sur un NON indiscutable.

Or, malgré notre refus, *Le Haut-Parleur*, dans sa livraison du 22 octobre, publiait l'article du *Quartier latin*, « Les trois libertés ». Première effraction, première tricherie. Ceci suffit déjà pour que nous doutions de la noblesse de l'idéal journalistique qui inspire *Le Haut-Parleur.*

Deuxième malhonnêteté : *Le Haut-Parleur* n'a pas manqué de nous enrôler — contre nous-mêmes — à servir sa cause. Ce journal s'est servi de notre article dans une rubrique intitulée « Le petit forum des étudiants ». Cette rubrique serait destinée à être le haut-parleur de la révolte à demi étouffée des étudiants. Je cite : « Nous publions dans cette chronique tout ce qu'on aura l'obligeance de nous faire tenir concernant le problème étudiant. Afin que les jeunes se sentent ici dégagés de l'atmosphère de réticence et de censure qui existe dans la plupart des feuilles collégiales, nous laisserons à tous l'entière liberté d'expression… » (page 4)

Je ne désapprouve pas une telle chronique, mais pour autant qu'elle corresponde à de véritables besoins. Que les « cris étouffés » (sic)[5] de révolte aient un minimum de spontanéité.

Nous aussi nous sommes pour la révolution, nous aussi nous sommes contre la censure. Mais faire la révolution, cela ne veut pas dire se buter stérilement devant un mur et piaffer de rage. Nous croyons que la révolution peut se faire encore mieux par la diplomatie, et avec un minimum de compréhension mutuelle. C'est une révolution plus lente, moins bruyante ; mais sa différence avec l'autre c'est qu'elle agit, qu'elle produira sûrement un changement. Et justement, l'article de Blouin sur « Les trois libertés », ce n'était pas un entêtement buté, mais une approche, une amorce d'entente. La censure, nous espérons encore qu'on va nous l'enlever ; et si on obtient cela, ça n'aura pas été à coups de pieds par terre, ni en boudant.

L'attitude de révolte prise par *Le Haut-Parleur* se voue d'avance à une certaine inefficacité. Ces messieurs, du moins, devraient ajouter plus de finesse à leur entêtement.

Il est pour le moins contradictoire de publier de force un article sur la liberté. Nous accusons *Le Haut-Parleur* d'avoir manqué, d'une façon précisément révoltante, de probité intellectuelle.

L'Assomption : « vérité implicitement révélée [1] »

Ce qui reste de pureté et d'amour quand il ne reste plus rien, ce qui est une dernière promesse quand tout a trahi, une dernière espérance quand tout va capituler, c'est Elle, la parfaite image de l'amour humain. S'il n'y avait pas pour nous cette promesse intarissable, nos déceptions, nos manquements, nos amours seraient encore plus noirs. La générosité que nous attendons de quoi que ce soit, c'est elle qui en garde l'absolue réserve.

Que si aujourd'hui l'humanité passionnément se tourne vers ce visage de parfait amour, c'est que cette humanité — peut-on la regarder comme une personne — est comme un enfant qui a vieilli trop vite et qui, désorienté, éperdu, recherche la sécurité de l'étreinte maternelle. L'enfant déçu aime reprendre confiance dans sa mère rédemptrice. Œdipe[2] revenait inconsciemment vers sa mère…

Il est remarquable que peu de controverses aient été soulevées autour du dogme par rapport aux controverses acharnées lors de la proclamation du dogme de l'Immaculée Conception en 1854[3].

La force du dogme de l'Assomption est celle d'un besoin. Besoin de filiation, besoin déchirant de se sentir aimé et compris. Quelques théologiens discuteront sur les fondements scripturaires du dogme, quelques cartésiens en mal d'évidence se choqueront de cette « vérité *implicitement* révélée ». Mais enfin, il devient inutile de discuter sur l'amour, de défier un appel. La Vierge, immaculée et incorruptible, est la plus grande promesse d'amour. Cela signifie tout pour une humanité désappointée.

« Plus une femme est mère, plus elle est vierge » disait Bloy[4]. C'est parce que Marie est notre mère qu'elle doit être si vierge, si magnifiquement l'image de l'amour parfait. La mère absolue ne peut être que pure, jusque dans son corps.

Je n'en dis pas plus. Je transcris maintenant ces quelques paroles de Graham Greene[5], romancier anglais, sur le dogme de l'Assomption (*Life Magazine*, livraison du 30 octobre).

« Aujourd'hui, le corps humain est considéré comme une matière utilisable, comme un quelque chose à être éliminé en gros par la bombe atomique, en un mot, comme une sorte de morceau de chair anonyme. Après la première grande guerre, d'innombrables croix marquèrent l'emplacement où étaient tombés alliés et ennemis : des flambeaux brûlent continuellement dans toutes les capitales de l'Europe au-dessus du tombeau des “soldats inconnus”. Mais aucune croix ne marque les tombeaux de ceux qui furent ensevelis dans les bombardements de Londres et de Berlin… La définition du dogme de l'Assomption proclame de nouveau la doctrine de notre résurrection, la destinée éternelle de chaque corps humain. C'est, de plus, l'histoire de Marie qui maintient la doctrine dans toute sa clarté. La Résurrection du Christ peut être considérée comme la résurrection d'un Dieu, mais la Résurrection de la Vierge Marie nous rappelle la résurrection de chacun de nous. » Il n'en dit pas plus.

Vouloir la paix[1] !

Quand je m'entends mal avec quelqu'un, je puis bien, pour en finir avec cet importun, lui mettre un bâillon, lui attacher les mains, lui lier les pieds, enfin, le réduire à rien. Alors j'aurai sûrement la paix. Mais drôle de paix, toutefois, celle qu'on obtient en écrasant.

La paix est une chose qui se mérite. On peut difficilement l'acheter même avec une bombe atomique[2]… Le monde veut sans doute la paix puisqu'il fait la guerre, me dis-je, et pourtant, on a nettement l'impression que plus on fait la guerre pour « avoir la paix », plus cette paix recule, s'éloigne de nous, plus elle nous glisse irrémédiablement des mains.

Il devient même risible de songer à la paix ; il faut se contenter d'espérer la victoire… Et toute victoire gagnée par écrasement est précaire ; elle n'est qu'une solution de hâte. La victoire par les armes reste un malentendu.

Mais à quoi bon ma philosophie ! puisque demain si nous sommes appelés par les Nations Unies, il nous faudra nous résoudre à aller défendre une grande cause… même avec ce piètre moyen qu'est la guerre[3]. Quand la sagesse humaine se résume à cette loi : « Écrase l'autre avant qu'il ne t'écrase[4] », la guerre est le seul langage possible entre les hommes, et la victoire la seule paix qu'on peut espérer.

« Il faut vouloir la paix, mais pas à tout prix », disait le Pape[5].

Europe 1950[1]

Faust disait qu'un homme n'a pas besoin de sortir de son jardin pour découvrir les grandes vérités[2]… Moi aussi j'aime bien mon jardin ! Mais je ne me suis jamais imaginé qu'il valait le monde entier. J'aime bien mes fleurs ; et pourtant, je jetterai un coup d'œil sur celles de mon voisin, je constaterai qu'il en a de plus belles que les miennes ou de plus désolées.

Le jardin de mon voisin a pour moi une valeur de première importance : c'est un point de comparaison. Un essai parallèle au mien, un exemple auquel [me] référer. Mon voisin a des recettes de culture que j'ignore ; une patience pour guider mon impatience ; ses risques, ses fiascos m'éclairent ; son effort m'inspire…

*

* *

Nous avons encore des « améliorations » à prendre de l'Europe. Il est certains chaînons de notre histoire qui nous manquent et qu'elle seule peut nous raconter. Que savons-nous par exemple de cette civilisation française d'où nous sommes embarqués ? Nous connaissons bien ces églises de notre province où le gothique et le roman se chamarrent sans succès, mais en avons-nous déjà vu du vrai ? Les splendeurs gothiques qui sont venues jusqu'à nous sont du genre carton-pâte. Nous en sommes réduits aux fac-similés.

Le gothique intempestif de nos églises…, il fallait que je me trouve un bon matin devant la cathédrale de Reims[3] pour en éprouver la vraie source, l'inspiration perdue. Il fallait aussi que je parle avec des paysans de la Touraine pour connaître tout le charme, toute la saveur, toute l'intelligente modulation de la langue française. Et il m'a semblé, cet été, en regardant les rives onduleuses de l'Yonne, et « les vallonnements de la Meuse qui sont plus beaux que tout… », il m'a semblé voir se dérouler devant moi un vers de Racine ; un vers écrit avec des bosquets, des forêts, de la verdure, un vers d'une sobriété sublime…

En traversant l'Atlantique, en passant de la Loire au fleuve Saint-Laurent, de la douce terre de France au climat farouche du Canada..., l'âme française a changé de vêtements. L'ancien contexte est perdu ; c'est une autre, une nouvelle harmonie qui reste à créer — avec des dimensions de vie inédites, avec son art imprévisible — l'âme canadienne. Il ne s'agit pas pour nous de reprendre les anciennes formules où l'âme française a gravé son nom. Le gothique avait un sens sous le ciel de France, et dans le temps... ; mais sachons passer outre. On diffère l'éclosion de l'âme canadienne à vouloir la tenir dans de vieilles traces. Le même problème pour notre littérature... Il reste ici, au Canada, trop d'atavisme français, trop de traditions qui ont force d'empêchement.

Alors faut-il se détacher de l'Europe ? Oui — en autant que cela est indispensable au développement d'une vie canadienne authentique... Ceci me rappelle le conseil de Gide à Nathanaël : « À présent, jette mon livre ; ne t'y satisfais pas. Émancipe-t'en. Quitte-moi... Ne crois pas que *ta* vérité puisse être trouvée par quelque autre[4]... »

Une seule tradition vaut la peine d'être continuée religieusement : celle du *renouvellement* français. Il est ridicule de garder le gothique ou le roman, comme on garde des fétiches ; on n'imite pas le style quand l'âme a changé ! La France se glorifie de Notre-Dame de Chartres, Rome a Saint-Pierre, et nous... nous ne savons pas encore de quelle expression nouvelle nous sommes capables, mais de grâce, favorisons-la. En trop de domaines nous nous encombrons de souvenirs européens. On ne fait pas du nouveau en regrettant l'ancien. *Il faut oser tourner la page...*

L'Europe tout entière est une leçon de spontanéité. C'est la jeunesse de la foi qui pointa vers le ciel la flèche des cathédrales, qui anima de spiritualité des masses de pierre ! Intarissable spontanéité que l'équilibre grec, que ce Moyen Âge passionné, que les splendeurs de la Renaissance… Et je ne sais rien de plus précieux ni de plus inimitable que cette spontanéité.

Séminar de Pontigny
Une recherche de la fraternité [1]

Le congrès de l'Entraide Universitaire Internationale[2] a lieu, cette année, dans un petit village français de la vallée de l'Yonne, Pontigny. À quelques-uns ce nom évoquera les célèbres décades de Pontigny qui réunissaient, chaque année, un groupe d'intellectuels européens. Ces décades se sont terminées avec la guerre et la mort de Paul Desjardins en 1940[3]. Paul Desjardins organisait ces rencontres dans le collège de l'Abbaye de Pontigny, édifice du XIIe siècle, là même où nous vivons cet été. Et cela me procure une certaine émotion de flâner dans les allées en fleur de l'Abbaye, quand je songe à telle conversation qu'y avait eue Paul Claudel et Charles Du Bos, et que ce dernier raconte dans son *Journal*[4]. Dans ce parc de sérénité où Valéry, Gide, Rilke, Wells, Du Bos[5] ont parlé ensemble, nous, étudiants de toutes les parties de l'univers, continuons une tâche semblable : tenter de comprendre notre monde actuel.

Le Seminar international de Pontigny est organisé

d'abord sur un programme d'études : chaque matin deux heures de conférences, chaque après-midi deux heures de discussion en équipe. Chaque conférencier, dans son domaine, tente d'élucider la crise de notre époque. Jusqu'ici les professeurs qui ont cette tâche sont tous chrétiens ; il existe donc, du côté du groupe professoral, une entente très solide dans leur explication d'un monde qu'on dit désemparé.

Il n'en est pas ainsi du côté des étudiants, puisque la majorité des étudiants n'est pas chrétienne : il s'y rencontre des athées, des communistes actifs ou sympathisants, mais surtout de ce qu'on peut appeler sommairement des matérialistes. Plusieurs de ces étudiants m'ont parlé ainsi : « Comment discuter avec un homme quand on ne s'entend pas sur le point de départ ? » Il s'est même présenté un Norvégien qui, au terme d'une discussion où l'on avait honnêtement tenté de définir le Bien comme norme morale, s'est écrié : « Mais tout ce que vous venez de faire là, c'est de la religion chrétienne. » Je ne dirais pas que telle réaction est irréprochable ; elle dénote une mentalité farouche vis-à-vis de tout ce qui est chrétien, une mentalité qui est un véritable mur quand on veut se comprendre...

Cette distance ingrate qui sépare un non-chrétien d'un chrétien, comment la franchir ? Car c'est là le but du Seminar que de fonder une entente sur le plan universitaire. Que nos confrères non chrétiens soient légèrement choqués par cette armée de professeurs chrétiens, il ne faut pas trop s'en contrarier. Cela leur semble un complot de prosélytisme, un complot tendancieux même. Il ne s'agit pas dans un cas pareil de s'accuser l'un et l'autre groupe d'étroitesse d'esprit, car à ce compte-là tout le monde aurait un peu raison et sûrement tort ; il s'agit de voir qu'on peut s'entendre quand même.

Un peu de fraternité rejette bien loin en arrière les différences d'idées. Il n'y a plus de chrétiens et de non-chrétiens quand les discussions sont terminées, mais des hommes sincères et sympathiques : un type qui attend une lettre de chez lui, un autre qui aime la même musique que nous, ou cet autre avec qui je partageais des admirations littéraires. Je ne dis pas que la fraternité existe en dehors de toute position idéologique ; mais que parfois ces positions doctrinales sont un masque impersonnel qu'on brandit devant soi et qui cache cela justement qu'un homme veut retrouver dans un autre, quelque chose d'un frère. Il importe moins de confronter des idées abstraites entre nous, que de sentir jusqu'à quel point nous sommes compagnons d'une même aventure humaine qui, au fond, a toujours un même visage de misère et de grandeur[6]. Ce n'est pas une doctrine que je veux rencontrer…

Le Seminar tient compte d'ailleurs de l'importance de la vie sociale de ses membres : des excursions, des soirées dansantes, des concerts y sont organisés par le comité des étudiants, en plus de tous les imprévus de notre spontanéité. Le lendemain parfois, la discussion est moins crispée, moins artificielle même. La sincérité y a fait un pas.

« J'ai la mer à boire », a dit MacArthur [1]

> « C'est la paix armée au sens où on dit d'un fusil qu'il est armé. »
>
> PÉGUY [2]

Cette fois j'étais décidé à écrire à MacArthur ; je voulais dire à ce caporal ma façon de penser. Mais je me suis arrêté, je n'ai jamais collé le dernier timbre.

Je me suis dit… Au fond c'est un pauvre homme, il fait bien son possible et il a peut-être raison de tirer sur du bétail humain et de ne rien respecter, sinon l'orgueil de son armée. D'ailleurs je ne connais pas encore d'ignominie à laquelle on n'ait trouvé une excuse élégante.

« Heureux ceux qui sont morts dans une juste guerre », disait Péguy[3] ; et cela comprend tout rassemblement humain accessible à la mitrailleuse, « quarante camions chargés de troupes ennemies », les civils coréens et toute chair humaine de couleur orientale. Et je n'énumère pas tout ce que la légitime défense peut excuser. Je ne tiens pas compte des villes entières brûlées à la méthode boche[4]. Je ne me pose pas non plus le problème de la subsistance des civils coréens pour qui il fait aussi froid que pour les « G.I. »… Je ne me pose pas tant de problèmes, car c'est pour le coup que je me décide à envoyer ma lettre.

Je ne me pose qu'un seul problème. Quelle que soit l'issue de cette guerre, que les Nations Unies gagnent ou pas, une chose semble certaine, c'est que les Asiatiques qui ont connu l'occupation ou la visite passagère des Occidentaux n'en garderont pas trop bon souvenir. La Corée se rappellera avec un rire jaune cette querelle de possesseurs dans son jardin... Les Asiatiques devinent sans doute que si les Occidentaux vont se battre en Corée et défendre le 38e parallèle, ce n'est tout de même pas pour leur bien-être. Les Nations Unies se battent en Corée pour défendre des positions, des « Gibraltar », des lignes géographiques, des points de repère, des possessions, tout, ou même n'importe quoi, sauf des Coréens. D'ailleurs les Américains ne font pas de littérature là-dessus, ils mettent le monde entier au courant de leurs projets d'avenir (c'est bien là la psychologie américaine ou le manque de psychologie)... et je doute fort que les Asiatiques aiment à se faire arpenter en « pouces carrés que les Russes n'ont pas[5] ».

Enfin arrivons-en à ce que je veux dire. C'est que le paternalisme américain en Asie est un complet fiasco. Même si les Américains ne se font pas déloger de Corée, même s'ils persistent et si la victoire est à eux, il est grossièrement clair que les Américains (ou autres Occidentaux) seront toujours considérés là-bas comme des indésirables. Ils auront beau répandre à profusion des cigarettes américaines, le Coca-Cola et les films de cowboy, ils ne répareront probablement pas la gaffe qu'ils font en ce moment.

Je me demande parfois si les Nations Unies ont raison de s'entêter avec des gens qui en fait sont plus en droit qu'eux de s'entêter : si les Occidentaux retournaient chez eux peut-être que ça réglerait la question. Il est probable aussi que si les Rouges triomphent en Corée du

Sud, ils convoiteront l'Allemagne de l'Ouest, et ainsi de suite... De toute façon, même si ce sont les Occidentaux qui triomphent en Corée, ils s'engagent non moins dans un cercle vicieux : car ils semblent avoir pris la mauvaise tactique pour se faire accepter en Asie. Et l'ingérence occidentale sur ce continent ne deviendra jamais une situation normale. Donc le refrain continuera...

Chaque matin j'écoute attentivement les nouvelles, et je commence ma journée, perplexe. Je me dis : « En insistant à ce point pour demeurer chez leurs ennemis, les Occidentaux s'embarquent dans le mauvais bateau... Comment cela finira-t-il et quand ? » Et à ce moment de mes réflexions j'aperçois des continents entiers de Canadiens (dans cinq ans évidemment, pas avant) aller défendre l'impolitesse des Américains...

Si les Américains avaient — en toute civilité — attendu d'être invités pour aller visiter la Corée, tout aurait été bien ; ils ont voulu précéder une invitation qui maintenant est à jamais repoussée. Mieux vaut ne plus penser à se faire inviter.

Les peuples ont parfois de ces maladresses...

Pour ce qui est de MacArthur, j'espère qu'ils n'attendront pas la fin de la guerre de Corée pour le nommer maréchal !

Le style, recherche d'authenticité[1]

Je n'ai jamais connu homme plus sensible aux contraintes que Gide[2]. Il a vécu son enfance et sa jeunesse dans un milieu protestant où la contention tient lieu de vertu. Et cette première expérience de l'hypocrisie vertueuse semble l'avoir meurtri à un tel point que, toute sa vie, il rechercha la sincérité comme un prisonnier peut désirer l'air pur. Cette sincérité, ce libre épanouissement du moi, il la chercha sur les sables du Sahara, dans les aventures du désir ; à l'art il demanda de le libérer, à la chair parfois, à l'amour… Son désir de sincérité rencontrait partout duplicité, mensonges, contraintes. Gide repartait sur d'autres routes pour retrouver la pureté…

Et si Gide retrouva jamais cette sincérité, c'est dans l'art. Les contraintes en art lui furent légères : en art seulement la liberté de l'homme est inconditionnée, sa sincérité respectée. Qu'on l'appelle dérivatif ou consolation, l'art fut pour Gide l'expérience la plus complète de la sincérité et de la liberté (« … cette doctrine de *l'art pour l'art*, en dehors de quoi je ne sais point trouver raison de vivre[3] »).

On craint beaucoup la sincérité d'un homme. C'est chose encombrante, je sais, et qui ne se réduit pas à coups de contrainte. Mais c'est par la sincérité, par le mouvement spontané qu'on marche dans la vie : ceux à qui manque cette simplicité vivent en plein désert. Et, somme toute, vaut mieux être un peu à côté de la voie du fond du cœur que « faire le bien » par contrainte. Et je me dis que la sincérité conduit son homme à faire le meilleur, et que celui qui étouffe sous la règle devient capable des pires revirements.

On repousse Sartre[4] en disant que cette littérature ne correspond à aucun besoin ici au Canada, et que ses plantes ne sont pas faites pour notre sol… ; d'accord. Mais on ne peut faire le même reproche à Gide : les problèmes de Gide sont éminemment nos problèmes ici dans Québec. Avouons-le, notre catholicisme n'est peut-être pas de meilleure qualité que le protestantisme que connut Gide. Nous aurions justement besoin, pour vivifier nos croyances, de cette sincérité… Dommage que Gide ne soit pas *mieux* lu, ici, car il aérerait notre religion à volets clos. Il glisserait un peu d'inquiétude, sans doute, mais de la sincérité dans notre armature religieuse. Gide même correspond moins à un besoin des esprits en France qu'ici ; et son appel de sincérité, c'est chez nous qu'il aurait le plus sa raison d'être.

Il faut déblayer l'œuvre de Gide pour n'y voir qu'un appel de sincérité, dira-t-on. D'autres ont pu résumer Gide à son immoralisme, à sa disponibilité, à son marivaudage spirituel… ; moi, je retiens, du contact avec son œuvre, ce drame central de la sincérité ; et parmi ses nombreuses soifs, celle qui m'a le plus frappé, le plus travaillé, c'est sa soif d'authenticité. Il écrit dans son *Journal* : « Le seul drame qui vraiment m'intéresse et que je voudrais toujours relater, c'est le débat de tout être avec ce qui l'empêche d'être authentique, avec ce qui s'oppose à son intégrité, à son intégration. L'obstacle est le plus souvent en lui-même. Et tout le reste n'est qu'accident[5]. » (3 juillet 1930)

Gide lui-même est resté en-deçà de l'authenticité qu'il cherchait ; d'ailleurs l'aurait-il tant désirée s'il n'en avait pas tragiquement manqué ? Toute son œuvre appelle une perfection que sa propre vie trahissait constamment…

Mais sa vie, après tout, n'est qu'une des réalisations possibles de son message d'authenticité, un des fiascos possibles, une des approximations… Et si Gide veut amener son lecteur à « être authentique », pas un instant il ne lui suggère de vivre comme lui, Gide, a vécu. « Un bon maître a ce souci constant : enseigner à se passer de lui[6]. » (*Journal*, 22 mars 1922) Gide n'a jamais voulu exercer d'autre influence que celle-là ; ce n'est pas sa vie que Gide enseigne à son lecteur, mais les leçons qu'il en a tirées, et qui permettront au disciple d'approcher plus près de l'idéal que le maître n'atteignit point.

Gide a cultivé toute sa vie une certaine disponibilité vis-à-vis de tout, refusant tout choix qui confisquait sa liberté… Je ne vois dans cette théorie que l'égarement d'un bourgeois et je trouve malheureux que Gide s'y soit bloqué. Du Bos raconte que Gide prenait plaisir à citer cette phrase de Dostoïevsky : « On ne doit gâcher sa vie pour aucun but[7]. » Cette façon de ne pas employer sa vie, Gide en avoue le fiasco dans ce texte : « La vérité, c'est que, dès que le besoin d'y subvenir ne nous oblige plus, nous ne savons que faire de notre vie, et que nous la gâchons au hasard[8]. » (*Feuillets*, 1913) Ce texte, que vient corroborer un certain ennui qui se dégage du *Journal* de Gide, de cette existence pantelante de gratuité, souligne la détresse d'un être qui serait toujours en vacances d'engagement. Le chemin que Gide a parcouru ne m'importe pas autant que le lieu qu'il voulait atteindre. S'il a erré en route, s'il a parfois dévié ou hésité, j'oublie cela, car je sais bien qu'il cherchait l'authenticité... comme un homme se cherche lui-même. « Il faut plus de précautions pour délivrer son propre message, beaucoup plus de hardiesse et de prudence, que pour donner son adhésion et ajouter sa voix à un parti déjà constitué. De là cette accusation d'indécision, d'incertitude, que certains me jettent à la tête, précisément parce que j'ai cru que c'est à soi-même surtout qu'il importe de rester fidèle[9]. » (*Journal*, 26 décembre 1921)

Nos feuilles de chou [1]

> « Les événements sont l'écume des choses. Mais c'est la mer qui m'intéresse[2]. »
>
> Paul VALÉRY

Nous ne prétendons pas être meilleurs que nos confrères. Ni pire qu'eux d'ailleurs. Mais le journalisme amateur laisse un certain recul pour regarder le journalisme professionnel, et nous en profitons. Ce n'est donc pas cavalièrement que nous faisons notre petite revue de presse ; comme nous nous méfions non moins de faire quoi que ce soit « en toute humilité », disons que ce sera à la pointe sèche.

Inutile de vous confier que nous aimons les idées. Stendhal voulait que le roman soit « un miroir qui se promène sur une grande route[3] », fort bien. Mais en journalisme un miroir qui n'est pas un miroir intelligent et réfléchi est un pauvre miroir. On ne peut pas se contenter de répéter incessamment la réalité, il faut faire un effort pour l'interpréter et la faire comprendre. Un journal qui se refuse à avoir des idées, qui ne veut jamais interpréter, opiner, prendre position… se condamne à la stérilité. Dire les faits brutalement, sans préparation, ni souci de cohérence n'enrichit pas un lecteur moyen. Chaque événement qui se passe dans le monde a besoin, pour être compris, d'être replacé dans un ensemble d'autres faits qui le soutiennent et qui l'expliquent ; sans ce contexte intelligible, l'événement isolé ne signifie plus grand-chose. Se refuser d'interpréter le fait, c'est aussi refuser d'agir intellectuellement et spirituellement sur le lecteur, et le laisser à son désarroi… Je viens de faire ici le procès de *La Presse*[4].

Inutile de vous avouer maintenant que nous admirons *Le Devoir*[5]. Il éduque, fait penser, enrichit… *Le Devoir* tente de donner les trois dimensions de chaque événement. Chaque fait est porté par un passé et engage un avenir imprécisable. Cette perspective du quotidien me semble indispensable pour comprendre ce qui se passe, ou du moins y réfléchir. Je ne comprends pas que tout lecteur ne désire pas percer la surface des événements pour connaître les lames de fond ; je ne comprends pas qu'on se satisfasse du récit des événements sans en demander l'explication. Le lecteur de *La Presse* enregistre quotidiennement une série de faits dont il n'éprouve pas la portée ; le lecteur du *Devoir* est quotidiennement tenu éveillé par la réflexion sur ces faits.

Décidément nous sommes pour un journalisme progressif. Quelle misère quand, de lui-même, un journal s'empêche de penser, d'interpréter. Quelle misère, quand on a le peuple entre les mains, de refuser de l'éduquer. J'imagine qu'au Moyen Âge le peuple allait se renseigner et apprendre quoi penser au sermon du dimanche ; aujourd'hui c'est au journal qu'on demande le pain quotidien intellectuel. Et si le journal refuse de donner cette bouchée de pensée, le lecteur reste sur sa faim, s'endort sur son ignorance : il sait que Pleven[6] a démissionné mais il ne sait pas du tout quoi en penser, que les Américains ont fait ceci, mais qu'est-ce que cela signifie ?

Le journal est responsable de la direction intellectuelle de ses lecteurs. On n'est pas un grand journal parce qu'on est abonné à plus ou moins d'agences de nouvelles, mais dans la mesure où on peut rendre compte avantageusement de cette tâche de direction et d'avancement intellectuels. En plus d'informer correctement, le journal doit agir sur les pensées de ses lecteurs, ou du moins les susciter… Que cette maïeutique intellectuelle se fasse par l'endoctrinement, le tragique, l'humour, le didactique, le comique ou le sensationnel, ça c'est une question de méthode.

La vocation fondamentale du journal reste toujours la même : éclairer l'homme de la rue.

Complexe d'agressivité[1]

Quelques événements méritent qu'on les explique. Jeudi, le 1er mars, un léger éclatement d'humeur s'est produit à l'Université, un embryon de grève, disons, qui suggère d'importantes leçons pour les deux côtés de la médaille[2]. Tout révolté qui a du flair dirait qu'il convient de regarder ce 1er mars, jour de colère, non pas comme un cauchemar, mais comme un signe.

Il serait quasi impossible de démêler tous les motifs qui se cachent derrière cette grève bouillonnante. Il semble clair, néanmoins, que l'histoire psychologique de chaque étudiant ait conservé de fort mauvais souvenirs de l'autorité, et qu'il y ait un peu de cette rancœur dans la grève du 1er mars. C'est comme l'enfant qui casse un pot pour protester qu'on ne s'occupe pas assez de lui, pour protester de sa présence, de son importance.

Aussitôt qu'on ne s'en occupe pas de façon évidente, tangible, l'enfant croit qu'on se fout de lui. Alors il crie, tape du pied, fait du chahut, dérange tout le monde, renverse..., et se dit rageusement : « On ne pourra certainement pas me négliger cette fois... »

Plusieurs psychologues m'ont confié que si on ne pouvait redonner confiance à l'enfant à ce tournant psychologique, c'en était fini de sa sérénité. Le caractère se renfrogne, les esprits se referment à trois verrous et couvent malicieusement leur frustration. Ce travail intérieur peut durer longtemps, vient un moment, tout de même, où il faut une soupape, une occasion, quelquefois un prétexte, mais il faut que ça sorte : la déception s'est transformée en agressivité. Il y a eu Asbestos[3], il y a eu le 1er mars et combien de cas individuels qui ont filé en douce, ou se sont exilés.

L'agressivité qui existe de fait chez nous (je réfère toujours au signe mentionné) n'est pas facilement réductible. Je me demande parfois : « Qui fera la première concession ? Nous accorderont-ils un fauteuil démocratique à leur conseil ?... voix aux chapitres qui nous regardent ?... plus d'importance ? Ou cela marchera-t-il à coups de 1er mars ?... »

Je n'ose prononcer le mot « révolution ». C'est celui qui, pourtant, me vient à la bouche. Et je me rappelle cette phrase que l'ancien évêque de Toulouse avait glissée à un Canadien : « Mais dites-moi... à quand la révolte au Canada[4] ? » C'est un fait : nous n'avons pas encore passé notre 89[5], et le besoin s'en fait sentir parfois. Question de soupape...

L'agressivité n'est pas la maturité. Elle est une première façon de s'affirmer, une tentative pour briser la tutelle, pour faire sauter le trône, simplement par désir de justice. Soif d'égalité, encore. C'est dans la contradiction que l'enfant s'affirme, et l'agressivité est le premier pas vers la maturité. C'est bon signe quand un enfant proteste, il est même souhaitable, selon une certaine optique de l'éducation, que l'enfant proteste énergiquement, sans peur. La maturité suivra bien...

Le 1er mars, notre vie psychologique a fait un pas. Et, comme on disait autour de moi ce jour-là, ce n'est pas le 30e anniversaire de l'AGEUM que nous fêtons, mais le 10e anniversaire de la Souscription[6].

Les miracles se font lentement [1]

La civilisation européenne se meurt, la civilisation américaine prend son élan. L'esprit européen n'avance plus, l'esprit américain ne sait plus où aller. Il existe entre cette fin et ce nouveau départ, entre le désespoir du vieillard et le désarroi de l'enfant, un point privilégié. Nous nous trouvons en effet au carrefour de deux mondes.

Situation privilégiée assurément : nous n'agonisons pas des maladies de la France, pas plus que nous [ne] nous confondons dans l'infantilisme américain. Nous sommes particuliers. Au début, cette situation d'entre-deux ne favorisait pas tellement l'esprit ; en deux siècles, nous avons tiré parti de cet écartèlement, et nous avons maintenant conscience que notre état de carrefour nous est une richesse… à exploiter.

Il existe pour les peuples, comme pour les individus, des moments privilégiés. C'est par une de ces merveilleuses injustices que s'est produit le « miracle grec » : quelques guerres, un déportement de peuple, rencontre de deux mentalités, une situation de carrefour… etc. Ne vous attendez pas à ce que je crie au « miracle canadien » ; je l'appelle, d'accord, mais, en ce moment, les produits de notre peuple sont flottants, pas encore à l'état universel. Jusque-là, nous avons bien écrit quelques romans, quelques pièces, mais remplis de canadianismes volontaires ! Comme s'il fallait nous consoler d'être autrement que les autres. Il ne faut pas croire que nous exploitons notre particularité en parlant jargon, et en répétant « Maudit que c'est beau ! » dans nos écrits. Notre richesse n'est pas dans cette exploitation d'ordre, je dirais, touristique. Notre richesse… eh bien, je laisse à ce numéro de vous indiquer les principales veines.

Je ne dirai donc pas le « miracle canadien » ; mais la « chance canadienne ». Nous sommes portés par une tradition idéaliste et pris dans une mentalité pragmatiste, entre deux façons de voir la vie, deux modes de pensée, deux nuances de morale…, c'est cela la « chance canadienne » : une chance d'équilibre nouveau, chance de réaliser une formule humaine imprévisible. Une chance à prendre, quoi !

Quelques-uns ont déjà tenté leur chance. Ce sont des courageux ; plus tard on les appellera des pionniers, en ce moment on les considère comme des ratés. Il y a là de quoi tirer une des grandes lois de l'histoire : « C'est à coups de ratés qu'on forme un milieu. » Je veux dire que les milieux ne se constituent jamais officiellement et au rythme des bonnes gens : les milieux se font par coups de tête.

Jusqu'à maintenant l'histoire de notre littérature est une suite de coups de tête plus ou moins éclatants. Continuons, me dis-je. Cela coûte cher d'être les « premiers venus », mais c'est plus passionnant.

Les hommes n'ont jamais dépensé tant de lucidité que pour observer le crépuscule d'un monde, ou la fin d'un âge… ; ce que nous vivons maintenant est encore plus prodigieux : nous faisons un monde.

L'originalité [1]

La première chose qu'on exige d'un écrit c'est qu'il soit original, donc — en quelque sorte — incomparable ! Et cela va de soi : même les écrivains sont d'accord pour que leurs écrits, poèmes et romans, ne soient valables qu'en proportion directe de leur originalité. Bien franchement, je crois qu'il est temps d'en finir avec l'originalité, l'inspiration, le je-ne-sais-quoi de divin qui doit marquer d'un signe indélébile tout ce qu'on écrit, de la même façon qu'on en a fini avec la magie, le chamanisme, la sorcellerie et toutes les variantes de la « pensée sauvage[2] ».

Pourquoi faudrait-il écrire sous l'inspiration euphorisante des dieux morts et non pas tout simplement parce qu'on est payé à tant du mot, selon sa qualité et sa compétence ? Bref, pourquoi faudrait-il être original et inspiré, quand il suffit d'exécuter proprement une commande qui rapporte une certaine somme d'argent ? Ou alors, procédons autrement : si un texte est bon c'est 10 000 $ (disons…), si, par-dessus le marché, il est original, c'est 13 000 $ (et cela inclut la prime au génie !). On peut même graduer subtilement la cotation d'originalité de l'écriture et le coefficient d'inspiration de chaque ouvrage, en utilisant une méthode scientifique pour établir la valeur au pair de l'intensité du souffle créateur.

Les textes inspirés, les ouvrages de génie sont comparables, en quelque sorte, aux moments privilégiés de la vie, dont le propre — commc on le sait — est d'accentuer le caractère intolérable de la vie. Autant je m'oppose fermement à la valorisation des présumés « instants privilégiés », autant je dénonce l'inspiration, le génie, le fétichisme de l'écriture et toutes les attitudes qui sacralisent ce qui est écrit et nous inclinent à combattre toute méthode de fabrication littéraire qui tendrait à faire du livre un produit de consommation comme les autres. Si, par exemple, l'industrialisation accrue s'est manifestée dans le domaine des revues illustrées, il n'en va pas de même de la confection des œuvres fictives ou poétiques qu'on fabrique, de nos jours, de façon pré-révolution industrielle pour ne pas dire archaïque !

L'originalité, c'est une sorte d'épiphanie imprévisible: à la limite, c'est une espèce d'esprit magique et capricieux. En transposant un peu, on peut dire que c'est analogue au mythe américain du puits de pétrole dans le jardin. C'est le gros lot, le coup de fortune, une sorte de « boom » mental qui est plus fort que l'être humain qui tient la plume.

Mais pour prendre l'exemple du capitalisme, les tenants du puits de pétrole dans le jardin possèdent, dans 99 p. cent des cas, des jardins assez exigus, mais n'ont pas de puits de pétrole ! La force du système capitaliste, toutefois, est telle que la seule possibilité d'en découvrir un, par hasard, en cueillant une rose, obnubile les pauvres jardiniers déficitaires. Il en va ainsi de l'inspiration avec un grand « i » ; tous les jardiniers l'appellent et la désirent, mais seule une toute petite minorité en reçoit la tonsure. Ce sont les Rockefeller de l'écriture. Mais les Rockefeller — il faut se le rappeler — sont moins jardiniers que prospecteurs et financiers ; de même que les meilleurs poètes sont moins écrivains du dimanche que des prospecteurs acharnés et méthodiques du langage.

L'inspiration et ses dérivés linguistiques sont des idiotismes survalorisés — des euphémismes, quoi — qui manifestent clairement que l'écrivain accepte de régresser en admettant qu'on ne le traite pas comme un travailleur tout simplement. La profession d'écriture, comme certaines valeurs minières assez suspectes, est sujette à des fluctuations inflationnaires : comme on dit à la Bourse, les valeurs littéraires ne sont jamais stables à la hausse et ne se redressent jamais. Elles sont excessives et leurs fluctuations fortuites, un peu comme les paris qu'on fait sur des chevaux dont on ne connaît que le numéro et qu'on ne verra jamais.

« Il y a des choses tellement plus intéressantes que les romans... », avoue la romancière Béatrix Beck [1]

Béatrix Beck[2] est devenue écrivain comme on devient soi-même : dès quinze ans elle écrivait des contes et des nouvelles et n'a jamais arrêté depuis. Le prix Goncourt est venu consacrer pour elle une activité qui lui était d'abord un plaisir, si tant est qu'on puisse réduire à un plaisir le besoin d'écrire.

Elle vit maintenant avec sa fille dans un modeste appartement à Saint-Germain-en-Laye près de Paris. Elle a perdu son mari pendant la guerre et depuis doit gagner sa vie et celle de sa fille. Pour cela elle a dû s'astreindre à toutes sortes d'ouvrages qui ne facilitaient pas son travail d'écrivain : elle a été longtemps secrétaire dans une compagnie d'assurances, elle dut même travailler la terre.

Ce n'est que depuis quelques années qu'elle peut exercer un travail moins ingrat : elle devint en effet secrétaire d'André Gide dans les derniers mois de sa vie.

Comment Béatrix Beck devint-elle secrétaire de Gide[3] ? Cela remonte à loin. Le père de Béatrix Beck était le grand ami de Gide. Il est mort prématurément en 1916, et Gide, en souvenir de son ancien ami, était resté en contact avec sa fille, et à chaque volume qu'elle publiait, il lui écrivait un mot d'encouragement. Béatrix Beck rencontra Gide à l'automne 1950 et le grand écrivain la prit alors comme secrétaire. C'était une chance inespérée pour Béatrix Beck, et elle garde encore un souvenir ému de la bienveillance de Gide à son égard. Le travail n'était pas compliqué par surcroît : elle dactylographiait les correspondances conservées par Gide, celle de Martin du Gard entre autres, et Gide faisait très peu de dictée, il répondait lui-même au courrier à la main. Ce qui enchantait le plus Béatrix Beck, c'étaient sans doute les conseils que Gide lui prodiguait et la liberté qu'il lui accordait pour écrire.

Je demande à Béatrix Beck si elle a retenu quelque leçon de ce contact avec Gide, si son œuvre en a accusé une influence. Elle me dit qu'au moins sur un point Gide l'a influencée : par sa volonté de netteté en littérature, volonté de supprimer le superflu, le bla-bla… Mais pour le reste Gide ne pouvait pas lui apporter beaucoup, affirme-t-elle, étant donné l'écart de leurs esprits, de leurs conceptions littéraires. « Chez Gide, les idées préexistent aux personnages, le personnage incarne une idée ; alors que pour moi le personnage s'impose d'abord, et tout ce qu'il peut y avoir d'idées en lui vient après... » Et Béatrix Beck suppose qu'il doit en être de même pour tous les écrivains-femmes : cette priorité du « senti » sur l'idée dans la création des personnages.

Je me demande si Gide lui aurait inculqué ses préoccupations techniques au sujet de la fabrication d'un roman. Elle me dit que non, et que ses préoccupations techniques sont très réduites quand elle écrit ses romans, et peuvent être ramenées simplement à des soucis de style : écrire d'une façon nette, coupante et vive...

Je lui dis que, précisément, j'avais été surpris en lisant *Léon Morin, prêtre* *, de la précision très masculine de son style, du mordant de ses notations psychologiques : alors, lui disais-je, que les femmes-écrivains, habituellement, noient des flots de détails et d'impressions dans un mouvement confus... L'explication est très simple : « Le premier jet de ce que j'écris, me dit Béatrix Beck, a toutes ces caractéristiques : alors, je le corrige avec les ciseaux. Et cela donne quelque chose de plus ramassé. »

Béatrix Beck avoue ne pas se poser beaucoup de problèmes techniques en écrivant ses romans : « J'ai un personnage en tête, et j'essaie d'en faire le portrait tout simplement. Je le vois agir dans telle ou telle occasion, et je le raconte... Ce n'est peut-être pas à proprement parler un roman ; il n'y a pas d'intrigue... ou du moins je n'y

* *Léon Morin, prêtre*, chez Gallimard (Prix Goncourt 1952).

pense pas. J'essaie de rendre le mieux possible le portrait que je trace. »

« Le roman-roman tend à disparaître, dit-elle ; on fait maintenant des romans-essais... D'ailleurs le roman est un genre indéfini, limité tout au plus par les autres genres littéraires : c'est un dépotoir où l'on peut tout mettre... Nous vivons une époque tellement tragique, comment pourrions-nous nous en détacher complètement en faisant un roman : nous y jetons nos préoccupations réelles, notre inquiétude, nos idées. »

Mais ne serait-ce pas pour fuir cette époque tragique et trop encombrante que l'homme écrit des romans artistiques [?] lui dis-je. Écrire une histoire ou en lire une, n'est-ce pas un refuge contre l'actualité [?] « Mais ce refuge dans l'art, répond-elle, témoigne de la gravité de l'époque qu'on essaie d'éviter. » Je lui parle d'un romancier comme Julien Gracq[4] : elle me dit que Gracq, ce solitaire artiste, doit être une exception. Ses auteurs préférés seraient plutôt à l'opposé : Simone Weil, Bernanos, Jouhandeau...

Béatrix Beck ne lit d'ailleurs pas beaucoup de romans. « Il y a des choses tellement plus importantes... » Parole qui peut sembler paradoxale dans la bouche d'une romancière : mais il faut comprendre que ce qui compte le plus pour elle ce n'est pas d'inventer des histoires, et que si elle en invente elle-même c'est pour y faire passer son inquiétude, transmettre ses aspirations, ses angoisses...

Plus jeune, au lycée, les deux écrivains qui l'ont le plus marquée furent Pascal et La Bruyère : un tragique et un précis, les deux pôles de son art actuel.

Et puis je pose la question idiote que j'avais sur les lèvres depuis quelques minutes (mais qui peut paraître justifiable quand on le rapproche du titre *Léon Morin prêtre*) « Êtes-vous catholique ? » « Oui, me dit Béatrix Beck, mais non pratiquante. »

Après avoir lu votre roman, dis-je, je vous aurais cru très près des questions religieuses… « Je considère qu'avant de se lancer dans les œuvres, il faut avoir réglé les questions fondamentales : la foi, Dieu… Or, comme elles ne sont pas réglées… »

Nous passons outre. Elle me parle de ses rêves, disons de ses projets. D'abord déménager à Paris, dans un appartement plus convenable. Et puis vivre de ses livres. Mais cela est très difficile : même avec un contrat pour dix romans auprès de Gallimard, le problème n'est pas tout à fait résolu : il faut que ses romans se lisent. Mais Béatrix Beck n'est pas inquiète de cet avenir : tout au plus soucieuse et avec, je crois le deviner, une somme très forte de courage.

À notre correspondant, Pierre Emmanuel démontre que les intellectuels sont les consciences malheureuses de notre temps [1]

*L'Ouvrier de la onzième heure** nous a révélé un Pierre Emmanuel[2] dont les livres précédents ne nous avaient pas laissé deviner l'existence. Bien que Pierre Emmanuel

* *L'Ouvrier de la onzième heure* aux éditions du Seuil.

demeure principalement le poète de *Babel* — et pour le public canadien un conférencier brillant et un ami sympathique —, il restera aussi l'auteur de *L'Ouvrier de la onzième heure* et l'homme qui a répondu, un moment, à l'appel d'une grande aventure politique et qui aujourd'hui vient témoigner à une sorte de procès moral du communisme.

Nous avons donc rencontré Pierre Emmanuel pour questionner non plus le poète de la résistance, mais l'homme politique que nous a révélé *L'Ouvrier de la onzième heure*. Ces deux aspects de Pierre Emmanuel n'impliquent pas, pour autant, de rupture de continuité et c'est la même inquiétude et la même fièvre qui traversent les images de *Babel* et les considérations politiques de *L'Ouvrier*...

Pour commencer de but en blanc et avec une décision qui pouvait friser la maladresse, je confiai à Pierre Emmanuel que son livre m'apparaissait comme la confession d'un déçu de la politique...

— J'ai beaucoup espéré d'un renouvellement de la politique en 1945, me dit-il... Mais ceux de ma génération n'ont pas pris pied dans la vie politique à ce moment-là. Les générations antérieures se sont installées au pouvoir sans se demander si une transformation des mœurs politiques était nécessaire à la résurrection de la France... Au fond, notre déception politique actuelle n'est imputable qu'à nous. Nous avons manqué d'énergie, de lucidité. Nous n'avons pas accepté de compromis. Ma génération ne s'intéresse plus à la politique de façon positive, sauf le parti communiste... Camus représente bien cette attitude. Il a essayé d'abord d'apporter un ton moral dans les problèmes politiques, il s'est finalement retiré dans une position de morale individuelle... Je n'ai pas accepté de tour d'ivoire quelconque.

Je crois que les intellectuels ont une tendance excessive à voir tout à travers la grille de certains systèmes. Ils pensent la politique comme ils pensent la morale, avec des préceptes abstraits.

— Trouvez-vous regrettable que, dans le monde actuel, la politique couvre tous les domaines d'action et tout mouvement social ?

— La politique, me répond Pierre Emmanuel, est une des formes, mais pas privilégiée, que prend la vie collective. L'accent a été par trop mis sur la politique comme réalisation du destin humain. Les politiciens de notre époque sont obsédés par la recherche d'une forme politique qui intègre l'homme dans une structure durable. Au fond, ils cherchent un nouvel empire. C'est une grave hérésie. L'unification de toutes les activités humaines ne peut être qu'œuvre de foi... et l'unification politique que peut accomplir une force politique ne signifie pas nécessairement unité spirituelle.

Mais s'il admet être déçu par toute politique intégrante, Pierre Emmanuel ne se confine pas pour autant dans un système de désespoir et songe aux moyens de revivifier la politique par la redécouverte du quotidien...

— Il me semble, continue-t-il, qu'il y a de plus en plus, en France, une séparation entre le gros nombre et ceux qui — limités — détiennent le pouvoir... Le syndicalisme est peut-être la seule force politique qui touche aux problèmes réels. Les syndicats ont d'ailleurs tendance à se substituer, dans l'action, à la politique...

Pour Pierre Emmanuel, les structures vivantes ne sont pas intégrées par la politique, demeurent invulnérables…

— Peu de ce qui fait l'armature durable de notre pays est atteint par les changements de la politique. Il faut revenir à ces formes, en vivre la vérité. Au lieu de s'exiler dans l'illusion politique, il faut faire s'épanouir ces formes et en arriver à revivifier la politique à partir du quotidien… L'asphyxie actuelle de notre démocratie vient peut-être de ce qu'elle a été conçue de façon abstraite.

À ce compte-là, le syndicalisme est plus près de la vérité sociale que le pouvoir du gouvernement…

— On a tort, me dit Pierre Emmanuel, de considérer que le seul problème social se traduit par la lutte du prolétariat pour sa libération, car on détruit ainsi la multiplicité des formes sociales. Le monde syndical tente présentement une partie extraordinaire qui n'est pas seulement de défendre les intérêts d'une classe mais d'élever cette classe à plus qu'une défense d'intérêts. Je regrette que le syndicat ne soit qu'une machine de guerre, qu'une bastille qu'on pousse contre la forteresse ennemie. On peut donner d'autres buts au syndicalisme.

Pierre Emmanuel, comme poète, revient toujours au sens premier des mots, souvent très loin du sens déformé qu'ils ont pris pour des fins de propagande ou d'action…

— On a simplifié l'idée du prolétariat : c'est le groupe des exclus, alors qu'en fait il y a peu d'exclus dans la vie française. Il existe, à cause des conditions économiques faibles partout, une continuité sociale de la paysannerie à la petite bourgeoisie… Nous employons trop de mots en politique, qui ne veulent rien dire, si bien que notre phraséologie masque des intérêts et non des réalités. La parole devient une arme dont on peut se servir sans aucune règle de guerre. Les mots sont devenus des instruments de mensonge… Peut-on rendre aux gens le sens des mots ? Je crois que oui, dans la mesure où on leur rend le sentiment d'appartenir à une réalité tangible. Avant de penser à une action politique, il faut penser à ne pas mentir !

Pierre Emmanuel élabore une philosophie du renouvellement social qu'on peut considérer comme sa conception propre du syndicalisme.

Le regroupement politique pourrait se faire, non à partir de la tête, car elle est absolument invertie, mais à partir du corps. Il faudrait redonner la parole au peuple. On apporte au peuple des formules et on lui donne un bulletin de vote, si bien que, pendant les dix minutes qu'il passe dans l'isoloir, il a l'impression qu'il gouverne… Le socialisme donnerait à chacun de nous l'impression d'appartenir au groupe en nous donnant des responsabilités singulières.

Il évoque à ce propos les groupements locaux qui sont le vrai corps de la nation et où l'individu a le plus l'impression d'être incorporé. Ce désir d'incorporation, les intellectuels eux-mêmes n'en sont pas exempts…

Les intellectuels, me dit Pierre Emmanuel, sont les consciences malheureuses de ce temps… Nous sommes intellectuels, par le fait même, nous ne sommes pas regroupés. Les paysans le sont, les ouvriers aussi, pas les intellectuels. Et pourtant eux aussi ont un domaine particulier, celui de la parole… L'intellectuel moderne devrait construire les valeurs ou les ressusciter. Notre tâche est de donner aux mots leur sens et de contrôler ce sens d'après certaines réalités. La responsabilité de l'intellectuel est d'assumer certains principes moraux et de les faire vivre. Et en tant qu'intellectuels chrétiens nous devons livrer la bataille des principes.

Pierre Emmanuel me parle de ses propres hésitations, de ce qu'il appelle ses ballottements, mais il ajoute avec fermeté et sur le ton d'une profession de foi :

— Je crois de plus en plus que chacun de nous doit trouver son port d'attache... et s'il est chrétien, il doit promouvoir une nouvelle efficacité de principes à l'intérieur de l'Église. Les laïcs chrétiens doivent être batailleurs. Il faut parler aux prêtres avec l'égalité que donne le fait d'être chrétien. Il faut leur rappeler avec la dernière violence que la fonction essentielle de l'homme est présence historique aux réalités... L'Église est trop devenue propriété personnelle des prêtres. Le laïc, lui aussi, est possesseur de la vérité du Christ et il doit la faire agir.

L'intellectuel chrétien est-il l'ouvrier de la onzième heure dont la tâche est plus urgente et plus impérieuse que toute autre [?] Il reste toutefois, d'après les paroles de Pierre Emmanuel, que l'intellectuel de notre société ressemble à un apôtre. Il est errant comme les apôtres, mais, comme eux aussi, il porte la parole à ceux qui en ont besoin. C'est la mission secrète du poète, de l'écrivain et, après lecture de *L'Ouvrier de la onzième heure*, on ne doute pas que ce soit celle de Pierre Emmanuel.

L'Échéance de Maurice Gagnon [1]

Julien Harcourt, un industriel marié, riche et séduisant, doit subir une intervention chirurgicale délicate dans la tête. Comme ses chances de survivre à l'opération sont minimes, il se considère comme un condamné à courte échéance. Le jour même où le médecin lui révèle le diagnostic, Julien Harcourt va s'asseoir dans un vieux parc pour remâcher sa tristesse. Comme par hasard, une jolie jeune fille est assise sur un banc voisin. Il s'approche d'elle, lui parle gentiment, sans arrière-pensée. Mais cette première rencontre en amène une autre, accidentelle, puis, de fil en aiguille, tout finit par un adultère.

Maurice Gagnon, l'auteur de *L'Échéance*, fait progresser cette situation initiale avec beaucoup de maîtrise. Son récit est composé d'hésitations, d'approches, de feintes, bref de tout un rituel sentimental et physique qui rend l'aventure de son héros, Julien Harcourt, vraiment alléchante.

Dans cette première partie du roman qui raconte les préparatifs de l'adultère, Julien Harcourt se comporte comme un bon bourgeois, à la fois sentimental et flegmatique. Survient l'adultère : le lecteur croit qu'il sera plongé dans une nouvelle ambiance chargée d'intensité et d'émotion. Erreur ! Le roman ne change pas de ton et Julien Harcourt lui-même enregistre à peine ce bouleversement de situation. Il ne se produit en lui ni rupture ni éclatement, mais tout juste un surcroît de bonheur qu'il savoure paisiblement. L'adultère se déroule ainsi, pendant plus de cent pages du roman, dans un climat d'amnistie générale ! Julien Harcourt poursuit son aventure avec la fille comme s'il était sûr à l'avance du pardon de sa femme, de sa fille et de toute la société. Son flegme intérieur n'a rien de cynique ou de dur. Au contraire, Julien Harcourt est plutôt mou : il se regarde vivre avec attendrissement et impunité. La crainte de la mort lui procure une détente complète : ses réflexes sont ramollis, sa conscience intoxiquée par le bonheur.

Une telle absence de réaction surprend et déconcerte : on a devant soi un personnage qui, tout d'un coup, s'évanouit de contentement et devient, sans s'en rendre compte, doucement inhumain. Il est certains cas où la disparition de la culpabilité peut être littérairement féconde : c'est celui de *L'Étranger* de Camus[2]. Mais chez Julien Harcourt l'effritement moral n'est compensé par aucune attitude de défi ou de révolte. C'est tout simplement un appauvrissement inintéressant de la conscience[3].

Une histoire « arrangée »

Il faut dire que l'intrigue de *L'Échéance* favorise ouvertement le bonheur isolé et presque irréel de Julien Harcourt. Le conflit n'éclate jamais, car tous les personnages sans exception se concertent pour excuser les écarts de conduite de ce sympathique industriel. On sent clairement la complicité du romancier qui arrange les choses pour le mieux, fait taire les personnages qui normalement devraient réagir et ne laisse la parole qu'aux gens complaisants. Le romancier ordonne la disponibilité de ses personnages en fonction de Julien Harcourt (son préféré) qui doit, à tout prix, poursuivre son aventure sans être dérangé, ni surtout coupable.

Quand on a fermé le livre, on a l'impression que le romancier est passé à côté du vrai drame, qu'il l'a évité de justesse. Ce roman aurait pu être une œuvre forte, robuste : tous les éléments d'un drame sont inscrits en grosses lettres dans l'intrigue. Hélas, *L'Échéance* est une idylle agencée de façon à ce que le héros puisse aimer et souffrir dans des conditions idéales et dans un monde parfaitement prévisible. C'est un roman où la vie est arrangée.

L'œuvre de Maurice Gagnon se lit agréablement : les scènes sont rythmées et habilement reliées entre elles. Il y a même un certain lyrisme qui éclate par bouffées dans le roman, mais qui pourrait s'épancher avec plus de résultat dans une œuvre écrite à la première personne. D'ailleurs je crois que Maurice Gagnon aurait beaucoup gagné à écrire son roman sous forme de confession.

***Les Inutiles* d'Eugène Cloutier**[1]

Ceux qu'Eugène Cloutier appelle les « inutiles » sont deux fous qui, un bon soir, ont quand même assez d'intelligence pour s'évader de Saint-Jean-de-Dieu[2]. Aussitôt libres, ils se proposent de retrouver dans Montréal un ancien confrère de l'asile, que la société vient tout juste de réhabiliter au titre d'homme normal.

Dans cette poursuite étrange et fantaisiste de leur ami Julien, les « inutiles » reprennent à zéro leur existence. Leur évasion est une renaissance : projetés une seconde fois dans le monde, ils essayent péniblement de s'y frayer un chemin. C'est la grande aventure de l'adaptation qui recommence pour eux.

Le thème de l'amitié

Les deux « inutiles » ont quand même un but dans la vie : retrouver leur ami Julien. Toutes leurs actions ont un rapport direct avec la présence diffuse et occulte de Julien. L'ami est là, partout, à tout moment, invisible mais mystérieusement présent… comme un dieu ! Ces chapitres où Julien n'apparaît pas, mais dirige l'action, dicte les paroles et agit par en-dessous, sont vraiment les plus beaux du roman. Les deux « inutiles » semblent alors exécuter une danse sacrée autour du fantôme de leur ami Julien. Dans leur esprit fragile, tout prend une allure fantastique. Les objets et les individus leur tiennent un langage cabalistique : tout est louche et, par conséquent, tout est significatif. Eugène Cloutier a rendu ce climat obsessionnel de l'attente avec une parfaite maîtrise de romancier ; autour d'un rien, il reconstitue un ensemble d'indications mystifiantes qui créent une ambiance policière soutenue.

L'ami fait finalement son apparition dans le roman, mais sa venue se solde en un fiasco pour les « inutiles ». Tout s'écroule, le monde se désintègre et leur raison vacille à nouveau…

Après cette déception terrible, le roman semble hésiter un moment entre la fantaisie et le drame. Dans un monde « normal », il y aurait là tous les éléments d'un drame ; mais dans l'univers naïf et inconséquent des fous, le drame est quasi impossible… Les « inutiles » ne sont pas en mesure de vivre un drame : ils sont en deçà du drame. J'admire ici avec quelle habileté Eugène Cloutier s'est effacé devant ses personnages de façon à ce que le roman se déroule à leur niveau mental, soit dans un climat enfantin qui n'a rien de commun avec les dimensions psychologiques des adultes.

L'humour

On remarque aussi, dans *Les Inutiles*, un parti pris d'humour. Et cela dans certains effets de style : comparaisons cocasses, raccourcis inattendus, images insolites... On a l'impression que l'auteur raconte son histoire en faisant un clin d'œil au lecteur, mais Eugène Cloutier se garde bien de faire de l'humour aux dépens de ses personnages. Disons que l'humour, dans ce roman, ne fait que souligner discrètement l'écart mental qui existe entre les « inutiles » et les lecteurs !

Le roman d'Eugène Cloutier ne présente aucune défaillance dans la construction et est écrit dans un style parfois précieux, mais toujours vif et coloré. Le plus grand mérite de ce livre réside peut-être dans une certaine qualité poétique qu'on aperçoit dans l'écriture autant que dans le climat romanesque. Les personnages et les objets ont un caractère étonnant qui retient l'attention. Eugène Cloutier n'est heureusement pas dérangé par le réalisme[3] ; il voit ses personnages avec aisance et surtout avec ce regard créateur[4] qui transforme deux pauvres fous en personnages fabuleux !

NOTE - *Les Inutiles* d'Eugène Cloutier sont publiés par le Cercle du Livre de France.

Mon fils pourtant heureux de Jean Simard [1]

Fabrice Navarin, le narrateur, entreprend d'écrire un livre qui n'est ni un roman ni un essai, mais une « tentative de compréhension ». Une hérédité confuse pèse lourdement sur son esprit et, pour en mesurer l'empire, il écrit sa propre généalogie.

Il s'agit d'une généalogie d'ordre intime : Fabrice Navarin revit en pensée la naissance de l'amour entre son père et sa mère, le climat de leur mariage et les événements qui ont précédé la naissance de leur fils unique...

Un musée familial...

Dans cette partie rétrospective du récit, Jean Simard fait preuve d'une vision romanesque vraiment très riche. Il voit les événements passés avec clarté et pénétration. Son livre se trouve ainsi composé de plusieurs tableaux charmants et nuancés. Le lecteur a l'impression de visiter, en flânant un peu, un musée familial typique du Canada français. Jean Simard prend plaisir à peindre ces tableaux de famille, à leur donner du relief, de la couleur et une expression stylisée. Il aime se remémorer et refaire, en s'attardant, le cheminement familial dont il est l'aboutissement.

Jean Simard écrit avec beaucoup d'aisance l'histoire de son enfance ; mais quand il raconte sa vie d'homme, il devient circonspect, hésitant et presque interdit. Sa bonhomie passe à la rigidité, par exemple, quand il parle de ses amours. Le style devient allusif et le lecteur doit imaginer seul les phases du drame qui conduisent Fabrice Navarin au bord du suicide.

Cette réticence subite du narrateur est peut-être le plus grand aveu du livre. L'atavisme familial dont parle Fabrice Navarin s'illustre de lui-même : c'est le silence. Le narrateur est figé, bâillonné, par son éducation janséniste. Quand il veut parler de son expérience d'homme, il est soudain pris de pudeur : il n'ose pas mettre les mots qu'il faut sur son drame et le transpose, pour échapper à l'aveu direct, sur le plan religieux.

La peur de l'aveu

Fabrice Navarin souffre du même mal que son père : il se tait, il ne communique pas. Son récit ne réussit pas à surmonter cette pudeur atavique pour devenir un épanchement libérateur ! Les derniers chapitres du livre, qui concernent l'approche du suicide, sont écrits en *mezza voce* et le conflit réel du personnage est exprimé de biais, par une longue méditation sur la foi. Cette sublimation est regrettable jusqu'à un certain point car elle nous prive de l'émotion réelle qui rendrait le drame de Fabrice Navarin plus humain, j'allais dire : plus vraisemblable. Car une finale aussi tragique devait couronner un récit élaboré et franc, et se substituer à lui.

Fabrice Navarin a peut-être surmonté « la peur multiforme » qui le terrassait mais il demeure victime d'une autre peur, plus sournoise, celle de l'aveu. La peur de tout dire a privé ce livre, pourtant très beau, d'un surplus de vie et de grandeur qu'il méritait.

Jean Simard n'a pas besoin d'avoir recours à la fiction romanesque pour livrer ce qu'il porte en lui. Il lui suffirait de pousser le plaisir de s'épancher jusqu'au courage et de triompher de cette pudeur « multiforme » qui le retient dans son accomplissement d'écrivain. Il ne manque que cela pour faire de *Mon fils pourtant heureux* le livre tout à fait admirable que Jean Simard est en mesure d'écrire.

De Frontenac à Saint-Denys Garneau[1]

Nous comptons sur les doigts de la main les grands écrivains canadiens, mais cela ne nous empêche pas d'avoir, nous aussi, des classiques ! Il ne faut pas chercher, parmi ceux que les éditions Fides appellent nos « classiques canadiens[2] », des auteurs qui ont laissé des œuvres vraiment complètes, ni même des écrivains hors mesure dont les audaces sont devenues des canons actuels de perfection.

Ce sont plus simplement des écrivains qui, d'une façon ou d'une autre, illustrent notre histoire, nos scrupules littéraires et nos complexes nationaux. Ce sont des classiques à la mode de chez nous, des classiques « maison », mais qui méritent quand même notre attention parce qu'ils sont à notre image et à notre mesure.

La collection de « Classiques canadiens », lancée

tout récemment par les éditions Fides, est une initiative remarquable. Il s'agit de petits livres, de format attrayant, qui comportent une présentation de l'auteur par un spécialiste et un choix de textes. Quatre tomes sont parus à cette date : *Champlain*[3] de Marcel Trudel, *Frontenac*[4] de Lilianne et Guy Frégault, *Crémazie*[5] de Michel Dassonville et *Saint-Denys Garneau*[6] de Benoît Lacroix.

Frontenac

J'ai d'abord lu le *Frontenac* de Lilianne et Guy Frégault. Guy Frégault, en quelques pages, réussit à tracer un portrait coloré du gouverneur et un tableau habilement résumé de la Nouvelle-France qu'il venait diriger. Dès l'introduction, nous sommes subtilement mis en présence d'un politicien hésitant qui manifeste plus de panache que de logique et d'un homme intrigant mais quand même sympathique. Guy Frégault nous transporte avec habileté à l'époque de Frontenac, si bien qu'à la fin de cette courte préface, nous sommes tout disposé à lire la prose alambiquée de notre ancien gouverneur.

Guy Frégault, lui-même, est un écrivain plus classique que Frontenac, sa phrase est limpide et sa pensée possède cette rare vertu de saisir instantanément le lecteur. Son introduction nous convie avec chaleur et intelligence à étudier plus à fond le cas de Frontenac. En un espace limité, Lilianne et Guy Frégault ont ordonné des textes qui présentent l'œuvre politique de Frontenac sous différents éclairages.

Marcel Trudel qui, dans cette collection, présente un Champlain, a travaillé dans ce même esprit d'économie et de précision : il a su adapter sa pensée au format de la collection et surtout rendre très denses ces quatre-vingt-seize pages de prose.

Saint-Denys Garneau

Saint-Denys Garneau, dans cette collection, a eu moins de veine que ses ancêtres Frontenac et Champlain. La présentation du poète par le père Benoît Lacroix est insatisfaisante. Il ressort finalement de l'introduction du père Lacroix que Saint-Denys Garneau a un « côté triste et déprimant », un « besoin absolu de vérité », un « côté exaltant et fier » et même un « élan vers en haut[7] ». Ces formules abstraites tiennent lieu de portrait.

Il fallait donner une image vivante de Saint-Denys Garneau, le rendre présent, réel, et non pas l'affubler d'un « besoin absolu de vérité » et d'un « élan vers le haut » qui appartiennent en propre à tous les saints de l'Église aussi bien qu'à un Saint-Denys Garneau ! Avant d'être un « élan vers le haut », ce poète si fragile était un être humain, délicat et sympathique : il flânait dans les rues de Montréal, il vivait avec des parents traditionalistes, il était accablé d'un tempérament hypersensible, il souffrait d'instabilité, il avait peur, il fréquentait certains amis… J'aurais voulu que le père Lacroix nous parle de tout cela au lieu de placer ce poète si humain dans la catégorie des anges.

Le père Lacroix n'a pas su profiter des quelques pages du début pour présenter tout simplement Saint-Denys Garneau. Il a négligé cette approche humaine qui est aussi importante que le reste du livre, car elle donne le ton à la lecture des textes. Mais le père Lacroix est un grand connaisseur de notre littérature et j'espère qu'il le fera mieux sentir dans son prochain livre sur F.-X. Garneau[7].

La collection des « Classiques canadiens » n'en est pas moins admirablement lancée par les ouvrages historiques de Guy Frégault et de Marcel Trudel. Le *Crémazie* de Michel Dassonville est aussi très honnête.

Les Roses de septembre d'André Maurois [1]

L'écrivain célèbre Guillaume Fontane découvre, à cinquante-huit ans, la fontaine de Jouvence dans les bras d'une jeune peintre de type existentialiste, puis, une seconde fois, sous l'étreinte d'une comédienne exotique. Comme ce romancier est marié, par surcroît, et que sa constitution psychologique est celle d'un bon chrétien, ses deux échappées vers le bonheur dérangent beaucoup sa conscience…

Détachement

Il y a donc là un drame, mais un drame dont les angles sont adoucis par l'âge du héros… ou celui d'André Maurois lui-même ! En approchant de la soixantaine, semble-t-il, on apprend à vivre les drames poliment, sans déroger aux bonnes manières, ni élever la voix inconsidérément.

Tout le roman d'André Maurois respire l'élégance, le charme et la facilité. C'est une histoire propre. Le déroulement harmonieux des aventures de Guillaume Fontane n'est pas de nature à choquer ou même à émouvoir le lecteur. Il divertit plutôt.

Cela tient sans doute à l'espèce de détachement avec lequel André Maurois semble avoir écrit *Les Roses de septembre*. C'est comme si le romancier se tenait à distance de ses personnages : il les traite avec beaucoup d'égards. Il ne pousse pas l'observation jusqu'à l'indiscrétion, ni l'analyse jusqu'au détail révélateur. Il ne prononce jamais le dernier mot sur la légèreté de Wanda ou la coquetterie professionnelle de Dolorès, ni même sur le comportement de Guillaume Fontane. Il décrit ces personnages avec justesse, mais sans trop insister : il fait d'eux un tableau à la manière impressionniste, où le trait est toujours subtil, mais cache la réalité plus qu'il ne la dévoile. André Maurois a écrit une histoire comme on en raconte à mi-voix dans les salons distingués : on chuchote certains détails, on fait allusion aux passages pénibles, on est très compréhensif pour les bévues et, à l'occasion, on prend un air amusé !

Tradition excellente et...

Ce roman est de lecture agréable : la langue est coulante, simple et très harmonieuse. On sent vraiment que Maurois a pris plaisir à raconter son histoire et qu'il se laisse aller sur la pente d'une facilité de bon goût. Le récit est élégant, habile et vivace. Le style obéit aux mouvements du cœur et de la pensée : c'est un instrument docile et parfaitement mis au point.

Les Roses de septembre se range d'emblée dans la catégorie des romans bourgeois. L'histoire se déroule dans un milieu à la fois capitaliste et littéraire, et tend à démontrer qu'il est très agréable de conquérir une jeune Péruvienne quand on a cinquante-huit ans et qu'on cherche des sujets de romans ! De plus, il ressort de ce roman qu'un écrivain célèbre jouit d'un statut privilégié et qu'il peut cueillir impunément les roses de septembre et laisser libre cours aux démons du soir.

Après avoir refermé *Les Roses de septembre*, je serais tenté de dire au romancier André Maurois (mais sans insolence) la phrase qu'un de ses personnages adresse à Guillaume Fontane : « Vous êtes l'un des derniers aspects d'une tradition excellente... et périmée[2]. »

Lettres de voyage de Pierre Teilhard de Chardin[1]

En lisant ces *Lettres de voyage*, j'ai compris que j'étais en présence d'un voyageur exceptionnel. Je n'ai pas reconnu en Pierre Teilhard de Chardin le type classique du globe-trotter en quête d'exotisme et de pittoresque. Cet homme, qui a vagabondé pendant des années dans les steppes de Mongolie et jusqu'au cœur du Turkestan, était à la recherche de la présence préhistorique de l'homme et à la trace d'un Dieu mouvant...

Teilhard de Chardin voyage en profondeur, ou plutôt en « négatif » : il est attentif aux palpitations innombrables de la vie spirituelle ; cette présence secrète et diffuse, il la perçoit même dans le monde qu'on dit inanimé. Il note dans son carnet : « La pellicule des couleurs et des lieux m'ennuie à pleurer. Ce que j'aime ne se voit plus[2]. »

Il ne détourne pas pour autant son regard du spectacle terrestre : peut-être même le ressent-il de façon plus aiguë, plus vibrante, plus significative. Avec quelle poésie, d'ailleurs, n'évoque-t-il pas la solitude des steppes, la désolation du paysage mandchou ou les splendeurs rugueuses du sol chinois ! « Que Dieu me donne d'entendre toujours, dit-il, et de faire entendre aux autres jusqu'à la griserie l'immense musique des choses[3]. »

Pèlerin de l'avenir

Ce voyageur inlassable recherchait une vérité qui ne tenait à aucun lieu et que nul paysage ne pouvait lui dévoiler. Il se penchait patiemment sur des fossiles, mais son esprit était tourné vers le futur des hommes. « Pèlerin de l'avenir, je reviens d'un voyage entièrement accompli dans le passé[4]. » Ses travaux le confinaient au passé préhistorique de l'homme, alors que son esprit allait en sens contraire et tentait de démêler les éléments de l'avenir.

Teilhard de Chardin se trouvait partagé entre des travaux qui le ramenaient sans cesse en arrière et une grande idée qu'il n'avait pas le temps de formuler. Ce conflit intellectuel explique l'impatience qui s'exprime, par moments, dans les *Lettres de voyage*, à l'égard de sa spécialisation. « De moins en moins, écrit-il en 1936, ma science ne me paraît un but suffisant à l'existence. Le vrai intérêt de ma vie est depuis longtemps déjà dans un certain effort pour une meilleure découverte de Dieu dans le monde. C'est plus brûlant, mais là est la seule vocation que je me connaisse[5]. »

Teilhard de Chardin souffre de différer toujours le moment de livrer son message. Il est impatient et craint de perdre du temps. Pourtant cette crainte témoigne de la force de son obsession : rien ne le distrait tout à fait de la tâche qu'il s'est proposée. Teilhard de Chardin est l'homme d'une idée : « ...ne plus tenir qu'à une chose, mais une chose bien précise et bien concrète, si haute et si grande qu'elle illumine tout le reste[6] ».

Cette idée centrale, ce fil d'Ariane qui le guide à travers ses nombreux voyages, c'est une nouvelle compréhension religieuse du monde : « Je n'ai pas d'autre ambition, écrit-il en 1927, que celle de laisser derrière moi la trace d'une vie logique, toute tendue vers les grandes espérances du Monde. Là est l'avenir de la vie religieuse humaine. J'en suis sûr comme de mon existence[7]. »

Les *Lettres de voyage* constituent une initiation à la pensée envoûtante de Teilhard de Chardin. Quand on a ainsi approché de ce foyer spirituel, on est pris, on veut aller plus avant.

Le Déménagement de Jean Cayrol [1]

Un couple déménage. Pierre, insouciant, distrait, vagabond, et sa femme Cate, chétive et frileuse, entassent leurs biens, rangent leurs meubles et font l'inventaire de leurs bijoux. C'est un déménagement comme les autres, sans importance… sauf que Cate et Pierre, au lieu de fracasser une poterie ou d'échapper un vase, brisent la fragile ampoule de verre qui recouvrait leur mésentente. On ne peut pas parler ici d'éclatement du drame, mais de son dévoilement. Le mariage de Pierre et de Cate, qui tenait tant bien que mal, se trouve subitement mis à nu par un changement de logis.

Dans la perspective romanesque, le déménagement devient le « lieu temporel » où s'accomplit la véritable action : c'est une scène étroite et dénudée où les deux protagonistes se reconnaissent. Ce passage d'un logement à l'autre est à la fois le symbole de l'insécurité amoureuse d'un couple et comme le raccourci d'une vie conjugale ratée.

Un monde d'objets

Jean Cayrol n'analyse pas ses personnages dans la tradition du roman psychologique, il note tout simplement leurs impressions, leurs gestes, leurs chocs. Il les décrit au passage et il réussit à reproduire le mouvement même de leur existence. Aussi, les personnages de ce roman paraissent vivants : ils ne sont jamais réduits à une définition analytique, ils se meuvent avec hésitation, dans un certain brouillard psychologique.

Cate et Pierre avancent inconsciemment dans leur drame en accomplissant avec attention une foule d'opérations ordinaires. Leurs esprits sont absorbés par les détails de leur action et les objets environnants. Devant la mécanique compliquée du déménagement et la prolifération obsédante des objets, ils développent une sensibilité d'écorchés vifs : tout ce qu'ils déménagent les fascine, les bouleverse, leur fait mal, leur rappelle des souvenirs, les énerve... Pierre et Cate n'emballent pas des meubles ou des bijoux, mais des fantômes hostiles ou malveillants !

Les objets, d'ailleurs, sont présents à toutes les étapes du drame : ils en constituent le décor permanent, ils ont même un rôle très précis, celui d'instruments du drame[2].

Le vertige

Cate est absente de ce monde grouillant, de ce musée de mots, de visages et de choses qui l'entourent. Elle a beau se raccrocher à ses colliers et à ses conventions, rien de tout cela ne peut lui redonner la chaleur qui lui manque. Le déménagement la dépouille impitoyablement de toutes ses illusions et Cate, dépossédée, éprouve un vertige terrifiant.

La fin du roman de Jean Cayrol raconte l'histoire de ce vertige. Ce vide qui étourdit Cate est en elle : c'est sa froideur, sa pauvreté. Elle comprend soudain qu'elle ne possède rien d'autre que ses meubles. Même son mari n'est qu'un meuble. Alors quand on déménage tous ses biens et que son mari la délaisse, elle est vidée, elle ressemble à une mendiante. Et comme elle ne trouve personne pour la nourrir à nouveau, elle s'abandonne à son vertige.

Le Déménagement est une œuvre chargée d'angoisse et intensément vibrante. De plus, le langage de Jean Cayrol est immédiatement communicatif : ses images palpitantes de vie donnent au roman une texture chaleureuse.

II. CONFÉRENCES ET ALLOCUTIONS (1950-1975)

Introduction

Lieux d'ébauches et de reprises conceptuelles, développées par ailleurs dans les écrits romanesques ou dans les essais, ces treize textes[1] servent de compléments critiques. Aquin y aborde en effet l'argumentation fondatrice de ses choix stylistiques ou rédactionnels ; s'y manifeste également sa perception de la fonction de l'écrivain dans une société qu'il qualifie de colonisée et de « fatiguée ».

Thème majeur : la condition de l'écrivain

La problématique du statut et de la fonction de l'écrivain, insistante malgré la diversité des thèmes proposés par les colloques, les rencontres ou les débats auxquels a parti-

1. La liste des conférences et des allocutions dont nous ne possédons pas les textes est donnée à l'annexe II. De plus, nous connaissons l'existence de quatorze débats auxquels a participé Aquin ; des enregistrements sonores et des transcriptions de quatre de ces débats existent, mais n'ont pas été retenus dans cette édition critique parce que la nature plurielle de ces rencontres (parfois une discussion sans orientation précise, parfois un nombre important de participants) se prête mal à cette entreprise ; la liste de ces débats, de même que la localisation des enregistrements sonores et visuels disponibles, est donnée à l'annexe III.

cipé Hubert Aquin, emprunte deux modes d'expression : elle conduit Aquin à adopter des positions anticolonialistes et indépendantistes, ébauchées dans le cadre des revendications nationalistes du RIN, elles-mêmes influencées par les propositions d'Albert Memmi et de Jean-Paul Sartre, et à faire état de ses élans personnels qui traduisent des moments d'enthousiasme ou de désillusion, liés aux aléas du métier d'écrivain. De Gide à Joyce, de Borges à Nabokov, les influences littéraires sont multiples chez Aquin, comme en témoignent par ailleurs les listes de lecture du *Journal* ; et, dévoilé par l'aveu de la ferveur attachée à la lecture de textes modèles, se profile dans ces conférences et ces allocutions un portrait des dominantes intertextuelles dans l'œuvre aquinienne. De plus, l'exigence de lucidité et de raison, dont répond l'éducation d'Aquin, confère à ses prises de position une dimension historique importante. Le recours à l'histoire sert à légitimer ses options politiques et à relativiser la dimension dramatique de la situation nationale québécoise. Cette dernière approche est plus facilement perceptible dans les romans d'Aquin où le traitement narratif singulier du temps et la tendance à la duplicité des personnages illustrent la difficulté de distinguer l'identité nationale (l'histoire du Québec) et l'identité individuelle.

La première allocution, prononcée en 1950 alors qu'il est étudiant à la Faculté de philosophie de l'Université de Montréal, témoigne de l'intérêt d'Aquin pour une recherche intellectuelle combinant la littérature et la philosophie. Fervent lecteur de journaux et de carnets intimes (Gide, Du Bos, Green, etc.), il utilise alors le caractère autoréflexif particulier de ces écrits pour exprimer, par le recours à des notions telles que la sincérité et l'authenticité, ses protestations contre les conventions de l'Église catholique et les dogmes de la foi chrétienne.

La conférence intitulée « Problèmes politiques du séparatisme », prononcée en 1962 au cours d'une assemblée du RIN et qui sera publiée dans *Liberté* sous le titre « L'existence politique », nous livre les premiers instants de l'engagement public d'Aquin dans le mouvement nationaliste. Il y démontre une logique argumentative convaincante qui lui vaudra une réputation d'orateur populaire auprès des membres du RIN. Il est associé à ce mouvement jusqu'au moment de sa dissolution au profit du Mouvement souveraineté-association en 1968 ; il prononcera quatre autres allocutions dans le cadre d'assemblées publiques. Aquin définit les paramètres des revendications indépendantistes qui, selon lui, doivent non seulement répondre aux attentes de la population mais orienter aussi les débats en fonction d'une perspective plus concrète, voire existentielle, du séparatisme.

En avril 1964, lors de son allocution à l'Université Laval, dans le cadre d'un colloque ayant pour thème « Littérature et société canadiennes-françaises », Aquin se fait commentateur politique de la faillite de la littérature québécoise et déclare vouloir « fonctionner ailleurs et autrement[2] », reprenant les arguments anticolonialistes

2. Texte sans titre, inséré dans la partie III, intitulée « Commentaires I », d'un numéro de *Recherches sociographiques* (vol. I-II, janvier-août 1964, p. 153-201) ; nous l'avons intitulé : [Faillite de la littérature québécoise].

déjà avancés dans « Profession : écrivain[3] ». Quelques mois plus tard, alors qu'il attend en institution sa sentence à la suite d'accusations de port d'arme illégal et de vol de voiture, il deviendra cet écrivain tourmenté par la double mesure de l'histoire ; celle qui se fait et celle qui s'écrit.

Lors d'un colloque à l'université SUNYAB de Buffalo, en 1968, qui avait pour thème « The Literature and Social Manifestations of French Canadian Nationalism », il développe l'idée d'une force de cohésion entre le travail de l'écrivain et son milieu social. À propos de la fonction de l'écrivain, il déclare : « [...] *his profession is very near to that of just living as intensely as possible as a man of his time and of one given society*[4]. » Ainsi, selon le portrait qu'en trace Aquin, l'écrivain n'est plus soumis à l'emprise de la situation nationale, mais tire au contraire sa valeur professionnelle de sa capacité de composer avec son environnement social. Son écriture se fait alors l'écho des tensions sociales et des mouvements politiques de l'histoire : « Et quand tout éclate dans une société, il est peut-être prévisible et même normal que la littérature éclate en même temps et se libère de toute contrainte formelle ou sociale[5]. » La composition de son deuxième roman, *Trou de mémoire*, qu'il vient à peine de terminer, illustre par des jeux formels (alternance des narrateurs) et par des adresses au lecteur ironiques ou

---

3. *Parti pris*, vol. I, n° 4, janvier 1964, p. 23-31.
4. « A Writer's View of the Situation in Quebec », p. 165.
5. « Littérature et aliénation », *Mosaic*, vol. II, n° 1, Winnipeg, automne 1968, p. 52.

intriguantes (les notes de bas de page), la transcription de ces bouleversements sociaux. Quelques mois plus tard, en mai 1968, il participe à la VIe Rencontre des écrivains[6] qui avait pour thème « Les écrivains et l'enseignement de la littérature » ; il répond par un témoignage double d'écrivain et d'enseignant à la question thème du colloque : « Quelle part doit-on réserver à l'enseignement de la littérature québécoise dans l'enseignement de la littérature ? »

En 1969, lors de sa participation à la VIIe Rencontre des écrivains, il poursuit son analyse de l'échange entre la profession d'écrivain et la société avec, cette fois-ci, une teneur plus nationaliste : « Quel que soit le message d'un écrivain québécois, quel que soit le contenu d'un livre ou d'un écrit, il se trouve — malgré lui — devant le problème suivant : inventer une nouvelle façon d'être québécois en écrivant des livres [...][7] ». L'écriture sert ici l'identité nationale. Puis survient octobre 1970. Dans ce climat intellectuel de désarroi et de désabusement, l'écri-

---

6. Ces réunions ont débuté en 1957 avec la Rencontre des poètes, à la suite de laquelle s'est créé un regroupement qui fondera la revue *Liberté*, puis elles se sont poursuivies jusqu'en 1962 sous l'appellation de Rencontre des écrivains canadiens. Après une interruption de six années, l'événement, devenu Rencontre des écrivains, reprend avec l'objectif d'ouvrir ses débats à la collectivité intellectuelle : « Quelque chose tenant à la fois du séminaire et de la place publique où chercherait à se réaliser une utopie de la circulation et de l'échange. » (André BELLEAU, « La Rencontre des écrivains depuis 1957 : une expérience d'animation culturelle », *Liberté*, n° 95, septembre-décembre 1974, p. 91)

7. « La mort de l'écrivain maudit », p. 195.

vain est relégué à un rôle de producteur, il est devenu « une marchandise négligeable[8] » selon la formule qu'utilise Aquin lors de sa surprenante démission de *Liberté* à la IXe Rencontre des écrivains en 1971. L'écrivain ne peut plus miser sur sa fonction publique et il joint les rangs anonymes d'une nation refoulée, désagrégée. Alors l'écriture ne répond plus à un principe de cohésion, elle s'oriente au contraire vers une communication privilégiée avec le lecteur.

Aussi, à la fin de l'année 1973, lors d'une conférence à l'Université du Québec à Montréal, intitulée « "La disparition élocutoire du poète" (Mallarmé) », Hubert Aquin propose-t-il cette définition de l'écriture : « Une écriture totale est celle qui est tout entière tournée vers la possible lecture qui en sera faite par le destinataire[9]. » Cette réorientation de l'écriture vers une lecture singulière force alors « [...] l'ego de l'écrivain [... à] évacuer au maximum l'écriture[10] », comme si l'anonymat de l'auteur conférait au lecteur un pouvoir créateur, comme si le livre n'existait plus que par la communion de la lecture. La dimension publique de l'écriture fait place alors à l'intimité d'une lecture qui recrée l'unité du livre. L'écriture se dissout dans la lecture.

Dans une conférence à l'Université de Toronto en mars 1974, Aquin distingue la littérature canadienne-française de la littérature canadienne-anglaise par le degré

---

8. « L'écrivain et les pouvoirs », p. 223.
9. « "La disparition élocutoire du poète" (Mallarmé) », p. 239.
10. *Ibid*, p. 239.

de définition d'une « *collective identity*[11] », qui embrasse à la fois auteur et lecteur, et qui se traduit, entre autres, par des jeux formels et narratifs. Il fait brièvement référence à l'usage québécois de la langue française qui se manifeste même, selon lui, par un accent québécois dans la façon d'écrire.

La dernière conférence, intitulée « Cher lecteur », a été prononcée en 1975, à l'Université Carleton. Aquin y reprend la problématique de la lecture en accentuant cette fois le rôle du lecteur ; il propose une forme de fusion des instances de l'écriture et de la lecture. Le lecteur se voit alors attribuer la même fonction créatrice que l'auteur et celui-ci puise dans l'expectative du moment de lecture les ressources de sa propre création. Ainsi le lecteur devient cocréateur de l'œuvre et l'entreprise littéraire se justifie par cet échange sacré entre le lecteur et l'œuvre.

La conception du rôle et de la fonction de l'écrivain dans la société s'est non seulement transformée selon l'évolution du rapport d'Aquin avec l'écriture, mais elle s'est modulée selon les changements sociaux et politiques qui ont influencé la perception de l'identité nationale des Québécois.

Les archives

Un dossier intitulé « Conférences[12] » contient les textes de trois conférences et celui de l'introduction à *Histoire de*

---

11. Cette expression revient, soulignée, à trois reprises dans le manuscrit de la conférence [Assuming the collective identity] faite à Toronto, le 30 mars 1974, p. 251.

12. Archives de l'UQAM, Fonds Hubert-Aquin, cote 44P-203.

l'insurrection du Canada de Louis-Joseph Papineau[13]. La première liasse est constituée de la photocopie du tapuscrit de la conférence « "La disparition élocutoire du poète" (Mallarmé) » ; la deuxième est la copie au papier carbone du tapuscrit de la conférence à Drummondville avec diverses corrections au crayon feutre noir. La troisième liasse est la photocopie du tapuscrit rédigé en fonction d'une introduction à l'ouvrage de Louis-Joseph Papineau ; ce texte diffère légèrement de celui qu'ont publié les Éditions Leméac et n'a vraisemblablement jamais servi à une conférence. La copie au papier carbone du tapuscrit de la conférence « A Writer's View of the Situation in Quebec » forme la dernière liasse et elle contient des ajouts et des biffures manuscrits à l'encre bleue. Le dossier ne semble pas avoir été assemblé spécifiquement en vue d'une publication, du moins il n'existe dans les textes aucune trace d'un tel projet.

Les textes de trois conférences ont fait l'objet d'un montage particulier. Après avoir découpé, autour du texte, les pages des revues où ont été publiés « Commentaires 1[14] » et « Quelle part doit-on réserver à l'enseignement de la littérature québécoise dans l'enseignement de la littérature[15] ? », Aquin agrafe ces pages sur des feuilles blanches (21,5 × 28 cm) et il coiffe la liasse d'une autre feuille

13. Louis-Joseph Papineau, *Histoire de l'insurrection du Canada*, Montréal, Éditions Leméac, 1968 (avec introduction et commentaires d'Hubert Aquin) ; voir *Mélanges littéraires II*.

14. Publié dans la revue *Recherches sociographiques*, *op. cit.*, voir n. 2.

15. Publié dans *Liberté*, vol. X, n° 3, mai-juin 1968, p. 73-75.

blanche où sont inscrits soit le titre du texte, soit le lieu et la date de la conférence avec le nombre de pages. Il a repris la même méthode avec le tapuscrit de sa conférence à Drummondville qui contient, lui, les traces d'une révision. Aquin a répété ces montages pour quelques textes qu'il a conservés dans ses dossiers (« Lettre à Gaston Miron », « Propos sur l'écrivain », « Un âge ingrat ») sans toutefois les rassembler ; la finalité de ces assemblages reste obscure. L'état des dossiers d'Hubert Aquin ne laisse pourtant pas croire à une entreprise archivistique soutenue et les quelques tentatives d'organisation de ses dossiers ne sont pas aussi systématisées[16]. Ces montages répondent soit à une sélection en fonction d'un éventuel projet de publication, soit à un souci irrégulier de classement.

Transcription et annotation

Chacun de ces textes fait l'objet d'une brève présentation en fonction de son contexte spécifique et de sa réception. Dans le cas des inédits, nous avons opté pour une intervention minimale dans la syntaxe de l'auteur, malgré une certaine insouciance de sa part à fignoler son texte. Nous n'avons pas corrigé la ponctuation, dont la nature rythmique semble obéir davantage à l'oralité finale de ces textes, sauf à l'occasion, avec le seul souci de faciliter la lecture. Les fautes de grammaire évidentes ont été corrigées mais

16. Dans les dossiers les plus élaborés des « Notes de cours et de lecture » (Fonds Hubert-Aquin, Archives de l'UQAM : 44P-204/005 à 023), on trouve un certain ordre de disposition et de concordance de différents feuillets.

nous avons respecté les artifices typographiques (titre rédigé au complet en majuscules, points d'exclamation répétés, etc.).

Les notes explicatives ont été rédigées en fonction d'un double éclairage génétique et historique ; elles tendent à restituer l'effervescence intellectuelle qui caractérise les débats politiques et sociaux des années 1960 et 1970 et tentent d'expliciter les signifiés seconds, maquillés par l'ironie coutumière d'Aquin. Elles ont aussi été conçues pour rendre compte, de façon minimale, des phénomènes d'échos et de récurrences entre les conférences et l'œuvre romanesque et critique. La description des états de texte, le relevé des lieux variants et la description de nos interventions apparaissent dans la section « Variantes ». N'ont pas été retenues les variantes de ponctuation (lorsqu'une minuscule initiale devient une capitale après la rature d'une virgule et l'ajout d'un point final) et les biffures dactylographiques dans les tapuscrits (bourdons ou fautes).

Liberté de pensée et sincérité

Communication présentée le 17 février 1950, dans le cadre des rencontres de « Carrefour 1950 », organisées par le Centre catholique des intellectuels canadiens, du 16 au 19 février, à l'Université de Montréal et ayant pour thème « La personne humaine et le travail intellectuel ».

*

À partir de septembre 1948, Hubert Aquin est étudiant à la Faculté de philosophie de l'Université de Montréal où il reçoit une formation intellectuelle principalement thomiste. Sa collaboration au *Quartier latin* (journal des étudiants de l'Université de Montréal) débute en février 1949 ; elle est régulière et elle laisse percevoir la recherche d'une dynamique intellectuelle personnelle dans un cadre toutefois restrictif et autoritaire. C'est en tant que représentant étudiant de la Faculté de philosophie qu'il participe à « Carrefour 1950 » et qu'il assiste, au mois d'août de la même année, au XXe congrès de Pax Romana à Amsterdam. Ce premier « Carrefour » a été préparé avec l'assistance de l'Association canadienne-française pour l'avancement des sciences et de la Fédération canadienne des universitaires catholiques ; il a réuni environ deux cents personnes.

Le Centre catholique des intellectuels canadiens fut fondé au début de l'année 1950 pour répondre à la demande d'un « lieu de rencontre d'intellectuels laïcs et religieux, désireux de vivre dans une authentique et féconde harmonie à la fois leur vie religieuse et leur vie intellectuelle[1] ». Le Centre, mis sur pied principalement par l'abbé Robert Llewellyn et regroupant surtout des professeurs et des étudiants de l'Université de Montréal, de même que certains professionnels catholiques, tient une réunion annuelle (« Carrefour ») qui porte essentiellement sur le rôle des intellectuels et de l'Église. Le bulletin *Croire et savoir*, « bulletin d'études du Centre catholique des intellectuels canadiens », dans lequel est publiée la communication d'Aquin, est issu des feuillets de renseignements et d'idées des professeurs de l'Université de Montréal (octobre 1949) ; il était publié huit fois l'an ; le premier numéro parut en mars 1950 et le dernier (n° 17) en mars 1954.

La sincérité, l'authenticité, la lucidité et la vérité sont des repères notionnels évoqués fréquemment dans les contributions étudiantes au *Quartier latin* de cette époque. La présentation de la sincérité dans cette communication se fonde sur la division thomiste de la raison et de la vérité où la raison, associée à l'expérience, est soumise aux principes d'une vérité transcendante. Aussi la relation suggérée par Aquin entre la sincérité, la vérité et la liberté

---

1. *Croire et savoir*, vol. I, n° 1, mars 1950, p. 4.

fait-elle écho aux débats[2] sur l'emprise de la pensée thomiste sur le milieu universitaire québécois de l'époque. En insistant sur la sincérité comme valeur de vérité et de liberté, Aquin fait ressortir la tension entre le discours chrétien (la Foi, la Vérité) et la rigueur morale de l'institution thomiste. D'ailleurs sa communication fut remarquée par un journaliste du quotidien *Le Devoir*[3] et par Pierre Perrault, directeur du *Quartier latin*[4].

La sincérité

Dans les textes rédigés par Hubert Aquin au cours des années 1949 et 1950, le thème de la sincérité s'impose avant tout par sa très forte récurrence, mais aussi en tant que démarche personnelle, en tant que rapport particulier avec l'Église, avec la foi : « J'en suis le seul maître, c'est une histoire entre moi-même et moi. [...] Ma sincérité n'a

2. Voir l'article de Maurice BLAIN, « Carrefour 1950, carrefour de quoi ? », *Le Devoir*, 28 janvier 1950, p. 8.

3. « [...] Des professionnels, professeurs, étudiants, ouvriers, hommes d'affaires sont venus témoigner de la crise entre l'esprit et le rythme de la vie moderne. Notons en particulier un exposé sur "la sincérité et la liberté de pensée", par Hubert Aquin, [...]. » (Anonyme, « Carrefour 50, prélude à une rencontre internationale d'intellectuels, en 52 », *Le Devoir*, 20 février 1950, p. 2)

4. Pierre PERRAULT, directeur du *Quartier latin*, résume et commente avec familiarité l'exposé d'Hubert Aquin : « Il n'en reste pas moins que Hubert a soulevé une question fort pratique. Les gardiens d'une vérité, quelle qu'elle soit, s'en croiront toujours les maîtres. » (« Carrefour 50 », *Le Quartier latin*, 24 février 1950, p. 1-2)

de sens que comme fidélité à moi-même[5]. » Par la suite, ce critère de sincérité sert au premier témoignage public d'Aquin que nous connaissons sur la fonction de l'écrivain :

> On demande à l'écrivain la sincérité la plus stricte ; [...]. La sincérité (i.e. : être vrai par rapport à soi-même, non par rapport à quelque partie de soi, mais totalement) [...] est la seule vraie responsabilité de l'écrivain[6].

Ce thème prend une place importante dans la pensée d'Hubert Aquin avec la lecture des journaux ou des carnets intimes de Charles Du Bos, de Julien Green et surtout d'André Gide. Dans une lettre à Roger Martin du Gard, datée du 12 février 1952, Aquin confie, après sa lecture de *Notes sur André Gide*[7], son désillusionnement devant la sincérité calculée de Gide :

> Pendant plus de cinq ans je me suis nourri de Gide, j'ai vécu avec ses ouvrages dans une véritable intimité. [...] Mais à mesure que je lisais le *Journal*, je sentais Gide se dérober. Je cherchais un homme vrai sans pitié avec lui-même, s'acceptant tel quel, sans détour. Je voulais admirer sa sincérité totale. J'ai

5. « Le jouisseur et le saint », *Le Quartier latin*, 24 janvier 1950, p. 1.

6. « Sur le même sujet », *Le Quartier latin*, 20 octobre 1950, p. 3.

7. *Notes sur André Gide*, Paris, Gallimard, 1951 ; Aquin a noté d'autres commentaires sur ce livre dans son *Journal*, le 11 février 1952.

trouvé un homme soucieux de son image : à toutes ses confessions particulières, il manquait un arrière-plan de vérité.

En examinant les quelques essais et nouvelles déjà rédigés, on peut reconnaître la facture estudiantine de ces textes aquiniens par l'aspect précipité de l'argumentation et l'adresse directe à une intelligibilité première.

Plusieurs extraits de cette communication ont paru dans le livre de Jacques Beaudry[8] sur Jacques Lavigne, qui fut le directeur d'Hubert Aquin pour son mémoire de licence en philosophie, et qui, selon l'auteur, aurait guidé Aquin dans ses réflexions.

---

8. *Autour de Jacques Lavigne, philosophe. Histoire de la vie intellectuelle d'un philosophe québécois de 1935 à aujourd'hui*, Trois-Rivières, Éditions du Bien public, 1985, p. 10-13.

La liberté de pensée, ce n'est pas autre chose que la liberté de s'exprimer sincèrement.

La liberté intérieure d'un homme est absolument inattaquable. La difficulté commence donc quand l'homme se croit le droit de révéler sa pensée.

Il s'agit aussi de sincérité. La sincérité est tournée vers l'intérieur ; le témoignage vers autrui. Le témoignage c'est la parole ; la sincérité c'est l'âme. Ainsi, le témoignage humain prend toute sa valeur (ou la perd) en raison de la sincérité qu'on lui accorde (ou qu'on lui conteste).

La liberté de pensée veut donc dire : liberté de témoigner sincèrement.

Le devoir de sincérité est immédiatement connexe à la liberté d'expression. Il est illusoire de parler de liberté de pensée sans parler de sincérité. Historiquement, la liberté de pensée est née d'une réaction contre ce qui opprimait la sincérité. C'est par excès de réaction qu'on a séparé liberté de pensée de sincérité, et que cette liberté devint synonyme implicite d'anarchie.

On n'est pas libre de dire n'importe quoi, mais de témoigner sincèrement. Autant que la liberté n'est pas absence de direction, mais le droit de choisir la direction qu'on veut. Il y a donc deux choses dans la liberté :

a) absence de contrainte ;

b) implication d'un choix.

À ces deux éléments de la liberté, correspondent deux péchés contre la liberté :

A) *L'excès du dégagement.* Prendre la sincérité comme un permis de confusion et d'inconséquence ; exprimer indifféremment toutes les pensées qui nous passent par la tête. Ici, la sincérité est sa propre fin, et elle est recherchée aux dépens de la vérité.

B) *L'excès de l'engagement.* Ramener ce qu'on pense à ce qu'il faut penser ; ne pas laisser s'exprimer le moi au-delà ou à l'encontre des bons principes. C'est l'attitude morale, qui, en plein trouble, anticipe déjà le calme désiré, et par le fait même ignore le trouble. Ici, c'est la Vérité qui est la fin, et elle est recherchée aux dépens de la sincérité.

Seule cette deuxième attitude constitue un véritable danger pour l'intellectuel catholique...

Quand on possède la vérité au départ, et avant toute recherche, cela peut donner une assurance démesurée devant l'inquiétude de celui qui cherche. Celui qui possède la vérité par principe a tendance à regarder les problèmes avec l'œil de la conclusion : ce qui s'appelle bien souvent faire semblant de chercher. Cette façon de tirer les problèmes par la queue, de les poser comme résolus d'avance, voilà le danger pour l'intellectuel catholique.

De cette façon l'inquiétude n'aboutit jamais véritablement ; elle est mise de côté, esquivée plus ou moins traîtreusement. Il arrive même que dans tel ou tel milieu catholique, la discussion libre soit regardée comme un signe de mauvaise volonté ou d'insolence. La vérité devient ainsi une oppression pour les esprits plutôt qu'une lumière qui nous appelle. La vérité c'est comme une loi écrasante, réglée définitivement et pour tous. Ainsi, l'intellectuel catholique, parfois tourmenté en tant qu'intellectuel, n'ose pas s'exprimer en tant que catholique. Il est gêné de s'exprimer sincèrement ; il subit la contrainte plus ou moins insistante d'une mentalité religieuse très conservatrice et qui redoute par-dessus tout l'esprit critique.

Il serait sans doute opportun de soulever ici le problème du thomisme en tant que contrainte intellectuelle ; et s'il y a effectivement contrainte, c'est peut-être qu'on a mal compris les directives de l'Église, et qu'on a souligné avec trop d'autorité ce qui n'est peut-être qu'une direction suggérée...

Voici la question qui se pose maintenant :

L'intellectuel catholique a-t-il le droit d'exprimer son trouble ?

Nous répondrons *OUI* ;

1) *Parce qu'*on ne réprime pas impunément la sincérité dans un homme. Le problème, étouffé là, renaîtra ailleurs, sous une autre forme et plus tragiquement. La pensée qu'on réprime reste là quand même, terriblement latente, et renforcée sinon exagérée par l'obstacle. Toute oppression de la pensée est inévitablement vaine.

2) *Parce que*, pour la personne humaine, l'exigence de la sincérité est absolue ; elle est la condition même de son unité. Si la personne ne refait pas, au crible de sa sincérité, telle vérité qui lui est imposée, cette vérité restera en dehors de la personne, irrémédiablement extérieure, et par ce fait impuissante à accomplir son unité... Or l'inquiétude demeure en l'homme, ce n'est pas maladie d'un instant, anormalité, mais une empreinte plus profonde, liée à notre condition même. L'inquiétude en l'homme, c'est le signe de son insatisfaction spirituelle, la

conscience constamment renouvelée de sa « finitude ». La perte totale de l'inquiétude signifierait donc l'anéantissement de la lucidité, même pour le catholique... disons un refus de voir.

3) *Parce qu*'il n'est rien que la vérité ne puisse assumer ; il n'est pas d'angoisse à qui la vérité ne puisse donner son sens profond, sa signification ultime, et ainsi la comprendre. *La vérité n'a peur de rien.* Et il serait contradictoire que ceux qui disent posséder la vérité craignent l'expression de telle ou telle sincérité.

Admettant que la sincérité possède ces droits, il reste que ceux-ci doivent être nuancés selon le public atteint.

Le témoignage de l'inquiétude n'est humainement pas permis partout et toujours. Il ne faut évidemment pas, par exemple, inquiéter ceux qui sont incapables d'assumer le doute spirituel ; il ne s'agit pas non plus de ne s'exprimer que pour ceux qui, par principe, sont imperméables à toute inquiétude : le jeu serait trop facile. Pour quelque public que ce soit, *l'expression de l'inquiétude veut inquiéter.*

Par définition, le témoignage de l'inquiétude est un scandale[1]. C'est quelque chose qui choque, qui dérange, qui nous oblige à le considérer de la même façon qu'on ne peut ignorer notre voisin qui souffre près de nous. L'inquiétude d'autrui nous demande, pour l'examiner, de confisquer notre paix présente, souvent de rompre une fausse harmonie ; elle remet en question la valeur de notre paix entière. En ce sens, le témoignage de l'angoisse veut scandaliser, mais : *a-t-on le droit de scandaliser ?*

Le scandale pour le scandale est absolument injustifiable. C'est un manque de charité d'abord... le Christ l'a condamné mémorablement.

Mais si on ne peut exprimer certaines vérités sans scandaliser, il reste qu'en regard d'une certaine étroitesse d'esprit, d'une certaine mesquinerie spirituelle, le scandale est inévitable, sinon indispensable. Il est indispensable en ce sens qu'il faut inquiéter constamment, par crainte de l'engourdissement. Rien n'est plus pitoyable qu'un homme qui a réglé définitivement toute vérité, qui croit posséder toute vérité inébranlablement. C'est cet homme, suffisant, qui se scandalise du témoignage de l'inquiétude ; c'est lui qu'il faut scandaliser.

Je ne dis pas que toute paix est suffisance. Je sais très bien que la paix du chrétien, c'est parfois une véritable conquête de la vérité. Mais je sais non moins que cette paix, trop souvent, n'est qu'une sécurité qu'on veut s'accorder, une sorte d'évasion, un refuge en dehors de l'inquiétude qui effraie.

Voici quelques conditions qui justifient ce scandale :

D'abord le scandale doit être fait dans un esprit de charité véritable.

Disons plutôt qu'il ne faut pas scandaliser si on se sent incapable d'aller jusqu'au bout du scandale. Il n'est pas permis d'être sincère à demi ; celui qui exprime son inquiétude doit pouvoir l'assumer dans toutes ses implications, dans toutes ses conséquences.

Non pas qu'un homme puisse prévoir la portée de son témoignage sur autrui ; pas plus que l'artiste doive anticiper les conséquences possibles de son œuvre sur chaque personne (cela est impossible et forcerait tout le monde à se taire...) « Aller jusqu'au bout de son scandale » n'implique donc pas cette impossible prudence vis-à-vis du public, mais une parfaite sincérité envers soi-même. Celui qui exprime son inquiétude doit éprouver son mal sincèrement, donc de façon urgente, totale ; non seulement sous forme de suggestions sentimentales ou à demi-engagées... Le scandale de mauvaise foi est coupable par principe, puisqu'il suggère délibérément des angoisses auxquelles il refuse de répondre. Le scandale de la sincérité lui, est orienté vers un idéal de vérité ; il voudrait au moins répondre à toutes les questions qu'il pose.

Mais qu'est-ce donc que la sincérité ?

Disons que c'est l'harmonie entre la pensée et le moi qu'elle exprime...

La pensée sera sincère en autant qu'elle exprime intégralement le moi ; quand elle n'est l'expression que de telle parcelle du moi érigée en absolu, elle n'est plus sincère. Si la valeur de la sincérité est dans l'intégrité de son expression, la lucidité en serait donc la condition profonde. En effet, comment puis-je m'exprimer intégralement si je ne me connais pas intégralement [?] Ma sincérité a d'autant plus de valeur que je sais parfaitement ce que je dis.

La sincérité tient donc sa valeur de l'intégrité de ce qu'elle exprime ; ainsi la sincérité absolue serait l'adéquation de la pensée au moi (et au moi en tant qu'il est un rapport à l'univers et à Dieu). Il n'y aurait plus aucune distance entre l'*être* du moi et *son expression* par pensée et par actes. La moindre expression serait adéquate à ce qu'elle veut exprimer. En fin de compte, l'insincérité ne serait qu'une inadéquation, qu'une distance voulue entre le moi et son expression...

La sincérité est l'adéquation absolue entre le moi et

son être achevé. Mais cet achèvement de la personne, de quelque façon qu'on le considère, ne se comprend que comme une transcendance. Le moi ne s'accomplit qu'en prenant conscience de son rapport à l'Être dont il participe. L'achèvement de la personne n'est donc pas tel perfectionnement fermé sur lui-même, mais un dépassement du moi vers l'être absolu.

La sincérité qui, au départ, est un effort d'adéquation des actes et de la pensée au moi, si elle va jusqu'au bout d'elle-même devient un effort vers sa transcendance divine. Partie du moi humain, clos sur sa propre perfection, la sincérité aboutit dans le rapport de ce moi à son absolu d'être et de vérité. La sincérité au départ c'est la vérité du moi ; au sommet elle cherche la vérité au-delà du moi qui est son achèvement. Au début harmonie subjective, elle est au fond soumission à une vérité objective.

C'est en ce sens que la sincérité n'est qu'un cheminement plus ou moins approximatif vers la vérité du moi, donc vers la vérité absolue en tant que le moi y participe…

On ne peut pas ignorer le témoignage d'un homme sincère, même si c'est un témoignage d'inquiétude et de malaise. On ne doit pas non plus taire sa sincérité par soumission à une vérité extérieure, car, à ce moment-là, la Vérité immuable n'a plus aucun sens parce qu'elle n'est pas l'œuvre même de la pensée personnelle. Il est évidemment préférable que la vérité soit l'aventure tragique et totale de chaque conscience, plutôt que d'être en dehors de nos consciences, à côté d'elles, immobile, inchangeable, solide mais inefficace.

La vérité n'a pas cet aspect inabordable et sévère. Elle est d'abord mêlée intensément à l'histoire de chaque pensée, elle en constitue l'intimité profonde. La sincérité c'est l'aventure de la vérité dans chaque conscience, une aventure pleine de tâtonnements, d'imprécisions et d'erreurs. Mais c'est cette aventure qui compte d'abord, parce qu'elle est la vérité vécue[2].

L'existence politique

Conférence présentée dans le cadre du colloque du Rassemblement pour l'Indépendance nationale tenu à l'Hôtel Windsor de Montréal, les 17 et 18 février 1962, et ayant pour thème : « L'indépendance nationale : une fin, un moyen ».

*

Des bouleversements sociaux et idéologiques importants secouent le Québec au début des années 1960. Une nouvelle couche d'intellectuels québécois, impatients d'effacer le retard culturel et économique de la province, trouve dans les nombreuses révoltes anticoloniales, principalement celles qui se sont produites en Afrique, une source d'inspiration et de motivation. La reconnaissance, par l'Assemblée générale des Nations Unies, du droit à l'indépendance des pays ou des peuples coloniaux et des territoires non autonomes a stimulé les mouvements indépendantistes québécois qui s'appuyaient sur cette résolution (votée le 14 décembre 1960) pour justifier légalement leurs demandes.

Hubert Aquin participe à cette effervescence idéologique en s'engageant dans le Rassemblement pour l'Indépendance nationale et en s'intégrant à l'équipe de la revue *Liberté*. Suivant un parcours professionnel typique, il travaille d'abord à Radio-Canada, puis à l'Office national du film. Pendant l'année 1961, il travaille à l'ONF en tant que réalisateur et, entre autres projets, il partage la direction du film *Quatre Instituteurs*[1] alors qu'un débat public agite le monde de l'enseignement. Le projet d'une université formée et dirigée par les Jésuites[2] suscite une résistance farouche, principalement de la part des enseignants. Ces derniers, avec l'appui de la majorité des intellectuels, prônent la laïcité du système d'éducation encore fortement dominé par des ordres religieux (les Jésuites et diverses écoles congréganistes) et exigent un ministère provincial de l'éducation (qui ne verra le jour qu'en 1964). Le film ne traite pas spécifiquement de ce conflit, mais il permet, par le biais d'une enquête sur les outils et les méthodes utilisés à l'étranger, d'orienter et d'élargir les perspectives de transformations sociales.

Depuis 1954, Hubert Aquin travaille en tant que journaliste, interviewer puis réalisateur à Radio-Canada où plusieurs reportages sur la montée des mouvements nationalistes lui font rencontrer les porte-parole des diver-

---

1. Production de l'ONF (16 mm, noir et blanc, 60 minutes) dont la direction fut partagée entre Hubert Aquin, Julian Biggs et Guy Clover ; ce film traite essentiellement du rapport entre des instituteurs de quatre pays différents et de leurs méthodes pédagogiques.

2. Dans un court texte intitulé « Les Jésuites crient au secours ! » (*Liberté*, vol. IV, n° 22, 1962, p. 274-275), Aquin ironise sur la demande faite par un père jésuite de tenir une enquête royale sur la presse québécoise.

ses organisations indépendantistes et séparatistes[3]. Le premier véritable contact d'Hubert Aquin avec le Rassemblement pour l'Indépendance nationale (RIN) se fait par l'entremise d'André d'Allemagne, alors président de cette organisation, qui lui fait parvenir divers documents[4] quelques mois à peine après la formation du mouvement. Hubert Aquin a certainement pu approfondir cette relation durant l'automne 1960 alors que la revue *Liberté*, procédant à des changements de structures, intègre André d'Allemagne, Hubert Aquin et diverses personnalités des milieux littéraires, artistiques et journalistiques à un nouveau comité de rédaction élargi[5].

Au cours de l'année suivante, Hubert Aquin maintient sa participation aux réunions de la revue *Liberté* et devient membre du comité de direction (7 juillet 1961), puis directeur de la revue (14 juillet 1961). Une réunion, à laquelle participe André d'Allemagne, a lieu au mois

---

3. Voir entre autres une émission de télévision de la série « Carrefour » diffusée le 29 juillet 1961 ; en compagnie d'Andréanne Lafond, Wilfrid Lemoine et René Person, Aquin interviewe les représentants des principales organisations séparatistes : Walter O'Leary, Raymond Barbeau, Raoul Roy et André d'Allemagne.

4. D'après la correspondance d'Aquin du 26 décembre 1960 ; aucun de ces documents n'a été conservé. Le RIN fut fondé en septembre 1960, « exactement deux siècles après la capitulation de Montréal par laquelle en 1760 la Nouvelle-France tombait aux mains des Anglais [...] la date avait été choisie pour sa valeur symbolique » (André D'ALLEMAGNE, *Le Colonialisme au Québec*, Montréal, Les Éditions R.-B., 1966, p. 158).

5. *Liberté*, vol. II, n° 6, 1960. La revue avait obtenu, depuis le numéro précédent, une première subvention du Conseil des Arts du Canada.

d'août 1961 pour préparer un numéro de la revue (prévu pour décembre 1961) sur le thème de l'indépendantisme. Selon la proposition d'Aquin : « Il s'agit de mesurer l'ampleur du mouvement et surtout de chercher à évaluer objectivement le sens de cette idée dans la conjoncture actuelle ainsi que le sens de sa résurgence à divers moments de notre histoire[6]. » La sortie de ce numéro sur l'indépendantisme, lequel portera finalement sur le séparatisme, est reportée de quelques mois en raison du voyage d'Aquin, à l'automne 1961, en Suisse et dans divers pays africains ; il paraît en mars 1962. Un court préambule, signé par Hubert Aquin, présente l'ensemble du numéro : « L'équipe de LIBERTÉ reconnaît que le problème national des Canadiens français est premier et qu'il mérite, de ce fait, toute notre attention[7]. »

De la stratégie à la réflexion idéologique

Le RIN est, à l'époque, un mouvement politique en période de recrutement et sa transformation en une organisation importante est certainement précipitée par la réception populaire faite à l'idée de l'indépendance[8]. Hubert Aquin, n'étant pas membre à ce moment-là du

---

6. Procès verbal de la réunion du 24 août 1961, transmis par Michèle Lalonde à Hubert Aquin. (Correspondance Hubert Aquin, août 1961)

7. « Préambule », *Liberté*, vol. IV, n° 21, 1962, p. 66.

8. Un sondage du quotidien *La Presse*, en mars 1961, indique que 45% des répondants favorisent la séparation du Québec du reste du Canada et en juin 1961, le quotidien *Le Devoir* publie un sondage où 75% des répondants considèrent que l'indépendance est souhaitable.

RIN, est intervenu à titre de directeur de *Liberté*[9]. Tel qu'il apparaît sur le tapuscrit provenant des archives du RIN, le titre de la conférence, « Problèmes politiques du séparatisme », suggère une perspective stratégique ; alors qu'une ambiguïté entre les notions d'indépendantisme et de séparatisme semble partager les opinions sur la transformation du mouvement en un parti politique, Aquin préconise une intervention plus structurée du RIN sur la scène provinciale.

Le séparatisme, notion la plus développée dans ce texte, est décrit comme un phénomène national, lié aux fondements émotifs de deux siècles de colonisation, qui s'exprime par « une forme d'envoûtement », une « foi séparatiste ». L'indépendance, par contre, est présentée comme une notion politique qui caractérise davantage un rapport rationnel avec le colonisateur : « L'indépendance est une notion de l'esprit » ; du moins, cette notion fait appel à une stratégie politique. Marcel Chaput, dans une interview publiée dans le numéro de *Liberté* où paraît le texte d'Aquin, partage cette conception de l'indépendance : « Avant d'être un état de fait, l'indépendance est un état d'esprit » (p. 147) et il souhaite, tout comme Aquin, la transformation du RIN en un parti politique provincial.

Empruntant à l'analyse des rapports colonisateurs-

9. Selon l'annonce du colloque parue dans *Le Devoir* (16 février 1962, p. 7), les autres conférenciers sont : Jean Marchand (président de la CSN), Jean-Marc Léger (journaliste au *Devoir*), Michel Forest (secrétaire du NPD), André d'Allemagne, Michel Brochu (géographe), Jean Bouthillette (journaliste à *Perspectives*), Marcel Bélanger (enseignant), Al Barrett (enseignant) ; Aquin recevra un cachet de 25 dollars (corr. 7 février 1962).

colonisés d'Octave Mannoni[10] la stratégie de conscientisation et d'éducation des peuples colonisés, Aquin situe, du coup, son approche du séparatisme dans une tradition philosophique, délimitée par saint Thomas d'Aquin et Jean-Paul Sartre[11], laquelle privilégie l'expérience de la liberté comme prise de conscience critique d'un projet collectif. Un bref commentaire noté le jour même dans son *Journal* indique sa satisfaction de conférencier : « Pour la première fois, j'ai éprouvé le sentiment de parler juste à un groupe d'individus. »

Un projet de roman, daté de mai 1961[12], portant sur la conversion patriotique d'un Canadien français, héros de « la naissance d'un romantisme canadien », témoigne d'une esquisse romanesque où, à la dynamique existentialiste du héros, se joint une recherche d'ordre stylistique et formel, qui préfigure la technique narrative de *Prochain épisode* : « Sans le contrepoint à créer qui m'obsède, je n'aurais aucune justification esthétique de faire ce roman. »

Après la publication du numéro de *Liberté* sur le séparatisme, André Laurendeau, dans un éditorial intitulé

---

10. Une citation du livre d'Octave MANNONI, *Psychologie de la colonisation* (Paris, Éditions du Seuil, 1950), qui apparaît dans le *Journal* d'Hubert Aquin, indique qu'il a lu ce livre au début du mois d'août 1961.

11. Dans son célèbre essai « La fatigue culturelle du Canada français », publié deux mois plus tard dans *Liberté* (vol. IV, n° 23, 1962, p. 299-325), Aquin se réfère souvent à Jean-Paul Sartre et à sa dialectique existentialiste.

12. [1er mai 1961], daté des 1er, 3 et 7 mai 1961 et composé de dix-huit feuillets manuscrits. Voir la section « Projets de roman ».

« La “foi” séparatiste » (*Le Devoir*, 22 mars 1962, p. 4), commente la pertinence de la contribution des historiens (Fernand Ouellet et Jean Blain) et se montre plus critique à l'égard des autres textes, dont celui d'Hubert Aquin d'où il tire le titre de son éditorial. Un court extrait de six lignes de cet article a été repris lors de la publication d'un dossier sur le Canada français par Franck Jotterand dans *La Gazette de Lausanne* (« Gazette littéraire », 31 août-1er septembre 1963, p. 13). Dans un article dont le titre est « Un pays fraternel », Franck Jotterand, à l'aide d'une sélection de textes, compare la vigueur de l'expression du militantisme nationaliste québécois à celle de la littérature romande.

Axel Maugey, dans son ouvrage sur l'« Étude des idéologies dans le contexte global de la société québécoise depuis 1945 », intitulé *Poésie et société au Québec (1937-1970)* (Québec, PUL, « Vie des lettres canadiennes », 9, 1972, p. 11-56), cite brièvement quelques phrases qu'il commente ainsi : « Ce texte est empreint d'une lucidité étonnante. » (p. 44) Dans une étude intitulée « Liberté, l'écriture et le pays » (*Le Jeu en étoiles*, Ottawa, CCRCCF nº 17, 1978, p. 155-167), Jean-Louis Major cite un bref passage de l'article d'Aquin et signale l'écart entre la prise de position politique personnelle de ce dernier et celle, plus nuancée, de la revue. Laurent Mailhot, dans un article célébrant les vingt-cinq années de la revue *Liberté* (« Le combat de *Liberté* », *Le Devoir*, 5 novembre 1983, « Cahier spécial Salon du Livre de Montréal », p. 1), évoque ce numéro de mars 1962 ; il reprend un passage du préambule signé par Hubert Aquin et souligne ses propos sur les conversions massives au séparatisme.

Ce texte fut publié par René Lapierre dans *Blocs erratiques* (Montréal, © Les Éditions Quinze, 1977, p. 51-61), et il fut traduit, parmi quatorze autres articles et essais d'Aquin, par Anthony Purdy sous le titre « The Politics of Existence » dans *Writing Quebec* (Edmonton, The University of Alberta Press, 1988, p. 8-18). Anthony Purdy avait déjà consacré une étude aux rapports entre la société et l'écrivain tels qu'analysés et mis en fiction dans les romans et les essais d'Aquin : « Form and (Dis-)content. The Writer, Language and Society in the Essays of Hubert Aquin », *The French Review* (vol. LIX, n° 6, mai 1986, p. 885-893).

Ce que le colloque du RIN[1] nous a appris, entre autres choses, c'est que des gens que nous respectons se méfient du nationalisme sous toutes ses formes, comme de la peste. Ce préjugé (c'est forcément un préjugé quand il s'applique au séparatisme actuel qui « propose » l'indépendance), ce préjugé, donc, se nourrit du fantôme de Duplessis[2], du souvenir plus ou moins amer du patriotisme de 1930 autant que des vieux échecs politiques dont est jalonnée notre histoire. Au nom de tout un passé qu'on croit déterminant, on refuse un avenir que nous gardons pourtant le pouvoir de déterminer, du moins selon les principes de saint Thomas et de Jean-Paul Sartre[3]. Cette opposition à l'idée de l'indépendance du Québec est paradoxalement bien typique du Canadien français, conquis à part entière, maintes fois déçu par ses chefs et presque traumatisé par tant de déboires.

Le séparatisme réveille en plusieurs cette histoire décevante et la crainte qu'elle s'allonge d'un autre chapitre encore plus décevant. C'est pourquoi les leaders séparatistes n'ont pas la tâche facile : ils proposent à leurs compatriotes qui se sont fait avoir si souvent de risquer une fois de plus ! Ils proposent non pas de rechigner, de demander, de défendre, mais de construire à neuf un pays dont nous avons pris l'habitude qu'il ne nous appartienne pas tout à fait. Ce n'est pas l'amélioration d'un vieux compromis qu'ils préconisent, mais une révolution nationale complète. Or, nous avons depuis longtemps renoncé à toute révolution, à moins qu'il ne s'agisse d'une révolution particulière et qui ne remette pas en cause notre sécurité dans la Confédération[4], car il faut bien convenir que la dépendance politique dans laquelle nous sommes comporte une sécurité. À peine ai-je écrit ce mot que déjà tout ce qu'il renferme de duperies me révolte. Nous sommes victimes d'une équivoque : le non-combat nous donne l'illusion de la sécurité et du repos. Nous en sommes arrivés à un point du combat entre nous, Canadiens français, et le Canada anglais, où notre lassitude et notre épuisement nous feraient crier « chute[5] ». Nous sommes les plus faibles, économiquement et politiquement, nous serons toujours de plus en plus faibles et une certaine persévérance dans la stagnation nous rassure plus que toute reprise d'hostilités. Nous sommes battus d'avance ; la Confédération a institutionnalisé cette inégalité et, si nous acceptons ce système, nous nous fatiguerons quand même à défendre nos positions de conquis ! Si nous restons dans la Confédération, notre histoire est écrite d'avance et n'offre aucune possibilité de rebondissement. Nous serons le partenaire amoindri, faible, fatigué au surplus, et les variantes possibles de notre État, entre plus ou moins d'autonomie ou plus ou moins de centralisation, ne modifieront pas les positions actuelles de ce combat inégal.

Puisque j'ai parlé de combat, aussi bien tout avouer. Je sais que l'agressivité à l'égard des Canadiens anglais n'est pas un sentiment respectable, même dans les milieux séparatistes. Hélas, je suis un séparatiste bassement émotif qui trouve plus sain d'avouer mes sentiments négatifs à l'égard des Canadiens anglais, ne serait-ce que pour conjurer leur éclatement collectif…

Pour tout dire, j'attache un certain prix aux sentiments que j'éprouve contre les Canadiens anglais, puisque ces sentiments sont à l'origine même de mes convictions séparatistes. C'est par rapport à un Canada anglais agressivement majoritaire que le Canada français se définit historiquement comme une minorité. Cette confrontation indésirable mais constante a conditionné le Canadien français à toute une série d'attitudes et de comportements dont il n'est pas encore sorti, et dont il ne pourra vraiment sortir que le jour où il sera indépendant, et encore !... On connaît certains cas où la xénophobie persiste bien après que le dernier étranger a quitté le territoire national ! Nous n'en avons pas fini avec les séquelles de notre hostilité contre les Canadiens anglais. Le séparatisme — le désir de se séparer, de devenir indépendant — ne peut naître que d'une relation entre deux individus, deux groupes, deux populations. On ne peut pas devenir indépendant d'emblée, divinement, pour rien : l'indépendance est un bien qui se gagne contre un autre qui est, à tort ou à raison, considéré comme un obstacle à celle-ci. Pour toutes ces raisons, je trouve que le mot *séparatisme* est adéquat pour définir ces divers mouvements pour l'indépendance qui existent actuellement au Québec. Nous voulons nous séparer. *A priori*, la séparation n'est ni bonne ni mauvaise. Il n'y a que les esprits confus ou anglicisés pour affirmer que séparation est synonyme d'isolement... Sans les Canadiens anglais, je veux dire sans l'irritation que chacun d'entre nous a ressentie contre eux, nous n'en serions pas aujourd'hui à étudier le problème de l'indépendance. Cette opposition émotive est fondamentale sur le plan historique, et ce serait friser le jansénisme que de vouloir la nier. Un mauvais sentiment, une irritation profonde, une souillure émotive est à la base de tout séparatisme. Il ne faut pas chercher à camoufler ce péché national pas plus qu'il ne faut céder, impulsivement ou non, au négativisme qu'il peut susciter...

Si on admet ce mauvais sentiment, cela nous permettra de nous comprendre, de nous accepter aussi en toute franchise, et cet aveu nous aidera aussi à comprendre l'impatience équivalente que ressentent les Canadiens anglais de nous avoir sur les bras quand ce n'est pas sur le dos ! Sur ce chapitre, ils ne sont pas plus francs que nous.

Autant, sur le plan historique, j'accorde un rôle important et générateur au sentiment anti Canadiens anglais et à tous ses dérivés, autant, d'autre part, je ne lui accorde aucune importance sur le plan politique. En d'autres termes, c'est contre les Canadiens anglais que s'est développé notre séparatisme de minoritaires ; mais, quand il s'agit pratiquement de réaliser l'indépendance, c'est contre des Canadiens français qu'il faudra lutter. C'est sur le plan politique, et uniquement sur ce plan, qu'on dégagera un élément positif d'une Histoire dont l'origine émotive, individuelle ou collective, se fonde sur une minorisation refusée.

Maintenant que j'ai fait preuve de mauvais sentiments (avec lesquels, pour paraphraser André Gide, on fait de la bonne politique[6]), je vais passer aux interrogations multiples que suscite en moi la question séparatiste. Le mouvement séparatiste, dans sa totalité, se présente comme un phénomène national, mais je doute que ce soit encore un phénomène politique. Il s'en faudrait de peu pour qu'il le devienne, et précisément je m'intéresse à cette frontière imprécise qu'il doit franchir et, pour donner dès maintenant ma conclusion, je souhaite qu'il la franchisse.

Une chose me frappe depuis quelque temps : je rencontre autour de moi de plus en plus de séparatistes. Les cas de conversion se multiplient à un rythme sans doute grisant pour nos nouveaux messies. Pourtant, monsieur Chaput[7] n'a pas fait de miracle, il n'a pas transformé l'eau en vin ; il a tout au plus démissionné de son poste de fonctionnaire fédéral. Raymond Barbeau[8] non plus ne fait pas de miracle, ni Raoul Roy[9]. Pourtant, j'ai le sentiment très net que nous sommes en présence d'un phénomène quasi religieux. En fait, ce n'est pas la première fois au Canada français qu'un fait politique ressemble à un succédané de religion…

Ce que je redoute le plus, c'est qu'il n'y ait pas de rapport entre le grand nombre de conversions au séparatisme et la réalisation de l'indépendance du Québec. Voici pourquoi. On se trouve pour ainsi dire débarrassé du séparatisme, quand on s'y est converti… un peu de la même façon que, dans certaines dénominations chrétiennes, la foi dispense des œuvres. La foi séparatiste, au fond, quel Canadien français ne la ressent pas, ne serait-ce que dans un moment d'abandon ou de lucidité : qui de nous oserait dire que le séparatisme est mauvais en soi ? Je sais, hélas, que certains le disent et ceux-là, s'ils voulaient être logiques, feraient mieux de s'assimiler systématiquement aux anglophones.

La foi donc, *grosso modo*, nous l'avons, mais, pour ce qui est des œuvres, nos séparatistes me semblent plutôt contemplatifs que charitables ou, si vous voulez, plus mystiques qu'efficaces... Notre séparatisme est une forme d'envoûtement, de possession, mais le lendemain matin, tel celui qui s'adonne à un rite magique, le Canadien français retourne à la réalité fédérale et bilingue qui demeure inchangée.

Nos séparatistes font beaucoup de sermons sur la montagne, et pas assez de discours politiques...

Par exemple, un séparatiste a parlé récemment de l'éventualité d'un recours à l'ONU dans le but de nous faire octroyer l'indépendance[10]. Cette idée me paraît refléter un véritable angélisme politique. À part de[11] comporter un voyage agréable à New York, ce projet relève du culte de l'impossible et ne tient compte ni de l'organisme international, ni des précédents historiques qui seraient de nature à décourager toute entreprise du genre...

À mon avis, ce qu'on néglige trop quand on raisonne de la sorte, c'est le degré réel d'éducation politique des Canadiens français. Ce degré est élevé. Les Canadiens français ne s'embarqueront pas dans une galère, ou du moins ne le souhaitent pas. À la limite, à choisir entre une situation politique déficitaire et une chimère, ils s'en tiendraient plutôt... à la Confédération.

Et Dieu sait que la Confédération n'est pas un paradis. Sans toutefois correspondre à l'enfer politique, la Confédération est une sorte de purgatoire constitutionnel ou, si vous voulez, un cercueil en or pour une minorité pauvre ! Son seul avantage est d'exister, de pré-exister si l'on peut dire, et aussi, sans doute, d'avoir permis aux Canadiens français de prendre conscience à nouveau de leur nombre, de leur force politique et de leurs ambitions. Sans vouloir verser dans le paradoxe, je dirais qu'il faut rendre hommage à la Confédération de ce qu'elle ait enfanté, malgré elle, les mouvements séparatistes...

L'ennemi le plus grand de l'indépendance n'est pas à Ottawa mais à Québec[12]. Rien n'a encore obligé le gouvernement Lesage à se définir contre les séparatistes (on croirait même par moments que son autonomisme et son rayonnement préparent les voies de l'indépendance), mais il ne fait aucun doute que si Marcel Chaput était candidat aux élections contre Jean Lesage, ce dernier ne pourrait se définir politiquement que comme un défenseur de la Confédération. Vous avouerai-je le fond de ma pensée à ce sujet ? Daniel Johnson est en position pour coincer Jean Lesage sur ce terrain, si son intérêt le poussait vers l'indépendance, il pourrait facilement devenir le catalyseur d'un gouvernement libéral anti-séparatiste et, par le fait même, étant donné le contraste des positions qui caractérise tout parlement, Daniel Johnson s'érigerait en leader de l'indépendance. Mais, espérons-le, j'imagine le pire.

Déclencher le nationalisme des Canadiens français n'est pas tellement difficile, et cela se pratique épisodiquement au nom d'idéologies qui se contredisent, depuis que les tribuns du peuple ont appris que le minoritaire est un écorché vif. La seule fois où le Canadien français est passé à l'action, c'est en 1837[13]. Depuis, il s'est fait couvrir de discours nationalistes bien sentis et de chèques bilingues[14]...

Je crains précisément que, cette fois encore, la flambée nationaliste ne consume que des mots et des sentiments, et ne passe pas à la seule forme d'action politique que je reconnais saine : la lutte électorale et parlementaire. Si ce passage ne se fait pas rapidement, si les positions idéologiques du séparatisme ne se concrétisent pas sous forme d'ambition électorale forçant ainsi les ennemis de l'indépendance à jouer leurs cartes, ce mouvement d'opinion auquel nous assistons a des chances de s'asphyxier dans son lyrisme glorieux mais inefficace.

Je ne suis pas un partisan du coup d'État, du putsch, ou de ses formes dérivées ; même si, à la limite, le coup d'État d'hier m'apparaît fatal, celui de demain me semble condamnable ! Nous sommes décidément en Amérique du Nord, et nous n'avons inventé ni le cha-cha-cha ni la politique des révolutions en chaîne. Nous vivons dans un contexte politique teinté par le parlementarisme britannique ; et nous aimons la douceur. La violence ne s'apprend pas du jour au lendemain, la politique, heureusement oui ! C'est là notre seule chance. N'allons pas devenir maladroits quand nous sommes sur le point d'avoir de la méthode.

Je souhaite donc une cristallisation politique rapide de toutes nos idéologies séparatistes. Seule cette cristallisation donnera à la population canadienne-française une idée des forces politiques qui s'affrontent.

On ne peut offrir l'indépendance toute seule : il faut lui donner un nom, proposer un système politique, un programme et, bien entendu, de bons candidats ! Si les chefs séparatistes hésitent à se prononcer sur les grandes questions qui divisent le Canada français, ils n'atterriront jamais en politique. On ne peut faire de la politique sans se ranger à gauche ou à droite, sans risquer une position plutôt qu'une autre. La politique est faite de risques, d'attaques et non seulement de stratégie défensive. Il serait fâcheux de laisser le Nouveau Parti[15] se définir comme la gauche, et la seule viable, alors que l'idéologie séparatiste peut tout aussi bien se concevoir dans une forme socialiste. Jusqu'à maintenant, hélas, le séparatisme allait de soi dans la catégorie de la droite ! Rien n'empêche l'indépendance de se réaliser dans un régime socialiste. Quand on est engagé sur la voie de la révolution, on ne peut la vouloir à demi et imparfaitement : la révolution au Québec, et je cite une parole de Marcel Rioux, la révolution sera globale ou ne sera pas[16]...

L'indépendance est une notion de l'esprit. Il importe de savoir sous quelle espèce politique et parlementaire se manifestera cet être de raison qu'est l'indépendance. Il importe de savoir aussi qui se chargera de concrétiser ce rêve, qui nous conduira à la Terre promise et par quel chemin. En tant que citoyen — et j'en arrive à décliner mes préjugés —, je suis séparatiste, mais je suis insatisfait des précisions qu'on apporte à ce vieux rêve révolutionnaire de tout Canadien français.

Les anciennes crises de nationalisme qui ont secoué notre minorité se sont plus ou moins soldées par des faillites, sans doute parce que nos nationalistes voulaient l'amélioration de notre condition de dépendance et non la suppression de ce rapport de dépendance. Encore aujourd'hui, des nationalistes sincères revendiquent des droits auprès d'Ottawa, sans mesurer à quel point ce type de nationalisme tend à perpétuer un lien de dépendance, c'est-à-dire un rapport de minorité revendicatrice à majorité plus ou moins conciliante. En fait, ceux qui acceptent la Confédération acceptent d'être minoritaires ; ils acceptent un état dont la manifestation principale et significative est précisément la revendication. Au cours de notre

Histoire, nous avons précisément confondu nationalisme et défense de nos droits, alors qu'il y a, selon moi, opposition entre ces deux attitudes. Le défenseur de nos droits est un minoritaire résigné, tandis que le nationaliste, en voulant d'abord la nation, veut que cesse la mise en tutelle de celle-ci. Les vrais nationalistes veulent la séparation et l'indépendance, non pas la perpétuation d'une situation de province ou de minorité.

Il serait utile, dans le but de nous comprendre et non d'ostraciser certains d'entre nous, de diviser politiquement les hommes publics et les citoyens canadiens-français selon ce critère différentiel : veulent-ils que le Canada français accède à l'indépendance ? Nous obtiendrons ainsi deux catégories de nationalistes canadiens-français : ceux qui combattent la Confédération et ceux qui la défendent. Un moyen terme est souvent invoqué : de refaire la Confédération comme un pacte entre deux nations égales. Mais j'imagine mal la réalisation d'un tel plan qui aurait peut-être réussi il y a cent ans, car il serait difficile au Canadien français de se sentir égal dans une situation inchangée où il a toujours été le partenaire moindre et, de plus, comment concevoir un système politique où une minorité démographique serait en état d'égalité politique ? Bon, je discarte[17] cette utopie à laquelle se raccrochent certains fédéralistes de bonne volonté mais dont la lucidité est moins sûre[18].

Revenons à ma division antérieure : d'un côté les fédéralistes revendicateurs, de l'autre les séparatistes. Ces deux groupes constituent les deux pôles de pensée qui divisent actuellement le Canada français, et il me paraît souhaitable d'accentuer cette double polarisation de telle sorte que le Parlement du Québec reflète ces deux tendances profondes de la pensée canadienne-française, et non pas deux variantes d'un même attachement au système confédératif. Jean Lesage et Daniel Johnson sont deux chefs de partis provincialistes, dont le postulat de base est à peu près le même : la Province de Québec doit avoir la part qui lui revient dans la Confédération. Qu'un parti séparatiste aille siéger à la législature du Québec, même sur les bancs de l'opposition, et alors, il me semble, le parlement québécois reflétera les vraies tendances de la nation canadienne-française, exprimera ses véritables conflits et réussira peut-être à les résoudre. Encore faut-il, pour cela, que le séparatisme se présente comme une force politique et non seulement comme une mystique. La conversion des Canadiens français à l'indépendance est un premier pas ; n'attendons surtout pas qu'elle soit unanime pour qu'elle soit efficace, elle ne sera jamais unanime, pas plus que ne l'a été l'adhésion à la Confédération[19].

Les précautions oratoires employées jusqu'à maintenant par les séparatistes dans le but de prouver qu'ils sont doux ont sans doute convaincu leur auditoire mais eux, en revanche, semblent se conformer à cette image apaisante qu'ils ont donnée aux autres. La douceur est une qualité par rapport à la violence qu'on redoute chez tout révolutionnaire ; mais tant de douceur et de patience risquent d'épuiser les éléments de la population québécoise qui sont disponibles pour un vrai changement. De nos jours, le séparatisme se porte « moderato cantabile » ; c'est un signe des temps ou une manifestation supplémentaire de notre sens démocratique. Seulement il ne faut pas rêver. Le public attend quelque chose de plus radical, de plus avoué, de plus révolutionnaire ; du moins, c'est mon cas, je n'attends pas des révolutionnaires à mitraillettes ou à képis, mais des révolutionnaires qui n'ont pas plus peur des mots que des réalités. L'excès d'habileté risque d'annuler celle-ci : on ne parle plus de socialisme (dans ce domaine le NP[20] dépasse tout, car lui-même s'en abstient), on ne soulève pas la question de l'éducation, des écoles confessionnelles ou laïques, on ne se place ni à gauche ni à droite du régime actuel... on veut se placer au-dessus.

J'ai l'intuition que nos leaders séparatistes se modèlent plus d'après des archétypes canadiens-anglais que canadiens-français... Sournoisement, les Canadiens anglais nous ont imposé un certain type de chefs, plus négociateurs que révolutionnaires, dont Mackenzie King est un exemple et Louis Saint-Laurent son pendant canadien-français. Ce qu'il y a eu de fâcheux dans cet emprunt, c'est que nos chefs politiques ont pris les allures de leurs modèles anglophones sans en adopter le dynamisme réel, ni leurs forces d'entreprendre et de construire. La tradition révolutionnaire du Canada français a été l'objet d'une vaste et constante entreprise de refoulement dont nos chefs politiques sont les produits.

La révolution est une entreprise qui doit se dégager nettement du fond de malentendus et de compromis qu'est le régime de Québec. L'indépendance c'est le contraire politique de l'autonomie, même si, sur un plan historique, on peut la considérer comme son prolongement. Il n'y a rien de commun entre un séparatiste et un autonomiste : l'un veut la sécession du Québec, l'autre veut sa participation, plus ou moins intégrée, à la Confédération.

La confusion naît peut-être du fait que les autonomistes et les séparatistes sont en état de tension avec

Ottawa, mais elle ne devrait pas durer plus longtemps. Les séparatistes, s'ils veulent être logiques, doivent considérer le gouvernement de Québec comme leur seul et unique ennemi ! Et si le gouvernement provincial, si autonomiste soit-il, est l'ennemi, c'est contre lui qu'il faut déployer toute stratégie, c'est lui qu'il faut déloger, à moins qu'on se contente de le convertir.

Si je préconise, dans ce domaine, une stratégie précipitée, c'est que je crois, d'autre part, à la précipitation de l'Histoire. Dans le contexte actuel, les séparatistes se sont fait des ennemis à Ottawa, tandis que le gouvernement Lesage continue de fonctionner avec la bénédiction tacite ou confuse des révolutionnaires... En art militaire pas plus qu'en politique, la lenteur [n']est une stratégie habile. Le contraire est plutôt vrai. Pour être efficace, une politique doit être mobile et rapide — tout au moins plus rapide que la politique adverse. Si on laisse au Gouvernement de Québec, talonné dans ce sens par l'opposition, le temps d'instaurer une autonomie de bon aloi dans la Province, il sera d'autant plus difficile de persuader les électeurs d'accepter une révolution nationale. Les libéraux font peut-être inconsciemment le travail préalable à l'indépendance, mais ils le font si bien qu'ils peuvent saboter toute possibilité d'indépendance. L'indépendance ne peut pas être assimilée à une loi qu'on vote, parmi tant d'autres, comme si de rien n'était. C'est une notion politique révolutionnaire, et c'est comme telle qu'on doit la présenter aux Canadiens français. Ce serait les sous-estimer que de camoufler ou d'atténuer la portée révolutionnaire de l'indépendance ; et aussi, par cette domestication légaliste qui se veut trop évidemment habile, on empêchera les vraies forces en présence impliquées de se dégager, de se manifester. Dans les discours séparatistes, dont je lis la transcription dans les journaux, on a tendance à atténuer les difficultés de l'indépendance, on essaie de dorer la pilule à la population qui aurait plutôt besoin d'être au plus vite mise en présence d'un jeu de forces dont elle serait l'arbitre par voie d'élections.

Je suis favorable à l'indépendance du Québec, et je veux bien continuer de l'être ; mais qu'on me propose une alternative politique, un choix, une décision... Je souhaite qu'on nous propose la révolution nationale comme telle — et non pas comme un chapitre rajouté aux Statuts de la Reine[21], ou un protocole diplomatique qu'il faut régler aux Nations Unies. Je veux l'indépendance, oui. Mais je ne saurais me contenter d'une essence d'indépendance ; j'aimerais qu'elle soit aussi existence, qu'elle ait une forme précise, qu'elle comporte un programme politique précis... L'indépendance n'est pas nécessairement une amélioration de notre condition présente dans la Confédération ; l'indépendance ne sera pas idyllique, et ne peut l'être. Elle ne peut être qu'une révolution — et, en cela, elle constitue une étape politique importante, mais pleine d'embûches, qu'un peuple demeure libre de vouloir franchir ou non.

[Faillite de la littérature québécoise]

Allocution prononcée lors du colloque organisé par la revue *Recherches sociographiques* du Département de sociologie et d'anthropologie de l'Université Laval à Québec, du 27 au 29 février 1964, sous le thème « Littérature et société canadiennes-françaises ».

*

Le texte d'Hubert Aquin est en fait un commentaire critique lu à la suite des conférences de Michel van Schendel, Jean Filiatrault et Gilles Marcotte. Ces trois conférences étaient regroupées à partir d'une même problématique : « Les tentatives de dépassement : quelques thèmes de la littérature récente[1] ». La conférence de Michel van Schendel s'intitule « L'amour dans la littérature canadienne-française » (p. 153-165), celle de Gilles Marcotte, « La religion dans la littérature canadienne-française contemporaine » (p. 167-176) et celle de Jean Filiatrault « Quelques manifestations de la révolte dans notre littérature

1. Elles constituent la partie III du numéro de *Recherches sociographiques*, vol. I-II, janvier-août 1964, p. 153-201.

romanesque récente » (p. 177-190). Viennent à la suite, dans la revue, trois textes regroupés sous le titre « Commentaires » dont le premier, signalé par le chiffre romain I, est celui d'Hubert Aquin (p. 191-193). Les commentaires II et III sont, respectivement, de Claude Jasmin (p. 194-198) et de Georges-André Vachon (p. 199-201). Nous n'avons aucune trace précise de l'invitation d'Hubert Aquin à ce colloque. N'ayant pas encore publié de roman, Aquin était toutefois associé au monde culturel québécois par ses téléthéâtres et ses activités d'interviewer, de réalisateur à Radio-Canada et ses contributions à *Liberté* de même qu'à *Parti pris*.

L'année 1964 constitue, dans la vie d'Hubert Aquin, une période de profonds bouleversements. Il avait renoncé totalement au statut d'écrivain, un an auparavant, préférant le milieu des affaires (il travaille comme courtier en valeurs immobilières). Il avait également diverses activités dans le milieu du cinéma à Montréal ; il travaillait à l'ONF, il était directeur de l'Association professionnelle des cinéastes et il avait fondé la compagnie Les Films de la Citadelle ltée[2] avec Jean Lebel en décembre 1962, puis la compagnie Idées avec Raymond Marie Léger et Gilles Sainte-Marie. Il militait activement au RIN depuis deux ans et il a participé à la transformation de ce mouvement en un parti politique provincial (printemps 1963). Il aurait pris contact, au mois de novembre 1963, avec des mem-

2. Abréviation de « limitée » utilisée en Amérique du Nord dans les raisons sociales d'entreprises constituées par des actionnaires.

bres de l'organisation terroriste FLQ et aurait formé un groupe nommé Organisation spéciale.

Hubert Aquin, au moment du colloque, traversait une phase de radicalisation de sa pratique et de ses positions politiques. Après avoir publié « Profession : écrivain[3] » où il exprimait les raisons de sa rupture, il a pris le maquis quelques mois plus tard avec l'OS[4]. Ont suivi l'arrestation le 5 juillet 1964, le procès, l'emprisonnement et la rédaction de *Prochain épisode*.

Le critique Jean Marcel, dans *L'Action nationale*[5], relève le peu d'arguments littéraires invoqués lors des diverses sessions de ce colloque ; il reproche l'absence de critères esthétiques dans l'évaluation de la littérature et la subordination du discours littéraire aux critères sociologiques :

> En conséquence, les commentaires d'Hubert Aquin et de Claude Jasmin, répondant aux exposés, chassèrent sur de fausses pistes. Mais ces derniers ont été conséquents avec les résultats des exposés. (p. 193)

Deux comptes rendus du livre *Littérature et société canadiennes-françaises* font mention de la communication d'Aquin ; Gilles Marcotte[6] mentionne que « l'inver-

---

3. *Parti pris*, vol. I, n° 4, janvier 1964, p. 23-31.

4. Voir, à l'appendice I, la lettre qu'il signe « Hubert Aquin commandant de l'Organisation spéciale » et qu'il a fait parvenir au *Devoir* le 18 juin 1964.

5. *L'Action nationale*, vol. LIV, n° 4, décembre 1964, p. 389-398.

6. « Les livres canadiens-français sous la loupe de quelques sociologues et écrivains », *La Presse*, 30 janvier 1965, p. 8 (Cahiers Arts et Lettres).

sion sexuelle » est désignée par Aquin comme un des facteurs responsables de l'ennui que suscite la littérature canadienne-française et Guy Robert[7] considère que la section portant sur l'étude de thèmes (par Michel van Schendel, Gilles Marcotte et Jean Filiatrault) est la plus faible du livre. Il cite la dernière phrase du commentaire d'Aquin pour justifier ce jugement.

Dans une entrevue accordée à Jacques Folch-Ribas, de *Liberté*, Hubert Aquin retient surtout la charge critique de sa communication : « Il dit, à un colloque de sociologie, à Québec, il y a deux ans, j'avais fait une conférence. Au bazooka. Je leur ai dit nous sommes les recordmen mondiaux de la platitude et de la prétention. Silence dans la salle, ils étaient effondrés[8]. »

---

7. « Un ensemble d'approximations », *Canadian Literature*, n° 25, été 1965, p. 67-69.

8. *Liberté*, vol. VII, n° 6 (42), 1965, p. 505.

[FAILLITE DE LA LITTÉRATURE QUÉBÉCOISE]

Si j'ai bien compris la pensée de Michel van Schendel[1], « l'inversion amoureuse a une grande signification historique ; elle reflète, dit-il, les conditions particulières de la colonisation au Québec ». Si je relève d'abord cette remarque de Van Schendel au sujet des variantes littéraires de l'homosexualité au Canada français, c'est que je reconnais à cette intuition une valeur sociologique. Aussi, ce déviationnisme sexuel me paraît l'explication la plus vraisemblable et la plus inavouable d'une littérature globalement faible, sans éclat et, pour tout dire, vraiment ennuyeuse... Bien entendu, je ne me place pas ici au niveau de la morale ou du jugement de valeur, mais à celui des significations. Cette sorte d'inversion, qui me paraît avoir contaminé sérieusement la presque totalité de notre littérature, n'est pas une inversion qui s'affiche ou qui cherche à scandaliser. Non, c'est une inversion profonde : donc, elle prend soin de se voiler elle-même par une thématique diversifiée : amour d'un homme pour une femme, d'une femme pour un homme ; révolte multiple, voire même fracassante ; religion, mystique, etc. Mais, chose curieuse, le thème amour dans notre littérature appelle invariablement un thème correspondant : celui de l'incapacité d'aimer vraiment, celui du sacrifice de cet amour charnel au profit de l'amour de Dieu, celui aussi de la fuite éperdue et souvent mystérieuse loin de la personne qu'on a décrite comme objet d'amour et de désir... Comme mon rôle ici est de réfléchir, au second degré, à partir des conférences que nous venons d'entendre, je me dispenserai de citer des passages de romans ou de constituer un dossier d'expertises de détail pour appuyer mon hypothèse. Je continue donc dans l'axe de l'inversion littéraire dont a parlé Michel van Schendel.

Les catégories littéraires de l'inversion n'ont pas été systématiquement inventoriées jusqu'à ce jour, mais quelque chose me dit que ces catégories sont très nombreuses et contiennent une proportion majoritaire de stéréotypes qui, précisément, s'annoncent comme des cas de non-inversion. S'il est une situation humaine génératrice de dissimulation, c'est bien l'homosexualité ; et je ne vois pas pourquoi la littéraire dissimulerait moins que l'autre. Il y a même des chances pour que les écrivains disposent de moyens encore plus efficaces, plus subtils, plus hypocrites pour rendre vraisemblables leurs diversions. Sur ce point, je suis enclin à croire que la fiction dépasse la réalité à tel point qu'elle peut souvent la remplacer. Je me permets de citer ici une phrase de Jean Filiatrault : « Il semble que notre roman nous démontre assez bien ce qui nous manque vraiment : le sens de l'appartenance au groupe, le sens du social[2]. » Et quelques lignes plus loin, Jean Filiatrault constate : « Que l'échec est fréquent au Québec ! Que le suicide est fréquent dans nos lettres ! » Jean Filiatrault a raison, son exposé le démontre ; et quand il dit que notre roman exprime notre manque « de sens social », je pense aussitôt que ce caractère a-social fait partie de l'étiologie de l'inversion et qu'on ne saurait formuler aussi nettement que l'a fait Jean Filiatrault, au terme d'une enquête fructueuse, le syndrome d'inversion de notre littérature. Est-il besoin d'insister sur le fait que notre littérature compte beaucoup de prêtres et encore plus de sujets traitant de la vocation sacerdotale ? Gilles

Marcotte[3] n'interprète cette récurrence du thème de la vocation sacerdotale qu'en fonction d'une culpabilité que le personnage veut racheter et, par le fait même, dont il veut se dégager. Mais je trouve typique, sinon amusant, que Gilles Marcotte néglige de considérer que le thème de la vocation sacerdotale comporte aussi une abstention définitive de toute relation amoureuse. Je ne nie pas qu'il y ait des significations de révolte ou de « fuite par le haut » et même de sagesse dans l'obsession sacerdotale ; mais ce serait injurier Freud et la réalité elle-même que de n'y voir que cela et de refouler ce qui, dans l'option religieuse, est volonté d'abstention et refus catégorique d'être impliqué dans une véritable relation d'amour. L'option sacerdotale est souillée comme toute option existentielle, à cette différence toutefois que, selon la logique interne de l'option sacerdotale, cette souillure est systématiquement refoulée. Je ne cache pas l'étonnement que j'éprouve à voir Gilles Marcotte plonger dans le thème « religion » sans même effleurer une des correspondances majeures des existences sacerdotales : l'inversion. S'il existe un secteur social privilégié à cet égard, c'est pourtant la vie religieuse. La thématique religieuse de notre littérature est dé-sexualisée, donc gravement décollée d'une portion importante de la réalité religieuse ; somme toute, qu'il s'agisse là d'une modalité littéraire de la castration ou d'une preuve historique supplémentaire du pouvoir de refoulement de nos auteurs, cela ressemble quand même à une atrophie érogène et à une attitude schizoïde qui, selon moi, se rapproche de celle des objecteurs de conscience pendant un conflit qui implique leur conscience nationale. La littérature pré-contrainte qui alimente nos librairies de romans qui traitent, principalement ou secondairement, d'existences sacerdotales, est sûrement ce que le Canada français a produit de plus ennuyeux et de plus orgueilleux. Cela me fait penser à des romans sentimentaux, mouillés de larmes et d'effusions, dont les personnages — des homosexuels — oublieraient de révéler leur identité vénérienne. Pour moi, il ne fait aucun doute que l'inflation des jeunes prêtres modernes et des situations sacerdotales dans nos romans signifie une survalorisation de toutes les situations humaines qui se rapprochent de l'inversion. Si cette inflation devait continuer, je m'en tiendrais à la lecture des romans de contre-espionnage[4].

Il doit exister des corrélations entre certains faits de notre histoire nationale et la boursouflure littéraire qu'on a accoutumé de considérer comme l'expression de notre groupe. Mais ce n'est pas mon propos d'énumérer ces corrélations qui, d'ailleurs, me démoraliseraient. Ce qui attire mon attention en revanche, c'est l'émergence d'une littérature nouvelle et remarquablement synchronisée avec le séisme politique qui fait trembler notre sol. Cette nouvelle irruption d'écrivains semble assez peu compter dans les exposés de Gilles Marcotte et de Jean Filiatrault. La révolte des fils, des castrés, des invertis, des amoureux qui finissent dans le clergé ; cette révolte qui révèle assez bien l'impuissance qu'elle veut masquer, cette révolte qui, si j'en crois Filiatrault puis Marcotte, est rudement présente d'un bout à l'autre de notre histoire littéraire, est vraiment démodée. Elle se porte mal de nos jours. Et ces nouveaux écrivains, je l'avoue, me font oublier leurs prédécesseurs, glorieux et incompris, qui n'ont pas fini de regarder de bien haut un public qu'ils ennuient. De plus, cette littérature nouvelle me rassure sérieusement quant à l'orientation sexuelle globale de notre pays où, si l'on avait continué de sacraliser les ambivalents et les castrés, je me serais senti de trop. La littérature nouvelle n'a pas besoin de se servir d'amplificateurs stylistiques pour dramatiser une révolte qu'elle n'éprouve plus dans les mêmes termes, car désormais l'on sait que certains d'entre nous ont cessé de pratiquer la révolte pour faire la révolution[5].

Dans les exposés de Gilles Marcotte, Jean Filiatrault et Michel van Schendel, on relève un grand nombre d'allusions, plus ou moins précises, à la notion d'échec. Chacun des conférenciers manipule cette notion avec assurance, de telle sorte qu'il ressort des trois textes une évidence qui semble assez forte pour que chacun des auteurs se croie dispensé de la justifier. Échec, ratage, médiocrité endogène semblent servir de tremplins au raisonnement, et non sans dogmatisme. Ce qui frappe, ce n'est pas de voir des écrivains lucides postuler une certaine mocherie constitutionnelle de notre production fictive. Mais il est révélateur que des gens aussi différenciés que Filiatrault, Marcotte et Van Schendel ne se surprennent pas de considérer, au départ, que notre littérature est hypothéquée par une anomalie générale. Elle n'est pas fameuse, elle fonctionne défectueusement dans son rôle d'expression et, sauf exception, notre littérature vole très bas. Gilles Marcotte dit : « Quand la réalité est enfin nommée, c'est un prodige que seules nous apportent les très grandes œuvres. » Somme toute, quand la littérature est fonctionnelle tout simplement, on peut se considérer comme chanceux car c'est l'exception. Je souhaiterais, pour ma part, que ce qui fonctionne — et pour une littérature cela veut dire exprimer — ne devrait pas me paraître miraculeux. Ce qui me surprend vraiment ici, c'est que nous en soyons tout bonnement arrivés, chacun d'entre nous, à cesser de nous étonner que notre littérature dans l'ensemble soit avachie et normalement anomalique°. Et cela me rappelle que, pendant des années, cela ne scandalisait pas que des écrivains se chicanent à propos de l'existence et de l'inexistence de notre littérature nationale, les uns prétendant au tronc, les autres à la branche[6]. Bref, une fois terminées ces grandes séances de doute méthodique — de guerre lasse, sans doute — voici qu'aujourd'hui même, trois écrivains de bonne foi parlent froidement d'une littérature anémiée, sans sourciller, et semblent résignés plus ou moins à l'inadéquation de cette littérature avec la réalité et relativement non surpris que notre surproduction littéraire non seulement n'ait pas une grande force de frappe dans le monde, pas plus qu'ils ne manifestent quelque impatience rédemptrice en opérant eux-mêmes, à titre personnel, dans un secteur si dépourvu. Je ne considère pas mes éminents collègues comme étant désabusés ; mais je me demande comment des écrivains en pleine croissance peuvent s'engager si profondément et sans retour dans une entreprise d'expression qui, d'année en année, menace de déclarer faillite. Pour ma part j'ai choisi : c'est-à-dire que j'ai préféré fonctionner ailleurs et autrement[7]. Il se peut toutefois que surenchérir sur l'inexistence, la médiocrité ou l'échec de la littérature canadienne-française soit précisément la meilleure façon de faire de la littérature canadienne-française ; et que la constatation de l'échec national littéraire ait des vertus de stimulation ou d'exorcisme. Sait-on jamais ? Ce qui m'apparaît en tout cas intéressant, c'est, chez mes collègues, leur capacité de décrire des carences comme s'il s'agissait de la belle normalité.

A Writer's View of the Situation in Quebec

Conférence présentée à Buffalo, le 23 mars 1968, dans le cadre d'un colloque, organisé par M. Pierre Aubéry du Department of Modern Languages and Literature de la State University of New York at Buffalo (SUNYAB), sur le thème « Literary and Social Manifestations of French Canadian Nationalism ».

*

La société québécoise, qui s'est engagée dans une « révolution tranquille » au début des années 1960, connaît, dans la deuxième moitié de cette décennie, une période de fortes tensions idéologiques et sociales (terrorisme de groupements séparatistes depuis 1963, revendications ouvrières accompagnées de grèves souvent violentes, conflits avec le gouvernement central, etc.). Impliqué dans le mouvement indépendantiste québécois dès 1961, tout d'abord comme membre du Rassemblement pour l'Indépendance nationale (RIN), Hubert Aquin défend à partir de ce moment la cause séparatiste dans ses essais et ses conférences. Il est invité par M. Aubéry à venir présenter sa perception des raisons et des projets motivant les revendications reliées à cette cause. Il visite la Lockwood Memorial Library, dédiée « à la gloire et au triomphe eucharistique de James Joyce » et qui possède environ vingt mille pages de ses manuscrits et de ses lettres, bibliothèque dont il s'inspirera pour écrire, en 1969, la nouvelle « L'Alexandrine[1] ». Hubert Aquin retournera à Buffalo, à la SUNYAB, pour y enseigner pendant le trimestre d'automne 1972.

Le RIN, devenu parti politique en 1963, radicalise, lors du congrès du 7-8 octobre 1967, ses positions politiques (nouvelle tendance socialiste et ouvriériste) particulièrement sous l'impulsion d'un nouvel exécutif dont fait partie Hubert Aquin. À l'automne 1967 et au printemps 1968, des tensions au sein du RIN attribuables, pour une bonne part, aux pressions de l'électorat pour unifier les forces indépendantistes en un seul parti, entraînent la scission (en mars 1968) de l'aile radicale, socialiste et séparatiste ; la perspective d'une fusion avec le Mouvement souveraineté-association (MSA) de René Lévesque (qui formera ainsi le Parti québécois en octobre 1968) cristallise les différends. Quelles furent les positions adoptées par Aquin au cours de ces débats ? Aucun document ne nous permet de les vérifier ; toutefois, selon certains passages de cette conférence, il s'associerait avec l'aile radicale qui réclamait une république unilingue francophone, point d'achoppement dans les négociations avec le MSA. Si la participation d'Aquin à ces débats

1. Publié dans *Point de fuite*, Montréal, Cercle du Livre de France, 1971, p. 21-29 ; citation p. 24.

rinistes n'est pas clairement établie, sa lettre intitulée « Un ancien officier du RIN regrette sa disparition[2] », écrite à la suite de la dissolution du RIN, atteste la radicalité de sa divergence avec l'orientation dominante au sein de ce mouvement.

Hubert Aquin commence sa conférence en présentant sa perception de la fonction d'écrivain et rapidement fait intervenir les conditions sociohistoriques des Québécois pour justifier ses prises de position. Or, un bon exemple de ce qui, aux yeux des indépendantistes, représente leur sentiment d'aliénation se produit peu avant cette conférence.

L'affaire du Gabon

Dans le nouveau contexte politique de l'époque, le Québec, avide de relations internationales, établit, dès 1962, une série d'échanges avec la francophonie internationale (plus particulièrement avec la France). C'est ainsi que Jean-Guy Cardinal, ministre de l'Éducation du Québec, participe à la Conférence des ministres de l'éducation des pays francophones (19 pays participants) qui a lieu à Libreville, au Gabon, du 5 au 10 février 1968.

Mais cet intérêt québécois pour l'internationalisme était entravé par la constitution canadienne et par un ressentiment canadien envers les prétentions autonomistes du Québec. Le gouvernement canadien convoquera, le 5 février 1968 (à la suite de la Commission Laurendeau-

2. *Le Devoir*, 5 novembre 1968, p. 4.

Dunton[3]), une conférence constitutionnelle à Ottawa pour discuter de bilinguisme et des réformes constitutionnelles sur les droits de la personne.

Une escalade de déclarations à saveur autonomiste faites par le gouvernement québécois (par exemple, la création le 17 février 1968 d'un service d'immigration parallèle à celui d'Ottawa pour s'occuper des immigrants francophones, etc.) entraîna l'intervention du gouvernement canadien dans les nouvelles orientations que prenaient les relations internationales de la province. Au même moment, le gouvernement publiait un livre blanc sur le statut des échanges internationaux et le fédéralisme canadien, lequel précisait le rôle centralisateur de l'instance gouvernementale fédérale :

> Bien qu'il puisse y avoir des contacts officieux entre agents provinciaux d'une part et organismes étrangers ou organisations internationales de l'autre, aucune relation officielle ne peut exister si elle n'est pas autorisée ou prévue par le gouvernement fédéral[4].

---

3. La commission royale d'enquête sur le bilinguisme et le biculturalisme, présidée par MM. Laurendeau et Dunton, avait pour mandat d'étudier l'état du bilinguisme et du biculturalisme et de formuler des recommandations relatives à une plus grande reconnaissance de la dualité culturelle du Canada. Le premier document, portant sur les langues officielles, a été déposé à l'Assemblée nationale d'Ottawa, à l'automne 1967.

4. *Fédéralisme et relations internationales*, L'Honorable Paul Martin, Secrétaire d'État aux Affaires extérieures, Ottawa, 1968, p. 19.

La méfiance du gouvernement central à l'égard des élans autonomistes du Québec ne s'arrêta pas avec ce rappel des principes fondateurs de la constitution canadienne. Le 4 mars 1968 (un mois après l'événement), le gouvernement canadien accusa le Gabon d'avoir fait un accroc à la diplomatie canadienne en invitant le ministre du gouvernement provincial sans consultation préalable avec le ministre fédéral responsable des relations extérieures. Selon la version gabonnaise, il s'agissait d'une invitation personnelle faite au ministre Cardinal, mais le gouvernement canadien n'acceptait pas que ce dernier fût traité selon les mêmes règles protocolaires que les autres représentants de pays francophones. Aussi, le gouvernement canadien suspendit-il les relations diplomatiques avec le Gabon en donnant la directive à son ambassadeur nouvellement désigné de ne pas présenter ses lettres de créance.

En fait, le gouvernement français était soupçonné d'avoir plus ou moins manipulé les organisateurs de la conférence pour éviter toute démarche avec le gouvernement canadien. Ce dernier était d'autant plus méfiant envers les intérêts français que, lors du passage au Québec du général de Gaulle, après sa déclaration célèbre « Vive le Québec libre » du 24 juillet 1967, le général, irrité par les réactions acerbes des tenants du fédéralisme, était reparti aussitôt pour la France sans se rendre à Ottawa comme il était prévu. Il existait, dans les faits, une entente France-Québec signée en 1965 (agréée par Ottawa), qui assurait la coopération entre les ministères de l'Éducation dans tous les domaines de l'enseignement et de la recherche scientifique. L'éducation étant de juridiction provinciale, le gouvernement québécois n'avait pas estimé nécessaire d'entamer les discussions avec le gouvernement canadien au sujet de sa représentation extérieure. Comme le démontre la réaction canadienne, la concentration, à Ottawa, des Affaires extérieures faisait partie des difficiles négociations quant au statut du Québec dans la confédération canadienne.

La fonction de l'écrivain

> « J'écris par appartenance, non par engagement[5]. »

Dans cette conférence, Hubert Aquin témoigne de son métier d'écrivain et de sa perception dans la société québécoise, fluctuant entre l'homme de lettres et le personnage public de l'« activist ». Au mois de mars 1968, Hubert Aquin vient à peine de terminer la rédaction de *Trou de mémoire* (publié en avril) qu'il développe diverses esquisses pour son prochain roman. Dans un des dossiers préparatoires de *L'Antiphonaire* (1969), intitulé « La mort de l'écrivain », figure une liste de titres de conférences et d'articles où se trouve la mention « texte Buffalo à élaborer », probablement en fonction d'un livre d'essais qu'a proposé Aquin à son éditeur au printemps 1968. C'est donc une période de sa vie qu'il consacre efficacement au métier d'écrivain.

5. Jean BOUTHILLETTE, « H. Aquin, "Écrivain faute d'être banquier" », *Perspectives*, 14 octobre 1967, p. 66 ; repris dans *Point de fuite*, p. 13-20.

Selon Aquin, l'œuvre est empreinte des relations entre un auteur et la société : constatation générale, voire banale, qui masque toutefois la portée de la problématique aquinienne. La fonction de l'auteur est ici définie selon un mode passif qui fait de celui-ci une sorte de prisme de réflexion par lequel une société est représentée. Par le biais de la fiction, l'écrivain est alors un producteur, sans idéologie directrice, qui propose un contrat à la société ; ce contrat se définit principalement par la valeur esthétique et commerciale de l'œuvre que l'auteur offre à des lecteurs complices (« *his fellow countrymen* », « *his compatriots* ») pour vérifier son degré d'« appartenance ».

> Et quand tout éclate dans une société, il est peut-être prévisible et même normal que la littérature éclate en même temps et se libère de toute contrainte formelle ou sociale[6].

Hubert Aquin insiste sur la forte corrélation entre la production littéraire et le contexte sociologique. Sa justification de la littérature ne repose pas sur une certaine littérarité ou une étroite recherche stylistique. L'auteur traduit esthétiquement les conflits et les tensions sociopolitiques qui l'entourent mais selon une conception plus pragmatique, c'est la valeur commerciale (succès littéraire, ventes, tirage, etc.) du livre qui fixera la reconnaissance sociale de l'œuvre.

Puisque la société québécoise est en pleine transformation, le roman doit donc traduire ces tensions

6. « Littérature et aliénation », *Mosaic*, vol. II, n° 1, automne 1968, p. 52.

déstabilisantes soit dans ses formes, soit par son écriture ; c'est exactement ce qu'illustrent l'alternance déroutante de la narration et la lecture syncopée par les notes de bas de page dans *Trou de mémoire* (1968).

Ainsi l'œuvre d'Hubert Aquin sert-elle d'effet médiateur dans le processus d'identification nationale et l'auteur devient-il effectivement un « exhibit » du Québec.

Après les traductions du volume *Histoire du Canada*[7] et d'un ouvrage sur l'Acte d'Union[8], Hubert Aquin fait des recherches pour l'annotation et l'introduction du texte de Louis-Joseph Papineau *Histoire de l'insurrection du Canada*[9], qui sera publié par les Éditions Fides à l'été de 1968. Son activité de traducteur a vraisemblablement conduit Hubert Aquin à se documenter sur les débuts du régime anglais au Canada ; les citations de la correspondance entre les gouverneurs anglais de Montréal et les responsables des colonies à Londres, utilisées dans cette conférence-ci, proviennent certainement de recherches effectuées à la bibliothèque[10] du collège Sainte-Marie alors qu'Hubert Aquin y est professeur (depuis 1967). Nous avons pu identifier la majorité des sources en

---

7. Il s'agit du seizième titre d'une *Histoire du monde* publiée par les Éditions Maisonneuve de Montréal.

8. Traduction effectuée pour André Lavallée du Département d'histoire du collège Sainte-Marie.

9. Publié en 1839, à Paris d'abord, dans *La Revue du Progrès*, puis à Burlington (Vermont, É.-U.) aux Éditions Ludger Duvernay en octobre de la même année.

10. L'Université du Québec à Montréal s'est formée, en 1969, à partir du collège Sainte-Marie, dont la bibliothèque a été intégrée à la nouvelle institution.

vérifiant, dans des volumes ayant appartenu à cette bibliothèque, la concordance des citations.

Dans un document non daté, contenant deux feuillets manuscrits où apparaît une liste de dix-huit de ses textes, Hubert Aquin forme le projet d'élaborer ce texte. Il note : « Quelques réflexions sur la position de l'écrivain québécois » ; puis, avec un trait, relie ce passage souligné à la mention « texte Buffalo + élaboré ».

A WRITER'S VIEW OF THE SITUATION IN QUEBEC

Mister President,
Ladies and Gentlemen,

I came to Buffalo as an "exhibit" !... I am not only a French Canadian writer from Quebec ; but I am also politically committed and even qualified[1] sometimes as an "activist[2]"...

As I am not inclined to "exhibit" myself, except—you could say—in my novels, I will attempt to describe, as clearly as I can, the position and the point-of-view of a Quebec writer who is also a militant in the ranks of the RIN (which may be designated as the Party for the Independence of Quebec).

The writer, in a society, may be considered as a producer of images or fictitious stories that correspond—more or less—to some definite realities that are in some degree familiar to his readers or his compatriots : without this coincidence between a writer and his society, this writer has few chances of being known and, afterwards, read by other people, in other societies and over long periods of time. In other words, once this initial transaction is made between a writer and his own society, his work (or his name) becomes invested by the historical reality of his own country, of his society or of his generation... I would even say that a writer, by producing a novel or a book, makes a deal with his own society ; and if the deal is good (I mean : if the society agrees to buy this specific representation of itself), then there begins an interaction between the work and the society and this phenomenon increases the value and the signification of the book… or its importance…

Of course, it may be a failure : and then the transaction is not completed : the author has tried to present to his society a new image ; and this image, carried by a book, did not please, nor fascinate, nor disturb enough… It just did not interest the society in question ; and the book was flatly put aside. In cases like this, the book is devaluated, deprived of signification and does not travel very far.

The role of the writer is not that of a painter or of an objective describer of his society ; but, strangely maybe, it is because his society recognizes itself in his imaginary productions, that the writer is received, accepted or just read… And, when and if he is thus integrated, the writer has a definite role. His role is to be dramatically identified with his origins and his time ; his function is to be typical and, in a second phase, to reconstitute his experience of being typical. His profession is very near to that of just living as intensely as possible as a man of his time and of one given society…

This vocation of living typically sometimes makes a sort of "marginal man" of the writer. That is the paradox of his role : the writer, producing fiction for the minds of his fellow countrymen, may be considered as a strange man to whom his own readers are ready to confer an extravagant personality or even some kind of magic power.

I, for one, do not believe in any magic thing about the work or the life of a writer ; and I strongly oppose such notions as "inspiration" ! The writer is an intellectual worker like others : his vocational choice is not more mysterious than any other career. I admit that his function has been less explored and less prospected by social scientists, but there is nothing else to explain the fact that it [is] not well known and so poorly analysed. Like any other choice, it is rich in meanings and quite complex. But, as I said before, the writer is a professional searcher of what he is (his identity) and of what he is surrounded or determined by (his society).

A French Canadian writer actually living in Quebec (and that is my case), has many occasions to identify himself to his countrymen and to live—as much as possible—the life of a lucid French Canadian who is "in situation" in Canada nowadays…

Of course, he may conceive Quebec as a province with no dramatic problem ; he may also contest the validity of the emergence of terrorism and he is free to reject the importance of the separatist ideology. He may also confine himself to his own beautiful and isolated soul… But, that is a choice. And if made, it will probably lead this soul-minded writer to write as much as possible as if he were not living in Quebec and as if he were not at all concerned by the exploding reality around him. In that direction, he may consider writing as a noble artistic refuge from the trivial problems of reality.

But if he does not choose this kind of ethereal and extra-temporal identity, he will then face a very complicated problem…

*

* *

If he is a producer of novels or works of art, does he have to be "engaged" ?... My answer is no ! ! ! As I am [a] member of the national executive of the RIN[3] and sometimes considered as a "terrorist" more than as a novelist, my answer has probably a certain validity... but it also reveals another problem which, this time, is my problem... Being poor, I have not two selves : I cannot duplicate myself so that I could write novels with no roots in reality and almost no content... or almost no attachment in reality. I really and frankly dispose of only one self, and I must confess humbly that I tend to utilise this only portion of reality which is my own existence and my own story. So, when I write a fiction book, I am still—and sometimes more accurately than ever—a typical Montrealer who is openly advocating an independent and unilingual republic of Quebec[4] !...

So, my novels are filled with this reality that is mine and these fictitious stories do include characters usually haunted by revolution and preparing it with febrility...

But, at this point in my confession, I must state that I do not function as an engaged novelist ; I am not and I do not feel compelled to convey a certain ideology. More than that, my novels do not convey any ideology...

I think (and I hope, too) that they reflect, in their manner, the reality in which I live, fight, work, love...

And this reality (my country, more precisely) is in the process of transforming itself dangerously : the structures of my own country are merely blown up. Some of these structures are disintegrating ; and my own life is involved in this tremendous operation of revolution which is shaking all Canada—and more specifically : Quebec and its inhabitants, for quite a few years[5].

*

* *

To understand that accurately, we must refer to History. As you know, French Canada was conquered in 1759. This military conquest might be considered as the inauguration of a long series of social changes and political crises—of which some were quiet, some others desperate and bloody…

French Canadians were apparently due to be assimilated completely by the British Conquerors. But, they were probably too numerous for that and organised enough to go through long periods of difficulties and endless problems of survival. They remained Canadians, speaking French, bargaining little by little some respect from the English authorities and getting accustomed to all the tensions that characterize their forced coexistence with English immigrants. This "two solitudes" system[6]—which is now famous—has a long past. In 1839, Lord Durham described it in these terms :

> This hatred of races is not publicly avowed on either side ; on the contrary, both sides profess to be moved by any other feelings than such as belong to difference of origin. But the fact is proved by an accumulation of circumstancial evidence more conclusive than any direct testimony would be… If the differences between thc two classes were one of

party or principles only, we should find on each side a mixture of persons of both races, whereas the truth is that all the British are on one side and all the Canadians are on the other... The mutual dislike of the two classes (I continue to quote Durham) extends beyond politics into social life, where all intercourse is confined to persons of the same origin. Grown-up persons of a different origin never meet in private society ; and even the children when they quarrel, divide themselves into French and English, like their parents... In the streets of Montreal—the real capital of the province—this is commonly the case... There has been no formal declaration of national hostility, but not a day nor scarcely an hour passes without some petty insults, some provoking languages or even some mutual affront occurring between persons of British and French descent[7]...

End of quotation.

And Lord Durham also wrote, in a letter to Glenelg (in London), that he was "certain (I quote) that, sooner or later, the British race would predominate in the country[8]...".

His prophecy has not yet been accomplished if we consider that, 130 years after, Quebec acts with more independance than ever, that it became the second French speaking country in the world (after France)[9] and that almost all Quebec leaders became "nationalist leaders" or, else, they lost their elections....

*

* *

There is a long tradition of parliamentary battle in our history. Some of the English Governors of Lower Canada (which corresponds to the actual borders of Quebec) really lost their temper because of the parliamentary obstruction of "The French Party"—as they used to call it.

Craig, in 1808, wrote to Lord Castleraigh (who was then Prime Minister of the Imperial Government in London) : "The Canadian Party hangs so completely together, and these people have so much influence among them that it is to be expected that I shall not be surprised if they adopt some resolution which may put me under the necessity of dissolving them[10]..."

And Craig did it : not only once, but three times...

In 1810, Craig—still annoyed by the damn French Party—relates his anger to Lord Liverpool : "To a people ignorant and credulous in the extreme, it has been thought proper to give a share in the Government of the country, by a House [of] Representatives in which they must ever have the majority[11]..."

Here is another pearl : "One might at least expect that there would sometimes be division among them, says Craig, but at present they are completely in the hands of the party that leads this House... This is certainly the most independent Assembly that exists..."

In the conclusion of his report, Craig wrote : "The first and most obvious remedy is to deprive them of that representative part of government which was prematurely given to them[12]..."

End of quotation.

And this was only in 1810. In 1837 and 1838, the battle raged, but not in parliament : it was the rebellion. But after the defeat of the French Canadian patriots, and a few hangings, the fight started again in the new "united parliament[13]".

Here is a sample of rhetoric directed—of course—against the French Party (it is dated 1849) : "The obvious intention of that majority, composed of Frenchmen, aided by traitorous British Canadians, is to force French Institutions upon the British minority in Lower Canada. When French tyranny becomes insupportable, we shall find our Cromwell..."

And listen to the commentary of Lord Elgin (who was a real gentleman) : "...it may seem incredible that such language should be employed in reference to a body comprising the freely-choosen representatives of a constituency, formed on a most popular basis[14]".

That sort of verbal guerrilla went on and has become, in the summer [of] 1967, a diplomatic war between Quebec and the central government. In 1967, Quebec made its "début" on the international scene.

The initiative of the Quebec government on the international scene is regarded as a mere provocation by the central government of Ottawa who still proclaims that, I q[uote :] "the provinces have no status in international law ; they are not states and are not recognized as such[15]". This opinion still prevails in Ottawa and among the partisans of the federal union at any price.

By consequence, the Government of Canada broke diplomatic relations with the Republic of Gabon, last month, on the ground that Gabon had treated directly with the Government of Quebec. This rupture was meant clearly to be a warning to France which continues to deal directly with the Government of Quebec… It is clear that the Government of Quebec does not ignore the law on that matter : (and I quote a brief passage) "The Government of Canada has all powers necessary to perform the obligations of Canada *or of any Province* towards foreign countries… A province does not have any extra-territorial jurisdiction[16]".

End of quotation.

This diplomatic affair between Quebec and the central government is not finished, for sure… This quarrel is becoming one of the major issues in the actual policy of Quebec and Canada…

*

* *

But something else is going on simultaneously ; and it has nothing to do with diplomacy… It is the apparition of violence ; I should say the re-apparition of violence because in 1837 and in 1838, the rebellion broke out, and it was quite a bloodshed. But since 1963, violence appeared again… and this "terrorism" does not seem to be unimportant, because it still goes on and seems to be the prelude of something like civil war…

The best way to understand the situation in Quebec today, is to compare it with the colonization system.

Quebec has been conquered, dominated, colonized for more than two centuries... But French Canadians never disappeared ; and their demographical growth and their political organization determined their quest for political freedom and self-determination... These French Canadians (once colonized) are now engaged into a process of de-colonization...

In view of establishing the validity of this analogy, let me quote an American sociologist, professor Everett E. Hagen :

> Colonial rule, wherever it was imposed, created extreme psychological pressures on the subject people... (The colonial masters) came unwanted and conquered the society by force. In doing so, they provided an unqualified demonstration that the structure of the native society was of no importance to them... that, in their view, the indigenous structure of political and social power was not worth preserving... They modified other traditional political mechanisms to control their functionning. They had to do some of these things to prevent the traditional channels of leadership from being mechanisms for the organization of resistance to their rule... For generations, adults in the society had perceived the contempt of the colonial masters for the values of the (colonized) society. The deep belief of the indigenous people in those values had conflicted with their respect for or fear of the power of the colonial rulers. The conflict had caused intense anxiety, as well as rage which was necessary

> to repress. Children observing this anxiety and humiliation in adults had learned to repress their values, as a defence against pain, but the process had generated rage, non the less intense because it was unconscious. From generation to generation the effect deepened[17]...

End of quotation.

In Quebec, nowadays, this terminology of colonization is widely and currently used by French Canadians to analyse their situation... and even by French Canadians who are reluctant[18], besides, to separatism. Anyway, any French Canadian (from Quebec) who lives intensely enough his own national situation, will find himself—one day or the other—in a personal position which may turn out to be quite dramatic ; he is due to experiment colonization from the bad point-of-view (that of the colonized) and he may become conscious that a revolution is about to happen... or that his country is in a pre-revolutionary phase.

Let me utilise, here, a short passage from an American sociologist to describe what I call the pre-revolutionary phase : "The first stage in the process of revolution, writes Elliott-Merrill, is a period of vague and inchoate unrest. People sense that there is something wrong, but they do not know what to do about it... the pathological consequences of mobility are intensified during these troublous times[19]".

These lines could have been written about the present state of Quebec... Quebec is actually "disorganized" or—as wrote that sociologist—"in a period of vague and inchoate unrest". This—applied to Quebec—could be considered almost as an understatement…

*
*   *

In conclusion, I wish only to say that a writer—a French Canadian writer living now in Quebec—has to deal with this moving reality that is his own. He bears the history of his nation in mind, but also its bursting present and its future. He is familiar with that chaotic and changing society ; he carries in himself all these images of an exploding world… and I imagine that a correspondant explosion reproduces itself in his literary works, in his vision of life and even in the old rigid French language which he manipulates. It is a literature of crisis and a literature reflecting the process of disintegration and the revolution that shake the whole society in which he lives…

Hubert Aquin
Buffalo, le 23 mars 1968

Quelle part doit-on réserver à la littérature québécoise dans l'enseignement de la littérature ?

Conférence prononcée dans le cadre de la VIe Rencontre des écrivains à l'Hôtel Montclair de Sainte-Agathe du 24 au 26 mai 1968, ayant pour thème « Les écrivains et l'enseignement de la littérature ».

*

Le titre de la conférence est la reprise du thème d'un atelier de la Rencontre qui réunissait également André Brochu (critique littéraire et professeur) et Roland Arpin (enseignant). Hubert Aquin enseigne lui aussi, depuis septembre 1967, au collège Sainte-Marie où il donne des cours sur le baroque, les techniques d'écriture, Balzac et Joyce, etc. ; il obtiendra un poste permanent en mars 1968.

Sa communication, toutefois, se réfère davantage à sa profession d'écrivain. Son deuxième roman[1] vient à

1. *Trou de mémoire*, Montréal, Cercle du Livre de France, 1968.

peine d'être publié (le 8 avril) et son intérêt pour la dimension formelle et esthétique de l'œuvre littéraire y est clairement affirmé. Le titre d'une conférence « Dostoïevski et la recherche formelle » (dont le texte est inconnu) qu'a présentée Aquin au Cercle de philosophie du Centre des études universitaires de Trois-Rivières, le 2 avril 1968, indique l'importance qu'il accordait à cette dimension pendant cette période. Aquin s'est intéressé à l'œuvre de Dostoïevski dès 1948, alors qu'il préparait une thèse de doctorat en esthétique à l'Université de Paris. Dans ses notes de cours sur le baroque, il mentionne le nom de Dostoïevski, avec d'autres auteurs « dont l'expressionnisme et les procédés d'écriture sont frappants [...] Leurs œuvres ne sont pas des réductions simplificatrices du réel, mais des agencements formels nouveaux d'éléments de ce même réel[2]... »

Sa critique de l'approche structuraliste reprend l'argumentation des milieux littéraires qui contestent le statut d'entière autonomie qu'elle confère à l'œuvre littéraire. Sa référence à l'universalisation des structures, jusque « dans les élucubrations d'un ivrogne », apparaît comme une charge ironique contre cette approche[3]. Aquin reprend plus ou moins la même argumentation (universalisation des symboles) pour exprimer son scepticisme devant la méthode d'analyse symbolique.

---

2. Fonds Hubert-Aquin, documents conservés aux Archives de l'Université du Québec à Montréal ; notes de cours : CBA-C.

3. Cette charge a été omise lors de la publication dans la revue *Liberté*. Voir le relevé des variantes pour la transcription de ce passage.

La lecture récente de *L'Œuvre ouverte* d'Umberto Eco[4], dont plusieurs notions (l'œuvre comme transaction, comme objet de consommation esthétique, de plaisir, etc.) sont reprises dans la conférence, a certainement beaucoup influencé Aquin dans sa redécouverte de l'œuvre de James Joyce et dans ses recherches sur le style baroque ainsi que l'esthétique littéraire.

Paul Gay, dans le quotidien *Le Droit* du 12 octobre 1968 (p. 7), rend compte du numéro de *Liberté* qui réunit les textes des communications de la Rencontre des écrivains, et il mentionne rapidement le modèle de lecture que suggère Aquin. André Payette, dans *Le Devoir* du 1er juin (p. 13), esquisse un bilan de cette Rencontre et il cite un extrait concernant la notion de plaisir en littérature, en escamotant toutefois le passage où le livre est décrit en tant que simple objet de consommation. Mary Green cite brièvement la conférence d'Aquin dans un compte rendu de la Rencontre paru dans *The Montreal Star* du 1er juin (p. 4).

4. *L'Œuvre ouverte*, Paris, Seuil, 1965 ; ouvrage abondamment annoté figurant dans la bibliothèque d'Hubert Aquin.

QUELLE PART DOIT-ON RÉSERVER À LA LITTÉRATURE QUÉBÉCOISE DANS L'ENSEIGNEMENT DE LA LITTÉRATURE ?

À vrai dire, cette question a de quoi gêner un peu ceux d'entre nous dont les noms figurent dans les programmes de nos institutions d'enseignement[1]. Un apophtegme veut que l'on ne puisse à la fois être juge et partie. Or, soyez sans crainte : je ne suis pas juge (et cela par une répugnance que j'admets volontiers m'être propre), mais partie.

Ces précautions étant établies, je tiens tout de suite à affirmer que je me réjouis que la part faite à la littérature québécoise dans l'enseignement des lettres soit *quantitativement* impressionnante. Du moins, c'est ce que j'estime.

Mais est-ce une bonne part en termes de qualité d'enseignement et sur le plan des méthodes utilisées [?] Ça, c'est une autre affaire…

Quand j'étais étudiant au collège, on pratiquait dans l'enseignement de la littérature la méthode (si l'on peut dire) des « morceaux choisis[2] ». Cette culture d'anthologie a longtemps retardé, chez beaucoup d'entre nous, la seule approche dynamique de la littérature, soit : la lecture des ouvrages au complet et non pas la connaissance des extraits, fussent-ils habilement choisis…

L'importance accordée jadis aux anthologies a survalorisé les pièces *détachables* de tout ouvrage littéraire, c'est-à-dire : ce qu'il y a dans un ouvrage d'immobile, de morcelé, d'émietté…

Je me suis donc réjoui de constater que, maintenant, on procède autrement en mettant à l'étude des ouvrages complets ou des auteurs. Je me suis dit : « Enfin on enseigne la littérature sans se croire obligé de dépecer les ouvrages et cet enseignement va donner aux étudiants quelque chose comme le goût de lire les ouvrages... »

C'est ce que je me suis dit jusqu'au jour où un étudiant de mon voisinage m'a demandé en toute simplicité de lui donner un coup de main parce qu'il avait une dissertation à faire sur *Prochain épisode*[3].

J'acceptai de bonne grâce. L'étudiant me montra alors le passage de mon roman sur lequel portait sa dissertation... Quel ne fut pas mon étonnement de constater qu'il s'agissait de huit à dix lignes situées au beau milieu du roman, bref : d'un passage qui n'avait de sens, à mes yeux, que dans un contexte, d'un passage qui appelait un contexte... Je dis à cet étudiant : « J'imagine que vous vous êtes rendu jusqu'à la fin ? » Il me dit avec quelque gêne (j'ose croire) que non et que d'ailleurs ils n'avaient pas eu le temps, en classe, d'aller plus loin, et qu'ils avaient dû faire vite car la fin de l'année approche... Bon, ce sont des choses qui arrivent. C'est une exception, me suis-je dit, après tout...

Mais une autre fois, la même aide a été sollicitée de ma part par téléphone : et il s'agissait encore d'un passage, différent... Et puis, une troisième fois, une quatrième, une cinquième... C'est bien peu significatif, statistiquement parlant, n'empêche que j'étais quand même troublé. Je me suis alors demandé (inconsidérément, sans doute...) par quelle aberration l'enseignement des ouvrages *in extenso* aboutissait à des morcellements qui, pour les étudiants, correspondent à des morcellements de première lecture...

Mais il existe une autre méthode d'enseignement de la littérature dont je veux parler : c'est celle qui consiste à trouver dans les ouvrages québécois une symbolique. Je me pose parfois des questions quant à la validité de cette prospection symbolique... En général, cette réduction symbolique n'a pas grand-chose à voir avec la qualité de l'œuvre, voire même avec la qualité du plaisir de sa lecture. Les symboles, hélas, encombrent les œuvres plates autant que les autres œuvres en sont remplies. La richesse symbolique n'est pas un critère de plaisir esthétique[4]...

Je ne parle pas seulement de la littérature québécoise en ce moment, mais de toute littérature. Il est impensable, selon moi, d'enseigner la littérature sans avoir recours à la notion de plaisir produit et reçu, sinon on passe à côté de ce qui concerne la spécificité de toute entreprise littéraire. La littérature n'existe pas en soi avant d'être lue. Toute œuvre implique une situation dialectique de transaction. Le livre n'a rang d'objet que s'il est consommé — c'est pourquoi l'enseignement de la littérature doit impliquer nécessairement une esthétique de la lecture... qui est l'acte même de la consommation.

Tout enseignement de la littérature doit être fondé sur cette notion clé. Et la littérature n'a pour ainsi dire aucun intérêt si elle n'est pas liée à une expérience de jouissance. L'esthétique littéraire n'est pas une science objective : c'est une méthodologie de la lecture et du plaisir de lire. Il ne faut jamais oublier que tout ouvrage littéraire doit toujours faire l'objet d'une transaction heureuse entre le lecteur et le livre, que l'étudiant (comme le professeur d'ailleurs) est un consommateur comme les autres et il ne doit pas, au nom de la connaissance approfondie, transcender trop vite cette banale vérité : on lit une œuvre littéraire par plaisir avant de chercher, par des relectures, son sens profond et sa richesse symbolique. Cette notion de *lecture génératrice de plaisir* est la base même et le seul fondement valable de tout enseignement de la littérature et de toute théorie littéraire.

Ayant insisté sur cette notion de plaisir, je serais mal venu de monologuer plus longtemps…

La mort de l'écrivain maudit

Conférence prononcée dans le cadre de la VIIe Rencontre des écrivains tenue du 29 mai au 1er juin 1969 à l'Hôtel Chanteclerc de Sainte-Adèle et ayant pour thème : « Les écrivains, la littérature et les mass media ».

*

Cette conférence reprend le titre de la première séance plénière du 30 mai, à laquelle participaient également Marcel Saint-Pierre (peintre), Pierre Pagé (critique) et Robert Melançon (étudiant). L'équipe organisatrice de la Rencontre avait pris soin d'envoyer un court texte de présentation du thème à chacun des conférenciers pour « leur indiquer les limites et les harmoniques du texte[1] ».

Hubert Aquin enseignait au collège Sainte-Marie de Montréal (cours sur le baroque et l'esthétique en littérature), depuis l'automne 1967. Il est engagé par le Département de littérature et d'esthétique de l'Université du Québec à Montréal à l'été 1969. À peine un mois

1. Jean-Guy Pilon, « Présentation », *Liberté*, vol. XI, n°s 3-4 (63-64), 1969, p. 4. Pour ce texte, voir l'Appendice VI.

auparavant, le 11 mai 1969, Hubert Aquin a refusé le Prix du gouverneur général du Canada pour son roman *Trou de mémoire*[2], réaffirmant son allégeance à la cause du mouvement indépendantiste québécois : « Vous comprendrez certainement que mon refus délibéré est conforme à un engagement politique que j'ai publiquement assumé[3] [...] »

Alors qu'Hubert Aquin rédigeait son troisième roman (il sera terminé trois mois plus tard), le rôle et la fonction de l'écrivain dans la société sont devenus un thème itératif dans ses conférences. En mars 1968, lors d'une conférence intitulée « A Writer's View of the Situation in Quebec » à l'Université de Buffalo, il avait présenté l'écrivain comme le témoin d'une société : « His profession is very near to that of just living as intensely as possible as a man of his time and of one given society... »

Témoin plutôt passif, sorte d'empreinte de la société dans une histoire textualisée, l'écrivain ne devrait assumer, de façon partisane, aucune idéologie dans sa pratique d'écriture. Comme il le soulignait dans l'article « Littérature et aliénation[4] », publié à l'automne 1968 :

---

2. *Trou de mémoire*, Montréal, Le Cercle du Livre de France, 1968, 204 pages.

3. Anonyme, « Hubert Aquin refuse le Prix », *Le Devoir*, 22 avril 1969, p. 10 (citation de la lettre d'Aquin dont *Le Devoir* a obtenu copie).

4. *Mosaic*, vol. III, n° 1, novembre 1968, p. 45-52.

> Le message à livrer aliène l'écrivain et le prive de sa liberté d'invention : il se trouve, ainsi, domestiqué et fonctionnalisé par la société. Il est réduit à être expressif et à faire des livres représentatifs. Rien n'est plus affligeant, rien n'est plus appauvrissant que cette fonctionnalisation de la littérature.

Hubert Aquin a poursuivi dans cette conférence une réflexion, amorcée un an plus tôt avec la lecture de *L'Œuvre ouverte*, sur l'échange nécessaire entre l'œuvre et le lecteur ; la lecture occupe alors pour lui une dimension fondamentale dans la composition d'une œuvre. Sa conception du travail de l'écrivain, teintée de désabusement, accorde à celui-ci le simple rôle d'interprète de sa « vacuité intérieure ».

Coïncidence ou convergence littéraire, le titre d'un projet de roman d'Hubert Aquin, « La mort de l'écrivain », commencé en mars 1968 et repris avec plus de conviction en mars-avril 1969 (appartenant à l'avant-texte de *L'Antiphonaire*[5]), s'apparente au thème proposé par la Rencontre des écrivains. Aucune source ne nous permet toutefois d'établir une relation précise entre le titre de ce projet de roman et le thème de la Rencontre. En fait « La mort de l'écrivain », dans ses fragments les plus élaborés (mars-avril 1969), s'associe davantage à la recherche d'Aquin sur les manifestations de l'épilepsie :

5. Troisième roman d'Hubert Aquin, *L'Antiphonaire* a été publié en 1969 au Cercle du Livre de France et repris en 1993 dans « Bibliothèque québécoise ».

18- Tout peut tourner autour de la *crise* [...]. Car, finalement, cette crise tant redoutée est voulue désespérément — comme pour en finir...
19- La *crise* est le nœud éclaté de ce roman [...]. Rien n'est plus terrifiant que cette emprise ; rien n'est moins susceptible d'être représenté au figuré que pareil combat[6].

De plus, le ton ironique et sarcastique de la conférence témoigne, dès le début (« Rencontre des maudits écrivains ») et jusqu'à la fin (la définition de l'écrivain maudit en tant que « [...] vapeur d'eau bénite condensée »), de la théâtralité habituelle entourant les prestations oratoires d'Hubert Aquin.

Jean-Pierre Tadros, journaliste au quotidien *Le Devoir,* rend compte de la première séance seulement et mentionne une partie de la discussion qui a suivi l'exposé d'Hubert Aquin : « On devait par la suite demander à Hubert Aquin s'il pensait que la malédiction s'attachait à lui, ce qu'il corrigea en affirmant résolument qu'il se plaçait du côté "des écrivains qui ne sont pas bénis". S'il y a malédiction, enchaîne-t-il, c'est en tant que citoyen, en tant que Québécois que je l'envisagerais et non en tant qu'écrivain. Ce qui, ajoute-t-il, serait trop fragmenter la réalité que je suis[7]. » Dans *La Presse,*

---

6. « Plan de *L'Antiphonaire*. HA 1969 », tapuscrit, 44 pages (voir l'édition critique établie par Gilles Thérien dans « Bibliothèque québécoise », 1993, p. 341-396).

7. Jean-Pierre TADROS, « À la VIIe Rencontre des écrivains. L'écrivain maudit existe-t-il toujours ? », *Le Devoir*, 4 juin 1969, p. 8.

Réginald Martel livre de nombreux extraits des différentes conférences et considère que « la rencontre fut un remarquable succès[8] ». Ce texte a également été repris dans *Blocs erratiques* (© Les Éditions Quinze, 1967, p. 147-151). Il a été traduit et publié par Anthony Purdy dans *Writing Quebec*[9].

---

8. Réginald MARTEL, « Être ou n'être pas maudit : voilà la question », *La Presse*, 7 juin 1969, p. 33.

9. « The Death of the Accused Writer », *Writing Quebec*, Edmonton, University of Alberta Press, 1988, p. 90-95.

LA MORT DE L'ÉCRIVAIN MAUDIT

J'imagine que je suis ici, à cette VIIe Rencontre des maudits écrivains, à seule fin de donner un show terrible — sorte de spectacle total[1], comme qui dirait — mettant en vedette un écrivain mythique et non seulement maudit, ainsi que d'autres protagonistes, lecteurs, analystes, femmes maudites et hommes du monde... Il semble bien, d'après l'information théorique qui a précédé le panel, que l'écrivain maudit serait une sorte de mythe qui, par l'impact de la mise en marché et de la diffusion, serait en train de devenir périmé... ou quelque chose d'approchant : quelque chose de rétrograde... Je me suis permis de déduire de cet exposé initial ou préfiguratif que l'écrivain maudit se devait — pour être à la mode du jour — de mourir au plus vite — faute de quoi il sera frappé d'interdit... voire jeté à la poubelle...

L'écrivain maudit qui est-il au juste ?... D'après le prospectus de ce panel[2], il aurait une allure de poète faustien, tragique, sombre, mais surtout inspiré... et, de par cette inspiration même, enclin à dévaloriser le travail de confection consciente de sa production...

C'est aussi, on n'y peut rien, une certaine image sacralisée de l'écrivain... On lui conférerait, selon cette imagerie, une sorte de puissance occulte, un aveuglement fulgurant assimilable à l'inspiration, une sorte de spontanéité innée à laquelle il ne peut rien et qui s'épanche quasi automatiquement de gauche à droite sur le papier...

Il me semble impérieux de désacraliser l'inspiration inconsciente comme détenant une position privilégiée ; mais je ne crois pas, pour autant, qu'il faille démythifier la production littéraire afin de rejoindre un au-delà de l'artificialité spécifique à la littérature...

Au contraire, je préconise qu'on sacralise, ni plus ni moins, cette artificialité qui, selon moi, est inhérente à tout ce qui est écrit — de telle sorte que, rendue consciente, cette artificialité révèle la propriété par excellence de produit littéraire, soit : les techniques de composition de l'écrivain...

Ainsi perçue, la littérature nous apparaît comme un échange entre le lecteur et l'écrivain — échange qui correspond au degré d'implication et de compréhension du lecteur... Alors, aussi bien disqualifier radicalement la terminologie d'« écrivain maudit »... Il vaudrait mieux comprendre que l'écrivain ne peut apparaître comme maudit que d'après la perspective du lecteur intimidé par les divers procédés et les diverses méthodes qu'il utilise... À la limite, la notion d'« écrivain maudit » recouvre un préjugé d'après lequel il faut associer la production d'œuvres littéraires à une certaine anormalité... Dès lors, on qualifie de maudit ce qui nous semble anormal ; et de là à considérer ce qui est maudit comme étant inaccessible, il n'y a qu'un pas... qui est vite franchi...

L'écrivain maudit est-il mort ?... J'ai l'impression que la seule formulation du titre de cette discussion, ce matin, indique que ses auteurs y ont répondu implicitement mais aussi de façon ambiguë... La mort de l'écrivain maudit... voilà un vœu, une sorte de conjuration à double tranchant... En effet, si le premier tranchant postule la mort de l'écrivain maudit, le deuxième tranchant postule implicitement que l'écrivain maudit est invaincu...

Si je cherche, au niveau de l'arrangement d'une

phrase-titre, une signification quelconque, c'est sans doute que je crois que très peu de hasard a présidé à la présentation de cette phrase-titre... et, dès lors, je pense que je devrais trouver, derrière ce petit écran phraséologique, une intention — fût-elle vague...

L'intention cachée peut-elle échapper à une analyse méthodique ? Je ne crois pas... Et j'espère que personne ne se sent visé outrageusement par ma curiosité... Or voici ce que je découvre dans la phrase-titre :

1) premièrement : la mort de l'écrivain (j'exclus volontairement l'épithète finale) ;

2) deuxièmement : l'écrivain (est) maudit parce qu'il n'est pas mort...

3) en conclusion : l'écrivain est considéré comme voué à une mort spécifique et irréversible, puis — dans un second temps — il est ouvertement maudit parce qu'il ne se conforme pas au souhait exprimé dans la première partie de cette proposition...

Somme toute, cette phrase-titre contient deux postulats dont l'un exclut l'autre et dans les deux sens : on pourrait formuler ainsi ce programme : mort ou malédiction... mais pas les deux : ce serait, en quelque sorte, trop beau...

Maintenant que j'ai, pour mon profit au moins, démonté cette image de l'écrivain maudit, je n'ai plus qu'à confesser ma position dans cette affaire... Suis-je, à mes yeux, maudit ou non maudit ?... Du moins, je peux me contraindre à me décrire à cet égard — histoire de faire acte de lucidité en pleine noirceur.

Je me crois maudit, objet de certaines malédictions, (en toute franchise) — mais je crois comprendre que cette malédiction qui s'attache à moi — écrivain n'est pas une condamnation unilatérale, irréversible, implacable... Oh Dieu, les choses unilatérales et simples se font de plus en plus rares de nos jours et dans notre société ! ! ! Et tant mieux d'ailleurs... Les choses complexes et ambiguës me rassurent sur le sérieux des gens... Mais revenons à moi, comme disait l'autre... L'écrivain maudit (en 1969 au Québec) ne fait qu'incarner une vocation ambiguë du peuple québécois — lui aussi maudit et bienvenu à la fois, maléfique et bienfaisant, dangereux et récompensant, terrible et accepté...

Je me sentirais d'autant plus gêné de dire que j'incarne, en tant qu'écrivain, la vocation trouble de la nation québécoise, car je n'ai rien d'un sauveur de race... ni rien de si énorme... Au-dessus et bien au-devant de moi, je place par exemple un Gaston Miron[3] dont la vocation exemplaire a un je-ne-sais-quoi de fracassant et d'absolument merveilleux. Lui, tel qu'en lui-même, c'est notre Christ... et je crois lui rendre hommage en disant que son seul nom constitue, de plus en plus, un blasphème extraordinaire...

Si mes souvenirs sont bons, seul un Louis-Joseph Papineau a déjà atteint une qualité blasphématoire aussi percutante... Mais cela fait longtemps... et ce cher Louis-Joseph Papineau — disons-le à sa décharge — vivait à une époque où les Anglais nous écrasaient avec une égale désinvolture... Homme diabolique, à la fois l'idole et la terreur de son peuple, cet homme portait un nom incendiaire, blasphématoire... En 1969, on aurait tendance (dans notre milieu) à réserver à Louis-Joseph Papineau le sort lamentable que fut celui d'André Laurendeau[4], par exemple...

En d'autres termes, la frontière maléfique s'est déplacée... et je dirais volontiers qu'elle se situe maintenant à la hauteur de Gaston Miron... Cet homme est, pour moi, un modèle et un exemple toujours vivifiant de ce qui est maudit (dans notre société édifiée, comme chacun le sait, sur la condensation nationale de l'eau bénite...)

L'écrivain maudit est sûrement maudit, mais il n'est pas mort... Dieu merci... ou : merci Belzébuth...

Quel que soit le message d'un écrivain québécois, quel que soit le contenu d'un livre ou d'un écrit, il se trouve — malgré lui — devant le problème suivant : inventer une nouvelle façon d'être québécois en écrivant des livres... Non pas qu'il doive se mettre en tête de représenter ou de refléter la société québécoise autour de lui (nous ne sommes pas des miroirs...) : mais du fait de son enracinement, l'écrivain québécois devra vraisemblablement être manifestement québécois, créer son mode de manifestation personnel, inventer le style de sa propre épiphanie[5]... afin d'être (dans ses livres) québécois à rendre malade...

On m'a bien compris, j'espère : je ne préconise pas une sorte de typification et de représentativité que tout écrivain québécois doit assumer dans son œuvre. Je dis simplement qu'il n'est pas facile d'être québécois... et que cela se vérifie dans la production littéraire québécoise, tout comme dans d'autres secteurs d'activités... Quand on est québécois avec tiédeur cela donne des résultats désastreux... à preuve les minables députés et ministres qui nous représentent à Ottawa... En littérature, aussi, les résultats sont pénibles : faut-il que je crache, au passage sur un Pierre Trottier[6] pour que vous compreniez d'emblée ma pensée... ?

Je maintiens, contre toute vraisemblance, que je suis un écrivain vivant et — dans la mesure où je puis donner suite à ce projet d'existence — je vais aussi continuer à écrire des variantes toujours plus inutiles du néant dont nous, les écrivains, sommes l'invincible incarnation. Notre entreprise peut se comparer à une tentative plus ou moins séduisante pour donner une forme à la vacuité intérieure que, par le fait même, nous étalons non sans quelque plaisir... en souhaitant que nos lecteurs éventuels y trouvent aussi un certain plaisir...

Borges, l'écrivain argentin, a déjà dit : « Lire est, pour le moment, un acte postérieur à celui d'écrire, plus risqué, plus courtois, plus intellectuel[7] »...

« Plus courtois »... le mot de Borges me paraît bien juste pour qualifier cette opération qu'est la lecture... Selon ce schème, il devient logique d'étiqueter l'entreprise de l'écrivain comme une irrévérence, un manque de correction. Je suis enclin à abonder dans le sens de Jorge Luis Borges et de sa conception fumante de la courtoisie (lire) et du manque de courtoisie (écrire)... Et comme Borges est logique, il va jusqu'à réduire souvent l'acte d'écrire à une prospection ésotérique de cette « bibliothèque totale » à laquelle nous avons tous accès, dans la mesure où nous avons assez de patience et assez de méthode pour la parcourir dans tous les sens et de façon incessante... Il est tout à fait inconvenant de s'arrêter sur une note aussi hermétique lorsqu'on a commencé de parler de LA MORT DE L'ÉCRIVAIN MAUDIT... Mais, je m'enferre dans les entrelacs de la prose de Borges et je m'y complais même, adoptant ainsi, sans aucune gêne, ses postulats indémontrables et ses « indiscernables identités » (principe qu'il tient d'ailleurs de Leibniz...). L'écrivain maudit est fort heureusement celui qui manque de courtoisie, celui que toute bénédiction hérisse, celui qui conteste la validité bénéfique du goupillon... Par opposition, l'écrivain béni ressemble comme deux gouttes d'eau à l'eau bénite qui coule, depuis deux siècles et des poussières, dans nos veines de conquis...

Paraphrasant mon écrivain préféré, Paracelse[8] (ou Auréole Philippe Théophraste Bombast von Hohenheim) qui a dit « l'homme est une vapeur condensée », je dirais : L'écrivain maudit n'est qu'une vapeur d'eau bénite condensée[9]... Vous me direz Paracelse,... après tout... eh bien, je dis solennellement et une fois pour toutes que Paracelse... plus encore que Borges... est mon « doppelganger[10] »...

[Le rôle de l'écrivain dans la société]

Conférence prononcée à l'occasion du dîner hebdomadaire du Club Richelieu[1] au Manoir Drummond de Drummondville, le 5 mars 1970.

*

Déçu des conditions d'emploi au Département de littérature et d'esthétique de l'UQAM[2], Hubert Aquin demande une subvention au ministère de l'Éducation pour la rédaction d'un nouvel ouvrage. Il vient à peine de publier son troisième roman, *L'Antiphonaire*, dont le lancement a eu lieu le 24 novembre 1969, et le refus qu'on lui oppose déçoit ses attentes d'une certaine reconnaissance. Il n'est donc pas étonnant de l'entendre déclarer, dans cette conférence, que « le rôle de l'écrivain — celui qu'on a coutume de lui attribuer — est presque nul ».

---

1. Le Club Richelieu est un regroupement régional de la Société Richelieu, fondée en 1944 et composée essentiellement de professionnels et de gens d'affaires canadiens-français ; elle offre différents services d'aide sociale destinés en particulier aux enfants.

2. Il est directeur de septembre à novembre 1969 ; il continuera toutefois d'enseigner jusqu'en mars 1970.

Par ailleurs, le thème de la conférence se rapproche de la thématique proposée par Hubert Aquin dans le cadre d'une série de conférences que la revue *Liberté* voulait rendre publique et organiser. Le sujet était ainsi défini par Aquin : « Le statut de l'écrivain [...] Dans cette conférence, il est aussi question du mythe de l'inspiration, de la vocation de l'écrivain, de la production littéraire, de la création littéraire » (corr., décembre 1967). Nous n'avons aucune information relative à l'invitation d'Hubert Aquin par le Club Richelieu, mais le thème choisi suggère l'entremise de l'organisation des conférences de *Liberté*. Aquin reprend également le thème de la corrélation écriture/lecture qui apparaît pour la première fois dans ses conférences avec la communication à la VIe Rencontre des écrivains en 1968, « Quelle part doit-on réserver à la littérature québécoise dans l'enseignement de la littérature ? », et qu'il réutilisera fréquemment.

S'adressant à un auditoire lié au monde des affaires, Aquin survole rapidement la dimension plus littéraire de son œuvre pour discuter des conditions économiques qui, à la fois, motivent et repoussent son choix d'une carrière d'écrivain. Indiquant au passage son admiration pour Truman Capote et la gestion particulièrement avantageuse de ses droits d'auteur, il renvoie à sa brève expérience de courtier en valeurs immobilières (1963) et à son penchant de businessman : « [...] mieux vaut, ici bas, jongler avec des valeurs négociables qu'avec des mots ! »

Ironie du sort ou indifférence culturelle, Hubert Aquin fait face à une salle presque vide, comme en témoigne un article d'un quotidien local au titre railleur « Dans l'intimité du Club Richelieu » : « Le conférencier a laissé paraître une froideur marquante en lisant son texte d'une voix faible et monotone. À la fin de son exposé, il s'est excusé de sa tiédeur et de son manque de dynamisme, causés par un auditoire restreint[3]. »

3. Anonyme, *La Parole*, 11 mars 1970, p. 11.

[LE RÔLE DE L'ÉCRIVAIN DANS LA SOCIÉTÉ]

Messieurs,

Vous ne m'avez pas demandé de traiter ce soir d'un sujet particulier : j'ai pensé que, par conséquent, je pouvais m'aventurer dans un sujet qui me tient à cœur et qui n'est pas nécessairement imbriqué dans ma situation actuelle devant vous. Il s'agit du rôle de l'écrivain dans la société — quelle que soit la société.

Préalablement, je voudrais faire remarquer à ceux qui sont ici présents que Drummondville est, pour moi, une ville particulièrement présente dans deux de mes romans. Dans *Prochain épisode*[1], les personnages, à un moment, circulaient autour dans la région, entre Acton Vale, Richmond, Windsor, puis sur la route 22[2] qui débouche en son point nord sur Drummondville ; et ces réminiscences imaginaires sont importantes dans le roman car elles constituent un des leitmotive dont l'apparition et la récurrence tracent une sorte de configuration fondamentale d'un réseau complexe de trajectoires qui se coupent et se recoupent à plusieurs moments. Ce n'est pas tout : je vous dois de vous faire un aveu : en 1965 — année de parution de *P[rochain] épisode* — je ne connaissais pas Drummondville, ni surtout la région autour, j'ai utilisé donc une carte géographique tronquée pour reproduire avec acuité les tracés des routes et me reconnaître dans les directions diverses prises par les personnages du roman.

Mais en 1969, alors que j'avais vu à plusieurs reprises Drummondville et sa région (dans les moindres replis), j'ai choisi encore Drummondville pour y situer une scène importante de « L'Antiphonaire[3] » (paru en novembre 1969). Or voici qu'un des personnages devait prononcer une conférence ici à Drummondville et je l'ai fait prononcer cette conférence au Centre civique de Drummondville[4]. Récemment seulement, j'ai appris qu'il y avait, en vérité, un centre civique à Drummondville. J'en suis resté époustouflé, car je n'en savais rien ! C'est un peu comme si, ayant décrit un paysage fictif de la Californie, j'apprenais qu'il y a une baie superbe à San Francisco (du même nom) ou que le Motel Hillcrest[5] est un des motels existant à San Diego…

En conclusion, je suis enclin à dire, à titre de commentaires à propos de ces coïncidences, qu'un roman représente, si l'on veut, un tissu : on a beau inventer des trames au tissu (ou croire qu'on en invente), il se trouve que parfois on reproduit sans le savoir des trames réelles qui sont vérifiables. La fiction n'est pas seulement un arrangement imaginaire et inventé, mais une composition où la réalité et l'invention se côtoient et où elles sont inextricablement mêlées. Voilà, au moins, l'intérêt des romans qui constituent, qu'on le veuille ou non, des représentations conscientes et inconscientes de la vie.

En fait, je pourrais formuler cela en d'autres termes et utiliser, pour le faire, l'exemple si éloquent et si extraordinaire d'un roman de James Joyce : *ULYSSE*[6]. Pour l'avoir lu et relu et aussi parce que j'ai lu un grand nombre d'études au sujet de ce roman, je suis conscient maintenant d'un certain nombre des procédés littéraires de Joyce : il a écrit ce roman en exil, mais le roman se passe entièrement à Dublin sa ville natale : l'écrivain s'est muni de cartes géographiques, d'annuaires, d'adresses, de catalogues, d'annuaires des métiers et des professions ; et, avec cette incroyable documentation, il a toujours fait s'entrecroiser les noms et les adresses et les professions, si bien que certains chercheurs ont découvert un peu ses instruments de travail et ont pu reconstituer en partie une documentation dublinoise complète de Dublin à partir de ce roman de Joyce.

Un autre exemple : Simenon[7]. Je sais, parce qu'il me l'a dit dans une entrevue filmée très longue (trois jours), qu'il utilisait de façon préférentielle les annuaires, les guides bleus, les cartes géographiques, les plans des villes où il lui plaisait de situer son action. Il jugeait qu'ainsi équipé, il n'avait pas toujours besoin, pour reconstituer l'ambiance propre à un lieu d'action, d'avoir déjà visité la ville en question. La mémoire, de fait, est parfois déficiente mais les annuaires et les cartes géographiques sont des indications beaucoup plus sûres, beaucoup plus maniables aussi. Simenon a écrit cent quarante (environ) romans policiers : et, je crois du moins, il est toujours vivant — établi en Suisse à Lausanne.

En m'enfonçant dans l'œuvre de J[ames] Joyce, ce monumental écrivain, je perds pied et je me sens écrasé par son énormité et l'incroyable floraison de son style inflationniste. À côté de lui, je me sens comme un pauvre commentateur ou comme un scoliaste décadent.

Que voulez-vous ? (ou plutôt, que fallait-il faire ? Ignorer Joyce, bafouer Faulkner, ne rien savoir des superspectacles de Joyce ou Rabelais[8] — et foncer dans la faussement naïve invention d'une littérature qui suffoque ?) Non, je préfère affronter la riche et inépuisable difficulté de James Joyce, lire de long en large les pages écrasantes et mystifiantes écrites par ce grand Irlandais qui n'avait d'autre révolution à faire que dans la littérature. Et, ciel, il l'a faite cette révolution bouleversante que d'autres penseurs (et nous pouvons nommer Einstein, Husserl, Bohr, Schrödinger, Planck[9]) ont accomplie dans le domaine de la physique.

Si je vous parle — un peu — de James Joyce, n'allez pas croire que James Joyce n'est qu'un prétexte pour faire dévier le sujet de l'exposé que je fais devant vous ; le jeu serait trop facile, trop évidente ma manœuvre. Je n'ai pas fait tout le chemin depuis Laval[10], énorme banlieue nord de Montréal, à seule fin de vous entretenir d'un génie irlandais qui est mort aveugle, à Zurich, après avoir composé ULYSSE et FINNEGAN'S WAKE, deux chefs-d'œuvre de la fiction moderne.

Non, j'ai fait ce chemin pour vous dire mon opinion à propos du statut (ou de l'absence de statut) de l'écrivain au Québec en 1970.

L'écrivain n'a pas de statut, il est hors groupe. On le traite comme un être à part. On admet facilement qu'il soit extravagant, capricieux, en proie à des démons intérieurs (invérifiables, au demeurant). On admet même qu'il agisse sous l'emprise de l'inspiration.

Messieurs, vous avez devant vous un écrivain dépourvu de toute inspiration : je suis un producteur typique de notre société capitaliste, et si mes produits demeurent invendus, je considère qu'ils rejoignent la masse des produits autres faisant l'objet d'un dumping annuel. Si, au contraire, mes livres bénéficient d'une certaine cote, ils sont évalués et je profite de cette valorisation sociale.

L'opposé (ou l'inverse) est aussi vrai : en cas de dévaluation, je serai à la baisse.

Si l'on cherche à démonter la conviction que j'ai de produire des livres — comme d'autres produisent des médicaments ou des actes notariés —, il suffirait — j'ose croire — de me parler le langage de la motivation personnelle, laquelle ne se réduit pas vraiment à l'inspiration spécifiquement littéraire. Ma foi, je sais pertinemment que la motivation à travailler dans tel ou tel secteur d'activités ne peut être réductible à l'inspiration : pourtant, il est — parfois du moins — possible de mettre le doigt sur telle motivation. C'est là un simple problème de psychologie humaine : c'est relativement compréhensible selon les données psychologiques ou phénoménologiques dont nous disposons.

Nier la motivation personnelle, serait nier l'élan personnel. Et, sur ce point, je pourrais — comme beaucoup d'entre vous — invoquer plusieurs théories explicatives de l'existence en chaque être humain d'un élan moteur.

Mais, mettons cela de côté, je défie qui que ce soit de me définir le moindrement l'inspiration dont se sont prévalus les écrivains pendant des siècles et des siècles…

Donc, si l'inspiration euphémique est annulée par ma démarche, il reste une motivation à produire des livres spécifiquement — laquelle n'est pas toujours « pure », en cela que l'argent (entre autres connotations possibles) peut fort bien la souiller… À la limite, je crois sincèrement que l'argent ne peut qu'assainir la production des écrivains ; elle peut donc, de ce point de vue, conférer à la production des écrivains le caractère sérieux que tant d'autres reliquats sociaux, dirait-on, tendent à rendre futiles à tout prix ! (Calembour facile, pourtant il faut bien que [je] l'aie formulé pour que vous puissiez, en votre for intérieur, le considérer comme nul et non avenu...)

Je ne suis pas typique en tant qu'écrivain, mais je sens bien qu'on ne me reprochera sûrement pas de manquer de méthode à plusieurs égards.

Et, je me dois de vous le dire, l'écrivain que j'admire le plus en ce moment et depuis quelques années est sans conteste Truman Capote qui, ayant réussi financièrement, s'est permis de mépriser ironiquement Ernest Hemingway dont il a déclaré qu'il avait signé trop de chèques sans provision. Cette formule lapidaire est remplie de malice quand on sait qu'Hemingway écrivait n'importe quoi, dans les dernières années de sa vie. Mais passons cette touche de cynisme à Truman Capote. Il a écrit DE SANG FROID[11], qui est de loin le meilleur, le plus fabuleux, le plus énorme, le plus fracassant des romans publiés depuis une dizaine d'années ! Et Capote, il faut s'en souvenir, est le premier écrivain à succès à avoir mis sur pied un système financier ingénieux et méthodique ; à cet égard, il mérite notre respect, mon respect... sinon le vôtre. Mais il faut d'abord que je vous explique son système financier : au lieu de toucher d'énormes droits d'auteur en une ou deux années, il s'est porté actionnaire de la compagnie qu'il constitue avec son éditeur qui, chaque année lui verse les bénéfices correspondant aux dividendes des actions détenues par Capote.

En tant qu'écrivain, il considère qu'il constitue un capital « X » dont il veut simplement profiter et qu'il veut faire fructifier.

La réussite de Truman Capote n'empêche pas que d'autres écrivains procèdent comme il a procédé ; et puisque chaque écrivain, même ceux que nous ne lisons pas, peut se considérer comme un capital humain...

Cette façon de voir la situation de l'écrivain a l'avantage, au moins, d'assainir l'entreprise de l'éditeur : car, il faut bien comprendre que les éditeurs ne font que spéculer sur les possibles réussites et le volume de réussite de chaque livre. À moins d'avoir un sens aigu de la prévision, il se trouve à investir sur des auteurs qui, après un seul livre, se taisent à jamais. Dans ces cas, l'éditeur se trouve avoir investi à fonds perdu dans la capacité de vente des livres, supposée à un auteur qui continuerait nécessairement de produire.

Ces éditeurs, peu nombreux, finissent — après quelques bons succès en librairie — par acquérir une puissance financière énorme. Dans le cas contraire, l'éditeur se révèle avoir investi sur des valeurs à la baisse ; et cette baisse flagrante peut se traduire par une faillite simplement.

J'ai intitulé cet exposé : « Le rôle de l'écrivain dans notre société ». Je me demande maintenant si ce titre n'est pas abusif, dans la mesure précisément [où] le rôle de l'écrivain — celui qu'on a coutume de lui attribuer — est presque nul ; qui souhaiterait — au fond de sa conscience — qu'un de ses enfants lui annonce un jour qu'il veut devenir écrivain ?

À bien y réfléchir, je pense que j'aurais tendance à répondre à celui de mes enfants me posant ce problème que cela ne concerne que lui, mais que, à la limite, j'aurais plutôt tendance à lui faire remarquer que je me réjouirais plus si, au lieu de vouloir devenir écrivain, mon enfant me disait qu'il veut se faire éditeur.

À la limite — au second degré —, je lui dirais qu'il est libre, et que son choix personnel d'un travail doit au mieux être conditionné par la préexistence du marché concurrentiel libre. Idéalement — et toujours à la limite — je lui suggérerais d'être président de banque ou grand financier. Voilà, hélas, le fond de mon cœur d'écrivain : mieux vaut, ici-bas, jongler avec des valeurs négociables qu'avec des mots !

Mais je suis écrivain : du moins, ce terme péjoratif apparaît sur mon passeport[12]. Et mon nom en tête de trois romans l'indique !

Et, parce que je suis écrivain, cela paradoxalement m'a permis d'être relativement mobile dans notre société, d'y occuper certains postes qui généralement sont volontiers concédés à des non-écrivains.

Drummondville ne figure pas un point de chute dans mon existence, une sorte de *terminus ad quem* où, une fois rendu, je sors et j'étale mes anciens problèmes. Et je n'y suis pas venu à cette fin, veuillez me croire…

L'écrivain que je suis demeure assoiffé de réalité et de pensée sur la réalité : aussi bien le dire, j'ai un penchant marqué pour la lecture et aussi pour l'écriture. Et je trouve entièrement logique que l'on fasse une corrélation étroite entre ces deux termes : cette corrélation existe de fait, et je n'ai pas l'intention de la contester — je la trouve valable.

Car si l'écrivain doit créer à partir de rien, il peut — à la limite — être original : mais il a peu de chances d'être enraciné dans quelque réalité que ce soit. Tandis que j'aspire, pour ma part, à manifester cette réalité qui est la mienne, celle de mon existence, celle de mon pays et de ses aventures plus ou moins réjouissantes sur le plan politique.

Mais, je tiens à le faire remarquer, la mobilité d'un écrivain ne peut reposer que sur une situation financière de rentabilité. Cela replace toujours la question du statut de l'écrivain dans une perspective pratique : en d'autres mots, l'écrivain doit gagner sa vie et la seule mission que la société lui confère implicitement est d'aller jusqu'au bout de son œuvre, de travailler, de produire — en échange de quoi il pourra vivre supposément dans une situation relative de paix et de bien-être.

L'écrivain et les pouvoirs

Conférence prononcée le 29 mai 1971 dans le cadre de la IXe Rencontre des écrivains qui s'est déroulée à l'Hôtel Chanteclerc de Sainte-Adèle du 27 au 30 mai et qui avait pour thème : « L'écrivain et les pouvoirs ».

*

En fonction d'un projet de court métrage avec Jacques Godbout (coscénariste et réalisateur) et François Séguillon (producteur), Hubert Aquin poursuit, depuis mai 1970, une recherche documentaire sur l'anarchie pour le compte de l'Office national du film. Titrée « Anarchie » et constituée surtout de citations et d'extraits, cette recherche d'Aquin (139 feuillets regroupés en dossiers) porte sur l'histoire de l'anarchie et de ses corollaires littéraires et artistiques. Ce projet ne fut pas retenu par l'ONF mais les nombreuses notes et citations compilées dans le dossier d'Aquin indiquent une étude tout de même fouillée des classiques anarchistes, de même qu'un intérêt certain pour le synchronisme des mouvements romantiques et anarchistes.

De plus, Aquin rédige à cette époque une dramatique intitulée *Œdipe* qu'il considère, par sa dimension tragique, comme son « double infini[1] » (voir son adaptation de l'énigme du Sphinx). Il associe, ironiquement, cet aspect tragique de la condition sociale de l'écrivain au Québec avec la décadence du monde romain où la valeur marchande du scribe (de l'écrivain) n'équivalait même pas à celle d'un serviteur, d'un « græculus ».

Son dernier roman ayant paru deux ans auparavant, il propose à son éditeur Pierre Tisseyre (Cercle du Livre de France) un recueil composite intitulé *Point de fuite*, qui paraît en janvier 1971, dont il assure lui-même la présentation matérielle (page couverture, montage photographique, etc.).

Ayant quitté son poste de professeur à l'Université du Québec à Montréal depuis mars 1970, et après de multiples démarches infructueuses auprès de sociétés privées et d'organismes gouvernementaux, le désabusement vient teinter ses considérations sur la reconnaissance sociale accordée aux écrivains. Toutefois l'intérêt d'Aquin pour les jeux d'énigmes, sa récente recherche sur l'anarchie de même que les affronts liés aux événements politiques de l'automne 1970 concourent à l'emploi du ton sarcastique, à la fois désillusionné et distant.

Lors de cette conférence, Hubert Aquin annonce, à la surprise générale, sa démission du comité de direction de la revue *Liberté* à laquelle il était associé depuis dix ans. Cette décision étonne d'abord[2], puis elle choque ses

1. Lettre à Louis-Georges Carrier du 19 juillet 1971 : « [...] Pauvre Œdipe, mon frère, mon double infini ! [...] »

2. André Belleau rend compte de cet étonnement : « À mon avis, la plus mémorable des Rencontres [...] Ce fut un beau coup de

collègues de la revue lorsqu'il énumère ses justifications (« holding financier et idéologique du Conseil des Arts »), ce qui illustre bien les débats qui se déroulaient dans le milieu intellectuel québécois au début des années 1970. Quelques mois seulement après les événements d'octobre 1970 (loi des mesures de guerre et occupation du Québec par l'armée canadienne), alors que les terroristes arrêtés subissent leur procès, une indignation profonde et un sentiment d'échec agitent les intellectuels indépendantistes et entraînent certains à refuser systématiquement toute relation avec le gouvernement fédéral (Hubert Aquin avait refusé le Prix du gouverneur général du Canada en avril 1969 pour son roman *Trou de mémoire* et Fernand Ouellette en avait fait autant en mars 1971).

Mais la sortie bruyante d'Hubert Aquin contre *Liberté* n'est pas strictement le fait d'un parti pris politique, comme il s'en explique dans une lettre datée du 30 mai 1971, à Victor-Lévy Beaulieu : « À toi, je peux, maintenant, te dire que ma démission (si horrible...), je l'espère bien, valorisera la littérature d'abord et avant tout ! Cette littérature (notre travail et notre vie...) ressemble tellement à un pensum inessentiel [...] qu'il me pressait de la hisser par quelque bombe que ce soit à un statut supérieur. »

---

théâtre [...] Hubert Aquin n'assistait plus aux réunions de *Liberté* depuis deux ans [...] Cette démission théâtrale eut donc pour nous un aspect irréel [...] » (« La Rencontre des écrivains depuis 1957 : une expérience d'animation culturelle », *Liberté*, vol. XVI, nos 5-6 [95-96], 1974, p. 90)

Cette démission entraîne quelques remous dans le milieu littéraire et intellectuel québécois ; la majeure partie de l'allocution d'Aquin est publiée dans le quotidien *Le Devoir* du 3 juin 1971 (il manque seulement deux pages du tapuscrit qui en compte sept[3]). L'écrivain Victor-Lévy Beaulieu[4] renonce, à la suite de la Rencontre et par solidarité avec la prise de position d'Hubert Aquin, à une bourse que lui a accordée le Conseil des Arts du Canada. Ce dernier sera interviewé à l'émission *Format 60* (Radio-Canada, télévision) le 4 juin au sujet de sa démission et du rôle de l'écrivain. La conférence sera publiée dans *Blocs erratiques* (Montréal, © les Éditions Quinze, 1977, p. 153-157). Le *Dictionnaire des œuvres littéraires du Québec*[5], dans sa présentation de la période 1970-1975, note le fait comme un élément typique à verser au dossier littéraire de cette époque.

---

3. « Les séquelles de la IXe Rencontre des écrivains ; "Pourquoi j'ai démissionné de la revue *Liberté*" » *Le Devoir*, 3 juin 1971, p. 12. Outre l'annonce de la démission d'Aquin (*Le Devoir*, 2 juin, p. 6), une réplique de Jean-Guy Pilon, directeur de *Liberté* (« Mettre des trémas sur les "ï" », *Le Devoir*, 4 juin, p. 12) et deux comptes rendus de la Rencontre (*La Presse*, 5 juin, D-3, D-4 et *Québec-Presse*, 13 au 19 juin, 16-B) ont signalé cet événement dans la presse écrite.

4. Victor-Lévy BEAULIEU, « Pourquoi je dis non au Conseil des Arts », *Le Devoir*, 3 juin 1971, p. 12.

5. *Dictionnaire des œuvres littéraires du Québec*, sous la direction de Maurice LEMIRE, tome V : *1970-1975*, Montréal, Éditions Fides, 1987, p. LXV.

Jamais, thème ne m'a enchanté aussi vivement ! J'imagine, dans mon pseudo-délire, l'écrivain investi d'un pouvoir totalitaire qui l'inclinerait, pernicieusement, à l'improductivité euphorisante et lui mériterait un traitement annuel qu'on a accoutumé de considérer comme « ministériel » ! Mais, écrivain comme d'autres écrivains, je délire tant bien que mal et je continue, tout ce temps, de croupir dans le pouvoir magique du chef « poking fire[1] » pour un traitement qui n'est même pas qualifiable d'annuel…

Les « 100 000 chômeurs », sombre euphémisme du chef Bourassa[2], coïncident souvent avec les 100 000 polygraphes qui sont en maraude à Sainte-Scholastique en quête de commandes fermes[3]…

Mon sérieux m'a toujours caractérisé, et cela, depuis le berceau ! Au lieu de m'alimenter aux mamelles de ma mère, je lisais, par-dessus son épaule, les romans glischroïdes[4] de Marcel Prévost et les ouvrages sadophiliques de Maurice Dekobra[5]. C'était, en quelque sorte, les saintes écritures de ma maman chérie ! Cette nourriture, pourtant anémiante, m'a tenu en vie jusqu'à ce soir — en dépit des fluctuations polyvalentes des fameux « pouvoirs » ! Comme on le sait d'un étang marécageux à l'autre[6], j'ai esquissé le premier jet du roman hyperpuissant (…) qui, hélas, ne sera dévoré par le public qu'après mon « départ ». Voulez-vous connaître le titre de ce chef-d'œuvre (forcément) posthume ? De grâce, ne répondez pas… Le voici : « Le biberon empoisonné ».

Mais trêve de confidences…

Je vais tenter, maintenant, de formuler le message que je viens livrer, ce soir même, dans le cadre poussiéreux de la RENCONTRE DES ÉCRIVAINS ; je me contraindrai, par politesse, à faire tenir ce message affriolant dans le plus petit nombre de mots possible !

Premièrement) Je tiens à affirmer (sans outrance langagière...) que l'écrivain, dans notre société [est] comme une marchandise négligeable — du moins par les pouvoirs ! Non seulement, l'écrivain est dans les mains de douces aberrations, telles que le CONSEIL FÉDÉRAL DES ARTS[7] ; de plus, l'écrivain est paradoxalement invité — à l'occasion — à émettre des commentaires sur son statut ; et, comme son statut se résume à peu près à son aptitude à dactylographier lui-même ses livres, cela n'est pas dépourvu de piquant — comme disent les cuisiniers !

Deuxièmement) La marchandise-écrivain est un animal qui marche sur quatre pattes le matin, sur deux à midi et sur trois le soir... Vous m'avez compris ? (C'est mon côté Sphinx...) L'écrivain, disais-je, est un mille-pattes, un monstre protéiforme qui n'a pas le droit de s'enrôler dans les bataillons des sans-travail, un truc-machin à rabais qui gazouille par écrit...

Pourtant, un grand nombre d'autres activités pourraient le détacher de son rectangle de velin supérieur et lui permettre de se recycler dans d'autres secteurs du marché du travail ! Mais l'écrivain est un « gars » poigné[8] par la gestalt[9] à deux dimensions qui, bien avant l'apparition de l'imprimerie, gestaltait[°] le nombre incalculé des copistes qui ont sacrifié leur vie à reproduire — non sans distorsion… — les insanités de Cicéron et les redondances filandreuses de Caius Marcus Valerius (junior)[10]. Ces vulgaires copistes ne valaient même pas le prix du parchemin qu'ils couvraient de leurs onciales et de leurs cursives mal rabotées ; en fait, un « græculus » (entendez : un « boy »…) se vendait aux enchères bien plus cher qu'un scribe. Cet écart d'appréciation boursière n'avait rien de métaphorique au sein de la société romaine !

Qu'on me permette de sauter quelques siècles, maintenant, et de situer de nos jours (dans notre système capitalistique[11]) la concurrence de valorisation entre un « græculus » et un écrivain sérieux qui s'applique [à] écrire de gauche à droite : voilà un beau sujet de thèse… Mais, je ne sais trop pourquoi, même le CONSEIL FÉDÉRAL DES ARTS FÉDÉRAUX n'irait pas jusqu'à subventionner une recherche sérieuse (et différentielle) des divers systèmes de cotation des rubricateurs par rapport à la hausse générale de la valeur marchande des boys !…

Troisièmement) Depuis quelques secondes, j'ai la catastrophique impression de noyer mon message dans une accumulation aqueuse de précisions concernant les bourses de la littérature sous l'égide (« la nature a horreur du gide », disait Cocteau[12]…) de Dioclétien et de Constantin Porphyrogénète ! Et mon message, cher public, ne mérite pas cette plongée dans le potage séculaire qui nous tient lieu de flux historique ! Avec votre permission, je vais donc opérer un redressement brutal et revenir à mes moutons, symboles fumants des Québécois[13]…

Quatrièmement) Je suis en quatrième vitesse, inutile de vous dire ça se précipite ! J'annonce *hic et nunc* que je démissionne de la revue LIBERTÉ ; je m'explique : un fossé — comblé par une surcharge de prix du Gouverneur général[147], de subventions odoriférantes du C. DES ARTS — s'est creusé entre certains ex-collègues de LIBERTÉ et moi. Je tiens à dire aussitôt que je n'incarne pas l'intolérance, disons, par comparaison aux membres du Comité de Direction de LIBERTÉ qui, eux, représenteraient la quintessence de la tolérance et de l'humanisme érasmien ! J'irais même me réclamer, pour un, des préceptes trop peu connus d'Érasme et de Guillaume Budé !

Mais pour tout dire, j'ai mon voyage[15] ! ! ! Non seulement le CONSEIL FÉDÉRAL DES ARTS exerce un holding financier et idéologique sur la revue LIBERTÉ, les directeurs actuels ne répugnent en rien à ce que la liberté (...) soit sous la tutelle d'une institution qui émane d'un gouvernement antiquébécois !

L'idéologie fédéraliste (ou sa contrepartie) n'expliquera jamais ma démission du Comité de Direction de la revue LIBERTÉ. Un fanatisme insensé n'inspire pas mon acte. Il me presse donc d'en expliquer sa *positivité*. La revue LIBERTÉ n'est plus fidèle au mandat qu'elle s'était imposé et qui lui est attribué — de par son titre même ! Du coup, la *représentativité* de cette revue se trouve faussée, voire parfois : nulle ! Une revue « libre » devrait, *a priori*, s'inspirer de tout mouvement libertaire.

Dans la dernière livraison (numéro 73) de la revue LIBERTÉ, mon ami Jacques Folch-Ribas[16] a écrit, en page 33, le passage suivant : « Vous êtes un monument historique. Nous vous devons une plaque. Vissée. » (fin de la citation) Cette formule percutante, qu'on le sache, a été citée sincèrement hors contexte !

À bien y repenser, j'hésiterais beaucoup avant de visser une plaque commémorative dans la matière friable du piédestal sur lequel se tient, hautaine, la Statue de la Liberté…

À la LIBERTÉ[17], je crois que je préfère la tendance anarchiste. Et, sur ce point, je suis à un cheveu d'élaborer ma pensée, de l'alimenter de nombreuses citations de Bakounine[18], de Kropotkine et de tant d'autres ; mais si je m'épanche trop [sur] ce sujet, je risque d'encourir les multiples avantages sociaux généralement offerts, par le ministère de la Justice, aux citoyens qui logent dans un immeuble de la rue Parthenais[19]…

En 1970, j'ai refusé la somme de 2500 $[20], correspondant au Prix du Gouverneur Général (qui m'était offert pour mon roman TROU DE MÉMOIRE). Ce soir, 29 mai 1971 j'ai rédigé cet exposé pour la rémunération, presque dérisoire, de 50 $! Afin que le geste que j'ai posé en 1970 garde la plénitude de son sens maintenant, je déclare que j'accepte le 50 $ de cachet pour ce soir et jure que ce 50 $ — % éloquent par son aspect privatif ! — est assurément la dernière somme d'argent que j'accepterai jamais en provenance du CONSEIL DES ARTS !

Ainsi, il ne me sera pas reproché (comme ce fut le cas en 1970) d'avoir refusé 2500 $ catégoriquement alors que, par le passé, j'avais accepté des poussières du CONSEIL FÉDÉRAL DES ARTS après les avoir quémandées en six copies conformes[21] ! Qu'on me demande plutôt pourquoi, ayant accepté un salaire de chômeur en 1971, j'ai eu la consistance de refuser en 1970 un argent qui me donne la nausée !

Cinquièmement) Il me ferait de la peine de terminer mon propos, ce soir, sans dire que Paul Rose[22] — comme il l'affirmait lui-même au tribunal — est un Québécois et qu'il est fier de l'être, avec raison ! J'éprouve, moi aussi, la même fierté et, au deuxième degré, je l'éprouve pour Paul Rose !

Son procès fut une concentration d'injustices, une litote révoltante de la bassesse des pouvoirs ! Si la justice doit prendre ce masque, il serait plus indiqué de la désigner par un terme plus approprié : l'injustice ! Rose méritait, comme tout être humain dans notre société, d'être traité avec respect et dans la justice ! ! ! Et nous, public, nous méritions autre chose qu'une parodie de procès et qu'une information viciée !

Il n'y a pas de *sixièmement*... Donc, après mon sprint elliptique, j'ai franchi en cinq points la distance qu'il me pressait d'instaurer entre la RENCONTRE DES ÉCRIVAINS et moi, scribe officiel. Cette distance m'est nécessaire pour respirer librement et ressentir pleinement ma fierté d'être d'abord et avant tout un Québécois !

Un exposé aussi bref incline, peut-être, ceux qui l'ont écouté à poser des questions à l'auteur. Afin de fournir de tels commentaires, je reste à votre disposition ici même, ce soir.

Merci.

Prix David 1972

Texte inédit rédigé à l'occasion de la cérémonie de remise du Prix David, le 30 janvier 1973.

*

Ainsi nommé d'après le secrétaire de la province, Athanase David, qui fit adopter en 1922 la loi des Concours littéraires du gouvernement du Québec, le Prix David représente une reconnaissance officielle de la valeur de l'ensemble de l'œuvre d'un auteur. Ce n'est toutefois qu'en 1968 que fut réellement créé, avec une remise annuelle, accompagné d'une bourse de 5000 dollars, le Prix David ; les lauréats précédents furent Mgr Félix-Antoine Savard, Alain Grandbois, Gabrielle Roy et Paul-Marie Lapointe.

La cérémonie a eu lieu au Salon Rouge du parlement de Québec, en présence d'environ 150 invités du monde des lettres, de l'édition et du gouvernement ; elle était présidée par le sous-ministre des Affaires culturelles du Québec, Guy Frégault, et par Pierre Pagé, du Département d'études littéraires de l'Université du Québec à Montréal, qui remplaçait le président du jury, Robert

Choquette[1]. Hubert Aquin n'a pas lu ce texte préparé pour la circonstance ; après les discours de MM. Frégault et Pagé, il a simplement déclaré, selon les témoignages de divers journalistes et de sa conjointe[2], qu'il se sentait « rassuré », pensant que Pierre Pagé venait de faire « son oraison funèbre ». Puis il aurait ajouté : « Je suis fier d'être québécois[3]. »

Quant à sa devise « je déçois », qu'Hubert Aquin projetait de présenter, il en fera une plus ample analyse lors d'une séance de discussion avec des étudiants au cégep de Hull[4] : « Quand je dis que je déçois, je révèle de moi-même... Comme Sartre parle dans *L'Être et le Néant* de l'être pour la mort, moi, je suis un être pour la déception... Il faut bien considérer le lecteur comme actif et

---

1. Le jury qui recommanda à l'unanimité Hubert Aquin était composé de Robert Choquette (écrivain), Pierre Pagé, Françoise Tétu (professeur à l'Université Laval), Paul-Marie Lapointe (poète) et Yves Préfontaine (écrivain).

2. Sept articles parurent dans les quotidiens à propos de cette cérémonie. Voir en particulier : Anonyme, *Montréal-Matin*, 31 janvier 1973 (p. 4) et Jean-Paul BROUSSEAU, *La Presse*, 31 janvier 1973 (p. F-17).

3. Le tapuscrit comporte, à l'endos, une mention manuscrite d'Andrée Yanacopoulo : « Ce discours n'a pas été prononcé, Hubert a dit simplement : "Je suis fier d'être québécois." » Formule directement inspirée par les paroles de Paul Rose qu'avait répétées Hubert Aquin à la fin de son allocution « L'écrivain et les pouvoirs » (voir p. 232).

4. Causerie avec des étudiants du cégep de Hull qui eut lieu le 7 février 1973, soit une semaine après la remise du Prix David. Il ne reste de cette causerie que quelques propos rapportés par Murray Maltais dans *Le Droit* (8 février 1973, p. 20).

non passif. » C'est aussi en fonction de cette devise qu'il se réfère, selon le même journaliste, lors de cette discussion, à l'attribution du Prix David : « [...] si des gens qui lisent un de mes ouvrages s'attendent à trouver à la fin un orgasme fumeux... Non. Je déçois. Tenez, c'est dans la salle du Sénat, à Québec, que j'ai reçu mon prix. Dans le cadre d'une institution abolie, moi écrivain parasitaire. »

PRIX DAVID 1972

Monsieur Frégault[1], Mesdames, Messieurs,

Lorsqu'on remet un prix littéraire à un écrivain, cela va de soi que ce dernier se fende d'une super-allocution. Je comprends fort bien la dialectique d'une telle situation. Et comme je suis aujourd'hui récipiendaire du prix Athanase-David, je tiens tout de suite à vous informer que ma devise est la suivante : « Je déçois[2]. »

Pour ma part, je ne suis pas déçu ; bien au contraire... Mais, depuis le temps que je proclame ma devise, j'incline à penser que — généralement — je me suis conformé à ma propre devise ; « je déçois ».

À la limite, je me déçois... Ce n'est pas facile de décevoir et d'être exempté à tout coup de petites parcelles de déception... Un exemple : je ne vous aurais sûrement pas confié ma devise, ce soir, si j'avais lu — en toute simplicité — le texte[3] que j'avais patiemment mis au point pour Madame Kirkland-Casgrain[4] ; quand j'ai été mis au parfum qu'elle avait été victime de la grippe anglaise. Monsieur Frégault, lui, demeure stoïquement français ; et il a sans doute conjuré le virus anglais qui nous menace tous[5], en lisant les trente-deux tomes des œuvres complètes d'Athanase David[6]. Pour ma part, je n'ai pas le temps de lire parce que j'écris ; c'est d'ailleurs le cas de tous les écrivains, non ?

Il m'importe, en cette occasion, de faire une autre (et peut-être ultime) confidence : si le Québec — par son gouvernement culturel — semble être fier de moi, je tiens à dire que moi je suis très fier d'être québécois.

En terminant, je tiens à dire que le manuscrit de ma modeste allocution ne sera jamais confié qu'en mains propres au directeur de la Bibliothèque Nationale. Il ne me serait pas venu à l'esprit de le déposer au greffe du Palais de Justice[7].

Merci,

Hubert AQUIN
30 janvier 1973

« La disparition élocutoire du poète » (Mallarmé)

Conférence prononcée lors du colloque « Littérature québécoise. Écriture/Lecture » organisé par le Module d'études littéraires de l'Université du Québec à Montréal, du 27 au 29 novembre 1973.

*

Chaque soirée de ce colloque avait des thèmes et des invités différents ; la thématique du premier soir était : « ÉCRITURE — lecture » et Hubert Aquin, Michèle Lalonde (« Écrire entre les lignes ») ainsi que Victor-Lévy Beaulieu (« C'est facile d'être Cervantes… en Espagne ») y prenaient la parole. Le thème de la deuxième soirée était : « LECTURE — Écriture », avec, comme invités, Michel van Schendel (« Manuels, censure, privilège ») et Jean Leduc (« L'idéologie de la critique littéraire dans la presse quotidienne francophone de Montréal »). La dernière soirée avait pour thème : « Nouvelles écritures, nouvelles lectures » avec François Charron, de la revue *Stratégie* (« Pratiques littéraires : rapports artistique, politique, linguistique »), André Roy, de la revue

Hobo-Québec, et Claude Beausoleil, de la revue *Cul-Q* (« Pour une théorie fictive ») ainsi qu'André Beaudet (« Problématique de l'étiquette ») et Giovanni Calabrese (« Production d'une scène politique ») de la revue *Brèches.*

Après avoir enseigné à l'automne 1972 à la State University of New York at Buffalo (SUNYAB), Hubert Aquin prépare, au printemps 1973, son quatrième roman. Dans ce projet, temporairement appelé *Copies conformes* (cent cinquante et un feuillets manuscrits) et qui annonce l'univers sexuellement troublé de *Neige noire* [1], s'esquisse la problématique développée lors de cette conférence-ci : « Le livre que vous tenez entre vos mains n'existe pas encore. Il ne peut exister et acquérir un certain poids vital que si vous entreprenez de le parcourir. Sans cela, il demeure infini [...] » (liasse K, f. 1)

Il est difficile de préciser le moment où débute l'intérêt d'Aquin pour cette question de la lecture créatrice. On trouve une première piste dans ses annotations de lecture de Jean-Paul Sartre[2] : « L'opération d'écrire implique celle de lire comme son corrélatif dialectique. » (p. 93) On peut aussi en retrouver certaines traces dans une lettre datée du 5 juillet 1971[3] alors qu'Hubert Aquin se propose

---

1. *Neige noire*, Montréal, La Presse, coll. « Écrivains des Deux Mondes », 1974, 254 p.

2. Passage précédé d'un trait en marge dans l'exemplaire de *Situations II* (Paris, Gallimard, 1964) qui figure dans la bibliothèque d'Aquin.

3. Lettre d'Aquin à Paule Leduc du Département d'études littéraires de l'Université du Québec à Montréal à propos d'un projet de conférence dont le titre de travail est « Écriture et littérature ». Une conférence intitulée « Littérature sans manuscrit » (qui semble

d'examiner, lors d'une prochaine conférence, le fait que « la littérature n'est pas réductible à l'écriture » ; thème qui se rapproche du passage de cette conférence : « Écriture n'égale jamais littérature. » Toutefois, la perspective d'Aquin, dans cette conférence, renvoie davantage au mode de dédoublement du producteur littéraire (« l'ouvrier ») qui puise dans l'anticipation du lecteur des modalités narratives, stylistiques et fictionnelles. Cette duplicité dans l'écriture s'exprime, entre autres procédés, par l'évacuation des indices auctoriaux (« "l'omission de soi" ») qui laisse une plus grande place à une identification possible entre le lecteur et l'auteur devenu virtuel. Aussi le principe mallarméen de « la disparition élocutoire du poète » est interprété par Aquin comme une ouverture vers le lecteur, comme l'accomplissement au moment de la lecture d'une communion littéraire.

Dans ses notes de cours, Aquin associe cette perspective mallarméenne de représentation de l'auteur à sa lecture d'*Ulysse* de James Joyce[4] : « Chose certaine Joyce

---

se rapprocher de cette question) fut donnée le 6 avril 1972 à l'Université du Québec à Montréal ; selon le témoignage d'un journaliste (Jean-Paul Brousseau, *La Presse*, 15 avril 72, B-12) qui en reproduit quelques bribes, Aquin aurait lu des passages de plusieurs feuillets sans suivre un texte continu.

4. Les techniques narratives et l'univers de logogriphe particulier à ce roman de James Joyce ont fortement impressionné Hubert Aquin. Pendant un séjour à Buffalo en 1968 (voir la conférence « A Writer's View of the Situation in Quebec »), il a visité la Lockwood Memorial Library de l'Université de Buffalo qui contient les manuscrits réunis sous le titre d'*Épiphanies* et une grande partie de la correspondance de James Joyce.

a renversé la manière traditionnelle de faire un roman : il n'y a plus de narrateur unique ("disparition élocutoire du poète", disait Mallarmé). » (CBA-Y) Selon Aquin, la passivité de la lecture est bouleversée avec l'œuvre de James Joyce qui sollicite une recomposition, par le lecteur, de la complexité des trames narratives en une unité sémantique cohérente. Le lecteur prend alors le statut d'un associé dans le processus de création littéraire. Hubert Aquin a exploité lui-même cette formule dans son deuxième roman *Trou de mémoire* (1968) et dans celui qu'il rédige au moment de cette conférence, *Neige noire* (1974).

Le texte de cette conférence a paru dans la revue *Cul-Q* (n°s 4-5, été-automne 1974, p. 6-9). Revue de contre-culture dirigée par Jean Leduc, professeur au Département d'études littéraires de l'UQAM pendant les mêmes années qu'Hubert Aquin, *Cul-Q* a été publiée de l'automne 1973 à l'hiver 1976 (neuf numéros). Un exemplaire du numéro 4-5 de *Cul-Q* et les quatre derniers numéros de cette revue se trouvent dans la bibliothèque d'Aquin. Ce texte fut par la suite reproduit dans *Blocs erratiques*[5] et traduit, sous la direction d'Anthony Purdy, dans *Writing Quebec*[6].

---

5. *Blocs erratiques*, textes d'Hubert Aquin rassemblés et présentés par René Lapierre, Montréal, © Les Éditions Quinze, 1977, p. 263-267.

6. Anthony PURDY, *Writing Quebec* (selected essays by Hubert Aquin), Edmonton, The University of Alberta Press, 1988, p. 107-111.

« LA DISPARITION ÉLOCUTOIRE DU POÈTE » (MALLARMÉ)

> L'œuvre implique la disparition élocutoire du poète, qui cède l'initiative aux mots...,
>
> *Œuvres compl*[ètes][1], p. 366.

Ce texte écrit (que je tiens dans mes mains) a été fait pour être lu par son auteur. En cela, au moins, il diffère de ce qu'on appelle généralement la littérature. En effet, en littérature, le texte écrit est fait pour être lu par un autre, et cet autre est le lecteur.

Il me paraît important d'insister sur l'altérité du lecteur, car cette altérité du lecteur atteste que l'écriture est une réalité vectorielle. L'écrit est toujours adressé à quelqu'un, à une personne collective, à un lecteur souvent improbable et imprévisible. L'écriture, si insensée soit-elle à certains égards, a toujours un sens. Elle est dirigée vers un lecteur-juge qui confère de la valeur à ce qu'il reçoit et condamne au néant ce qu'il rejette.

L'invention de l'écriture, c'est bien beau ; mais l'invention de la lecture, c'est démentiel ! Il a fallu des siècles pour que les gens de lettres redoutent plus d'être lus que d'écrire... Mais nous avons atteint ce point. Trêve de vérité, je reviens à mon texte...

L'écriture est une lecture inversée et la lecture, une écriture inversée. Donc, l'écriture est l'inverse de la passive lecture, l'inverse passif de l'écriture.

L'écriture : une lecture inversée, cela veut dire, dans la pratique, que je suis préoccupé jusqu'à l'obsession par le lecteur. En écrivant, j'imagine que je me lis par les yeux de cet inconnu et je voudrais que son plaisir de lire mon texte ne soit pas uniforme, constant, prévisible en quelque sorte, mais avec plusieurs seuils d'intensité, enrichissant, capable de le surprendre, voire de l'ébranler et difficile à prévoir. Quand j'écris, je pense au lecteur comme à la moitié de mon être, et j'éprouve le besoin de le trouver et de l'investir. Une écriture totale est celle qui est tout entière tournée vers la possible lecture qui en sera faite par le destinataire. Les recherches élocutoires de l'écrivain, ses figures, ses truquages, ses stratégies verbales sont autant d'éléments relationnels et non d'abord expressifs, car ces éléments reposent sur un rapport projeté entre l'auteur et le lecteur.

La littérature comporte deux versants : un versant intentionnel qui est celui de l'écriture et un versant manifeste correspondant à la lecture. Il arrive parfois, dans l'étude de la littérature, qu'on isole ni plus ni moins le versant intentionnel des auteurs (comme dans une certaine psychocritique, par exemple) ; cela a pour conséquence de rendre inintelligible une intentionnalité dont on néglige le sens et le terme.

Le rapport écriture/lecture est constitutif du phénomène littéraire. L'écriture est le négatif qui, passé au révélateur de la lecture, imprime une image dans la conscience. Sans révélateur, le négatif est condamné à rester opaque ; et sans négatif à imprégner, le révélateur ne révèle rien.

La tension de tout écrit vers son terminus exerce une pression morale sur l'écrivain et l'incline à ce que Mallarmé appelle « l'omission de soi » ou en termes plus enchanteurs, « la disparition élocutoire du poète ». Je ne me fais pas ici commentateur de Mallarmé, je ne fais qu'utiliser une convergence de pensée. Je trouve que l'*ego* de l'écrivain doit évacuer au maximum l'écriture. L'écriture a fait l'objet, hélas, de tous les investissements égocentriques imaginables, à tel point que cette écriture surchargée et porteuse de n'importe quoi a fini par se substituer à la littérature, et qu'elle empêche, à la limite, la communication tellement ce qu'on y a déposé la rend inconductible. L'écrivain doit se sacrifier un peu, comprendre que l'écriture n'est pas un objet en soi et qu'elle n'a de valeur que si elle est effectivement inversée par l'opération de la lecture. Écriture n'égale jamais littérature.

Aux yeux de certains, l'écriture serait un exutoire de l'inconscient ou un instrument pratique d'introspection. Je doute beaucoup des avantages que présente l'écriture à cet égard quand je la compare aux techniques d'introspection de la psychologie et de ses dérivés, comme je mets en question son pouvoir d'expressivité quand je songe aux autres arts d'expression, plus spectaculaires et plus généreux. L'écriture a plutôt une fonction communicative à laquelle on ne peut se soustraire. Elle véhicule des messages, articule le discours de façon à lui donner plus d'impact sur un possible lecteur. Elle peut transmettre une vaste gamme d'états d'âme, énoncer avec précision les idées, mais, dans tous les cas, elle communique à un destinataire collectif ou individuel sa charge affective et intellectuelle. Quand l'écriture a rempli son rôle elle s'est transmuée en lecture. La littérature jaillit, pour ainsi dire, de cette union entre un écrivain et un lecteur. Au mieux, cette rencontre ressemble au coup de foudre, à un accouplement fulgurant qui dure le temps de la lecture. Cette conjonction revêt un caractère sacré. C'est l'événement originaire de la littérature, le choc instaurateur de joie, d'exaltation, de pensée.

L'aspect contingent, aléatoire de cet événement me conduit à me poser certaines questions — que je me permets de proposer à votre attention.

— Qu'est[-ce] qu'un lecteur recherche en abordant un roman ou une suite de romans ?
— Le cinéma et la TV ne fournissent-ils pas les mêmes plaisirs, les mêmes émotions, moyennant un effort moindre de sa part ?
— Dans un autre ordre, quelle est donc la motivation de certaines personnes à écrire des romans ?
— Les grandes innovations littéraires portent-elles sur l'écriture ?
— Dans ce cas, est-ce pour la dynamiser vers le lecteur ou pour la magnifier, la disloquer, la surchiffrer — l'éloignant ainsi de plus en plus de son terme ?
— L'écriture, devenue désécriture, est-elle encore une lecture inversée ? N'est-ce pas plutôt une manifestation d'orgueil de l'écrivain confiné au désespoir dans son isolement social ?

Je viens d'énumérer quelques avenues qui s'ouvrent à ma prospection personnelle. Ce sont des questions sincères ; je ne cherche pas, par une feinte interrogative, à masquer mes propres incertitudes.

Le lecteur est un *désœuvré*, non pas qu'il n'ait rien à faire (bien que cette caractéristique soit valable...), mais parce qu'il attend qu'on lui propose une œuvre. Son désœuvrement appelle une œuvre. L'ouvrier et le désœuvré se trouvent donc en instance de communiquer l'un avec l'autre par la médiation d'un livre. Dans et par la lecture, l'écrivain et le lecteur se trouvent unis l'un à l'autre et ils participent, dans un synchronisme extra-temporel, à une célébration muette. Ainsi, la littérature existe pleinement non pas quand l'œuvre est écrite, mais quand un lecteur remonte le cours des phrases et des mots pour devenir, par ce moyen, co-créateur de l'œuvre.

Le lecteur tient le rôle d'officiant dans cette célébration ; il officie en lisant le texte écrit, en se l'appropriant et en lui donnant — dans son for intérieur — un sens nouveau, une connotation et une dimension peut-être uniques.

Chaque nouvelle lecture d'un livre en constitue une célébration nouvelle et ajoute au livre un peu plus de valeur ; en quelque sorte, chaque nouvelle lecture rejaillit sur l'œuvre. Cet accroissement de la valeur n'a rien à voir avec les préceptes non écrits de la distribution commerciale ; pour les éditeurs, les livres qui se vendent beaucoup valent plus cher, je sais… Mais ce que je tente de formuler ici concerne la valeur incomptable des œuvres qui ont polarisé beaucoup de lecteurs. En cela, chaque nouvelle lecture d'une œuvre corrobore la force polarisante de l'œuvre. De plus en plus, je crois que les œuvres incorporent la durée extérieure dans la mesure où les œuvres qui ont subi avec succès l'épreuve du temps se révèlent être aussi les plus riches et les plus valables. C'est peut-être là un truisme ; mais il fallait que j'arrive par moi-même à en mesurer la portée.

L'expérience de la lecture fait vivre au lecteur une sorte de condensé de la vie. À l'intérieur d'un complexus imaginaire, au fond du livre, le lecteur — je l'imagine toujours tremblant[2]... — fera l'expérience de la catharsis. Dans le passé, il s'identifiait à des héros et vivait, dans leur peau, leurs nombreuses péripéties. Maintenant que les romans se sont départis de leurs anciens procédés narratifs objectifs et qu'ils offrent, en guise d'aventures, leurs propres genèses littéraires, le lecteur fait porter sur le livre ou sur l'auteur son investissement ; et il assume l'innovation formelle des romans actuels comme s'il s'agissait d'une épreuve antique — l'énigme de la Sphinx[3], disons. Si le romancier sort vainqueur de l'épreuve, le lecteur s'approprie avec raison son triomphe puisque le lecteur a triomphé de la complexité formelle ; le triomphe du romancier entraîne celui du lecteur tout comme dans une chaîne qu'on tire, le premier maillon entraîne le deuxième. La complexité formelle pourrait donc être considérée comme une épreuve devant laquelle écrivain et lecteur sont en situation de héros légendaires.

La lecture ne dure pas que son propre temps de performance. Elle continue après la dernière page et, quand cela se produit, prolonge le temps intérieur de la célébration.

Remarques finales :

Dans les livres contemporains québécois et autres, j'ai trouvé que l'auteur est décidément surprésent. Le livre se trouve, en fin de compte, contaminé par la présence de son auteur à tel point que le jeu, quand on lit, consiste à aimer ou à détester la personne même de l'auteur. J'en viens à préconiser une pratique de l'absence de telle sorte que les livres ne deviennent pas indiscernables à force d'être englués. À la limite, je me demande si la grande innovation littéraire ne serait pas de revenir à l'anonymat… À lecteurs anonymes, auteurs anonymes…

Il est bien possible que, parce que je me suis insurgé contre la surprésence des écrivains, l'on me considère comme un spectre. Que répondre à cela ? Il est bien difficile de disparaître et que cela ne soit qu'élocutoire, je sais… Disparaître, c'est mourir un peu. Mais il ne me sied pas de mourir un peu…

[Assuming the Collective Identity]

Texte inédit d'une conférence prononcée le 30 mars 1974 lors d'une rencontre organisée par The University College Alumnae Association de l'Université de Toronto et ayant pour thème « The Literature of Our Land ».

*

De mai à novembre 1973, Hubert Aquin prépare avec Victor-Lévy Beaulieu, Gaston Miron et Michèle Lalonde un manifeste collectif sur la langue au Québec ; leurs textes seront publiés par la revue *Maintenant*[1]. Au moment de cette conférence, il achève la rédaction de son quatrième roman, *Neige noire* (parution en septembre 1974). En novembre 1973, Flora Agnew, de la University College Alumnae Association de l'Université de Toronto, invite Hubert Aquin à participer à titre de conférencier et d'animateur à un symposium[2] qui regroupe différents

1. Hubert AQUIN, « Le joual-refuge », *Maintenant*, 134, mars 1974, p. 18-21.

2. Sept lettres échangées entre Flora Agnew et Hubert Aquin (de novembre 1973 à février 1974) nous révèlent les détails de l'or-

universitaires canadiens. Il séjournera à Toronto du 29 mars au 1er avril, immédiatement après avoir participé à la Rencontre des Écrivains à North Bay (Ontario), du 27 au 29 mars[3].

William French, dans un article paru dans le *Globe and Mail*[4], rend compte du symposium en soulignant l'importance de l'assistance (trois cent cinquante personnes) et, reprenant l'argument final de la communication d'Aquin, la prédominance chez les écrivains canadiens-français d'une identification au monde de la francophonie.

---

ganisation de ce symposium : la durée de la conférence est de vingt minutes et le conférencier doit demeurer disponible pour la discussion de l'après-midi. Hubert Aquin est le seul représentant québécois ; il touchera un montant de quatre cents dollars.

3. Nous n'avons pas de traces d'une communication d'Aquin lors de cette rencontre.

4. William French, « A National Temperature-Taking », *The Globe and Mail*, 1er avril 1974, p. 1.

[ASSUMING THE COLLECTIVE IDENTITY]

I am a fiction writer, but today I will try to be a non-fiction speaker. Nevertheless fiction is not the opposite or the contrary of reality ; in other words fiction is not anti-reality and anti-truth. For me, fiction is an extension of reality and it is reality we must overcome [rather] than the traditional dichotomy between the imaginary productions of humanity and the other supposedly real productions.

What is represented by literary representation is no more, no less than the representation itself[1].

After these initial considerations, I will try to communicate to you my perception of the literature of our land.

There is a certain search for collective identity in English-Canadian literature ; this lack of collective identity is probably frustrating or just considered irrelevant to the creation of works of art. In Québec literature, the situation is different because the *collective identity* is pre-existant to any artistic enterprise. So, in French-Canadian literature, there is no such thing as the search for a national identity ; if anything we bear so much our national label on our front[2] that we may be obsessed by it or even try to evade it. Some writers even try desperately to reject it, to deny it.

The most gratifying attitude towards this *collective identity*, is to assume it completely. For many years now, this attitude has prevailed among the great majority of French-Canadian writers and among all those who are already notorious[3], from Ringuet and Gabrielle Roy to Marie-C[laire] Blais and Michel Tremblay[4]. By being more and more rooted in its people and its land, F[rench]-Canadian literature has become a universal value.

As *collective identity* is given to them before they are born, Québec writers are not searching for it, but only for the formal embodiment of this identity in their works.

Formal questions are, in fact, very important in the French-Canadian literature of today. For example, in the novels produced in Québec, there is a common denominator : the traditional narrative structure has been replaced by a non-linear and non-successive type of chronology. This radical change is not the fact of a minority of writers but of the majority of them—Roch Carrier[5], A[ndré] Major[6], V[ictor]-L[évy] Beaulieu[7], J[acques] Godbout[8], M[arie]-C[laire] Blais, P[ierre] Turgeon[9], etc... including myself.

The traditional narrative time structure that was used by Ringuet or G[abrielle] Roy is left aside[10] ; and I can think only of TV writers[11] who still present their narration according to a successive pattern. This formal conversion of narration—in novels—is not, in itself, such an innovation but it means that writers do not rely upon security or tradition to confection[12] their works ; *they have implicitly accepted the challenge of a non-figurative literature*. It also means—and that is not unimportant—that the public is more and more up to date as far as modern narrative techniques are concerned ; readers are rapidly introduced to a very modern and formally audicious production. The break of linearity in the intrigue, though, is not a goal ; but it opens the door to an infinity of possibilities.

Another formal question that is, from time to time, debated among writers in Québec is the validity of the

French language written by the F[rench]-Canadian writers. Is this still French ? Do writers alterate[13] and profanate[14] this language which is about to become—as you know—the only official language of Québec[15] ?

The answer is yes ! F[rench] Canadians never spoke a dialect and now, more than ever, we can formulate this statement. Of course you do not hear in the streets of Montréal or in some lost village the famous Parisian accent ! But I still wonder where, except in Paris, we hear this French !

Africans speak French with an accent, Belgians speak with an accent, "Suisses romans" speak with an accent, the population of France—outside Paris—also speaks with an accent ; by what miracle should our French be expurgated of all accent ? In fact, if we would speak French without an accent, I would feel victimised by destiny (and maybe punished… ?).

We speak French with our accent, but French is our mother language ; it is our possession as well as it is the possession of all francophones.

We even write—if I may say—with an accent ; and that is an integral part of our collective identity.

Toronto, 30 mars 1974

Prix de l'éditeur de *La Presse*
[Sans titre]

Allocution prononcée à l'occasion de la remise du prix de l'éditeur de *La Presse* qui eut lieu le 24 octobre 1974, au Salon Goncourt de l'Hôtel Ritz-Carlton de Montréal.

*

Après deux années de rédaction, Hubert Aquin publie au début de l'automne 1974, aux Éditions La Presse, son quatrième roman, *Neige noire*[1]. Il atteint ainsi une certaine reconnaissance littéraire qu'attestent les nombreuses demandes d'universités canadiennes, à l'automne 1974, soit pour venir y enseigner, soit pour y séjourner en tant qu'écrivain en résidence (University York de Toronto, Université Laval de Québec, Université d'Ottawa). Il est

1. Son éditeur habituel, Pierre Tisseyre, mis au fait de cette publication après la signature d'une entente entre les Éditions La Presse et Hubert Aquin, a accepté de libérer temporairement ce dernier de son contrat avec le Cercle du Livre de France qui prévoyait la publication de deux autres romans. Le lancement a eu lieu le 13 septembre.

d'ailleurs à cette période professeur invité pour l'année 1974-1975 à l'Université Carleton d'Ottawa[2].

Le prix de l'éditeur de *La Presse*, fondé à l'été 1974, est attribué, pour sa première édition, à Jacques Poulin à titre de jeune écrivain prometteur, et à Hubert Aquin, à titre spécial pour souligner le 90e anniversaire de fondation du quotidien montréalais[3]. La somme de 5000 dollars fut allouée à chacun des récipiendaires.

La cérémonie, organisée avec faste, s'est déroulée dans une atmosphère belliqueuse, en présence d'une soixantaine d'invités, dont six membres de l'Académie Goncourt en tournée au Québec[4]. Cette tournée fit

---

2. Une dizaine de lettres échangées entre février et avril 1974 renseignent sur les démarches d'Aquin pour ce poste de professeur. Les offres des autres universités lui sont parvenues plus tard au cours de l'automne 1974. La correspondance des années 1973-1974 contient une bonne proportion d'offres de conférence par ces universités ou par des collèges.

3. Notons une certaine confusion dans les quotidiens de l'époque ; alors que *Le Devoir* (24 octobre 1974, p. 15) indique que le prix est accordé pour le roman *L'Antiphonaire* (publié six ans plus tôt), *La Presse* (25 octobre 1974, p. 6) note que le prix concerne l'ensemble de l'œuvre.

4. Les six membres sont Françoise Mallet-Joris, Armand Lanoux, Jean Cayrol, Emmanuel Roblès, Robert Sabatier, Michel Tournier ; ils étaient accompagnés de deux journalistes, Jacqueline Piatier (*Le Monde*) et Jean Prasteau (*Le Figaro*). Ils furent reçus avec beaucoup d'attentions par le premier ministre du Québec, Robert Bourassa, puis par le gouverneur général du Canada, Jules Léger, et aussi par le maire de Montréal, Jean Drapeau ; tous ces égards heurtaient la susceptibilité des milieux indépendantistes qui n'y voyaient que colonialisme et soumission à une autorité culturelle française.

d'ailleurs couler beaucoup d'encre dans les quotidiens montréalais : un fort courant littéraire québécois, privilégiant une autonomie radicale vis-à-vis des institutions françaises, recevait mal l'association du prix de l'éditeur de *La Presse* avec l'Académie Goncourt.

Ce qui déclencha en partie l'animosité des milieux littéraires québécois, ce furent les commentaires de Jean Cayrol, dans son rapport de lecture pour les Éditions du Seuil, sur le dernier roman d'André Langevin[5] en vue d'une éventuelle publication française négociée par Pierre Tisseyre. Ces commentaires, tels que rapportés par André Langevin, recommandaient la publication du roman mais « "à la condition de faire des coupures et des changements de structure" » et ce dernier d'ajouter « dans l'œuvre déjà publiée, chose [...] qui est absolument inconcevable et qui ne se fait nulle part[6] ». Paradoxalement, le roman d'André Langevin était en nomination, cette même année, pour le prix Goncourt[7] ; il avait été soumis par Roger Lemelin, membre honorifique de l'Académie Goncourt.

5. *Une chaîne dans le parc*, Montréal, Cercle du Livre de France, 1974, 316 pages.

6. Anonyme, « André Langevin dénonce l'attitude méprisante des éditeurs français », *Le Devoir*, 22 octobre 1974, p. 13.

7. Une fausse information (Jacques THÉRIAULT, « Pas de Goncourt possible pour Langevin et Aquin », *Le Devoir*, 21 octobre 1974, p. 12) laissa croire que le roman d'Aquin faisait partie des romans mis en nomination pour le prix Goncourt. Deux romans québécois avaient été retenus, en plus de celui d'André Langevin : *Moi, mon corps, mon âme, Montréal, etc.* (Montréal, Éditions La Presse, 1974) de Roger FOURNIER et *Une aurore boréale* (Paris, Robert Laffont, 1974) de Jacques FOLCH-RIBAS. Aucun de ces romans ne gagna le Goncourt.

Le discours d'Aquin reprend avec modération les doléances du milieu littéraire québécois en identifiant la communauté linguistique comme facteur de confusion dans les relations entre les institutions littéraires québécoise et française.

C'est à la suite de cette rencontre que Roger Lemelin proposa à Hubert Aquin d'étudier le fonctionnement des Éditions La Presse et de lui suggérer une nouvelle politique éditoriale. Après quelques discussions, Hubert Aquin est nommé, le 21 février 1975, vice-président et directeur littéraire des Éditions La Presse avec le mandat de diriger une collection québécoise semblable à la Nouvelle Revue française (NRF) chez Gallimard.

Une dizaine d'articles dans les quotidiens montréalais rendent compte de la cérémonie et du prix de l'éditeur de *La Presse* ; de longs extraits du texte d'Aquin ont paru dans l'article de Cyrille Felteau (« Happening au Ritz ! ! ! », *La Presse*, 25 octobre 1974, p. A-1, A-6) qui a certainement obtenu copie du texte puisque la disposition des tirets est respectée de même que sont intégrés les ajouts manuscrits. Le même journaliste retranscrit l'article intégralement dans son *Histoire de la Presse*[8].

---

8. Cyrille FELTEAU, *Histoire de la Presse (1916-1984)*, tome II, Montréal, Éditions La Presse, 1984, 285 pages, p. 217-221.

PRIX DE L'ÉDITEUR DE « LA PRESSE » (24 OCTOBRE 1974)

1 - Ce prix que je reçois aujourd'hui me donne le droit d'infliger un certain supplice à mes convives.

2 - Depuis quelque temps, il est souvent question d'une possible, d'une imminente percée de la littérature québécoise en France.

3 - Mais chaque fois qu'un de nos écrivains réussit cet exploit, il acquiert le statut ambigu d'exception. Et les exceptions, hélas, ne sont pas cumulatives : plus il y en a, plus il peut continuer d'en avoir. On accepte d'autant mieux les exceptions qu'elles font écran au reste (ou qu'elles constituent des alibis).

4 - Une littérature nationale n'est pas réductible à quelques écrivains que l'on considère comme des exceptions. Une littérature nationale, c'est un tout global.

5 - En ce moment ceux de nos écrivains qui piaffent dans les écuries françaises sont des exceptions ou des erreurs. Et s'ils percent en France, c'est à titre individuel. Ils ne traînent pas nécessairement, dans leur réussite outre-mer, la grande littérature québécoise.

6 - La littérature québécoise, il faut l'admettre, a des problèmes de reconnaissance diplomatique — tout comme l'État du Québec.

7 - L'usage du français, commun au Québec et à la France, crée une cordiale confusion dans nos rapports, car, du coup, les Français sont enclins à nous percevoir non pas comme des étrangers, mais plutôt

comme des parents éloignés[1]. D'une certaine manière, cela est regrettable. Ou plutôt : il faudrait que les Français arrivent à nous percevoir comme des étrangers qui, par une aberration de l'histoire, parlent aussi le français. Et il faudrait que notre littérature soit comprise en France comme le produit culturel d'une nation étrangère. Cela se produit actuellement au Canada anglais et commence aux États-Unis — ce qui tendrait peut-être à indiquer que toute littérature valable finit toujours par être traduite, sans quoi elle ne serait pas universelle *de fait*.

8 - J'ai dit tantôt au passage « la grande littérature québécoise ». Ce n'est pas un lapsus. Il existe une grande littérature québécoise. Elle commence avec ou sans Louis Hémon, se poursuit avec Félix-Antoine Savard, Philippe Panneton[2], Gabrielle Roy, Roger Lemelin, Anne Hébert, André Langevin, Marcel Dubé[3], Gaston Miron. Cette littérature forme déjà un ensemble organique, un univers articulé, complexe, cohérent et dont les différentes parties se tiennent mutuellement et se répondent.

9 - En recevant aujourd'hui le PRIX DE L'ÉDITEUR des mains de Roger Lemelin, j'ai le sentiment de recevoir cette distinction non seulement des mains de Roger Lemelin, mais aussi et en même temps des mains de Gabrielle Roy, de celles d'Émile Nelligan et même de celles de Louis Hémon qui désormais est un des nôtres à titre posthume[4]. À tous ceux-là qui ne m'entendent pas, je dis merci, à Roger Lemelin qui m'entend, lui, je répète merci.

Cher lecteur

Conférence donnée à l'Université Carleton, le 5 février 1975.

*

Hubert Aquin est engagé, à l'hiver 1975, comme professeur invité à l'Université Carleton ; il y donne des cours sur la littérature québécoise et sur la critique. Il prononce, dans la soirée du 5 février, une conférence devant un auditoire d'environ soixante personnes composé surtout d'étudiants et de professeurs de cette université. Il est déjà en relations avec René Garneau pour l'étude d'un projet d'orientation des Éditions La Presse ; il en sera nommé vice-président et directeur littéraire le 21 février.

L'adresse au lecteur est une pratique courante dans l'œuvre d'Aquin dès *Trou de mémoire*[1]. Si, jusqu'à *L'Antiphonaire* (1969), le lecteur était le sujet d'une approche angoissée, il est maintenant interpellé directement

1. L'expression « cher lecteur » apparaît dans ce roman : « [...] les grands théologiens n'en arrivent pourtant pas à circonscrire le crime parfait qui, cher lecteur, n'est qu'une des nombreuses modalités [...] », p. 49.

dans le processus de création littéraire. C'est cette fonction d'interpellation, sorte de communion[2], qu'élabore Hubert Aquin, dans cette conférence, à partir de citations de plusieurs auteurs disséminés sur plusieurs siècles et dans différents genres. Le recours à des citations d'auteurs anciens (Homère, Dante,...) tirées d'ouvrages récents illustre une pratique habituelle d'Aquin ; il emprunte aux critiques modernes les sources textuelles de leurs commentaires pour construire ainsi sa propre modernité. Assez proche, dans sa forme, des cours qu'il donnait à l'UQAM, cette conférence apparaît, dans l'ensemble, improvisée[3].

Une liste de dix citations préparées en vue de cette allocution a été partiellement utilisée (voir Appendice II.1) ; même si d'autres citations s'ajoutent lors de la communication, cette liste contient les références abrégées des deux ouvrages principaux d'où sont tirées la majorité des citations, soit *Les Mots et les Choses*[4] de Michel Foucault et *Logiques*[5] de Philippe Sollers. Les références à Ulysse puis au rapport entre la lecture et la passion sont tirées de l'ouvrage de Vladimir Jankélévitch, *L'Irréversible et la*

2. Comme le suggère la finale de son roman *Neige noire* (Montréal, Éditions La Presse, 1974).

3. Selon les témoignages d'étudiants qui ont assisté à ses cours ; pendant l'année scolaire 1969-70, Hubert Aquin a enseigné « L'érotisme dans la littérature moderne », « L'écriture sous le régime du livre » et « James Joyce ».

4. *Les Mots et les Choses. Une archéologie des sciences humaines*, Paris, Gallimard, 1966, BIB.

5. *Logiques*, Paris, Le Seuil, 1968, BIB.

Nostalgie[6] (en particulier le chapitre IV intitulé « La nostalgie ») dont les citations textuelles ne sont toutefois pas identifiées par Aquin lors de son allocution. (On trouvera à l'Appendice II.2 les passages de cet ouvrage qui ont directement inspiré Hubert Aquin.)

En fait, parmi ces dix citations, seules celles qui sont tirées des ouvrages de Philippe Sollers, Michel Foucault et Vladimir Jankélévitch sont accompagnées d'une pagination et constituent donc des références directes. La citation de Montaigne est extraite de l'ouvrage de Michel Foucault (p. 55) et celles de Dante et de Stéphane Mallarmé sont tirées de l'ouvrage de Philippe Sollers (respectivement p. 47, 71 et 110).

Un journaliste d'Ottawa, Murray Maltais, rend compte de cette conférence et donne un résumé des principaux thèmes même si « couvrir une conférence d'Hubert Aquin n'est pas chose facile : son esprit vagabonde d'archétypes en concepts abstraits, se promène entre la forêt obscure de Dante et la mer où voguait le valeureux Ulysse [...] [7] ».

---

6. *L'Irréversible et la Nostalgie*, Paris, Flammarion, 1974, BIB ; cet ouvrage comporte de nombreuses marginalia.

7. « Comment Aquin définit l'écrivain, l'œuvre et le lecteur », *Le Droit*, Ottawa, 6 février 1975, p. 34.

CHER LECTEUR

Si je cherche à décoder le public réuni ici même ce soir, j'en arrive à quelques possibles, à l'énumération de quelques possibles :

1) Le public, me connaissant déjà, attend de moi une conférence incohérente.
2) Le public, me connaissant mal, s'attend à un cours sur la lecture rapide.
3) Le public, élégant mais résigné, s'attend à une introduction à la lecturologie.
4) Le public, me percevant comme Québécois, redoute une agression idéologique.

   Cinquième possible, le public, ici présent, se demande pourquoi je tarde à entrer dans le vif du sujet et brûle de me voir patiner, si je puis dire, dans mon style habituel.

Or, nous sommes dès ce moment dans le vif du sujet. Je lis. Je vous lis. Je cherche à vous interpréter et croyant interpréter vos expectations interprétatives, je fais de la projection ou j'opère un transfert. C'est vous le texte et moi le lecteur. Soudain je trouve le texte hermétique parce que j'ai cessé sans doute de voir clair en moi-même. Avec un peu de chance, je trouverai tout à l'heure le texte lumineux, percutant, bien articulé, original et avec un peu moins de chance, je verrai la salle se vider à mesure que j'avance, que j'avancerai dans mon propos ; le vide de la salle n'étant que l'écho de ma vacuité intérieure. Or maintenant je suis dans le vif du sujet, j'irai tout droit au but.

La lecture, pour commencer de façon abrupte, je vais vous donner ma définition de la lecture, si vous me permettez ; la lecture est la réversion de l'écriture. C'est donc une expérience isolée, solitaire, au cours de laquelle le texte accède à une palingénésie, si vous voulez, à une renaissance répétée qui se redouble dans l'esprit du lecteur. Et cette répétition me paraît fondamentale ; le lecteur répète le texte qu'il a rendu réversible, qui était par définition réversible. Ça c'est mon premier élément de définition, mais en attendant je voulais vous dire, juste à ce propos, un mot de Kierkegaard qui dit que « répétition et souvenir sont un même mouvement mais en sens opposé. Car ce dont on se ressouvient a été, c'est la répétition dirigée en arrière, mais la répétition proprement dite est le vrai souvenir porté en avant. Aussi la répétition si elle est possible assure-t-elle le bonheur de l'homme[1] ». Vous me direz : qu'est-ce que vient faire un texte de Kierkegaard à ce propos, mais justement c'est que cette espèce d'insertion sur la répétition, je crois, peut souligner ce que j'essaie de dire sur la palingénésie du texte par la réversion.

Autre caractère des expériences de lecture : le texte lu est approprié par le lecteur. Il appartient au lecteur et au terme d'une fusion du lecteur et de l'auteur.

L'écrivain, troisième élément, est un lecteur qui a été tenté de devenir plagiaire car toute lecture séduisante est un désir de fusion. Elle implique une volonté de similitude. L'écrivain se dit : je veux être le Byron de mon siècle. Le lecteur, lui, veut être le Byron de son siècle et l'écrivain qui veut être le Byron de son siècle ; il veut les deux.

Alors si je reviens, je veux dire, j'ai la répétition donc qui me paraît être la réversion de l'écrit, qui est la première définition de la lecture ; la répétition qui produit une palingénésie dans le lecteur et ensuite une certaine fusion qu'on peut rapprocher d'une volonté de similitude. Et l'aspect plagiaire de la lecture, l'aspect appropriateur est inclus là-dedans. Et ensuite, il y a une temporalité de l'œuvre qu'il faut comprendre : l'œuvre est réversible. Ça veut dire que son temps d'œuvre est comprimé par la lecture, et [qu'on peut] du coup prendre connaissance de sa temporalité mais en sens inverse de la façon dont elle a été écrite.

Maintenant je veux parler un peu de lecture, juste un peu ; je vais vous faire souffrir pas trop longtemps mais qu'importe ; je passe à un autre item, que vous allez bien comprendre, et je vais revenir à la lecture puis je reviendrai à l'écriture. Je passe tout de suite à l'écriture pour vous dire ceci, vous citer un texte de Stéphane Mallarmé qui dit dans Igitur : « Ce conte s'adresse à l'intelligence du lecteur qui met les choses en scène lui-même[2]. » Alors si on essaie de tirer un sens de ce texte laconique de Mallarmé, je crois que c'est bien facile de le faire ; le texte est le théâtre et le lecteur devient metteur en scène, comme il le dit, de la pièce, il réarrange la pièce qui est le texte se déroulant et qui est le théâtre[3]. Et le lecteur-metteur en scène, ça veut dire qu'il est cocréateur si vous voulez, il est partisan très actif et il n'est pas simplement récipiendaire ou spectateur passif de ce qui se déroule sur la scène ; il participe véritablement activement. Et je voudrais ici parler d'un premier niveau de communion entre lecteur et auteur. Le lecteur, j'ai dit tout à l'heure, j'ai parlé contre lui, j'ai dit le lecteur est un plagiaire. Là je dis quelque chose d'aussi grave ; le lecteur est un désœuvré[4].

Il faut le comprendre comme ça si on veut véritablement percevoir, si je peux dire, la complémentarité qu'il y a entre l'écrivain qui, lui, fabrique une œuvre et la propose au désœuvrement du lecteur. Et du coup, la communion se produit au niveau de l'effort accompli par l'auteur. C'est-à-dire que, somme toute, le premier niveau de communion c'est celui où le lecteur en lisant un écrit commence à apprécier l'effort qui a été fait, même si cela a duré pendant dix ans ou vingt ans pour l'écrivain pour produire ce texte-là qui lui procure un certain plaisir. Et cet effort justement est au niveau quasiment du travail apprécié. Et de plus, je parlais du temps du point de vue de l'écriture, le temps, une fois le livre terminé si vous voulez, l'œuvre terminée, le temps est révolu et le temps qui commence pour la lecture donc, et nous allons encore revenir à la lecture, est un temps ouvert. Si nous cherchons à comprendre un degré supérieur de communion qui peut exister dans la lecture ou à laquelle la lecture peut faire accéder, on pourrait dire que la lecture est un retour et que l'écriture est un aller, ou plutôt c'est les deux. Ça veut dire que, somme toute, l'auteur se rend vers le lecteur et le lecteur, lui, accomplit un chemin qui est un chemin de retour.

Et généralement, disons qu'on essaie de trouver une attitude ou un sentiment qui se rapproche du retour pour retrouver au moins la nostalgie[5] et la nostalgie, justement, est un sentiment très riche, disons très varié, très diversifié mais qui est relié à cette opération humaine qui est le retour vers quelqu'un, vers sa patrie, vers un lieu qu'on a aimé ou qu'on aime. Et dans la lecture justement, on peut dire que le lecteur s'aventure en mer comme Ulysse se dirige vers Ithaque et doit lire le texte comme Ulysse a si bien lu la mer, les obstacles, les difficultés et a si bien su comprendre ça et retrouver son chemin. Ni plus ni moins, le lecteur doit retrouver son chemin jusqu'à l'œuvre, jusqu'au cœur de l'œuvre, jusqu'à l'auteur si vous voulez, et le livre à ce moment-là sert de médiateur. Et si j'insiste sur la notion de retour c'est parce que je crois que le lecteur qui se perd dans un livre est d'une certaine façon semblable à Ulysse qui lui aussi s'est perdu dans la mer et a retrouvé par la suite son chemin. Et la récompense attendue, elle est au terme ; c'est une récompense passionnelle si vous voulez, et on pourrait dire, à ce moment-là, qu'il y a une interversion causale, c'est-à-dire que la cause devient l'effet et... disons, je veux retourner à Ithaque parce que je veux retourner à Ithaque. J'aime parce que j'aime. J'aime ce texte que je lis parce que j'aime ce texte que je lis. Je veux dire... ce n'est pas une mythologie, c'est un certain degré de passion si vous voulez, ou d'amour, de chaleur ; on en arrive toujours à cette formulation qui est para-tautologique, disons. Et rien ne ressemble, puisque je continue dans cette veine, rien ne ressemble autant à l'amour, disons, que l'acte de lire car c'est une célébration si vous voulez, qui est recherchée au terme d'un voyage, au terme d'un cheminement vers un autre, vers quelqu'un qui incarne l'altérité.

L'exemple parfait, je crois, de ce que je voudrais faire passer là ce serait le cas de la *Vita Nuova* écrit par Dante et où Béatrice se trouve être ni plus ni moins le sujet mais non pas la destinataire si vous voulez, non pas la réputation. Tout le livre ne fait qu'exprimer cette passion qui véritablement se transporte vers Béatrice même si elle n'est pas la destinataire. Et on peut dire aussi que dans Dante… je vais vous lire quelque chose, je vais vous lire en français non pas en joual : « Oh toi qui lis » dit Dante, « tu entendras un jeu nouveau[6] ». C'est que dans la lecture, il apparaît un jeu de mots que Dante propose… d'accord ce jeu de mots ça ne veut pas dire que… il ne faut pas opposer jeu et réalité. Le jeu est très intense, il est dramatique et le jeu, à ce moment-là, c'est un échange si vous voulez, ou une passion nouvelle, une communion nouvelle, une communion, un acte sacré, une célébration nouvelle qu'il propose au lecteur. Et le jeu de mots proposé par Dante lorsqu'il dit ça, c'est véritablement cette communion dont j'essaie de vous parler. Il y a un aspect dramatique là-dedans qui me paraît bien fort ; on a beaucoup parlé, j'ai dû moi-même le faire, du jeu qui se déroule entre l'auteur et le lecteur et du fait que l'auteur manipule beaucoup le lecteur et le fait marcher dans toutes sortes de directions, le fait aller [vers] des fausses pistes, le fait se tromper, le mystifie. Tout ça, en réalité, c'est l'aspect, disons, véritablement ludique que, à la limite, on pourrait dire léger, égalitaire du jeu. Mais l'autre aspect c'est l'aspect communion et à ce moment-là c'est un degré véritablement très intense de drame et l'exemple de la *Vita Nuova*, je crois, nous donne ce degré. Et toutefois, je vais vous lire maintenant un texte de Marcel Proust, un très beau texte de Marcel Proust sur la lecture :

> Le livre intérieur de ces signes inconnus (de signes en relief semble-t-il que mon attention explorant mon inconscient allait chercher, portaient, contournaient comme un plongeur qui sonde), pour sa lecture personne ne pouvait m'aider d'aucune règle, cette lecture consistant en un acte de création où nul ne peut nous suppléer, ni même collaborer avec nous. Aussi combien se détournent de l'écrire ce livre, que de tâches n'assume-t-on pas pour éviter celle-là[7]...

Ce texte-là a été écrit quand Proust approchait justement de sa mort et me paraît bien refléter l'espèce de gravité du jeu qui existe, que l'auteur sait instaurer entre lui et le lecteur. C'est un jeu, mais c'est un jeu très grave. Et on pourrait dire que le véritable miracle que Proust a accompli, et c'est un peu pour ça que je l'avais, que je l'ai cité, c'est que lui, au terme de son entreprise littéraire, a réussi à comprimer ce qui, selon toute vraisemblance ou selon toutes les lois imaginables, est incompressible, c'est-à-dire le temps. Et ayant comprimé le temps, ça veut dire que le lecteur par la suite peut puiser dans ce réservoir de temps, de temporalité qui est son œuvre et, justement, étirer le temps ou jouir de tout ce qu'il peut connaître par ce livre-là, de façon très concentrée ; somme toute, l'expérience de toute une vie peut passer dans un livre et est transmise de façon donc très intense au lecteur par la médiation du livre. Et c'est toujours cette notion de jeu, si vous voulez, ou d'échange qui me paraît indiquer dans les deux cas Dante et Proust, la même chose.

Et aussi Don Quichotte, je veux vous dire quelque chose sur Don Quichotte... j'ai trouvé ce texte de Michel

Foucault sur Don Quichotte, très bref : « L'aventure de Don Quichotte sera un déchiffrement du monde. Don Quichotte lit le monde pour démontrer les livres[8]. » Je ne peux pas épiloguer là-dessus car sa théorie est très élaborée puis je pourrais me perdre là-dedans, nous pourrions nous perdre là-dedans. Mais Don Quichotte comme Ulysse, si vous voulez, lui aussi déchiffre le monde. Souvenez-vous de la forêt obscure. Quand il entre dans la forêt obscure, il essaie de retrouver son chemin exactement, il essaie de retourner au cœur, si vous voulez, ou de la forêt ou de ce qu'on pense verse la lumière. Et ensuite on pourrait dire que Dante, dans son œuvre, essaie de traverser, de retrouver son chemin dans la forêt des symboles et des signes qui s'offrent à lui, qui se présentent à lui. Et dans son poème sacré, je veux dire *La Divine Comédie*, … il décrit ce poème-là comme « un haut vaisseau chantant[9] ». Je crois justement [que] c'est un haut vaisseau chantant qu'une œuvre comme celle de Dante qui est lancée et qui peut voguer comme ça… c'est véritablement incantatoire, on a la notion de navigation, de retour à Ithaque si vous voulez, et je sais que Dante était sans doute plus obsédé que je pourrais l'être moi-même par Homère et par Ulysse et cette notion de retour à Ithaque, cette notion de traversée de la mer et du temps et de l'espace. Alors ça c'est un niveau assez élevé, on pourrait dire, d'intensité ou d'incantation dans les livres.

Le lecteur est un exilé qui retrouve indéfiniment son pays natal et qui continue quand même à le chercher car, par définition, le terme de toute lecture se situe au-delà de chaque ouvrage lu. Et souvenez-vous d'Ulysse. On pourrait, certains commentateurs l'ont fait, on pourrait voir Ulysse comme voulant revenir chez lui à Ithaque, mais [qui,] à peine rentré, trouvant la vie quotidienne trop ennuyeuse, voudrait repartir. Déjà dans son cœur c'est comme s'il voulait repartir. Alors décidément, on pourrait faire là le joint que, somme toute, le retour est le but secret du départ. Mais je continue, le départ est un retour anticipé. Et si l'écrivain fait l'aller, le lecteur fait le retour ; l'écrivain anticipe le retour du lecteur. Il anticipe la traversée que le lecteur devra faire avec tous les obstacles qu'il devra rencontrer et dont il devra, disons, sortir triomphant.

Il y a une chose aussi qu'il m'importe de dire, c'est que la lecture, si je lui ai trouvé une métaphore, depuis tout à l'heure, je vais continuer cette métaphore, la lecture n'est pas un voyage circulaire. C'est un retour en arrière que la moindre interruption accidentelle peut anéantir ; c'est un voyage à la recherche de soi-même, mais chaque être à chaque instant devient par altération un autre que lui-même et un autre que cet autre, etc., etc.

Le retour donc est toujours un aller, comme j'ai dit tout à l'heure, ou l'aller est un retour anticipé. Et si une fois rendu, le lecteur réussit son retour, s'il traverse la mer comme Ulysse a réussi et s'il se rend jusqu'à Ithaque, ce lecteur ayant expérimenté tout ça, ayant revécu à l'envers l'histoire du livre, ayant vécu par réversion le livre, ce lecteur devient grisé, il a le sentiment de participer à un temps infiniment profond et infiniment riche et, dans certains cas d'exception, de suspendre sa propre temporalité ou plutôt de se fusionner avec une autre temporalité, celle de l'auteur. Et cette communion, à ce moment-là, s'opère quand le miracle de l'œuvre a été véritablement accompli, quand le temps incompressible a été comprimé et s'est déroulé dans la médiation d'un livre et par celle-ci.

> Quelque chose que je veux dire :
> Chaque lecteur est, quand il lit, le propre lecteur de soi-même. L'ouvrage de l'écrivain n'est qu'une espèce d'instrument d'optique qu'il offre au lecteur afin de lui permettre de discerner ce que, sans ce livre il n'eût peut-être pas vu en soi-même. La reconnaissance en soi-même par le lecteur de ce que dit le livre est la preuve de la vérité de celui-ci et vice-versa. Au moins dans une certaine mesure, la différence entre les deux textes pouvant être souvent imputée non à l'auteur mais au lecteur[10].

Et ce texte merveilleux est de Marcel Proust. Vous le saviez ou vous l'aviez deviné, j'imagine.

Et ce que je voulais vous dire en conclusion, c'est que somme toute, en entrant ici tout à l'heure je me suis dit, et j'ai mis cela sur un bout de papier, que je pouvais imaginer plusieurs possibles quand je cherchais à déchiffrer, à décoder ce public que vous constituez et que, à travers tous ces possibles, je ne me reconnaissais pas très bien, moi lecteur, puisque je cherchais à vous interpréter, alors que vous n'avez pas parlé, et ni plus ni moins j'avais pensé que depuis le début, je serais drôle, incohérent et ce que j'ai découvert c'est que la lecture est un acte très grave et que c'est un acte accompli dans la solitude comme la création.

Je vous remercie.

III. PROJETS DE ROMAN (1961-1976)

Introduction

Rédigés entre 1961 et 1976, les huit projets narratifs forment un ensemble particulièrement instructif pour qui s'intéresse à la méthode de travail d'Aquin. Sortes de témoin de l'invention, c'est en somme à tout l'œuvre aquinien que ces projets nous introduisent. Plus que de simples idées jetées sur du papier, plusieurs projets sont de véritables dossiers préparatoires dont les principes d'organisation, toutefois, restent encore parfois obscurs. Les projets narratifs retenus dans ce volume ne sont pas directement associés aux romans publiés du vivant d'Aquin ; ils constituent une forme de journal fragmentaire d'une « genèse perpétuelle » (*Prochain épisode*, p. 93). Ils sont donnés dans l'ordre chronologique.

Les avant-textes : une genèse à l'œuvre[1]

Les projets de romans et les brouillons forment les archives d'une genèse forcément lacunaire ; indépendamment de cette dimension archivistique de datation, de constitu-

1. Cette section est extraite d'un article écrit en collaboration avec Jacinthe Martel, « Les Mélanges : des matériaux de l'atelier aux témoins littéraires d'une époque », *Bulletin de l'ÉDAQ*, n° 7, p. 49-55.

tion de dossiers, etc., l'avant-texte, s'il ne nous révèle pas tout le parcours des projets narratifs, nous renseigne toutefois sur les détours de la composition du texte. Un premier examen de ces dossiers nous a permis de procéder au classement de ces matériaux selon quatre catégories :

1. listes de mots
2. synopsis ou plans
3. notes de régie
4. fragments, ébauches ou esquisses.

Les *listes de mots* dressées par l'écrivain regroupent des mots savants, des mots rares, des termes techniques, etc., souvent disposés en colonnes et qui forment des suites logiques, des réseaux sémantiques, ou encore des réservoirs lexicaux qui constituent des repères mnémoniques, des sédiments intertextuels où Aquin puise ses effets d'érudition ou de baroquisme. Mais ces mots agissent aussi comme déclencheurs ou « générateurs » d'écriture, sorte de tremplins vers le texte : « Insérer dans la narration des séries de mots, des chiffres, des plans, des chapelets de noms de villes [...]. Ce seront les résidus de l'inconscient dont le flot principal aura été transposé par l'écriture. » (*Obombre*, Liasse E, f. 28-29).

Les *synopsis* ou *plans*, plus ou moins développés, concernent tantôt la composition et la structure proprement dites du roman, tantôt les stratégies et les effets d'écriture. Apparaissent dans ces plans un souci d'insérer et de commenter les romans antérieurs, une volonté de mettre en évidence son « acte de romancier » et, déjà, une préoccupation d'intégrer la dimension de la lecture au processus de création.

Les « *notes de régie*[2] » sont de trois ordres : des directives et des consignes rédactionnelles par lesquelles l'écrivain, sur un ton impératif et impersonnel, s'assigne à lui-même des règles à suivre ; des réflexions sur la création qui s'apparentent au journal intime et qui prennent parfois la forme de monologues intérieurs à deux voix où Aquin, par un jeu de questions et de réponses, élabore différents modèles narratifs ; des élans fictionnels où l'écriture peut tendre vers une narration première. C'est dans ces notes de régie que, très tôt, apparaît la préoccupation d'Aquin pour le livre final : le choix d'une épigraphe ou d'un titre, l'organisation en chapitres, procèdent d'une planification du livre à faire et d'une mise en scène de sa lecture.

Les *fragments*, les *ébauches* ou les *esquisses*, peu nombreux, amorcent la rédaction des textes fictionnels à venir. Une fois repérées, séquences et sessions d'écriture laissent voir le travail de la réécriture… bref, des « possibles de l'œuvre[3] ».

Premiers projets

Dès le premier projet de mai 1961[4], apparaît la réflexion à la fois sur la forme (« sans le contrepoint à créer qui

2. Jean BELLEMIN-NOËL, « Reproduire le manuscrit, présenter les brouillons, établir un avant-texte », *Littérature*, vol. VII, n° 28, décembre 1977, p. 5.

3. Henri GODARD, « Du bon usage des leçons antérieures », dans le collectif *Leçons d'écriture. Ce que disent les manuscrits*, Paris, Minard, 1985, p. 143.

4. Dossier sans titre que nous avons intitulé « 1er mai 1961 » selon la datation apparaissant sur le premier feuillet. La description

m'obsède, je n'aurais aucune justification esthétique de faire ce roman ») et sur la narration (« Que le narrateur [...] n'aille pas jusqu'à vouloir camoufler la position dans le temps »). Le contrepoint, forme empruntée à l'écriture musicale, devient une formule de composition qui persiste dans toute l'œuvre et qui se transforme en rupture du contrat de lecture dans *Prochain épisode* et dans *Trou de mémoire* ou en renversement diégétique dans *L'Antiphonaire* et dans les projets plus tardifs. Ce projet est par ailleurs très apparenté à l'écriture du *Journal* qui lui est concomitant et qui contient en écho l'examen du projet formel, « l'épopée », et le souci de l'invention littéraire : « Mon œuvre [...] sera une tentative de genèse[5]. » En effet, dès l'ouverture du « Premier Carnet 1960-1961 », le genre de l'épopée est convoqué : « L'idée de l'épopée. Mon roman sera épopée ou ne sera pas[6]. » En fait, plusieurs passages du *Journal*, de décembre 1960 à août 1961[7], viennent enrichir l'ébauche de ce projet.

Le deuxième projet, très bref, est daté du 12 octobre 1966, alors qu'Hubert Aquin séjourne à Nyon en Suisse

---

matérielle des dossiers ainsi que leur localisation aux archives de l'UQAM apparaissent au début des parties consacrées à chacun des projets dans la section « Variantes ». Je remercie Guy Allain de m'avoir permis de consulter ses notes de recherche.

5. *Journal. 1948-1971*, édition critique établie par Bernard Beugnot, « Bibliothèque québécoise », 1992, p. 189.

6. *Ibid.*, p. 184.

7. Jusqu'au 30 août 1961, plus précisément, alors qu'Aquin note dans son *Journal* : « Je peux fort bien oublier le roman de l'an dernier et le grand roman épique, pour un moment du moins [...] ». *Ibid.*, p. 222.

avec la ferme intention de poursuivre sa carrière d'écrivain qui a fort bien débuté avec la réception élogieuse de *Prochain épisode*. Il y rédige alors *Trou de mémoire* et ce projet narratif, intitulé « Journal d'un crime », fait écho à l'intrigue policière du roman. Le troisième projet est intitulé « La réussite » ; rédigé entre octobre 1967 et juin 1968, il contient une esquisse de scénario qui fait voir une « logique du récit » en quinze étapes à partir du motif du renversement : la réussite d'un échec. De plus, ce dossier comprend un projet de préface, très sarcastique, à « La réussite », « une œuvre de jeunesse de H. Aquin ».

Le projet narratif du 11 novembre 1974 reprend un programme narratif caractéristique de toute l'entreprise romanesque d'Aquin : celui d'une confusion entre le narrateur et l'auteur. Quant au projet très fragmentaire « Joue Frédéric, joue », daté de février 1975, il est une forme de jeu de récits possibles à partir d'un titre qui devient un véritable leitmotiv.

« Saga segretta » ou l'écrivain homme d'affaires[8]

Le projet intitulé tantôt « Saga segretta », tantôt « Le livre secret » ou « Livre secret » s'élabore au cours des années 1970, 1971 et 1972. Plus précisément, il prend forme entre les mois de janvier et mai 1970 et s'achève le 27 décembre 1972. Aquin y travaillera à quelques reprises,

8. Cette partie de l'introduction de même que les notes et le relevé des variantes sont tirés du mémoire de maîtrise de Claude Sabourin (« Édition critique de "Saga Segretta" », UQAM, 1991).

laissant un manuscrit de 43 feuillets, partagés en sept liasses, décrivant le plan, la structure, les ingrédients de l'œuvre à écrire. Nulle ébauche, peu ou prou d'éléments diégétiques : seuls des notes de régie et quelques fragments intimistes côtoient l'écriture sèche, le tour elliptique, « éclaté » qu'adoptent le plan ou le schéma ; la page couverture porte d'ailleurs en sous-titre les mentions « plan partiel + prérequis ».

« Saga segretta » expose le projet d'un roman à tirage limité, vendu par souscription, à l'aide d'un prospectus, au coût de 100 $ l'exemplaire, que l'auteur s'engage à garder secret pour une période de vingt ans. Aquin ne sait pas au juste ce que raconterait son roman. Le sujet s'inspirerait de « quelques sagas islandaises et de Hamlet "décentré" » (liasse A). Il y rapporterait des « potins horribles transcrits en latin et concernant des vivants connus » (liasse B). Son sujet serait « aboulique ». Enfin ce serait « [s]on autobiographie » (liasse C) doublée d'un « mystère bureaucratique » se concluant sur un suicide. Composé d'une centaine de points, d'idées, d'indications numérotés que l'auteur commente et rectifie au fil de l'écriture et des relectures, le projet aborde en premier lieu les questions relatives au processus de mise en marché du « Livre secret ». Aquin se penche ensuite sur le contenu et l'aspect formel de « Saga segretta » : titre, références, discours, niveau de langage, écriture, narration, etc. Finalement quatre feuillets (liasse E) datés du 15 avril 1972, tout intimistes, signés, dressent un bilan du projet, « cette ambition colossale et nyctalope », tout en livrant quelques réflexions sur l'écriture et la « société [qui] chavire dans le non-sens ».

Rien n'est arrêté dans « Saga segretta ». Le projet est perméable et laisse pénétrer ce qui stimule l'imagination : événements d'octobre 1970, fragments autobiographiques, etc. Contemporaine de « Saga segretta », l'étude toute barthésienne d'Aquin consacrée aux sports à la télévision[9], particulièrement centrée sur le jeu et les performances de John Unitas, footballeur américain, s'inscrit en écho de ce projet pour ce qui est d'appliquer au roman des stratégies d'attaque et de défense utiles pour voiler la communication entre les chapitres et les parties :

> 81) intégrer au l[ivre] s[ecret] les diverses méthodes utilisées au football, par Unitas : fuite, passes voilées, notion du double jeu, etc. entropie, communication secrète, stratégie de défense — au sol [...].

Outre la tentation des jeux formels, « Saga segretta » exprime la tendance très marquée d'Aquin pour la réécriture. L'intention de « décentrer Hamlet », l'un des textes fondateurs de la culture occidentale, n'est pas le moindre des vœux hypertextuels d'Aquin. Cependant, ce qui peut être considéré comme un désir avoué d'hypertexte ne trouvera de réel aboutissement que dans *Neige noire*, en 1974, longtemps après les errances et les brèves apparitions du personnage shakespearien dans *Prochain épisode* (1965) et *Trou de mémoire* (1967), longtemps après l'échec d'*Amlödi*, projet d'adaptation télévisuelle d'*Hamlet*. Avec ce projet, Aquin semble vouloir réaliser un vœu déjà

9. Voir « Éléments pour une phénoménologie du sport », dans *Mélanges littéraires II*.

maintes fois exprimé : celui de vivre de sa propre plume, selon la méthode de financement de Truman Capote, pour lequel il a déjà exprimé toute son admiration[10].

Obombre, *ultime projet*

Le dossier *Obombre* est constitué de huit liasses (six manuscrites, une dactylographiée et une liasse contenant à la fois des feuillets manuscrits et des feuillets dactylographiés). Outre une liasse datée d'octobre 1968, la principale période d'écriture se déroule du 1er décembre 1975 au 3 novembre 1976. Ce dossier illustre bien la méthode de travail d'Aquin : plusieurs esquisses concernant la structure de l'intrigue, la narration, puis des listes de mots et, enfin, des ébauches de rédaction entremêlées de précisions sur l'élaboration du récit et le discours qui le soustend. De plus, ce dossier laisse voir une continuité dans la conception de l'œuvre, puisque Aquin situe ce projet de roman dans la suite, du moins sur le plan formel, de *L'Antiphonaire* et de *Neige noire* : « Donc, ne pas procéder comme dans *L'Antiphonaire* ou *Neige noire* en intégrant synchroniquement les différentes couches dans un discours unique. » (Liasse E) Motivé principalement par la notion de « création continue », qu'il a découverte dans le journal de Teilhard de Chardin et qui synthétise son projet[11], Aquin, comme pour ses autres projets de roman,

10. Voir la conférence [Le rôle de l'écrivain dans la société] (1970), note 11.

11. « "L'histoire du monde est celle d'une création continue" T. de C. 190. À 1h.00 en ce 5 mars 1976, je trouve cette phrase

développe divers aspects du récit à partir d'un programme narratif très lâche, très ouvert, souvent basé sur un principe d'enchâssement de plusieurs niveaux de récit. Une fois que ce programme est établi, que la perspective générale du roman est définie et que la liste de « mots générateurs » est constituée, Aquin passe à l'étape de la rédaction proprement dite. Ainsi *Obombre* offre-t-il un modèle parfait de la méthode de travail d'Aquin. À l'exception du *Journal*, de Pierre Teilhard de Chardin (Paris, Le Seuil, 1975, BIB), de l'ouvrage de Vladimir Jankélévitch, *L'Irréversible et la Nostalgie* (Paris, Le Seuil, 1974, BIB) et des *Œuvres complètes* de Dante (Paris, 1975, BIB), les sources d'Aquin pour ce projet de roman sont inconnues et l'annotation n'a pu être complétée.

La partie rédigée (liasse A), qui forme la seule ébauche narrative de ce dossier, a été publiée dans la revue *Liberté*[12] avec une brève présentation par René Lapierre. Trois pages manuscrites ont également été reproduites à la suite du texte d'Aquin[13].

Transcription

L'ordre de présentation des liasses correspond à celui des dossiers tels qu'ils ont été archivés dans le fonds Hubert-

---

bouleversante de T. de C. qui rejoint ma propre obsession la *création continue* dans le roman OB ! » (Liasse E) Une lettre à Michèle Favreau publiée dans *Mainmise* (n° 64, novembre 1976, p. 19) reprend cette approche de la « création continue ». Voir Appendice VII.

12. *Liberté*, 135, mai-juin 1981, p. 15-24.

13. Il s'agit des feuillets 3, 4 et 5 de la liasse I.

Aquin. La description des manuscrits et des tapuscrits est donnée au début de la section « Variantes » ; la disposition du texte a été respectée dans la mesure du possible. Le trait oblique (/) indique un saut de ligne lorsqu'il faut distinguer la disposition de plusieurs énoncés. Un interligne double sert à indiquer une nouvelle liasse.

[1er mai 1961]

Le roman doit raconter une épopée[1]. Celle d'un homme, désormais seul dans une chambre en plein cœur de la ville ; au milieu donc de cet immense champ de bataille, un peu comme un mourant, agonisant près d'un buisson, verrait dans les derniers instants de sa vie la bataille qui se déroule, presque sur son propre corps (bientôt cadavre) et, en même temps, tout ce qui l'a conduit, lui, à cette bataille et à sa défaite. Le soldat inconnu voyant la dernière bataille et l'élan des armées qui lui survivra — l'homme inconnu, l'anonyme qui, dans un devenir-vers-la-mort, voit le fer et le temps se croiser sur sa tête. Il est la victime oubliée, le héros inconnu, le héros sans visage de cette bataille — visionnaire de la lutte où il a cédé mais qui continue sans lui, et de son existence dont la courbe coïncide, en ce jour, avec la trajectoire du monde.

Il faut bien placer son héros dans une situation analogue à celle-là, car il n'y a plus de grandes rencontres militaires. Le soldat inconnu est un fonctionnaire peut-être, ou un poète, ou un *lâche* ! S'il est tombé au champ d'honneur, c'est par sa faute. À vrai dire, c'est le suicide du soldat inconnu que j'entreprends de raconter : la fin de cet homme peut le situer historiquement en 1837 — *ou en*

1861 quelque part par là — plutôt en 1837. C'est un professeur d'histoire : il a rencontré Papineau[2] de près et les autres. Il a reçu les courriers de France : il est imbu du romantisme byronien[3]. L'éveil des nationalistes ne lui est pas étranger (vérifier cette vraisemblance). La nostalgie de l'Europe qu'il ne connaît que par les poètes et par les romans. Le côté bouleversant de cette nostalgie démesurée ; la naissance d'un romantisme canadien : le goût des lacs, des forêts. L'idée de la lutte contre le sol — mais aussi de la lutte à finir contre les Anglais. L'exaltation de la révolution américaine. L'urbanisme, le début de la révolution industrielle. L'amour à la Stendhal[4]. L'érotisme brûlant, presque religieux.

Trois temps donc
Celui de la bataille présent, et *celui de la mort* !
Celui de l'Europe (plus imaginaire)
Celui de sa vie passée

Le héros inconnu, isolé, battu, défait, n'a de dimensions que par tout ce qu'il voit. Son histoire est douloureusement inscrite dans celle du monde de 1837 (selon les connaissances même déformées qu'il pourrait en avoir à ce moment). Ne pas préfacer une telle entreprise. Que le narrateur (sans faire d'anachronisme) n'aille pas jusqu'à vouloir camoufler la position dans le temps. Ce jeu, cet écart, cette convention doivent être acceptés dès le début, sans précaution, pour le seul avantage d'être inhérents à l'entreprise romanesque ! Finalement ce héros, fût-il blessé à mort par un Anglais, reconnaîtra sa fin comme un suicide : ici, il faut analyser jusqu'au bout la dialectique peur-courage qui fait les braves. Notre soldat est un lâche :

il cède — et se croit la fin d'une race. Je ne veux pas avoir d'enfants : il projette son absence d'avenir sur son peuple tout entier à qui il conteste tout avenir. Son geste individuel et solitaire se veut donc et devient celui de tout un peuple. La connaissance du problème des Indiens. Son père, un urbain. Son hésitation à l'égard de l'occupant : son attitude varie. Il ne sait pas. À vrai dire, tout le désespérera : ou plutôt, il désespérera de tout. Son père a été médecin : il a appris aux États-Unis ou quelque chose du genre. Sa vie amoureuse sera à l'image de la vie de son peuple : exaltée et désespérée, noire, sans avenir, compliquée aussi. Son esprit est formé par les lectures de la bibliothèque XVIIIe siècle de son père. Il compense par l'amour, ou l'excès, le non-sens historique : il se jette finalement dans le complot historique de 1837, follement, comme on se suicide !

3 mai 61

Le héros peut vivre à Montréal ; être contre les Patriotes pendant les batailles du Richelieu — vivre d'amour interdit, etc., puis se rallier pour la bataille de Saint-Eustache — son anglophobie grandira (naîtra) avec les défaites du Richelieu[5].

Girod s'est suicidé après — Il survivra jusqu'en *février 1838*[6]

Fils de famille riche

Il se réfugie aux États-Unis pendant l'hiver.

Le 7 mai 61

Sur un plan technique, ce roman historique ne doit pas se présenter comme un *récit linéaire* - ce qui le réduirait à un feuilleton ou à de l'histoire « romancée » (terme injurieux). Le roman historique se dévalue au départ quand il s'offre comme histoire moins sérieuse que l'autre : il entre aussitôt en compétition avec l'Histoire elle-même, et y perd. Le genre roman doit donc être bien établi : la richesse formelle, l'autonomie créatrice doivent se manifester à plein, sans équivoque, non pour rivaliser avec l'histoire sérieuse (qui est recherche de vérité) mais pour utiliser celle-ci dans un autre but. Le roman historique doit donner autre chose, et j'oserais dire plus, que ce que l'on cherche dans les livres scientifiques.

Ceci dit, mon roman doit comporter une forme romanesque qui me comble autant sur le plan de l'écriture que si je me lançais dans le style *nouveau roman.*

Le récit historique que j'entreprends doit comporter, sur le plan formel, une découverte, une expérience ; sinon, cela équivaudrait à écrire une tragédie selon les règles de Boileau. Je dois découvrir une forme qui tout en restituant le temps fascinant et ancien de la rébellion de 1837-1838, présente une œuvre d'art dans la façon dont le temps sera saisi et recréé. C'est bien un problème de forme temporelle : je dois lire Poulet[7] là-dessus. Je dois en recréant même les événements dont le déroulement est connu mettre à nu ou du moins faire sentir mon acte même de romancier. Donner au temps du roman (celui des événements historiques) un contrepoint poétique : un second temps qui pourrait être inverti ou anachronique ou intérieur, mais qui ressemble le plus possible au temps même de l'écriture du roman[8]. À la limite, sans imagination, j'écrirais que j'écris le récit d'un Montréalais en 1837. Mais cela me paraît énorme et d'ailleurs dangereux... Je ne veux pas jouer avec mon sujet : je veux rendre la totalité de sa découverte et que moi qui le dévoile je puisse assumer dans sa forme l'acte même de ce dévoilement du temps. En 1961, il serait futile de faire croire que j'écris comme si j'étais en 1837. Cette supercherie comporterait d'ailleurs une limite terrible : du côté du vocabulaire et de la vision. Je dois donc ne pas camoufler, mais même utiliser, le fait que j'écris en 1961 le récit de ce qui est arrivé en 1837. Le contrepoint, si j'en trouvais le secret et la forme, doublerait la richesse de mon histoire. Je ne veux pas réécrire *Le Guépard* ni *Autant en emporte le vent*[9]. Mais je dois aussi dépasser en contenu et en forme les livres d'histoire sur mon sujet. Ce secret, cette forme qui me hante depuis quelques jours, comment y arriver. Je ne sais pas. Je sais que le problème de mon entreprise se trouve là, uniquement là, dans le point temporel qui me donnerait la forme de mon roman. Reconstituer 1837 n'est pas un problème. J'attends donc. Je veille. Je trouverai. Sans le contrepoint à créer qui m'obsède, je n'aurais aucune justification esthétique de faire ce roman. Mieux vaudrait alors écrire de l'histoire pure.

Roman

L'hiver 1838 dans la région de St Alban[10] — donne un recul par rapport à la patrie quittée qu'on veut conquérir — mais aussi par rapport à la France qui semble plus lointaine encore. Deux patries, une ingrate et l'autre inaccessible, voilà ce dont rêve le patriote à Swanton, pendant l'hiver 38 - *Un Canadien errant*[11] écrit à cette époque *la vie à Swanton.*

[Journal d'un crime]

Nyon le 12 octobre 1966[1]
01, 15 AM

insomnie

Journal d'un crime[2]

(Pièces à conviction)

Journal. On ne connaît pas l'identité de son auteur[3], mais on ne connaît que l'autre — celui qu'il va tuer et dont il observe, interprète, analyse la vie et le comportement. Cette observation oscille parfois entre la haine et une certaine pitié[4] — mais ne va pas plus loin. Toutes sortes de pièces et de ouï-dire sont utilisés contre la future victime. La victime : homme d'affaires très faiseur, etc... Ce qu'il cachait est dévoilé : ses hontes étalées... *La seule action du livre* : cette prospection rageuse, préjugée, désordonnée dans la vie de l'autre : filature, violation de secret, voyeurisme, obsession, dénigrement systématique, mensonge, établissement d'un dossier[5].

Dernière page : *X (la victime) s'est donné la mort. À son chevet, un récit étrange de sa propre main*[6]*...*

[La réussite]

Octobre 1967

La réussite[1]

Deux êtres, follement épris l'un de l'autre, rompent avec l'univers pour s'unir. Tout se produit merveilleusement, tout s'annonce comme un triomphe.

Prendre l'histoire (à l'envers) à un moment ou un autre : ce qui compte, c'est le détail et la description et les preuves de leur réussite. La réussite de leur amour ne doit pas sembler un portrait embelli, mais une sorte de victoire quotidienne et vérifiable ! Rien d'idyllique ou de trop exalté ! Une sorte de quotidienneté précise du grand amour. Puis — mais où dans le livre ? — une sorte de faille (imperceptible) se produit : ou plutôt, elle ne se produit pas, elle était là — présente, pernicieuse, inavouable. Des événements qui semblent prouver la réussite le découvrent : écarter toute *dramatisation avouée* du désenchantement. N'insister que sur sa latence et son pouvoir de contamination et son étrange diffusion.

À quoi cela tient-il ? Ég[o] : les écarts inexplicables du comportement de la femme, la démoralisation de l'homme, la dégradation hyprocrite de leurs relations. L'assombrissement ne s'annonce pas. C'est comme si le jour tombait insidieusement sur leur amour. Mais où est le mal ?

Une espérance trop profonde les motive à opérer un déplacement de sens, à chercher désespérément des causes introuvables à l'ombre grandissante qui semble s'infiltrer par tous les pores de leur amour !

Le temps a passé : le couple donne une image de cohésion, d'harmonie qui ne semble jamais se démentir.

La progression de la nuit est pourtant implacable — même si elle semble incompréhensible, voire même incompatible avec leur réussite.

Ne parlons pas ici de drame du couple, ni d'épuisement, ni de gâchis : la progression du mal ne doit pas être manifeste. Elle sera comprise après coup, par le lecteur — surprise — qui aura terminé la lecture du livre dont la fin tragique (le suicide de l'un ou des deux) doit secouer brutalement : l'insaisissable dégradation de l'amour trouvera un dénouement dans cette explosion soudaine (et nullement préparée) de la fin !

Écrire à partir du 7/8 ou du 4/5 de l'histoire.

La réussite

1er août 68

D'abord, il s'agit d'une histoire d'amour épique — quelque chose d'exaltant, de grandiose ! Puis — tout craque — l'histoire, elle-même, se détraque, se déprave, n'est que la parodie lamentable d'elle-même — une sorte de roman d'amour appauvri, défait, déconcerté, décomposé ; ce roman — le deuxième — n'est que la nostalgie brûlante de *La réussite* — Tout est noir, affreux — c'est l'envers de *La réussite*, son double sombre — sa fin... Rien ne va — mais tout a d'abord réussi !

Le 1er août 68

Suite du roman :
C'est l'histoire d'une réussite totale — mais cette histoire même est un *chef-d'œuvre* de composition. Au premier regard, on peut croire à une sorte d'échec, de dislocation formelle mais — du point de vue des faits — le livre doit être semblable à ces plans de Borromini[2] : un roman ellipsoïdal, tournant jusqu'à sembler tourmenté, mû par quelque angoisse structurale !

1er août

1er chapitre

La rencontre

2e chap.

Les trois jours de Bedford

3e chap.

La promenade — La première nuit

4e chap.

Le pouvoir de la nuit

5e chap.

La fuite — le départ — Amour — etc.

6e chap.

La suite - Oui, je sais, ils ont fui et désormais ils sont coupables de bonheur ! Prologues, lettres, mémoires, rapports de police, constats.

7e chap.

La Réussite. Je ne sais pourquoi les amoureux semblent — dans l'esprit des gens — destinés à l'échec ! Je pense justement le contraire. D'abord, le monde entier ne peut conspirer contre leur amour, etc. Ils désirent surmonter ce dragon affreux de la culpabilité — du tabou. Ils doivent assister à leur propre rencontre, à leur propre réussite… sinon je cesse illico de vouloir écrire — car je suis impliqué. En effet, c'est moi l'amoureux — et la femme n'est pas une inconnue : toutes les nuits, je la retrouve. Mon Dieu qu'elle est belle — pourtant, que la vie à deux ressemble à un naufrage, un naufrage. Nous sommes là, en train de couler dans un océan de ténèbres, et personne ne viendrait nous porter secours…

8e chapitre

Par ex., je n'ai plus d'argent ni d'amour. Que faire ? L'autre jour, j'ai eu l'occasion de voler quelqu'un, la prochaine fois je crois que je passerai à l'action — tant pis ?

9e chap.

C'est fait. J'ai volé un ami. Et maintenant, nous allons réussir : avec 3000 dollars, nous ferons…

10e chap.

Elle est enceinte de huit mois. Je ne fais plus rien. J'attends patiemment cet enfant, je le plains d'avance. Je ne l'ai pas voulu.

11e chapitre

Euphorie de la grossesse. Puis, à cause d'un facteur déclenchant inoffensif, le drame éclate. Elle devient cruelle, raconte des choses qui se rapportent à d'autres, des incidents effrayants. Lui, démoli, se met à boire en secret tout ce qu'il peut. C'est bientôt une loque — un homme dégénéré, vaincu, fini. Et la grossesse continue. Ses lapsus (à elle) le rachèvent : il voudrait se tuer si quelque espoir insensé ne le tenait en vie. Puis — subitement — il commence à la faire souffrir inutilement : il lui donne des rendez-vous pour après se plaindre et dire qu'il l'attendait ailleurs. Il mime la tristesse débilitante et va jusqu'à la paresse cynique pour qu'elle s'épuise au travail. Il l'accuse (avec mauvaise foi) de le tromper en pensée, puis de convoiter un jeune homme… Il l'accule aux derniers aveux qu'elle s'était jurée de ne faire à personne : ceux qui relatent l'agression de son père quand elle avait seize ans. L'enfer s'installe entre eux : c'est invivable. Il l'épuise, alors qu'il devrait être tout prévenant. Quoi encore ? Il lui fait de fausses confidences (vantardises odieuses et précises) sur ses aventures à lui : il le fait exprès pour la faire pleurer. Il la surveille — la soupçonne. Soudain, de rage, elle fracasse les lunettes qu'il lui offre en consolation. Elle menace de partir. Il la retient sagement, pour après lui dire placidement que tous deux doivent se quitter. Dans des *climax* cruels, il est parfait : prévenant, tendre, pondéré. Double vengeance.

12e chap.

Une sortie (pour tout rattraper) qui devient un sombre intermède : elle injurie, blesse, violente… Lui joue l'élégance et la correction (outrancière) : ses délicatesses sont des vengeances, ses égards des apparences de l'amour. Le silence s'installe entre eux de plus en plus. Les deux semblent placides. Pourtant, cette correction apprise est « forcée » et dissimule mal l'échec non avoué directement — mais annoncé par tant de manifestations.

13e chap.

Elle est à huit mois. Il ne la trompe pas, mais tout semble détraqué — discordant ! ! ! Rien n'est plus triste que cette correction pénible entre eux, que cette césure lente mais destructrice. L'enfant à venir est mal venu.

14ᵉ chap.

Les deux travaillent sans élan. Les deux sont désenchantés, déçus, détruits. Pourtant, ils doivent tenir le coup, ne rien laisser voir de ce fossé béant qui s'agrandit subrepticement entre eux !

15ᵉ ch.

La question d'argent (odieuse) vient flétrir

[Le roman. Le 18 juin 1968]

Le 18 juin 1968

Le roman

— *Préface* —

La notion de réussite[1] est peut-être une notion clé partout, sauf en littérature. La littérature est indéfinissablement une entreprise étrange, tragique, déficitaire : elle n'implique pas de réussite, même si elle appelle — parfois désespérément — le succès !

Amiel[2]

etc.

Introduction *à l'œuvre* : une œuvre de jeunesse de H. Aquin.

Œuvre écrite avec passion — voire tristesse —, ce roman n'a pas bien sûr la solidité, ni l'élan qu'on a volontiers reconnu à *Prochain épisode* ou à *Trou de mémoire*. C'est une œuvre sombre, inachevée, brutale, sans trop de nuance. Une œuvre posthume !

Il mourra / est mort sans avoir voulu publier ce texte. Qu'il nous soit permis de formuler nos réserves franchement. HA a été, à un certain moment, quelqu'un dans le ciel littéraire de Montréal, mais il n'y est plus. Ce n'est pas un écrivain dépourvu de talent, non ! C'est un écrivain mort, je veux dire : non seulement mort mais sans avenir.

Je me suis laissé dire qu'il avait été, en quelque sorte, divinisé, porté à bout de bras par le peuple montréalais, bref : lu !

Il le sera peut-être un jour, mais comme un exemple de l'aberration totale dans laquelle peut se fourvoyer un écrivain. Ce livre de HA a miraculeusement échappé au temps. Il a surtout échappé à la sombre manie de l'auteur de *Passé antérieur* et de *Faux Bond.* C'est peu dire.

Dans *Prochain épisode.* HA se livrait lui-même sans pudeur. Citer.

De *Table tournante*, on peut retenir quelques passages qui démontrent que — sur la fin de sa vie — l'auteur de *Prochain épisode* a versé dans la folichonnerie la plus gratuite et dans la facilité.

Et cela, juste après avoir publié *Trou de mémoire* qui, bien que mal reçu, méritait un meilleur accueil. Car ce roman fastueux n'est pas sans évoquer les drapés mortuaires que PP Rubens faisait/peignait avec passion. Qu'on se souvienne de la *Mise au tombeau* ou de la *Cathédrale d'Anvers* !

Trou de mémoire m'a plu, je le reconnais volontiers : son « baroquisme » comme l'a écrit J. E. Blais[3] m'a séduit, tout autant que sa forme étrange, mystifiante, à cheval entre une thèse de doctorat et la macrographie d'un drogué ! Vraiment, j'ai marché à *Trou de mémoire.* Là où je n'ai pas marché, c'est aux notes en bas de pages

(« infrapaginales » disait l'auteur). Je veux bien admettre que HA ait renouvelé la page, qu'il lui ait donné une forme qui est inconnue, que ces notes soient comparables à l'avant-scène d'un théâtre, etc. Pourtant, elles m'agacent ; je ne sais trop pourquoi, elles me paraissent de la pure prétention — elles manifestent une envie irritante chez HA de déplaire ! Et — en cela — il a réussi : il déplaît, il agace, il met à l'envers, il déplaît comme cela ne se fait pas. Ces notes, en fin de compte, ne remplaceront jamais une véritable intention formelle qui ne soit pas décadence ou sophistication.

L'autre jour, lisant la note nécrologique de HA, j'ai compris que ces fameuses notes infrapaginales lui paraissaient une trouvaille de génie. Je suis même tombé par hasard sur une lettre à J. Godbout[4] où, entre autres choses, il affirme que « les notes ne font que multiplier l'espace traditionnel de la page imprimée : elles ont un rôle contrapuntique sans rapport au corpus de la page ». (Cf : Archives N. Deschamps[5], N° 2091)

Cette intention formelle est presque touchante. HA, ivre de sa « trouvaille », s'est perçu comme le grand innovateur, le « James Joyce[6] » annoté d'un Québec libre ou quelque chose du genre. Il a vu grand. J'ignore si les médicaments bizarres absorbés par son personnage narcomane lui ont inculqué cette obsession formelle et cette étrange ambition de « renouveler » un genre qui n'avait pas attendu la parution de *Prochain épisode* et de *Trou de mémoire* pour exploser, déflagrer, se métamorphoser à mort (comme aurait dit HA !).

Comme je ne suis pas moi-même né à Montréal, ni Québécois à part entière, ni séparatiste, il se pourrait, peut-être, que les subtilités de HA m'échappent ou me passent entre les dents ! Il n'en reste pas moins, je l'espère, que j'ai lu les œuvres de HA sans préjugé — du moins je l'espère — et sans tomber dans le piège des universitaires canadiens qui, eux, n'ont pas camouflé le mépris qu'ils ont éprouvé à l'égard de cette œuvre d'un de leurs compatriotes (si l'on peut dire : compatriotes !).

Ce qui m'a touché, dans les livres de HA, c'est un ton étrangement insolite, une sorte de désolation amplifiée qui, peut-être, est co-extensive à l'humiliation de tout un peuple traumatisé par une « conquête » qui n'a plus d'importance que dans leur esprit malade. Enfin…

Quand on fait partie d'un peuple qui a tout raté, sans doute, est-il indiqué — pour un écrivain — de venger tant d'humiliations par un souci d'innovation, par une certitude délirante d'inventer une littérature déjà navrante.

Écrire un roman, c'est tout ce qui restait à HA pour survivre ! Tout !

Sans doute suis-je injuste ? Il lui restait autre chose : un certain appétit dont la récurrence a de quoi rassurer, le désir de s'intégrer à une société qu'il vomissait, peut-être même le désir de vivre tout banalement ?

Je refuse cette théorie qui fait de lui un cas ou un rescapé ou un malade. Je sais qu'il a — jusqu'à la fin — pris deux œufs et du bacon le matin, des filets de sole ou de perche le midi (un de ses amis me l'a confirmé) ; je sais qu'il jouait au tennis, qu'il prenait chaque soir (quand il en avait les moyens, j'imagine) un ou deux gin orange ou gin tonique. Je sais tout cela. Je sais qu'il préférait le Tanqueray au Beefeater[7], et qu'il a cherché longtemps ses deux fils (P[hilippe] et S[téphane][8]) que sa première femme lui a volés — si l'on peut dire ! Oui, tout cela est touchant, mais bien banal ! Les mariages défectueux sont plus qu'ordinaires, les échecs aussi !

Doit-on survaloriser la vie sentimentale de HA pour conférer quelque valeur à ses écrits ? Il me semble que non !

la fin de l'*I*[*nvention*] *de la m*[*ort*]
puis : *L'enfance*
puis :

[Roman. 11 nov. 74]

11 nov 74

Roman

La lettre finale, longue et ultime, adressée à une femme[1] dont le narrateur n'a vécu que pour perdre, qu'il a perdue. Au terme de cette lente et continue communication, le narrateur — juste avant l'auteur — se donne la mort[2]. La mise en scène est réglée[3], mise au point. La préparation de la mort doit ressembler au suicide du samouraï[4], rien d'emphatique, rien de trouble, rien d'excessif : la fin prévue[5] est pour ainsi dire répétée et la lettre finit quand celui qui écrit se lève pour aller plonger dans le vide.

Exotisme = voyage aux enfers[6].

Évocation du passé perdu = le passé est « loin » ; et, *du coup, exotique* !

Ou alors *North Bay*[7]. Le temps passé *évoqué* est le substitut du pays étranger.

*   *   *

À mesure que progresse la lettre et que l'échéance approche, l'évocation révèle une intrigue incroyable que la fin (suicide) semble interrompre tristement. Le rideau tombe[8].

— Écrire l'œuvre inachevée de façon ostensiblement inachevée.

13 nov.

L'oméga[9]

Lettre ininterrompue et agonique.

Joue Frédéric, joue

25 fév 1975

1) *Chopin*
   Mazurka ou polonaise
2) composition musicale[1]
3) histoire romantique
4) tout se passe à Montréal…
5) composition « référentielle » avec Dante[2] comme duc (guide)
6) le *guide* devient aveugle — au milieu de la forêt obscure[3].
7) mots non pas étrangers mais tous rares, français[4]
8) utiliser généalogie des familles C[anadiennes-] F[rançaises] de Nouvelle-France

HA 28 fév 1975

Joue Frédéric, joue
   roman
   E *La Presse*[5]

7 mars 1975

Blues, blues, blues...
(Joue Frédéric, Joue)
(« Banks of the Ohio[6] »)

La remontée du Mississipi[7] sur un « showboat[8] »... Mais rien n'est dit. Tout coule. Wade in the water[9]... Joue Frédéric, joue. N'arrête pas. L'eau est froide, dure, polluée, insondable ; mais joue Frédéric, joue. Noyade[10] :

contre-sens !

Olivia, je t'ai aimée, comment cesserais-je ? Olivia play it again Sam, play it[11]...

I am going down slowly...
If you've seen my love, tell her to pray for me...
Tell her « don't send me flowers[12] »

Frédéric, donc, se suicide.

Dis-lui de prier pour moi, et, si tu la vois, dis-lui de ne pas envoyer de fleurs... Je descends déjà... C'est fini... Tu lui diras adieu...

L'espace tue le temps. Quand je m'étire à senestre ou me déploie en hauteur ou m'enfonce entre les cristaux de ma neige, quand je m'accroche aux rochers, aux vagues éternelles, aux reflets chatoyants du réel, je fais comme si le temps ne se déroulait plus. Si tu la rencontres, dis-lui de prier pour moi et dis-lui que je descends vite... Éternels regrets. Prière de ne pas envoyer de fleurs.

30 mai 1975

Joue Frédéric, joue

Pas de musicien

Pas de rapport apparent

En fermant le livre, le lecteur comprend que c'est lui (lecteur) Frédéric, et que c'est lui qui continue de jouer !

Saga segretta

[*Liasse A*]
Saga segretta[1] / HA / *plan partiel* / + *prérequis* / *le 9 nov. 70* / *au 24 déc. 70*

[*1*]
EXERGUE DE / SAGA SEGRETTA / « SOLUS AD SOLUM » / Mémoires de M[axime] du Camp, / tome I, p. 319[2]

[2]
Hubert Aquin
PROJET DE LIVRE (SECRET)
PAR SOUSCRIPTION ET À TIRAGE LIMITÉ
(200 ex[emplaires] X 100 $)

20 000 $
moins : 5 000 $

15 000 $

— Souscriptions recueillies par M^e^ [*sic*] Pépin et Desaulniers[3] (frais de courtage : 2000 $), adressées à une compagnie enregistrée aux noms de Pépin, Desaulniers et Aquin.

— Processus :

1) publication d'un prospectus de 400 exemplaires sur le livre en question ;
2) assurance fournie aux souscripteurs que les gallées [*sic*] seront détruites après impression numérotée ;
3) assurance prise par Pépin, Desaulniers et Aquin à l'effet qu'aucune bibliothèque ne souscrive ;
4) autre élément : ce livre demeure secret pendant 20 ans — et l'auteur s'engage à ne pas l'éditer en tout ou en partie pendant cette période ;
5) ce livre n'est pas public ; il échappe donc au contrat qui me lie à P[ierre] Tisseyre et à la convention internationale des droits d'auteurs ;
6) chacun des 200 exemplaires mis en circulation serait dédicacé et authentifié par l'auteur.
7) livre (roman) de 400 pages, avec reliure de luxe et photographies reproduites.

[*3*]
Livre secret (suite)

---

8) correction : Me Desaulniers ne devrait pas être impliqué dans cette opération afin qu'il ne

devienne éventuellement récusable devant un tribunal.

9) L'auteur (détenteur du Copyright et d'un seul exemplaire) s'engage à déposer ledit exemplaire dans les voûtes d'une compagnie de fiducie ou d'une banque.

10) le dépôt légal à la B[ibliothèque] N[ationale] (6 ex[emplaires]) : ce dépôt peut-il être fait dans un contenant scellé préalablement ?

11) Ces exemplaires, de plus, ne seront pas numérotés.

12) De plus, mettre au point une manière d'authentifier avec un poinçon, de sorte que l'on puisse, après publication, détruire ledit poinçon.

13) Correction du numéro (5) : ce livre peut être tout simplement refusé (à l'amiable) par Tisseyre et se trouver dégagé du contrat au terme duquel je dois soumettre à M[onsieur] Tisseyre les 5 premiers livres que j'écris. Cela implique que j'obtienne une « dispense » de M[onsieur] Tisseyre ; d'autre part, je peux poursuivre toute personne ou compagnie qui aurait l'initiative de le reproduire en tout ou en partie.

14) le manuscrit (celui qui aura servi à l'impression) sera aussi déposé pour 20 ans dans les voûtes d'une cie de fiducie ou d'une banque.

15) la parution d'un tel livre secret ne doit pas être entourée d'un événement mondain (sinon dans la plus grande intimité) ; mais ce qui compte c'est de publier une série de communiqués de presse lors du lancement et de

favoriser par divers moyens la valorisation de ces 200 exemplaires — et de cet événement littéraire unique.

[*4*]
Livre secret (suite)

---

16) Chaque souscripteur (100 $) détient une action dans la compagnie qui édite. Si des propositions de traduction et d'adaptation sont faites à l'auteur, ce dernier peut convoquer l'assemblée des souscripteurs, avec un préavis de 60 jours, afin que l'assemblée en question puisse juger et délibérer des propositions.
17) Advenant le cas où, après décision de l'assemblée, le livre secret aurait été traduit et adapté, et aurait ainsi rapporté de l'argent, cet argent serait ré-investi par l'exécutif de la compagnie et les dividendes reviendraient aux divers souscripteurs. Il est important de ne pas considérer cette compagnie comme une coopérative, en aucun cas.
18) La collection des souscriptions devrait idéalement s'accomplir avec une échéance très précise, et une fois écrit le livre secret. La publicité, elle-même, aurait précédé cette opération.
19) Autre élément à trouver : la justification « publique » d'une telle façon de procéder (livre

secret et par souscriptions). Cela n'est pas facile, peut-être... Mais en cherchant du côté de la revalorisation du livre ou bien d'un événement unique dans notre littérature. En fait, on pourrait dire qu'il s'agit d'une réalisation assimilable au Livre-Objet d'Art. Ainsi, nous ne serions pas loin du livre total de Mallarmé — celui dont il rêvait[4]. De plus, insister personnellement, sur le statut de l'écrivain et sur l'inimportance[5] d'un livre : celui-là est important, l'écrivain qui le produit décide qu'il a droit de vivre de sa production, comme tout travailleur.

[*5*]

20) Si je commence ce roman cet été (en 70), je l'aurai fini vers janvier-février 1971. L'impression prend un mois, peut-être 6 semaines. Le livre serait vendu aux souscripteurs entre mars et avril 1971.
21) Sujet et composition à trouver à partir de quelques sagas islandaises et de Hamlet « décentré[6] ».
22) Titre : LIVRE NOIR (cf Bloch, LA SOCIÉTÉ FÉODALE, p. 627, note 138)[7] ;
ou : LE LIVRE NOIR. ou : LE LIVRE NOIR D'ANRAF KOULAN
23) ou : SAGA SEGRETTA (saga secrète)

24) Selon LITTRÉ[8], « Livre noir : livre qui traite de sorcellerie, de nécromancie ».

25) Le titre 23 et le titre 22, pour le moment, me paraissent également bons ; la SAGA SEGRETTA présente l'avantage d'être un titre paradigmatique — en cela que la parenté des deux mots (tous deux étrangers) constitue, en soi, une énigme ou présente en distanciant le livre dont ce serait le titre. Rapprocher de la « Saga inglinga » et de la « Saga Volsunga » (cf : Borges, Histoire de l'éternité..., p. 145[9]). De plus, l'aspect précieux et recherché de ce titre convient peut-être au livre secret.

26) Composition du livre : utiliser différents points du plan de L'ANTIPHONAIRE — ceux, précisément, que je n'ai pas développés dans L'ANTIPHONAIRE[10].

[*6*]

27) Par exemple, à la page 26 du plan de L'ANTIPHONAIRE, il y a une description phénoménologique très précise du roman. Je prends la résolution de « ne pas rendre les niveaux historiques trop également parallèles... ». *Le livre noir*, entre autres traits de composition formelle, doit être confectionné non pas selon un schéma de parallélisme historique (asymptotique...), mais plutôt comme une constellation toujours en mouvement (si imperceptible soit

ce mouvement...) : les astres innombrables qui constituent cette constellation ne sont pas tous visibles, mais lorsqu'on en voit un certain nombre, cela ne peut se faire que dans la perspective astronomorphe — jamais in extenso et jamais dans l'immobile placidité de la totalité. Chaque astre se déplace selon les calculs de Copernic, de Galilée et de Kepler, dans d'immenses ellipses de rotations établies selon divers facteurs, dont leur poids, leur distance d'avec leur « soleil », leur vitesse de gravitation, leur forme matérielle de corps céleste. Je devrais, selon cette idée, composer un roman un peu comme je pourrais concevoir et exécuter un astrolabe colossal et détaillé — à quoi j'inculquerais une poussée initiale qui en déclencherait le mécanisme infini et très complexe[11]...

28) Mon point de vue serait celui d'un marin perdu au milieu de la mer des Ténèbres (sorte d'Ulysse...) et cherchant, par le moyen de son astrolabe, à retrouver sa direction et son île natale[12]...

29) Donc, me renseigner sur l'histoire de l'astronomie et sur les théories anciennes, puis modernes (contemporaines) en astronomie ; ainsi que sur la position d'un grand nombre d'astres et de leurs déplacements prévisibles d'après les calculs des astronomes.

[7]

30) FRAIS À ENCOURIR :
- 400 prospectus de publicité :150 $
- honoraires des conseillers juridiques : 500 $
(à payer plus tard)
- imprimerie de la SAGA SEGRETTA : 2000 $
(Éditions Marquis, Montmagny[13])
- photos de l'auteur (1970) : 75 $
TOTAL : 2725 $

31) SOUSCRIPTIONS POSSIBLES :
200 exemplaires x 100 $: : : 20 000 $

32) RENDEMENT TOTAL POUR L'AUTEUR :
Entre 15 000 $, et 18 000 $ (au mieux)
(Ce rendement est établi d'après
les succès précédents de l'auteur :
PROCHAIN ÉPISODE
- 28 000 exemplaires (31.I.70)
TROU DE MÉMOIRE
- épuisé (31.I.70) (10 000 ex[emplaires])
L'ANTIPHONAIRE
- 3000 (31.I.70[14])

[8]
Le livre secret (suite 25.V.70)

— tenir compte du prix / de 50,00 $ du livre « Une /saison ds la vie d'Emmanuel » / de M[arie-] C[laire] Blais É[ditions du] *Jour*[15]
— *Donc*, ce n'est pas/trop cher

— De plus, le / livre *secret* rajoute / à la valeur ; l'acte / de l'écrivain (lançant ce li[vre] s[ecret] / a quelque chose d'une / provocation. En être / conscient : l'utiliser / même

[*9*]
Le livre secret (suite 24 mai 1970)

— Reprendre certains éléments / du plan de *L'Antiphonaire*[16]
— pp. 2-7 (plan de L'A[ntiphonaire] = très bon
— p. 8 nos 8 et 10 idem
— p. 11 - nos 16
— p. 12 en *bas* bon
— p. 13 en *bas* idem citer
— p. 15 IV et V
— p. 19 Pline - TB
— p. 26 tout citer
— p. 49 - *très bon*
— p. 55 - bon
— p. 63 - TB
— p. 66

[*10*]

33) le 17 oct[obre] 1970 : (en plein suspense) insérer les récents / événements[17] de façon / *allusive*. Comment ? / Préciser.

34) insérer citations / de Catulle / en latin[18] !
35) *phrases subliminales/de Proudhon*[19] !
36) idem = *Shakespeare*[20]
37) idem = *J*[ean] *Sc*[ot] *Érigène*[21]
38) idem = *E*[*ttore*] *Svevo* ![22]

[11]

39) *Cybèle*[23]
40) *la gnose* ! La gnose
41) Dante[24]
42) S. de Brabant
43) Hildegarde ! Hildegarde
44) *femme* ! (G[eorge] Sand)
45) A[lfred] de Musset[25]…
46) *précédents jurisprudentiels*[26]
47) L[ouis] J[oseph] Papineau[27]
48) César
49) *io* (moi)[28]
50) Sade

[*12*]

50) Ulysse, Hamlet, / Dante, Didon + / Enée, Lesbie, / S[aint] Augustin, Porphyre, / Pythagore, Philolaüs[29], / Carcopino (re : Ostie)[30], / Œdipe en exil, / « hist[oire] des énigmes » PUF[31], / Sophocle, Catharisme / + Valdéisme, les / « machiavéliens »[32], / les « enragés » cf = His-t[oire] de l'Anarch[ie][33]

[*13*]

51) S[ain]t Aug[ustin] 205 / la *musique*[34]
52) Communalisme de / Pythagore Chaignet I, 70, 72, 145, / 148[35]
53) *Granarolo*, *160*, 324, / 114, 371[36]
54) extraits de *Lucrèce*[37]
55) Lenoble pp. 297, 276[38]

[*14*]

56) Gilson, 464, 138, 222[39]
57) Granarolo, n[ote] 1 = 207, / 297[40]
58) de Ghellinck / pp. 10, 114-117, / 133, 185, 391[41]
59) Lot, pp. 83, 157, 158[42]
60) E[ugène] de S[aint-] Denis, 285, 278, 183-184[43]
61) De Bruyne I, 304, 144, 120, / II, 183, / III, 56, 123, 196-197, / 268, 273[44]

[*15*]

62) 201 Gagé / + 47[45]
63) Toutain III, 35, 41-42, 81, 109, / 251, 268[46]
64) Bloch, 627 n[ote] 138[47]
65) Erhard [*sic*] I, 186, 256, 271, / *214 n*[*ote*] *3*,
66) idem II, 711, 712, 719, / 744[48]
67) Grenier, 37, 50, 51, 260, / 397[49]
68) Bréhier, 79[50]

[*16*]

69) Ne pas trop rendre / hermétique ce livre / déjà secret ; en / faire quelque chose / de puissant + d'irrésistible — / de *révélateur* ! / (de moi)

70) Si possible, intégrer

[*17*]

71) *au corpus du livre / des signes cabalistiques / pour les initiés* !

72) la compréhension de / ces signes n'est / pas nécessaire / à la perception du / livre

[*18*]

73) *exemples* =
— les caractères / typographiques / utilisés / (parfois à sens caché)
— parfois insertions en grec
— les « switch[51] » à des / passages en latin / ou en roumain / ou en italien

[*19*]

74) — les *réitérations / complètes de / certains passages*[52]
— les *citations / « in extenso » d'auteurs* / fictifs (imaginaires)
— les diverses variantes / de *Amlodi* et de / la mandragore / [53]

[*20*]

75) Érudition chevelue = / détails insensés, / vocabulaires toujours / ré-ajustés à des / niveaux historiques / très divergents, / termes de sexologie / toujours en / langue étrangère / et archaïque[54] !

[*Liasse B*]

76) pliage Érasme - H[ubert] A[quin][55]
77) écrire du H[ubert] A[quin] sur / un manuscrit ancien : / technique du palimpseste
78) *tenir compte* que / le l[ivre] s[ecret] ne doit pas / être lu d'une seule / traite ; il doit donc être / composé en tranches / de 2 heures de lecture / ou 2 1/2.....

[*1*]

79) livre de potins / horribles transcrits / en latin et concernant / des vivants connus
80) En soi, il doit être une / contestation globaliste / et violente / mais voilée (ou voilante) / de notre société
81) Intégrer au l[ivre] s[ecret] les

[2]

diverses méthodes / utilisées au football, / par Unitas[56] : fuite, / passes voilées, notion / du double, jeu, etc. / entropie, communication / secrète, stratégie/de défense - au sol, / attaque au / sol ou aérienne, par / les ailiers rapprochés ou / ailiers éloignés / le 23 déc. 70

[*3*]

82) — De plus, y insérer / des passages d'Origène[57], / des citations patristiques / faites par lui.
83) Utiliser les diverses / terminologies de / Robert-Lionel Séguin / + du père P[ascal] Poirier[58].
84) les poinçons d'argent, / d'or, les monnaies / anciennes[59].

[*4*]

85) Les multiples références / aux livres P[rochain] É[pisode], T[rou] de M[émoire], / L'Ant[iphonaire] et P[oint] de F[uite] / de H[ubert] A[quin] / les sous-textes / voire : les textes / apocryphes de ces / derniers livres ! / 23 déc. 70

[*5*]

24 déc. 1970

86) Forme du livre : / 450 pages, 14 / chapitres : un / sujet aboulique / dont l'être se / métamorphose en / même temps que / les divers élé-

ments / du livre (se juxta- / posent ou) s'insèrent / à l'épine dorsale du / livre : rien ne / peut faire ployer / cette épine, rien ne / peut la briser.

[*6*]

Forme (*suite*) : Donc, de / multiples « *insérendes* » / (cf Andrieu, *Le Dialogue / antique*[60]), et / juxtapositions aussi, et / intégration et / entrecroisements nombreux / et à tous les niveaux !
87) Somme toute, le / livre ne peut que / se déployer à *ellipses*, / à partir d'une intrigue

[*7*]

relativement simple : voilà / l'essentiel (narratif) de / la saga. Récits non linéaires, / à fragments, à volets, / à ellipses rapides temporelles / et spatiales, selon / un éclairage anaclasti-/que[61] !/24 déc. 70

[*Liasse C*]
Saga segretta (le 3 janvier 71)

89) — (ou 90) ne pas / trop charger ce / livre dont l'épure / doit représenter / une sorte de *plérôme*[62]

[*1*]
Livre secret

Dimanche 8 février 1971[63]
Pour que l'édition princeps soit valorisée, et que l'acheteur continue à se sentir privilégié même si une seconde édition a lieu (après 3 ans), il faudrait penser à une présentation qui soit *l'art total* =
maquette spéciale
adjonction d'un disque
d'un bout de film
de photos

[2]

3.00 - 500 ex[emplaires]
2.25 - 1000
2.00 - 2000
1.75 - 3000
25 $ par photo

---

impression
d'un livre
S[aga] segretta

devis approximatif
proposé par B[ernard] Fournier[64]
8.I.71

[*3*]
Saga segretta

ne pas oublier / la dimension / chrétienne de / *Ulysse* - symboli- / sant le Christ au / M[oyen] Â[ge]

[*4*]
Saga segretta 6.II.71

— le début du livre doit, / superbement, voiler / le livre. En quelque / sorte, ce début constitue / l'arbre qui va cacher / la forêt obscure[65] !
— L'épaisseur du livre : / au moins 600 pages, / sinon 800

[*Liasse D*]
S[*aga*] *Segretta :*

Chose importante

Au livre, joindre un / disque (entrevue de H[ubert] A[quin], un / bout de film (16 mm), un / fascicule comprenant / photos, hors-textes, etc.
Si bien que les / possesseurs du livre (é[dition] princeps) / ne se sentiront jamais / dépossédés[66]

[*1*]

— livre privé, échappant à la / loi, au copyright, etc.[67]

[*Liasse E*]
Livre secret

15 avril 1972

— Après ce temps / qui s'est instauré / entre le 24 déc. 70 et / aujourd'hui, j'ai relu / mon projet de Livre Secret. / Et j'endosse encore cette / ambition colossale / et nyctalope. La

[*1*]

nuit, seule la nuit / peut vêtir ce / corps indécent que / constituerait le Livre Secret. / Il est moins qu'une / heure du matin (en ce / 15 avril 72) : je regarde / les ralentis silencieux d'Elvira Madigan[68] tandis / que Dalida, sur ma / droite, supplie « Parlez- / moi de lui[69] » ! Devant / moi, Pocock - tonne

[2]

inerte de mots — devrait m'incliner / à une traduction / forcenée[70]. Dehors, la / société chavire dans le / non-sens : quatre / jours de grève générale / ont suffi à tout / mettre à l'envers ! / Hubert Aquin / le 15 avril 1972[71]

[*3*]

— Si je termine / un jour ce livre aboli, / ma foi, j'aurai conféré / à mon existence épuisée / une signification dont / l'absence — depuis 15 mois — / m'a désidentifié ! Sinon, / cette incapacité ne sera / que conséquente ; quand / tout lâche et que le / spectre comitial[72] noircit / l'horizon, n'est-il pas / normal que l'abolition / précède le livre ! ! !

[*Liasse F*]

SAGA SEGRETTA / exergue : / *SOLUS AD SOLUM* / M[axime] du Camp, Mémoires tome I, / p. 319 / *Obscurius per obscurium*[73] ?

[*Liasse G*]
le 27 déc. 72
S[aga] Segretta

---

1) Celui qui écrit son / constat de décès, puis / le paraphe d'une / signature fausse.
2) P[rochain] É[pisode], T[rou] d[e] M[émoire] + l'A[ntiphonaire] / réduits à quelques / points de repère - am- / plifiés (ou = atonisés)

3) mon autobiographie
4) un autre livre / servant de référentiel et savamment / codé
5) livre écrit à toute / vap[eur] pour le 19 avril 73

[*1*]

6) développement / parallèle de l'affaire du f[au]x [e]t [d']u[sage] de f[au]x[74]
7) mystère bureaucratique[75] / Non-sens social + / humain.
8) Le triomphe de / la justice (soit / l'acte d'accus[ation]) / aboutit / au / moment où / le coupable s'enlève / la vie.

Obombre

[*Liasse A*]

Hubert Aquin

Obombre

roman

Exergue :

« Le commencement n'est le commencement qu'à la fin »

SCHELLING

Tous les artifices de l'intrigue ne feront jamais oublier au lecteur que derrière cet écran de décombres se cache une pauvre loque qui se prend pour Dieu. Toute intrigue est dolosive, tout personnage une imposture, Roméo est un psylle, Jocaste une folle superflue, Claudius un piètre exemple d'épiclérat... et moi je ne suis qu'une vierge écrivante. Mais j'ai perdu le goût d'affabuler et me voici nu d'une nudité plate et essentiale. J'ai fini de plastronner, ami, car j'entreprends à l'instant même mon dernier livre. Quand tu liras ces lignes, je serai déjà absent ; et si je n'ai pas encore décroché, ce sera tout au plus une question d'heures ou de jours, car, à vrai dire, il me presse de te trahir. Si ce livre me représente, c'est uniquement dans la mesure où tu le fais accéder, par la photogénie des cadratins de cette page, à la vie de ta pensée. C'est toi qui vis, lecteur, et non pas moi, non plus moi ! Rien de moins métaphorique que cette dernière phrase.

En ce moment, je renifle péniblement. Depuis plus d'une heure, je suis étendu sur le lit, les yeux ouverts. La chambre 2023 du Park Lane de Chicago est contenue dans ma rétine lucifuge, tout comme la conscience est contenue dans ce qu'elle contient. Dehors : tempête, vent, rafales, neige continue. Tout dérive. Lustration du conscient. La vie de l'écrivain couché sur le dos se déplie selon la métrique de l'œil droit d'Horus. La vitre de la chambre est givrée. Fascination de l'isthme. Ô double mort inarrivée ! J'ai peur pourtant... Je me disloque, je n'en finis plus de me prolonger dans toutes les rues de Chicago et de fuir, mais qui ? Ma course n'a rien à voir avec l'excursus ambulatoire d'Adriaen sur les bords voûtés de l'Oudegracht.

Ma main gauche s'est remise à trembler ; elle me rappelle que j'ai vieilli et qu'une atrophie diffuse me métamorphose en ce que j'ai horreur d'être et que je continue encore à être. L'invisible réalité a perdu en netteté ce qu'elle a gagné en tristesse. Les flocons de neige qui masquaient l'ennemi à mes frères de 1837 voilent l'eau bleue du Michigamme. Je reste seul avec ma main et je la regarde. Presque morte, nouée vers l'intérieur, plus pâle que la droite et déjà couverte de clous de cercueil, ma main gauche se meurt sans grâce.

Non ce n'est pas la vie qui console de la mort, mais bien la mort de la vie. Je le sais d'une science certaine, inébranlable, corporelle, mais j'attends. Et pour tromper mon attente je creuse un canal autour de l'hôtel Nijenhuis et, non satisfait de faire dériver le vieux Rhin, je construis des voûtes sur chaque rive du canal et j'arpente leurs toits bombés. Je décolle au-dessus des pavés, je suis aérien. Je vole, oui ! L'eau vole et je coule, planaire, dans l'air glacial de novembre 1837…

Lecteur, ne t'épuise pas, ne cherche pas hors du mot à mot que je te propose le sens de mon discours. Je fais partie de ces écrivains qui croient que tout se résume, qu'aucune histoire n'est incompressible. Tout ce qui se mesure passe, tout ce qui se raconte se résume. Tout est traversable. Et il me faudra bien, je le pressens, m'acquitter de ce devoir et résumer d'avance le livre que je viens tout juste de commencer. C'est plus sûr, de la sorte, car si j'échoue à le conduire à sa forme finale, ce résumé attestera de mon projet initial. Mais j'hésite à commencer à l'instant même le résumé comme si je redoutais, au terme de cette recension anticipée, de sombrer dans le néant. Je me laisse encore un peu de temps. Je diffère, j'hésite…

Ma main gauche me regarde. Décidément, je ne m'habituerai jamais à cette partie de moi-même. Je voudrais la dérober au regard des autres, l'enfouir sous des aulnes de serge opaque ou alors qu'on m'ampute ! Mais ce n'est pas seulement la main gauche qui vieillit, j'en sais quelque chose. Passe encore la sécheresse du visage, l'affaissement des traits, mais cette fébrilité musculaire qui ne cesse de s'accroître et de me fragmenter insidieusement en plusieurs pans asymétriques, comme si mon principe d'identité était fracturé de partout ! Ma frange me tient lieu d'être ; je ne suis que mon halo, réduit à quelque chose d'aussi flottant que ma propre marge hylétique. Là encore je délire un peu, car ce que je perçois maintenant comme une dentelle vaporeuse dans laquelle je nage est peut-être la seule forme de réalité à laquelle je n'ai jamais accédé. Trop tard pour vérifier et constituer des preuves faute d'autre chose, je suis prisonnier de mon schéma final, noyé dans le *Verschwammenheit* qui me tient lieu de réel. La conscience produit sa propre réverbération et moi, pris de vertige, je perçois que l'incertitude qui me détruit est la modalité prévalente de mon incarnation. Ne te laisse pas décourager, lecteur, par cette surcharge de néant qui me donne le vertige et me précipite vers toi.

L'auteur est absent, mais son ombre encre chaque caractère. C'est moi la floculation granuleuse du livre qui n'existe pas. J'éjacule du noir. La détresse me guette, lecteur, ne me lâche pas tout de suite, car l'ombre est là, tout près, qui m'envahira et brisera ce délicieux clavier sur lequel je suis en train de jouer la noèse des noèses. Quelle heure est-il ?

Quand j'entrepris ce livre (tout livre est une fiction de conscience), j'avais un plan précis, une suite ordinale de séquences et, même plus, un code pneumatique pour coordonner cette inchoation, projection fusante qui me grisait d'avance et dont j'ai désormais la nostalgie. Ricordanza. J'ai la nostalgie d'un livre forjeté et inédit comme cela n'est pas permis de l'être. Et me voici en train d'écrire un livre à propos du livre que je n'ai pas écrit et qui pourtant a déjà commencé de s'effriter dans l'oubli et que finalement je n'écrirai pas, car celui que j'écrirai — si je l'écris et quand il sera achevé — ne sera plus vraiment conforme à son *modello*. Je m'éventre sur la page sans espoir d'y étaler cette matière vivace que j'ai si longuement portée et qui m'a fui. Tout m'a quitté : le plan de mon livre, ma pseudo-jeunesse, le vieux Rhin, Maria qui s'est réfugiée au Nijenhuis. Une transformation inexorable a fait de moi une ombre modelante, le néant de la conscience de son propre néant. Mon Dieu, je n'écrirai donc jamais ce livre que j'avais si patiemment échafaudé et dont je suis confiné à n'aligner que les débris littérables. Résidus, rues d'Utrecht, astroblèmes, canaux aux bords voûtés, la chambre du Nijenhuis où dort Maria, canules de l'Oudegracht, images nautiles enfouies depuis l'inondation de 839, archives trempées, promenade d'Adriaen dans les nuits d'Utrajectum et retours incessants au découpage urbain de Gothembourg... (Pourquoi Gothembourg, pourquoi cette ville éloignée surgit-elle dans mon inventaire ? Je le sais, bien sûr, mais j'exposerai plus loin tout cela. Si je le faisais maintenant, cela n'avancerait à rien. Sois patiente, je te dirai tout.) Oui, il me reste des débris de ce livre antérieur : souvenirs solifuges, segments déconnectés d'une romance, stigmates, phrases imbriquées dans le mica. Tout est détramé. Je tremble, mais seulement de cette main gauche qui se dresse illuminée dans la partie supérieure de mon champ. Ô vite la mort ! Car cette désintégration ostensible me fait vomir. Le tremblement cloisonnaire se décloisonne et c'est tout mon corps qui, par contamination, est aux prises avec une tempête qui m'épuise. Je n'en peux plus. Écrire passe encore, mais survivre à ce qu'on a voulu écrire et qu'on [n']a pas encore réalisé et qu'on ne pourra peut-être que résumer faute de le faire, c'est dur. Le livre que j'avais projeté s'égrène déjà au passé simple et file entre les doigts inertes de ma main gauche. Quoi capter avec cet instrument ossifié ? Que restera-t-il d'ici peu de l'histoire d'Adriaen et de Maria ? Que reste-t-il d'Utrecht ? Déjà les dérivations du Rhin se sont légèrement déplacées vers le nord-ouest et le fleuve se jette plus lentement dans la mer du nord. Et moi je coule à la dérive dans l'immense flot indifférencié qui prend la forme d'un delta. Tout s'y précipite. Fosse inversée, entonnoir de néant, cuvette mississipienne dans laquelle se distille tout ce qui s'instille et où tout ce qui était n'est plus tout à fait de la même façon. Gant de la Baltique. Temps gnossien. Muss es sein ?

Je crois bien que cette fois je décroche pour de bon. Voici que se rompt l'étoffe de mon âme et que je me laisse aller en cascatelles diffluentes dans la mer du Zechstein et dans les canaux ambulacraires de l'inédit. L'amour est-il nécessaire ? Non, pas plus que le Nil, pas plus que le multiple résolu, pas plus que le *sobornost* de Lermontov, pas plus que l'épicycle de Vénus, pas plus que les carcasses de l'Arsinaetherium, pas plus que la mort, non, pas plus que l'irréversible et sollicitante mort ! L'amour est-il vraiment nécessaire ? Non, mais comment expliquer sans lui la course nocturne d'Adriaen sur les quais d'Utrecht et la pénible démarche de l'écrivain qui cherche à reconstituer le roman qu'il a perdu et continue de perdre tout en l'inventant ? Il doit y avoir en moi d'inépuisables réserves d'amour et une intarissable crue des eaux… Ritardando.

Chaque phrase de ce livre me rappelle la totalité de l'autre que je ne réussis pas à rattraper et qui m'apparaît encore plus grisant, plus émerveillant à mesure, sans doute, qu'il fuit en rétrovision. Passéisation du livre futur.

Chicago. La nuit n'en finit plus de commencer, elle s'instaure en moi comme l'eau dans la pluie. Le lapicide ne voit que la nuit. Couché sur le dos, il récrit sans dérougir une histoire qui n'avait pas besoin de lui pour se dérouler. Dehors le vent froid souffle la neige vers Montréal. J'aime cette nuit de novembre qui ne fait que débuter et que la lumière mettra une éternité à déflorer. Je pleure. Et je continue de m'inonder, masque poreux, avec l'eau douceâtre qui coule de mes pensées. Visage-delta. Si j'avais un nilomètre, je pourrais le planter dans mon œil gauche pour mesurer le débit de ma tristesse. Déjà noyé le nilomètre ! L'inédit aura finalement raison de moi… Mais qu'il est loin ce roman qui me hante : Adriaen, Maria, le Nijenhuis, l'Oudegracht, le delta bleu sombre… Jean de Salisbury disait : « Écrire vite, c'est conjurer le plagiat ». Mais Jean de Salisbury n'avait pas prévu la situation dans laquelle je me trouve en ce moment : écrire vite une histoire qui, à mesure que j'en reconstitue les composantes, se ralentit en moi. Et Dieu sait que j'écris vite, poignet garrotté, main gauche inerte et dressée au-dessus de moi comme un spectre démantelé. Je dois faire vite, boucler au plus tôt cette boucle que j'annonce et qui ne prend pas corps. Soudain il me vient à l'esprit d'écrire lentement ce que j'ai devisé lentement et de m'abolir par ce moyen, salut Jean, dans la douce léthargie du plagiat. Que ce serait agréable de piquer soigneusement toutes mes fleurs de style dans le jardin des autres et de confectionner par ce procédé de tout repos un livre inerte.

Pleurer me fait peur. Ce que je redoute, c'est une inondation continue, irrépressible et inépuisable comme si la source de ma tristesse se trouvait dans le ventre des montagnes et non pas sur la surface de leurs glaciers. J'ai peur de me transformer, sous l'effet de cette exsudation infinie, au milieu de moi-même et de me perdre. Delta incommensurable. Inondation d'Utrecht. Je suis la porte de la mort. Les arbres sont couchés par le courant dévastateur. Les toits d'Utrecht sont immergés. Délitement insensé. Cette fois, tout coule sauf le temps que je paralyse en écrivant. Je serai grignoté par des poissons et non par des vers si cela continue. Muss es sein ? Mon visage est une planche à poussière.

Écrire passe encore, mais se regarder en gros plan mal cadré dans une glace et découvrir la germination lacunaire de la peau faciale, l'échevèlement poreux de la main qui touche le miroir et du visage qui s'y trouve représenté, cela est intolérable. J'avale d'une seule lampée ma vie usée et ma mort. Sombre simultanéité. Miroir du miroir du miroir du roman écrit en 1842 par A. W. Nordenskiold et dont l'action si lente se déroule à Utrecht en 1837. Pourquoi l'auteur, de Gothembourg, a-t-il situé l'action de son roman à Utrecht ? Les historiens de la littérature suédoise ne sont pas avares d'hypothèses à ce sujet : canalisations similaires à Utrecht et à Gothembourg, la généalogie néerlandaise possible (côté maternel) de Nordenskiold, son obsession de l'univers poétique de Potgieter, etc. Mais tous ces systèmes ne réduisent pas vraiment le roman de Nordenskiold à un théorème facile à déchiffrer.

[*Liasse B*]

roman le 19 oct 68

roman (le prochain)

le récit est rétabli, puis il s'effrite, se disloque, s'interrompt

dans le seul but de donner corps au thème = la réussite (ou le bonheur)

finalement, le récit prévaut quand il y a réussite (ou apparence de réussite), puis se défait quand la réussite révèle qu'elle contient, en germe, son propre échec (virtuel ou actuel). Le terme d'une telle divergence ne peut être trouvé — sur le plan formel — que dans la négation d'un des 2 termes : négation qui, bien sûr, peut être précédée de multiples oscillations entre ces 2 termes

donc punch (triomphe)

contre punch (échec)

double punch

double contre punch, etc. Le terme final de toute entreprise amoureuse ne / être que <u>l'enfant</u> ; il réside dans l'enfant — dans cette production humaine propre à toute entreprise vitale impliquant un géniteur et une génitrice — soit = un couple (réussi ou pas)…

La composition du roman sera donc strictement narrative-positive, mais narrative-discontinue (ou avec des <u>intermittences négatives</u>). Un troisième terme se trouve être manifesté dans la <u>projection future</u> (soit : par l'annonce ou la naissance ou l'existence de 1 ou quelques enfants). Un suffit à établir la descendance et, par ce fait même, à constituer la famille nucléaire — cette trinité basique qu'on trouve dans l'Odyssée ou dans « Ulysse » de JJ.

Toute entreprise amoureuse (ou son récit — quel qu'il soit !) implique la constitution ou la destruction de ce noyau (initial ou terminal) projeté dans le temps. J'irai plus loin : pour établir une temporalité véritable, le roman (archétypal ou moderne) doit se constituer d'après cette généalogie. Hors de cela, le roman ne peut que s'appauvrir (ex : R. Grillet).

L'annonce, la naissance, la perte, le refus, l'existence d'enfants crée la dimension temporelle hors de quoi le vécu qu'il contient (ce roman) est taxé de non-sens, de jeu factice, frappé de non-temporalité — ce qui est tout dire. La temporalité échappe à la structure narrative, mais n'échappera jamais (dans la vie ou dans le roman) à une <u>projection de progéniture</u>.

[*Liasse C*]

Roman II
La durée vécue
Le temps analysé.
Chaque seconde est une microchronos, une vie contenue. On ne continue pas de vivre. On vit chaque instant de la même façon. Le progrès moral implique un reniement de soi — mon héros s'assume, se ressent, dans la douleur, jusqu'à l'extrême. L'inadaptation vient d'un anachronisme, d'un inachèvement dans l'assomption de soi. Tout assumer — c'est s'imposer la rédemption avec toutes ses douleurs et son risque. Crucifixion = revivre = racheter = le souvenir, quand il ferait bon d'oublier. Toute émotion donnée à 30 ans dérive

Roman III
d'un archétype — toute peur, toute volupté, toute conquête, tout amour n'est qu'un double temporel d'un vécu antérieur indélébile, ineffaçable.
C'est cela qu'il faut chercher — et puisque l'inconscient individuel est empli par un inconscient collectif — le creuser, c'est comprendre l'humanité
attention toutefois à ce genre d'amplifications culturelles
L'action présente d'un tel roman doit être, par contraste, précise et très forte — pas sexuelle au premier plan —

Roman IV
C'est le rachat — la descente — qui est trouble — pas le contexte de surface qui en est le point de départ et d'arrivée.

Titre - Consécration !
non !
Et il importe de situer pleinement — avec les ramifications totales sur le plan historique (héros historien du Carré Français) — l'heure, le jour, la dimension sociohistorique locale et mondiale. À ce point de vue = très moderne.

Roman V
Écriture simple.
Contenu évocateur
Écrire au niveau et dans le style même de l'obsession fondamentale de cette recherche
données scientifiques
L'image de la famille qui en ressort

[*Liasse D*]

OBOMBRE /// roman /// HA 76 2
18 avril 1976
Pâques m'a perdu ! Qui se souvient anticipera un jour (V. J.). Je n'ai pas fini de courir après l'ombre que je projette devant moi. Ton nom, ton nom, ton nom. Si je meurs dans quelques instants ou cette nuit ou avant la fin de cette tempête qui balaie l'ouest vers l'est, les microphotons de l'intrigue du roman de Nordenskiold n'auront pas le temps de me couvrir de leurs zébrures et de leurs chevrons codés, non plus que de laisser en moi ce dépôt pariétal dont j'attends ce soir l'illumination.

Si je quitte la vie, si la vie me quitte soudain, tout

ce qui a laissé des inscriptions en moi partira avec le déluge final. Utrecht, l'Oudegracht, les glaces dans le port de Gothembourg, Grothilf, le Vieux Puits, la dépravation de l'existence, l'incroyable beauté de Johanna qui sourit dans son sommeil et l'intrigue savamment ouvragée du roman qui m'évacue comme une armée se sauve de l'enfer.

[*Liasse E*]

Roman 1975-1976
Goteborg   Montréal   Tristan

Plans pp.16 et sq
36 et sq
64 et sq

OBOMBRE

« Le commencement n'est le commencement qu'à la fin »

Schelling

1er déc 75

Forme

— le roman se déroule en 10 heures, de 16.00 à 2.00, un jour de novembre 1975 ou 76
— narration
— montre toute vie se concentre en cette nuit d'automne

musique

— Le personnage vient de lire Joue Frédéric et entre (vers 2.00) dans Tristan - sachant très bien qu'il n'en sortira pas autrement que par sa mort volontaire

— 1re personne du singulier. Le narrateur commente cette fin de journée, le repas de la Vieille Porte, les réminiscences et les caresses de la soirée et l'entrée dans la nuit en écoutant le ruban de Tristan

Donc le personnage décrit en détail ce poème de l'après-midi qui finalement contamine sa perception de Tristan. Le poème (ou le roman ...) a complètement envahi sa conscience.

Goteborg est une ville tragique qui finit par servir de cadre à Tristan. Les personnages fictifs engendrent leurs décalques wagnériens — entraînant du même coup la détresse des amants qui se réfugient dans la nuit pour la première et dernière fois. Le roman, dans sa totalité, épouse la composition musicale de Wagner, en reproduit le chromatisme et les amples mesures — (transcription des phrases etc)

Remonter aux variantes des premiers manuscrits + à la correspondance de Wagner

On entend le roman cette fois.

Lentement vers la fin, le lecteur devinera que les amants avaient prémédité le déroulement fatal de cette nuit — leur seule et dernière nuit.

Toutefois, dans cette double fin quelque chose doit survenir d'imprévisible

Une résurgence de désir et quelque confession

tardive qui ébranle — mais trop tard — la décision fatale des amants — et du coup introduit la nostalgie dans une situation irréversible.

La narration (puisque intérieure) ne se détériore pas formellement : elle s'amplifie et quand la mort est survenue semble posthume. Le récit s'anonymise et entre dans une phase doublée d'une grande amplitude.

Terminer sur le roman, texte inaugural. Profusion de détails et d'interventions dramatiques. Finir la citation sur un passage de recoupement.

Le 8 déc 75

Oui, tout ce roman délirant doit se passer à Goteborg (comme si Goteborg était Venise ou Nouvelle-Orléans).

Alors que le cadre de fond est Montréal ; car c'est à Montréal que les amants finissent cette journée et entrent dans leur nuit wagnérienne.

Le roman, c'est l'amant ; la musique (Wagner), c'est l'amante.

12 déc 75

1 - L'intrigue du roman en constitue une sorte d'origine

2 - L'histoire de Montréal n'est qu'une reprise (avec poursuites thématiques et délirantes et inversions) de Numéro 1

3 - Tristan et Iseut se révèlent être la deuxième reprise du N° 1

Le narrateur, en écrivant le roman qu'il vient de lire, ne réussit pas à rendre la plénitude de son émotion, non plus qu'à restituer la composition de l'œuvre. Ce à quoi il n'atteint jamais, ce n'est pas l'œuvre mais la reconstitution de l'émotion qu'elle engendre. L'indicible, c'est l'émotion subsidiaire de l'œuvre. L'émotion dont l'au-delà (inatteignable) n'est pas l'œuvre archétypique, mais sa lecture.

L'au-delà se situe au niveau de la perception, non pas de l'invention (production)

Le roman commence à la 3ème instance de dépravation de l'histoire — cherchant ouvertement à retrouver le niveau de la 2e instance (lecture).

L'auteur inscrit sa signature en filigrane dans le roman qui est lu en 1ère partie / fausse copie / plutôt modello

L'auteur se cache derrière un faux à qui il confère les propriétés les plus émerveillantes - œuvre absolue s'il en est, perçue et décrite comme telle. L'œuvre est fausse parce qu'invisible et invisible parce qu'absolue.

22 décembre 1975

Première partie

22 novembre : fin de la journée à Montréal ; 1ère tempête de neige. Les amants doivent se rencontrer pour passer deux journées ensemble ; cachés, loin de tous. La lecture transforme tout — et le rendez-vous des amoureux devient tragique

la lecture reconstituée est génératrice d'un lyrisme tragique

22 novembre. Neige, rencontre des deux amants

22 novembre (3ème partie) — départ pour Chicago

Montréal
le 3 janvier 1976

Obombre

1er acte Je raconte la lecture du roman de Gothembourg (un livre de 1832). Tout est sordide, hostile, laid. Je laisse tomber le livre — tristesse (il est 17 heures, il fait sombre)

2e acte La nuit commence. J'attends Amante. La nuit commence et se déroule dans une surmultiplication infinitésimale de lenteur. Tout est décrit ; tout est ressassé, magnifié, détaillé. La nuit devient une lente et dure épuration qui précède le suicide

(Donner l'impression que cette nuit est anormalement longue et qu'elle contient dans son ventre un grand nombre de nuits — celles qui mènent à la mort des amants)
NOTE = la présence du philtre. Inventer subterfuge

Ils s'éventrent l'un à côté de l'autre

3e acte : Le « Je » reprend la narration, mais c'est celui de l'écrivain (de Gothembourg) qui raconte la vraie fin du roman de Gothembourg et la mort des amants — plus belle cette mort que celle des Amants de Montréal. Un de ces jours où les glaces bloquent l'activité portuaire à Goteborg

Musée des Faux

Le 9 janvier 75 [?]

Obombre

1er narrateur = je	1) roman lu par narrateur et reconstitué
	2) fin d'après-midi et début de nuit à Montréal (Amour rejoint Amour)
	3) entrée solennelle dans la nuit et projet terminal commun Tristan et Iseut Roméo et Juliette
	4) mort au terme de la nuit
2e narr. je	5) 2e narrateur = celui du roman de Gothembourg
	6) Fin du roman Gothembourg (évoqué par 1er narr.) maintenant racontée par le 2ème narrateur — mais en évocation (ou réduction hyper concentrée)
3ème narr	7) fin découplée des 2 trames

Roman

in Gothembourg / musée des faux

Roman

1ère partie = le lecteur interprète la langue utilisée dans la narration   le narrateur = c'est moi. Je débloque largement dans le latin. Je pars du néerlandais.

Idées

- avril 72 HA « Il est normal que l'abolition précède le livre »
- livre secret n° 27 / roman - astrolabe
- p. masculin = 35 ans O.K. Il a tout quitté et avec quelques milliers de dollars attend la fin
- poison / mort ratée

faux
modello
réplique
variante
forgerie
    lassitude
    bohème
Essai sur l'incommodité des commodes
    gag bohème
ponctuation
datation
    Gothembourg auteur
    Utrecht — action
    l'auteur connaissait mal Utrecht
    Le bottin de 1832 n'indique pas cette canalisation
    Le plan d'Utrecht de 1830 ne fait pas mention de…

Problèmes d'écriture

La narration ne peut être à proprement parler écrite puisqu'il ne s'agit pas d'un texte à produire

En conséquence :

1) À la fin du roman, ajouter les lignes suivantes :
    roman

Ce livre a été écrit par Hubert Aquin à Montréal en 1976

2) Insérer dans la narration des séries de mots, des chiffres, des dessins, des plans, des chapelets de noms de villes, des partitions musicales, des reproductions, des sigles, des signatures, des spécimens d'écriture, des papiers déchiffonnés, des cryptogrammes, des équations
pas trop
Ce seront les résidus de l'inconscient dont le flot principal aura été transposé par l'écriture.
<u>Multiplier l'aspect écrit de ce qui est écrit et l'aspect lu de ce qui est lu.</u>
Multiplier les <u>intertextes authentiques ou non</u>
Génial. Faire déboucher le récit d'une lecture sur la lecture d'un récit
Le récit d'une lecture est l'infra-création, mais soudain cela se révèle plus générateur que la lecture (1er degré) elle-même.
Retrouver dans la 1ère partie cette intimité bouleversante qui transpire dans les 25 premières lettres de Flaubert à Louise Colet
la mélancolie de la dépravation, celle aussi de Gibbons.
<u>Celle qui attend le narrateur qui commence le livre</u>
Ce livre merveilleux, j'en ai commencé la lecture comme par lassitude et je me retrouve quelques heures plus tard plongé dedans, inapte à me désobséder de cette libération lancinante de ce roman de dépravation.
Commencer plus insidieusement.
Le lecteur, au début, se croit devant un roman au 1er degré alors qu'il s'agit du roman d'un R.

Intertexte continu = une scène (flashs anticipateurs et scène flaubertienne de l'horreur de vivre)
cf. lettres à Louise pp. 431-432 418 textuel
idem L'autoportrait est une signature.
musique de <u>Tristan et Isolde</u>

<u>Important</u>
<u>Le jeu des signatures</u> = iconique, symboliques, cartellino, emblématiques, incorporées, indicielle, autoportrait, honteuse
Propositions [?] signées = 1 le roman d'Utrecht
2 L'autobiographie de Goteborg
3 Tristan
4 Le vrai roman
5 La troisième partie.

<u>Utrecht</u> (canal du Rhin)
<u>Alexandrie</u> (canal du Nil)
<u>Rosetta</u> canal N. Orléans (grande passe)
<u>Montréal</u> canaux Craig / Lachine
identité de l'auteur du <u>roman I.</u>
<u>Voilà</u> = A Le <u>roman I</u> se passe à Utrecht (mais le lecteur (le narrateur du roman II) trouve toutes sortes de défectuosités à la description d'Utrecht et il cherche à identifier la ville d'origine du romancier
Goteborg
Alexandrie

nilomètre   le niveau fixe / le coefficient des impôts [?]

N. Orléans

Anvers

B   le narrateur du roman II inventorie les possibilités
Anvers

interprète ce roman en tentant d'en reconstituer la beauté crépusculaire / (Steyn/Anvers)

C)   conclusion = l'auteur a situé à Utrecht cette promenade dans les bassins d'Anvers (incontestablement) pour rejoindre une partie supplémentaire de fiction

À citer item

Le narrateur Roman I pose les problèmes du double amour simultané et se réfère à Dante pour appuyer son raisonnement [?] Louise Colet et Louise [?] en 1845

les autres dames

l'autre dame

TTTTTB   ce que narrateur R II refoule est exhibé par narr. R I

Le narrateur R II embellit son récit personnel tandis que celui qui l'a connu est imprégné d'horreur et de noirceur

À la toute fin, la noirceur obombre tout (les deux R I + R II)

génial   Le philtre est bu par le romancier. non par les amoureux

Bravo Hube

Tristan (musique) se déroule à l'envers de l'histoire du roman 1 et du roman 2 (Act II et Act I)
ricercar
Ajouter (à tout prix) une dimension politique québécoise (révolutionnaire)
et l'éveil des nationalités   Anvers   1831

Début ?
« vous plaît-il d'entendre un beau conte d'amour et de mort »
« Écoutez comment s'aimèrent, puis en moururent un même jour, lui par elle, elle par lui »

Utiliser le procédé génial de Dante dans ses rimes = Voici comme ce poème est construit

1 2 3 etc.   génial

sq. Le roman que vous lisez est construit en quatre parties et voici pourquoi… etc.

« C'est par allégoriques propositions / expositions / que j'entends icelles montrer… »

Dante 278

très bon   tout exposer avant et après
Conclusion = sur-planifier (c'est là du moins une apparence !) le roman qui, en réalité, s'instaure dans un chaos improvisé   TB
vg « …je n'entends pas le conter ici, car on en contera les raisons à suffisance dans le dernier traité de ce livre »
Dante 297
Dante 313
HA : Je veux que ce roman soit entendu non seulement au sens littéral mais de façon allégorique et anagogique (sur-sens)

Dante « Écoutez les raisons, lesquelles j'ai au cœur, car elles n'ont pas encore paru au-dehors

329/330 Dante

TB

« Or pour rendre évidentes les idées de la 1ère division, il faut savoir que les choses doivent être dénombrées d'après la dernière noblesse de leur forme…. D 332

Quand je dis « … », je manifeste…

« Chanson, rares sont ceux qui t'entendront bien… » Dante 343

(car pénible est ton parler)

« Rien n'existe que d'immanent » T de Chardin 99

GÉNIAL

Très important

Les deux Iseut, les 2 dames / et ce « dédoublement » par la fécondation des deux femmes, la dernière devenant la première <u>pour le roman</u>

« <u>Le progrès n'avance que par un rendement déplorable</u>, grâce à un effet de chance qui permet que sur le grand nombre, il survive toujours un nombre suffisant d'ouvriers… »

T de C. 107 Journal

loi du secret amoureux = « Si tu veux me donner ton cœur, que ce soit d'abord en secret : et notre pensée commune, que nul ne puisse la deviner »

J. S. Bach

<u>très important</u> = Après un certain nombre de pages (ou une partie) utiliser l'argument dantesque de la démonstration et de l'expositio !

Par ce biais, introduire incroyablement le personnage

Béatrice Van O. l'invitation en réponse à sa « soeur aînée » (1974)
Aussitôt cette scène engagée, reprise de la démonstration et décodage des pulsions inconscientes
Ces démonstrations discursives peuvent avoir une forme épistolaire !
T. imp. La description de la rencontre en 3 temps et surtout de son 3ème temps (qui se surmultiplie : nuit, prise de conscience du déroulement, lendemain, téléphone, surlendemain, rencontre au Ch. Ver., déjeuner à la Troïka ...)
étalement de ces étapes, reprise et ricercari !
« Nous construisons notre amour / projet de voyage en Hollande, à Rome, à NY... »
l'A du Sud, les P Bas, les dépressions, les fugues, les enfants (oh ! ces jumeaux ! !)...
Wagner Ricercar
notation hiératique
3 mars 1976
3 mars 1976
Voici comment procéder = écrire une première couche, puis une deuxième, puis une troisième... de telle sorte que le texte final apparaisse au lecteur comme un palimpseste. (Donc, ne pas procéder comme ds l'Antiphonaire ou Neige noire en intégrant synchroniquement les différentes couches dans un discours unique.)
Cette façon de procéder est infiniment plus habile, plus efficace et surtout favorable à la création continue depuis la première jusqu'à la dernière page du roman. Cela ressemble soudain à la palingénésie artistique : plus rien ne se perd et tout se crée ad infinitum

Jamais, je crois, je n'ai à ce point approché de l'idéal de la création ! Et cette exaltation tardive — oui, j'ai 46 ans ! — me vient de cette ultime rencontre avec mon destin. Dieu existe, son nom est amour, sa vitalité inapaisable et ses épiphanies imprévisibles. Hubert, la machine est prête : tu dois commencer ce roman et en tisser la première couche — celle qui tient quasiment de la sédimentation ! Oui, le moment est venu d'entreprendre ce livre, le dernier sans doute de ta vie. Et, si cela est possible, le plus beau, non pas le meilleur, mais le seul en vérité ! ! ! Le roman OBOMBRE sera composé comme une partition ; les éléments contrapuntiques ou secondaires se grefferont à la trame basale comme autant de prismes ou de grilles.

jeudi 4 mars 1976

Les superpositions métamorphosent, en plusieurs manières, la morphologie de la base. Les variations corrodent ; les contrepoints modifient en profondeur. Rien ne résiste à cette modulation formelle, ni l'intrigue, ni la structure, ni l'essence même !

(« L'histoire du monde est celle d'une création continue » T de C 190)

À 1H00 en ce 5 mars 1976, je trouve cette phrase bouleversante de T de C qui rejoint ma propre obsession de création continue dans le roman OB !

Oui, création continue, voilà mon projet artistique total !

Merveilleux

5 mars 1976

création continue

1ère couche / partie = je viens de lire ce roman. C'est le 22 novembre. Soudain je réalise que je ne peux plus continuer : je suis envahi par un reflux de souvenirs et par cette angoisse qui m'oppresse tandis que je défais mes valises, alignant sur le lit d'hôtel toute une suite d'objets, de signes…

Oui, Chicago. Mais une tempête sévit : tout est immobilisé — c'est pourquoi je lis en attendant ce roman dont l'action se situe à Utrecht.

2e partie = texte du roman Utrecht, et mort embellie des amants !!!

3e partie = la vraie fin des amants : leur nuit, le philtre, la double mort consommée.

Création continue

Le 8 mars 1976, j'entreprends OBOMBRE au rythme de 2 à 3 heures en fin de journée. Surtout ne pas briser par de trop longues interruptions cet élan et perdre ainsi une vitesse de croisière (d'obsession) que j'ai dès maintenant acquise.

[*Liasse F*]

Plans OB 1976

Plan 13 mars 76 / Mtl

1) a : Johanna a quitté mari et 2 enfants. Son union avec Grothilf est sordide.

b : Amante arrive à la fin de la lecture.

2) La narration d'Utrecht. Johanna. La dépravation. la fin sordide des amants. faux double suicide. Goth se tue. Il est lâche et se sauve…. (retourne à son foyer).

3) La fin des amants de Mtl = le double suicide par malentendu — le philtre ayant été bu par romancier.

Raconter
musique
néerlandais
et autres notations
et 1837
et noms
et intertextes
et précisions topographiques
après fin du 1er jet

OB 12 avril 76

— Avouer que l'écriture est désordonnée que le plan est loin derrière, perdu et ne me permet plus de procéder
— Vg. « Je n'ai pas habitué mes lecteurs à ce déroulement inchoatif

[*Liasse G*]

Dimanche
31 octobre 1976
— Ce livre est d'abord lu avant d'être écrit
— Vite, dépêchons-nous d'en écrire le compendium, cela est urgent ! — pour qu'il reste au moins quelque chose de cette lecture.
— multiplier les instances d'abstraction (ou d'abyme) : tout s'emboîte vertigineusement

31.10.76
— Concentrer le roman en sa propre recension
Il n'existe que fini, — d'autant plus infini
& se lâcher dans cette recension qui devient une confession vraiment personnelle

Villes de H[ollande] — Erasmus Roterdamus Roterodamus

Zavolla
Steyn [?]
Deventer
Utrecht

Erasmus Roterdamus

A. E. Nordenskiold
l'auteur suédois du roman de Gothembourg

[*Liasse H*]

Mots Générateurs/ Notes pour roman/ 1976

Utrecht. Situé à une bifurcation du Rhin
Vieux Rhin (Oude Riyn) — Leiden
Vecht — Ijsselmeer, près de Muiden

Ceinturé d'eau
Traversé par 3 canaux :
1) Oudegracht (bords voûtés)
2) Nieuwegracht (« »)
3) Kaourme Nieuwegracht

car avant inondation de 839 courant principal du Rhin
Trajectum ad rhenum (gué du Rhin)
Utrajectum
Trébizonde
Apsarus
Phase (fleuve)
Tunique talaire des acteurs tragiques
robe longue// kidaris
persophilie
abgars (dynastie)
Nabatéens (arabes de Syrie)
araméens (peuple)
Araxe (fleuve arménien qui débouche ds la Koura)
Médie Atropatène (province voisine de l'Arménie)
Arménie montueuse
dynaste
Chapot Euphrate pp. 9 et 10 photostates
Transtigride (au-delà du Tigre)
isograde
(états) métastables
germination = nucléation
cristallogénèse
displacires
morphodromes
aciculaires
benzophénone
trémies
cristaux vacuolaires
zone bathyale
talus continental
zone hadale

fosses profondes des océans
zone abyssale
antarctide
strie / striation

l'œil droit d'Horus (soleil)
" gauche " (lune)
hegat
Khar mesures égyptiennes
setat
- œil droit mesure si la lecture se fait de droite à gauche
- œil gauche - - - - gauche à droite

pieds de fauteuils =
en forme de balustre
en carquois
portant consoles
à chapiteaux
cintrés
à pilastres

« … l'homme charmé restera toujours insatisfait » V. Jank
« Une déclaration d'amour qui n'a jamais été répétée, était-ce vraiment une déclaration d'amour ? » V. Jank

« On admettait l'existence d'une mer au-dessus du firmament visible et ces vues correspondaient au récit de la Création : « Dieu fit le firmament qui sépare les eaux qui sont sous le firmament et d'avec les eaux qui sont au-dessus du firmament » Genèse 1, 7. Ces eaux célestes s'identifient avec la « mer de cristal » décrite dans la vision de Saint-Jean… »

« Questa si po
lenare eppo
me sanza gu
asstarsi » L de V
Ceci peut être enlevé et remis sans s'abîmer

« Du moment que le passé est passé, le nostalgique a tout son temps »

V. Jank

« Le mouvement nostalgique par excellence est le mouvement lent »

V. Jank

« Un logos retardataire ne sait rien faire d'autre qu'épiloguer... »

V. Jank

[*Liasse I*]

Mots - générateurs HA 75-76
Roman OB

Le 1er novembre 76 Roman
Pousser à l'extrême l'emboîtement du roman se déroulant à Utrecht

— charrier sur la cécité de l'écrivain gothembourgeois
— utiliser la recension
— passer à l'autobiographie
— allusions à l'hermaphroditisme de Barbara

— au sexe de l'auteur

— à la combinatoire mêlante utilisée par le Suédois aveugle

2 nov 1976

— Construire et écrire le roman en forme de résumé de lui-même.

Dès le début, le lecteur sait qu'il n'aura jamais sous ses yeux que le compendium plus ou moins évaporé d'un roman adapté d'un roman se passant à Utrecht écrit par un auteur de Gothembourg (qui, en réalité, n'existe pas, n'a jamais existé)

— Donc le roman est le fantôme d'un fantôme, spectre au carré du néant   obombre - ombre d'ombre. Îles du Nil. [?]

Te souviens-tu des Îles du Nil

— grand discours sur la peinture hollandaise à N[ew] York - Utrecht — parler de tableaux qui n'existent pas (et de ceux de collections privées imaginaires)

— grande annexe sur l'imposture comme étant une des constituantes de l'art ! nouveau

— monographie sur Gothembourg, ville d'origine de Max Globenski !

2 nov. suite

— la brièveté fait partie du roman — ou plutôt son inachèvement

Dans la réalité, le roman peut être gonflé par des insérendes (dialogues d'Œdipe) ou allongé d'annexes (variantes de l'intrigue, autobiographie de HA, biographie de l'auteur suédois et plans d'Utrajectum (en réalité celui de Deventer)

garder le punch pour la fin exergues

Annexes (ou insérendes)

3 novembre 1976 / Sherbrooke

Annexes

— analyse d'un cratère du pays de CHVO — transformations créées par la chute d'un météorite

— la socio-géographie (et géo) du Bas-Canada de 1837-38 -

- formation du sol ;
- description de la population ;
- généalogies des B. Canadiens

— GÉNIAL — Quelqu'un (LVP) a lu une recension (qui est la base génitrix de tout le roman) du livre Gothembourg — Utrecht dans <u>La Minerve</u>. Reproduire cette recension (lue avant bataille de S. Eustache) en vérifier l'authenticité, constater les variations [?]

- 2 nov. 76 (en auto)

— si on pousse OB. à l'extrême, il faut y ajouter un appendice sur la mort

— [?]

— tout le contenu du livre secret doit être utilisé, Œdipe aussi, des lettres, des lettres, <u>PIT Again de CVO</u>.

<u>Ces insertions constituent un leitmotiv et donnent la clé</u>

- reptiles volants (ptérodactyles)
- voilure crestale
- panspermie
- terrestralisation (des espèces marines)
- fluide éthérien
- spectateur (héros à qui il n'arrive jamais rien)
- nervures du passé
- équipollence
- préaction
- absolutisé
- orthoses
- microclines
- scansion
- la Suévite affleure (ds les cratères)
- cavaolence /// covalente
- angstrom
- feldspath calcosodique
- silication
- fumerolles (f. volcaniques)
- métasomatose
- lamprophytes
- ophiolite
- mysticisation
- irradiation
- mort extatique
- Massagètes
- Ephtalites (Huns blancs)
- Arsacides
- Sassanides

termes relatifs à l'art du vitrail :
- barlotière
- feuillard vertical
- bandeau de scellement
- feuillard médian
- fond penné
- ombres modelantes
- les découpes (de verre)
- écoinçon
- mise de plomb
- filet de fonction (jonction)
- âme
- arc de la mandorle
- résille de plomb
- fermaillets
- détrivification (avec le temps…)

- Totentanz (Danse des Morts)
- rouge Kirman (à base de cochenille)
- le musqueam d'un estuaire
- baleine des forêts
- style « retour d'Égypte »
- horloge nocturne
- école timouride (persane)
- style sansovinien

abaque de Salamine
diaphora (différence) pneumatique
endogène // allogène // exogène
toska po rodinié (mal du pays)
futurition

elpidien (eschatologique)
épilégomènes (mémoires)
éphèse (désir inextinguible)
languiment // langueur
prologal (cf. DANTE : devisement prologal)
paspsychiste
capridé
médial
épicycle de Vénus (cf. DANTE 348)
Albumasar (astrologue arabe du 9ème s.)
précession des équinoxes //// retard du soleil
loi du secret amoureux
fécondation de l'âme
germen /// onde héréditaire
épiphytes (TdeC 106 - Journal)
épagomènes (les 5 jours volés, selon les Sassanides en plus des 360)
taenite /// tinaeke
achondrites (météorite pierreuse)
énucléation de l'amour
voile phénoménal
bréchification // brèche
le bouchon de Vrededordt (Transvaal)
hemera
épibole
varves / lits alternés
lapidifier
bioturbation
estran / sorte de plateau
dolomitisation / quand le carbonate se change en magnésium

épigénie
la narcasite
épipélagique
frustules
chertz / mot rare pour silex
pyrimidique
sélaginelle
sigillariées
sphénopsides (plantes du Svalbard)
cicatrice foliaire
sphénospermales
peltaspermacées
diagenèse
dévitrification
anatexie / fusion partielle
immiscibilité
schistes tachetés
micaschistes
horblendes alumineuses
relique blindée
protérogène / relique
nilomètre
rhinomètre (ha)
orobranches
euphorbiacées
coloquintes
ophicléide
spartéine (drogue)
delphinine
parergies / parties accessoires des peintures dans lesquelles Protogène peignait en miniature quasi invisible

parergon
ostension
spicules
cloisons radiaires
mi-spéculaire
mi-fibreux
tétraradiée
ambulacre
scorpiophagus
nummulites
subarborescentes
sphinctozoaire
mer du Zechstein
libral / se rapporte à la livre ou au livre
incuse / en relief
sextantal
bige : :2 // quadrige : :4
qannonta / cylindre // bijou citadin de Tunisie
anka égyptienne / croix
bractées / plaques de métal précieux cousues sur les vêtements
bélière de suspension
bulle / partie renflée comme un médaillon des bijoux portés par jeunes gens et jeunes filles dans l'Antiquité
aurum etruscum
rouelle
haoufer / fer à cheval // bijou tunisien
candila / boucle d'oreille - grelot
tintinnabulum / idem
fibule / clou berbère // épingle
rarnati / pierre rose marocaine dite « de Grenade »

khomsa / bijou en forme de main de Fatma
indosable / trace de poison
éternitaire
engrammes / empreintes ds les cellules cérébrales
astéride / étoile de mer
colluvial /// alluvial /// diluvial
mandorle / amande mystique
paludamentum
glyphe
dolosif / rusé abusivement
iconodoules
intaille
liquéfaction diffluente
pléonexie
sobornost / œcuménité des mystiques russes
le dictamen du génie
narthécophore / causa sui
offenbarungen / lieu des révélations
intarsite / terme de sculpture
images achéropites // non faites de main d'homme
formules encomiastiques
conjouir
s'abellir / s'embellir
ombroie / lieu où règne l'ombre
forjeter
pourpenser
indiction
astrologale
inspirement
amarante / couleur
lucifuge

concrescence
nymphoïdes (plantes vasculaires)
idem : psilotales
prêles
hypocodes
sélaginelles
adrian /// adriatique
aombré d'amour
déconsolé
interrasile (gravure)
encombreuse
aombrement / incarnation
ceinturelle
fustigations
« les jours éternels » (PYTHAGORE)
nummulitique boisé
fusant
spsylle
paranymphe
clinamen (syncope du cœur)
chapelets de monades
passéité
céphalisation
virginisation
déhiscence
nexus
lustration
continuité traditive
ecpyrôse (embrasement universel)
cratérisation //// cratérisante…
sphérules (petites sphères)

intumescence
caldeiras (cratères d'explosion)
cuestas (couches)
cristal de Kossel
croissance cristalline : celle de l'amour
densité en dislocations (dans les cristaux)
cuvette d'effondrement
intrusion /// extrusion
impactite (verre naturel)
astroblème //// problème
fluidale
planaire
macles (clivages)
filons d'injonction
hybridisation
verres énigmatiques de kofels (ou : de Lybie)
jura noir / jura blanc

- losangé
- iconostases
- vététestamentaires (textes)
- nimbe crucifère
- intrados de l'arc d'une absidiole
- intrados du doubleau
- doubleau
- narthex (une église)
- épiphanie (fête des lumières)
- antimension (petite table de communion)
- ambon (mobilier surélevé au centre des églises byzantines)
- antéglise

- septiforme
- hebdomadier (terme liturgique)
- fresqué
- péricopes
- eaux célestes (firmament de cristaux et de poissons)
- nimbes gaufrés
- cartel d'applique (horloge sur applique murale)
- planétaire (cf : mesure du temps)
- acrophonique
- la table de Salamine (pour compter)
- unions plurilocales
- numérotation vigésimale (20)
- pedernal (couteau de silex)
- herbe de pénitence (aztèque)
- glyphe (signe écrit)
- la ligature de l'année
- voltes épicycliques
- tramontane (vent du nord)
- écliptique (cercle moyen du soleil)
- cercle équinoxial
- Alpétrage ou Al Bitrogi (astronome arabe)
- antichtone (l'anti-terre)
- la fresque de Ste-Anastasia de Vérone (de Pisanello)
- portes en tour creuse
- Nic van Blarenverghe
- liqueur de Dakine
- ambrine
- falaises du Mokatan
- les carcasses de l'Arsinaetherium
- mort vestigiale
- le pas de la mort

- adventice
- reploiement
- nappe des âmes
- nudatum et spoliatum (le) (expressions de S. Paul)
- la fascination de l'isthme
- lobolithe
- opercule
- autocarpus (arbre à pain)
- nasellaire
- radiolaire
- face apicale
- aechonte

NOTES

Articles et chroniques (1947-1967)

Mauriac

1. *Parenthèse*, s.d., journal de classe de Belles Lettres (1946-1947). Dans la portion qui nous est accessible du *Journal* d'Hubert Aquin, le nom de François Mauriac apparaît dans les listes de lecture de l'hiver 1949 ; *La Fin de la nuit* (Paris, Grasset, 1935), le 19 février et *Le Nœud de vipères* (Paris, Flammarion, 1942), le 19 avril 1949. Par la suite, dans les dossiers de notes de cours et de lectures, Mauriac est mentionné parmi une liste d'auteurs, tels Paul Bourget, Balzac, Flaubert, Michel Butor dont les œuvres contiennent des scènes de relations extra-maritales (JJ, f. 36). Puis il réapparaît dans une liste « d'écrivains soucieux de concision, de précision, de langage net, de composition efficace », opposé à des écrivains dont « l'expressionnisme et les procédés d'écriture [sont] frappants », tels William Faulkner, James Joyce, Marcel Proust, Vladimir Nabokov, Henry Miller, Louis-Ferdinand Céline (CBA, f. 9).

2. Reprise de la perspective critique orthodoxe de l'Église catholique.

Solitude partagée

1. Ce texte a été publié dans la revue *Les Cahiers d'Arlequin*, fondée par Pierre Perrault au cours de l'année scolaire 1947-1948, alors qu'Hubert Aquin était en classe de rhétorique au collège Sainte-Marie.

Sur la liberté

1. *Les Cahiers d'Arlequin*, Collège Sainte-Marie, 1947-1948.

2. Ce passage est extrait de *Bilan de l'histoire* (Paris, Librairie Plon, 1946, p. 4 ; exemplaire annoté par Aquin et daté du 7 avril 1947, BIB) de René GROUSSET. Les commentaires historiques concernant la valeur de la pensée grecque et ceux sur la liberté, de même que le ton pessimiste, sont très proches du texte de R. Grousset ; mais ils s'en détachent radicalement dans les jugements sur le XXe siècle, en particulier sur l'importance de Nietzsche. En janvier 1947, Aquin a lu *La Crise du monde moderne* (Paris, Librairie Plon, 1946, BIB) de René GUÉNON qui a pu aussi influencer son opinion.

3. Il n'y a pas de traces de lecture de l'œuvre de Nietzsche à cette période. Toutefois, dès 1948, Aquin fréquentait assidûment les écrits de Charles Du Bos (voir *Journal*, p. 46) qui commentait souvent l'œuvre de Nietzsche. Pendant ses années d'études à la Faculté de philosophie, Nietzsche deviendra pour Aquin la figure du philosophe courageux, lucide et solitaire.

4. Voir l'annotation du texte « Le style, recherche d'authenticité ».

5. Les premières traces de lecture de l'œuvre de Proust datent de décembre 1952, alors qu'Hubert Aquin lit *Lettres à la comtesse de Noailles 1901-1919* (Paris, Plon, 1931). Il fait part à plusieurs reprises de son admiration pour la richesse des romans de Proust dans son *Journal* au cours de l'année 1952.

6. Voir l'annotation du texte « Mauriac ».

7. Comme pour les commentaires sur les auteurs précédents, cette remarque sur Sartre provient certainement d'une source secondaire non identifiée.

8. Voir le récit *Les Rédempteurs* qui met en scène cette réflexion.

[*Une pensée pour l'art*]

1. *Les Cahiers d'Arlequin*, Collège Sainte-Marie, 1947-1948.

2. Cet extrait provient de *La Nef*, drame philosophique d'Élémir BOURGES (Manosque, 1852-1925). Il n'existe pas de traces de lecture de cet ouvrage ni d'autres ouvrages de cet auteur dans les archives d'Hubert Aquin.

3. Dans le *Journal* d'Aquin, le « 30 déc. 1948 » (p. 51), dans un commentaire sur *Claire* de Jacques CHARDONNE, Baudelaire est mentionné aux côtés de Mauriac, Gide et Claudel à propos du dépassement métaphysique, du « survol spirituel », dont les œuvres de ceux-ci témoignent.

4. L'œuvre de Paul Claudel fait partie des lectures de jeunesse d'Aquin qui note le 23 décembre 1948 : « Je voudrais ne jamais avoir honte de tout ce que j'écris devant Claudel et Léon Bloy. » (p. 48) La lecture de *L'Échange* de CLAUDEL le 25 mai 1949 suscite ce commentaire d'Aquin dans son *Journal* : « Le théâtre de Claudel est un théâtre de l'extrême : c'est l'homme à la quête de sa plénitude de vie. » (p. 74) Voir également la liste des lectures d'Aquin de l'année 1948-1949 qui contient plusieurs ouvrages de Claudel (*Journal*, p. 87-91).

Une possession

1. *Le Sainte-Marie*, journal des étudiants du collège Sainte-Marie, 1947-1948.

2. Mauvaise tournure syntaxique.

Exposition Daudelin. Envers de décor

1. *Le Quartier latin*, 25 février 1949, p. 3. Charles Daudelin (1920-), sculpteur et peintre, membre de la Société d'art contemporain (1939-1948), avec Paul-Émile Borduas, John Lyman, Alfred Pellan, etc., expose une cinquantaine de toiles dans le grand hall de l'Université de Montréal, du 19 au 24 février 1949. Charles Daudelin est surtout connu pour ses sculptures dont celle de la cha-

pelle du Sacré-Cœur, attenante à l'église Notre-Dame de Montréal, et la fontaine de la Place du Québec à Paris. Par ailleurs, Hubert Aquin a noté, dans son *Journal*, ses impressions sur la peinture de Goya et de Holbein qu'il découvre lors de son premier séjour en Europe dans les années 1951-1953. Dans tous ses romans, à l'exception de *L'Antiphonaire*, un tableau illustre soit une scène, soit l'état d'âme d'un personnage.

2. L'inspiration, associée à la sincérité, est une notion présente, et même envahissante, dans le journal d'Aquin tout au long de l'année 1949. Liée à l'invention, à la transposition, elle oriente même les commentaires de ses lectures. « Dans le grand art la vie n'est jamais présentée directement : mais recréée à neuf, complètement projetée dans un autre univers qui est celui de la vision intérieure approfondie. » (30 décembre 1948) À partir de 1964, dans plusieurs articles, et notamment dans sa conférence « La mort de l'écrivain maudit » (1969), il rejette les notions d'inspiration et d'originalité au profit de la notion de travail d'écriture, de production du texte.

3. Néologisme lorsqu'il est employé comme adjectif.

Éloge de l'impatience

1. *Le Quartier latin*, 18 novembre 1949, p. 3. Le titre de cet article apparaît dans le *Journal* d'Aquin le 8 septembre 1949 (p. 78) en même temps que le sujet d'une nouvelle intitulée « Dieu et moi » qui paraîtra dans le *Quartier latin* du 29 novembre 1949. Voir l'édition critique de *Récits et nouvelles* par François Poisson. L'article a été repris dans *Blocs erratiques*, © Les Quinze, 1977.

2. Des échos de cette « impatience » se trouvent dans le *Journal* tout au long du mois de novembre 1949. Par exemple, le « mercredi 9 novembre » : « Tout ce que j'ai à faire est urgent [...] La précipitation des heures, sans que j'avance d'une ligne intérieurement, me ronge d'insatisfaction. » (p. 83)

3. Néologisme lorsqu'il est employé comme nom.

Discours sur l'essentiel

1. *Le Quartier latin*, 9 décembre 1949, p. 1.

2. Le scandale et la sincérité, de même que la lucidité, sont des thèmes fréquents dans les écrits de cette période ; ils constituent le propos principal de la communication intitulée « Liberté de pensée et sincérité », présentée lors des rencontres de Carrefour 1950, le 17 février 1950. Voir la section « Conférences et allocutions ». Plusieurs passages du *Journal* font écho à cette thématique ; entre autres, « Nous maîtrisons l'essentiel. » (13 novembre 1949)

3. Écho de la « cité parfaite » de Platon ; selon la liste de lectures figurant dans son *Journal* (p. 88), Aquin a lu *La République* IV-VII (trad. É. Chambry, Paris, Belles-Lettres, 1948) au mois de mars 1949. De plus, Aquin utilise cet extrait comme titre d'un article à l'été 1950 : « "La Cité parfaite" (Platon) » (*Sainte-Marie*, vol. 6, n° 7, mai-juin 1950, p. 11 ; voir p. 45).

Le jouisseur et le saint

1. *Le Quartier latin*, 24 janvier 1950, p. 1. L'article a été repris dans *Blocs erratiques*, © Les Quinze, 1977.

2. Voir « Discours sur l'essentiel » et « Liberté de pensée et sincérité ». Cette notion est présente, et de façon persistante, dans les journaux d'André Gide et de Julien Green ainsi que dans les écrits des philosophes chrétiens, tels Jacques Maritain et Gabriel Marcel, qui ont été des lectures importantes pour Aquin à cette époque. Voir la liste de ses lectures (*Journal*, p. 87-91).

3. La chambre est un lieu important dans toute l'œuvre romanesque d'Aquin. Voir en particulier la nouvelle « Les sables mouvants » et son premier roman *L'Invention de la mort*.

4. Citation tirée de l'ouvrage de Jacques RIVIÈRE, *De la sincérité envers soi-même* (Paris, Gallimard, 1943, p. 31) qui apparaît, dans la liste des lectures d'Aquin, le 25 août 1949 (*Journal*, p. 90). Le premier chapitre traite de la morale catholique et les notions de scandale et de lucidité y sont longuement commentées.

5. Extraits de *Qui est cet homme ?* de Pierre EMMANUEL dont Aquin a lu l'édition originale (Paris, Égloff, 1947), selon la liste de lectures du *Journal*, le 22 novembre 1949. Nous avons consulté *Autobiographies* (Paris, Seuil, 1970), réédition de *Qui est cet homme ?* et de *L'Ouvrier de la onzième heure* ; les extraits cités sont tirés de deux passages réunis par Aquin (p. 143 et p. 144).

Pensées inclassables

1. *Le Quartier latin*, 24 janvier 1950, p. 2. L'article a été repris dans *Blocs erratiques*, © Les Quinze, 1977.

2. Plusieurs passages du *Journal* d'Aquin, particulièrement ceux du mois de novembre 1949, semblent inspirer ces « pensées » ; « Je rêve parfois d'un développement de moi-même tout à fait positif — et je conçois qu'une telle perfection implique, comme fondement indispensable, qu'une harmonie définitive et certaine existe pour certaines questions premières. » (« Lundi 14 [novembre 1949] »)

3. Cette formule sera reprise fréquemment par Aquin lui-même sous la forme active : « Je déçois. » Elle apparaît pour la première fois dans le *Journal*, le 17 août 1961 (p. 220) ; Aquin en fera sa devise en 1973, lors de la remise du prix David : « [...] je tiens tout de suite à vous informer que ma devise est la suivante : "Je déçois". » Voir la section « Conférences et allocutions », p. 233.

4. Réécriture d'un passage du *Journal*, écrit le 24 mars 1949 (p. 65), qui est inspiré par la lecture de *L'Amour fou* d'André BRETON (Paris, Gallimard, 1937), lu par Aquin au cours du mois de mars 1949.

5. Réécriture d'un passage du *Journal*, écrit le 12 janvier 1949 (p. 55-56), qui est inspiré par la lecture du *Journal II* (1935-1939) de Julien GREEN (Paris, Plon, 1939), lu par Aquin en janvier 1949.

Le Corbeau

1. *Le Quartier latin*, 24 février 1950, p. 4. Film de Henri-Georges Clouzot, tourné en 1943, « un des meilleurs films français des années 1940 » selon Jean MITRY (*Le Dictionnaire du cinéma*, Paris, Librairie Larousse, 1963, p. 70), qui présente une « dénonciation extrêmement violente, pointilleuse et même acharnée du conformisme provincial petit-bourgeois » (*Encyclopédie du cinéma*, Roger BOUSSINOT (dir.), Paris, Bordas, 1967, p. 377).

L'équilibre professionnel

1. *Le Quartier latin*, 14 mars 1950, p. 1. L'article a été repris dans *Blocs erratiques*, © Les Quinze, 1977.

2. Dans un article rédigé en décembre 1963, « Profession : écrivain » (*Parti pris*, vol. IV, n° 1, janvier 1964, p. 23-31), Hubert Aquin rejette le titre de sa profession pour des motifs politiques et, du coup, critique les auteurs qui choisissent une telle « entreprise d'euphémisation ».

3. Le 15 août 1962, Aquin note, dans son *Journal*, qu'il a l'intention de rédiger un « roman policier, axé sur la pharmacopée ». Dans le deuxième roman d'Aquin, *Trou de mémoire* (1967), deux personnages sont des pharmaciens ; ils personnifient des écrivains révolutionnaires. *L'Antiphonaire* (1968) met en scène des médecins et un pharmacien qui utilisent leurs connaissances pharmacologiques à des fins ou bien perverses, ou bien d'auto-intoxication.

Le Christ ou l'aventure de la fidélité

1. *Le Quartier latin*, 21 mars 1950, p. 4. Ce numéro porte à divers titres sur la religion catholique et la foi chrétienne : « Chacun de ceux qui écrivent dans ce *Quartier latin* tente de penser un des problèmes de l'heure, soumis à nous par le Pape, en regard de cette unité humaine qui ne met pas de cloison entre l'église et la rue. » (Pierre PERRAULT, « Nous, la religion et ... », p. 1) L'année 1950 a été promulguée Année sainte par le pape Pie XII. L'article a été repris dans *Blocs erratiques*, © Les Quinze, 1977.

2. Ce passage préfigure la trame des *Rédempteurs*, écrit à Paris en 1952.

« La Cité parfaite » (Platon)

1. *Le Sainte-Marie*, vol. 6, n° 7, mai-juin 1950, p. 11. Le texte est signé « Hubert Aquin, (Rhéto '47-48), Directeur du *Quartier latin* ». Le *Sainte-Marie*, publié de 1944 à mars 1967, de façon irrégulière, est le journal des étudiants du collège Sainte-Marie qu'a fréquenté Hubert Aquin de septembre 1946 à juin 1948. Pendant ses études, Aquin a d'ailleurs publié trois textes dans ce journal : « Une possession » (novembre 1947), « Billet de Rhéto » (février 1948), « Extrait du gros album » (avril 1948), ce dernier en collaboration avec Louis-Georges Carrier. La citation est tirée du livre III de *La République* de Platon (Paris, Belles-Lettres, 1948, traduction d'Émile Chambry) qu'avait lu Aquin en mars 1949. L'expression « cité parfaite » a déjà été employée par Aquin dans « Discours sur l'essentiel » (*Q.l.*, 9 décembre 1949, p. 1).

2. Le cours classique, entre le cours primaire et l'université, avait une durée de huit années. Au Québec, ce système scolaire a été modifié en 1968.

Son témoignage

1. *Le Quartier latin*, 13 octobre 1950, p. 1. Tout ce numéro est consacré à l'abbé Llewellyn qui a été le directeur spirituel des étudiants de juillet 1945 à juillet 1950. Nommé par l'archevêque de Montréal, cet aumônier était payé à même les fonds de l'Association générale des étudiants de l'Université de Montréal pour former une « communauté chrétienne indépendante de l'Université, chargée de rayonner le Christ dans l'université » (« Témoignage sur cinq ans d'aumônerie », Le Père, *Le Quartier latin*, 21 mars 1950, p. 8). Il a été un des principaux fondateurs des rencontres « Carrefour » qui ont donné naissance au Centre canadien des intellectuels catholiques et au bulletin *Croire et savoir*. Voir la conférence d'Aquin « Liberté de pensée et sincérité », p. 117.

2. Ce désir d'une union, d'une intégrité personnelle est présent dans le *Journal* d'Aquin, en particulier dans les entrées des mois d'octobre et de novembre 1949, de même que dans son article « Le Christ ou l'aventure de la fidélité » (*Q.l.*, 21 mars 1950, p. 4).

3. La paroisse représente la communauté des étudiants catholiques de l'Université de Montréal.

Sur le même sujet

1. *Le Quartier latin*, 20 octobre 1950, p. 3. Il s'agit d'un commentaire d'Aquin sur le texte de Vianney Therrien « L'écrivain est-il responsable ?... suis-je le gardien de mon frère ? », publié dans le même numéro du *Q.l.* (p. 3). Ce débat se poursuit dans la chronique des lecteurs du *Quartier latin* pendant plusieurs semaines. Dans le numéro daté du 10 novembre, Jean-Guy Laurin publie une « Lettre au Directeur - La responsabilité de l'écrivain » où il se dit d'accord avec le commentaire d'Aquin tout en se référant à Proust : « À mon avis si l'écrivain catholique devait tenir compte de toutes les résonances possibles de son œuvre sur le lecteur, il devrait s'abstenir d'écrire, et sur ce point, je suis parfaitement d'accord avec vous, monsieur Aquin. » (p. 5)

2. Voir l'introduction.

3. Aquin a dévoilé à plusieurs reprises, dans ses romans et dans ses interviews, son obsession du lecteur. Dans ses conférences en particulier, il a abordé le rôle sociopolitique de l'écrivain dans une société aliénée.

Mise au point avec **Le Haut-Parleur**

1. *Le Quartier latin*, 27 octobre 1950, p. 1.

2. *Le Haut-Parleur*, hebdomadaire publié du 1er janvier 1950 au 22 août 1953 pour ensuite fusionner avec *L'Autorité*, est l'organe de l'Institut démocratique canadien. Journal d'opinion libérale, anticlérical et antipatriotique, il a été fondé par T. Damien Bouchard dans le but de « hâter l'heure où la liberté d'opinions aura fait suffisamment de progrès pour permettre à nos gens de dire ouvertement

ce qu'ils se répètent dans le silence et ce, sans continuer de s'exposer à ruiner leur avenir et celui de leur famille [...]. » (vol. 1, n° 1, p. 1) Hubert Aquin y a publié un court récit, « L'intransigeante », le 26 juillet 1951 (p. 5).

3. Il s'agit d'un article de Marcel Blouin en réponse à la censure imposée au *Quartier latin* depuis mars 1950.

4. Sandro, responsable de la chronique « Le petit forum des étudiants » dans *Le Haut-Parleur*, a publié un article le 15 octobre sur la censure au *Quartier latin.*

5. Extrait du même texte cité au paragraphe précédent.

L'Assomption

1. *Le Quartier latin*, 7 novembre 1950, p. 1. L'assomption de Marie n'étant pas explicitement affirmée dans l'Écriture et la croyance catholique traditionnelle, admise par saint Thomas d'Aquin et les scholastiques du XIIIe siècle, n'étant pas un argument déterminant, le dogme de l'Assomption de Marie a été proclamé par le pape le 1er novembre 1950 (Bulle *Munificentissimus Deus*). La définition de l'assomption en tant que vérité « implicitement révélée » s'appuie sur l'association étroite qui unit la Mère au Fils dans l'œuvre du salut ; cette association paraîtrait imparfaite si la Mère n'avait pas été unie, de la façon qui lui était possible, à la résurrection et à l'ascension de son Fils. En décembre 1944, le pape Pie XII, à la suite de pétitions formulées déjà dans l'Église, a adressé aux évêques du monde entier une lettre pour leur demander leur avis concernant cette définibilité.

2. Aquin a joué avec la troupe de théâtre de l'Université, les Comédiens du Mont-Royal, *Œdipe-Roi*, monté par Louis-Georges Carrier au théâtre Gesù, les 10 et 11 mars 1950. Dans ce même théâtre, il a auparavant tenu le rôle de Créon avec la troupe des Comédiens-Routiers, le 11 avril 1949, avec le même metteur en scène. Au cours des années 1971 et 1972, Aquin a écrit un texte dramatique intitulé « Œdipe », dans une première version, puis « Œdipe recommencé. Chantefable ». Voir l'édition critique de Renald Bérubé à paraître dans « Bibliothèque québécoise ».

3. Le dogme de l'Immaculée Conception de Marie a été proclamé par Pie IX le 8 décembre 1854 (Bulle *Ineffabilis Deus*).

4. Cet extrait n'a pu être retrouvé tel quel dans les ouvrages de Léon Bloy. Toutefois, un passage du *Mendiant ingrat* (Paris, Mercure de France, 1928), lu par Aquin en décembre 1948, s'en rapproche :

> Une chrétienne me dit ceci : — Il est nécessaire d'avoir un mari pour être vierge.
> À quoi je réponds, avec toute l'Église : — La virginité intégrale est en proportion du désir surnaturel de la maternité. C'est à force d'être Mère de Dieu que Marie est parfaitement Vierge. (p. 210)

5. Graham Greene, écrivain anglais converti au catholicisme en 1926, a écrit cet article à la demande du magazine après que le Vatican eut annoncé que le pape proclamerait un nouveau dogme de l'Église catholique. Aquin a vraisemblablement traduit lui-même le dernier paragraphe de ce long article de Greene.

Vouloir la paix !

1. *Le Quartier latin*, 9 décembre 1950, p. 1. Vraisemblablement à propos du conflit opposant le Nord et le Sud de la Corée. La guerre a éclaté en juin 1950. Les quotidiens lui consacraient régulièrement leur première page. Voir « "J'ai la mer à boire" a dit Mac Arthur », *Le Q.l.*, 26 janvier 1951, p. 1 ; p. 62.

2. Des hauts gradés de l'armée américaine, venue aider la Corée du Sud avec les forces de l'ONU, ont suggéré de recourir à la bombe atomique pour arrêter la guerre.

3. Le Conseil de sécurité de l'ONU a condamné les Nord-Coréens et a enjoint les États membres de l'ONU d'accorder toute leur aide au Sud assiégé. Le 28 juin 1950, Leaster Pearson, secrétaire d'État canadien aux Affaires extérieures condamne à son tour la Corée du Nord et donne son appui à l'ONU ainsi qu'à la gouverne des opérations militaires par les États-Unis.

4. Maxime dont l'origine est obscure.

5. Nous n'avons pas retrouvé cette citation dans les déclarations du Pape Pie XII au sujet de la guerre de Corée. Dans un ouvrage intitulé *Les Guerres modernes et la pensée catholique* de Luigi STURZO, publié à Montréal par les Éditions de l'Arbre (coll. « Problèmes actuels », n° 8, 1942) et traduit par Jean LeMoyne ainsi que Pierre Baillargeon, plusieurs passages font mention du caractère parfois ambigu de l'ordre pontifical dans la défense de la chrétienté. Par exemple :

> On peut en dire autant au sujet de la guerre : tant qu'elle a été admise comme une institution publique légitime à laquelle les États pouvaient avoir recours pour régler leurs différends, l'Église ne pouvait rien faire sinon maintenir les règles morales de la guerre et coopérer à la paix entre les nations. Et, lorsque cette paix dépendait de la défense par les armes, il arriva même à l'Église de promouvoir la guerre pour sauvegarder la civilisation chrétienne. (p. 100)

Nous n'avons pas la preuve que ce livre ait été lu par Aquin.

Europe 1950

1. *Le Quartier latin*, 19 décembre 1950, p. 1. Aquin a fait un séjour en Europe au cours de l'été 1950. Voir « Séminar de Pontigny. Une recherche de la fraternité », *Le Q.l.*, 19 décembre 1950, p. 3. Durant ce séjour il a visité les villes de Paris, Chartres, Versailles de même que des châteaux de la Loire, puis Rome, Naples, Pompéi et Florence.

2. Aquin fait référence à la scène du jardin dans *Faust* de Goethe où les personnages de Méphisto et de Faust manifestent, l'un en tant que comédien, l'autre en tant que jouet, des attitudes différentes envers la vérité.

3. Dans une lettre du 17 juillet 1950 à Marcel Blouin, Aquin reprend ce commentaire : « Tu ne saurais t'imaginer la beauté et la grandeur des cathédrales de France, de Reims surtout qui a réussi à faire naître en moi une impression qui était une prière. » Puis, dans une lettre au même destinataire, datée du 26 juillet, il commente la cathédrale de Chartres en ces termes : « L'autre jour j'ai vu Char-

tres : là je fus noyé par cette beauté, mais si j'avais eu plus de foi j'aurais mieux compris. Ça aurait été non pas une émotion esthétique mais une prière que j'aurais eue. Devant Chartres, c'est l'âme de Péguy qui montait en moi. »

4. Extrait du dernier chapitre des *Nourritures terrestres* d'André GIDE (Paris, Gallimard, NRF, 1947) ; la citation est un amalgame des premières phrases des deux premiers paragraphes (p. 185).

Séminar de Pontigny. Une recherche de la fraternité

1. *Le Quartier latin*, 19 décembre 1950, p. 3. Aquin a été choisi, par l'abbé Llewellyn, pour être un des sept délégués de l'Université de Montréal à ce séminar qui s'est déroulé du 13 juillet au 13 août 1950.

2. L'Entraide universitaire internationale est un organisme qui, à la suite de la Deuxième Guerre mondiale, « porte secours aux étudiants appauvris et démoralisés » et « crée à l'intérieur des universités une mentalité internationale » (*Le Q.l.*, 18 novembre 1949, p. 1). Cet organisme est associé au Fonds de secours mondial aux étudiants et son secrétariat international est établi à Genève. Vingt et une universités canadiennes y sont affiliées. L'organisation des séminars est issue de l'initiative du comité canadien qui, avec l'appui financier de l'UNESCO et des gouvernements provinciaux, a regroupé pour la première fois en 1948 en Allemagne, puis en 1949 en Hollande, plusieurs centaines d'étudiants provenant des continents américain et européen. À l'été 1950, le séminar a lieu au Collège franco-américain de Pontigny sous le thème général de « La crise au sein de la civilisation occidentale ».

3. Paul Desjardins (1859-1940), qui avait acquis le domaine de Pontigny en 1906, a fondé en 1910 la Société de Pontigny et y a instauré les décades d'été. Associé au groupe de la *Nouvelle Revue française*, fondée en 1909, qui restera fidèle à ces rencontres, Paul Desjardins a créé un réseau important de rencontres et d'échanges dont témoigne la correspondance d'André Gide et de Paul Claudel.

4. De 1948 à 1952, Aquin a été un fervent lecteur des jour-

naux intimes de Julien Green, de Charles-Ferdinand Ramuz, de Charles Du Bos, d'André Gide, et d'autres. Il a particulièrement étudié les ouvrages de C. Du Bos en classe de Rhétorique au collège Sainte-Marie et a même reçu un prix d'honneur pour une rédaction de seize pages sur le sujet (archives privées). Divers commentaires notés dans son *Journal*, entre décembre 1948 et avril 1949, indiquent une lecture assidue de cet auteur.

5. Dans une lettre à Marcel Blouin, dont la datation est incertaine (1950 ou 1952), Aquin commente l'influence des auteurs cités : « J'ai un faible pour ce qui est organisé, moralisé, ce qui fonctionne sur le plan humain comme la machine cartésienne, clairement... mais vers la lumière. Ma séduction fut tellement forte devant la morale organisée de Du Bos, l'égoïsme méthodique de Gide et l'extrême rigueur de Valéry..., que, peut-être, j'ai été tenté de commencer ma vie par ce qui était l'achèvement de la leur. » Aquin a lu plusieurs ouvrages de Paul VALÉRY, dont *Variété II* et *Poésies* en septembre 1948, *L'Idée fixe* en juin 1949. Dans son *Journal*, il note le 27 décembre 1948 : « Je pense pour ma vie à la rigueur de style dans Valéry. » D'autres commentaires apparaissent le 12 janvier, le 21 mars 1949 (« À quel point la figure de Valéry m'inspire ») puis plus tard en 1952. En exergue au début de son *Journal* (1960-1961), Aquin cite de nouveau Valéry : « Je suis rapide ou rien. » Il n'y a pas de traces d'une lecture de l'œuvre de Rainer-Maria Rilke dans les archives d'Hubert Aquin. À l'automne 1955, il a réalisé une émission sur Rilke dans le cadre d'une série intitulée « Chacun sa vérité », à la radio de Radio-Canada. En ce qui concerne André Gide, voir le texte « Le style, recherche d'authenticité » (*Le Q.l.*, 2 mars 1951, p. 4).

6. Aquin envoie trois lettres à Marcel Blouin durant son séjour à Pontigny. Il se dit très ému par ses rencontres et par ses découvertes sur lui-même. Dans une de ces lettres, datée du 26 juillet 1950, Aquin écrit en écho à cette même « aventure humaine » : « Les jours sont remplis de choses si peu habituelles que je désire impérieusement ces fils d'Ariane qui me viendraient de chez nous. Je manque de continuité ; je passe du plein au vide sans progression, de l'exaltation du moment à l'extrême du désemparement. »

« J'ai la mer à boire », a dit MacArthur

1. *Le Quartier latin*, 26 janvier 1951, p. 1. La guerre de Corée, qui a duré de juin 1950 au 27 juillet 1953, a fait la manchette de tous les quotidiens montréalais durant le mois de janvier 1951. À la suite de la condamnation par le Conseil de sécurité de l'ONU de l'invasion de la Corée du sud (d'allégeance capitaliste) par la Corée du nord (d'allégeance communiste), les États-Unis envoient des troupes militaires, dirigées par le général MacArthur, pour refouler les troupes nord-coréennes au-delà du 38e parallèle, limite déterminée, à l'issue de la Deuxième Guerre mondiale, des influences militaires soviétiques et américaines.

2. Extrait de *Pensées* (Paris, Gallimard, 1934, p. 68) de Charles PÉGUY.

3. Extrait du même ouvrage, p. 69.

4. Bien que, dans les quotidiens, il soit fait mention très régulièrement d'atrocités, aucun article des divers quotidiens consultés ne contient les données citées par Aquin. André LAURENDEAU, dans un article intitulé « Petite chronique de la guerre de Corée » (*L'Action nationale*, vol. XXXVI, nº 2, octobre 1950, p. 58-94), cite un long passage d'un article de Pierre Dublet, correspondant de guerre de l'Agence France Presse, où il est fait mention des atrocités américaines (comme le fait de brûler les villages). Dans son commentaire, Laurendeau fait le rapprochement avec les méthodes allemandes en Russie.

5. Ces propos semblent s'inspirer d'un article de François-Albert ANGERS (« La Corée et nous », *L'Action nationale*, vol. XXXVI, nº 1, septembre 1950, p. 35-54) qui dénonce la propagande américaine contre le communisme : « De plus, ce n'est pas tellement le communisme que ces populations craignent ; par-dessus tout, ce qu'elles abhorrent, c'est l'intervention des Blancs dans leurs affaires, des Blancs qui les exploitent honteusement depuis plusieurs siècles [...]. » (p. 46)

Le style, recherche d'authenticité

1. *Le Quartier latin*, 2 mars 1951, p. 4. Ce texte d'Aquin fait partie d'un dossier que consacre le journal à l'œuvre d'André Gide à la suite de son décès le 19 février 1951.

2. Les écrits d'André Gide influencent beaucoup Aquin pendant cette période de sa vie ; Aquin se montre particulièrement sensible à la démarche littéraire de Gide qui publie de son vivant un journal qu'il utilise dans son œuvre, en particulier dans *Les Faux-Monnayeurs* (Paris, Gallimard, 1927, BIB) et *Le Journal des Faux-Monnayeurs* (Paris, Gallimard, 1926), ouvrages lus par Aquin en septembre 1949.

3. Cette citation de Gide n'a pu être retrouvée dans son œuvre.

4. Les plus orthodoxes des représentants catholiques refusaient en effet de reconnaître la portée philosophique de l'œuvre de J.-P. Sartre et en prônaient l'interdiction au Canada.

5. Extrait du *Journal 1889-1939* (Paris, NRF, 1948, p. 995, BIB).

6. *Ibid.*, p. 732.

7. Dans son livre *Dostoïevsky. Articles et causeries* (Paris, NRF, 1923), André Gide cite à plusieurs reprises ce passage de la correspondance de Dostoïevsky parue en 1908. Charles Du Bos mentionne effectivement ce fait dans son *Journal 1924-1925* (Paris, Corrêa, 1948, p. 202).

8. *Journal 1889-1939* (*op. cit.*, p. 394).

9. *Ibid.*, p. 711.

Nos feuilles de chou

1. *Le Quartier latin*, 9 mars 1951, p. 1.

2. Extrait légèrement modifié par Aquin, tiré de « Réflexions sur l'enseignement ». Le texte original est : « Les événements ne sont que l'écume des choses. Ce qui m'intéresse, c'est la mer. »

3. Formule célèbre tirée du roman *Le Rouge et le Noir*.

4. *La Presse* est un quotidien montréalais qui existe depuis 1884 ; il est la propriété du conglomérat canadien Power Corpora-

tion Inc. En 1975 et 1976, Hubert Aquin a été employé par la maison d'édition associée à ce quotidien. Voir *Itinéraires d'Hubert Aquin* de Guylaine MASSOUTRE, « Bibliothèque québécoise », 1992, p. 256 et ss.

5. Fondé en 1910, *Le Devoir* est un quotidien indépendant de Montréal.

6. Allusion à la scène politique française alors que les quotidiens rapportent la démission du cabinet de M. René Pleven, le 28 février 1951, après le rejet par l'Assemblée du plan de réforme électorale.

Complexe d'agressivité

1. *Le Quartier latin*, 13 mars 1951, p. 1.

2. Peu de renseignements sont disponibles à propos de cette manifestation étudiante quant à l'ampleur de la grève et au nombre de participants ; elle semble être dirigée par les associations étudiantes qui réclament la levée de la censure sur *Le Quartier latin* et la participation des étudiants aux instances de direction de l'université.

3. Allusion à une importante grève des mineurs à Asbestos qui a mobilisé les forces progressistes de la société québécoise contre le gouvernement de Maurice Duplessis.

4. Allusion obscure.

5. Allusion à la Révolution française de 1789.

6. Il s'agit plutôt de la conscription de 1941. Aquin a-t-il fait un jeu de mots ? À la suite de son homologue anglais, le parlement du Canada a déclaré la guerre à l'Allemagne le 10 septembre 1939. Un an plus tard, la Loi sur la mobilisation des ressources nationales, laquelle oblige tous les hommes et toutes les femmes de 16 à 60 ans à s'inscrire dans les registres gouvernementaux, a été adoptée. La conscription n'oblige toutefois pas la recrue à effectuer son service outre-mer, qui repose sur le volontariat. Après des débats passionnés, le gouvernement fédéral devait céder aux pressions des chefs militaires et de la majorité de la population canadienne (selon un plébiscite de 1942, 80 % des Canadiens ont voté en faveur de la conscription pour le service outre-mer, tandis que 85 % des franco-

phones du Québec ont voté contre) et autorisait la conscription de 16 000 hommes pour servir sous les forces alliées en Europe. Les francophones avaient opposé le même refus à l'engagement du Canada lors de la Première Guerre mondiale.

Les miracles se font lentement

1. *Le Quartier latin*, 16 mars 1951, p. 1.

L'originalité

1. *Le Quartier latin*, 3 février 1966, p. 2. Ce texte devait paraître dans le numéro du 27 janvier 1966 alors que le journal étudiant consacrait un « Cahier » aux réponses des écrivains à une enquête sur ce qui les motivait à écrire. Un court paragraphe présente le texte :

> Peu de temps avant que ne paraisse le *Quartier latin* du 27 janvier, Hubert Aquin faisait parvenir au *CAHIER* un texte que nous n'avons pu insérer dans la rétrospective que nous publiions alors. Aussi avons-nous décidé de le soumettre aujourd'hui à l'attention du lecteur, en même temps qu'un billet de Claire Martin, persuadé qu'il y trouvera son content.

2. Allusion aux travaux de Claude LÉVI-STRAUSS. Aquin mentionne celui-ci dans son *Journal*, le « 2 août 1961 » (p. 211), lors de sa lecture de *Sociologie et anthropologie* de Marcel MAUSS (Paris, PUF, 1960) dont l'introduction est signée par Lévi-Strauss. Il fait également référence à *Anthropologie structurale* (Paris, Plon, 1958, BIB) dans son article « La fatigue culturelle du Canada français » (*Liberté*, vol. IV, mai 1962, p. 299-325).

Il y a des choses tellement plus intéressantes [...]

1. *L'Autorité*, 12 septembre 1953, p. 6.

2. Béatrix BECK, romancière d'origine belge née en 1914, fille du poète et polémiste Christian Beck (1879-1916), a publié une

dizaine de romans depuis 1948 en plus de siéger au jury du prix Femina (1959). Le roman *Léon Morin prêtre* fait partie d'un cycle romanesque largement autobiographique comprenant cinq romans ; il a été porté à l'écran par Jean-Pierre Melville en 1961.

3. Voir l'annotation du texte d'Aquin intitulé « Le style, recherche d'authenticité ».

4. Des réflexions sur la technique romanesque de Julien Gracq apparaissent à plusieurs reprises au début du mois de mars 1952 dans le *Journal* d'Aquin. Il lit d'abord *Un beau ténébreux* (1945) en février 1952, puis *Le Rivage des Syrtes* (Prix Goncourt 1951) en mars. Toutefois, à mesure qu'il approfondit sa connaissance de l'œuvre de Gracq, ses commentaires se font moins positifs : « Étrange auteur qui envoûte et qui pousse au bord du mystère : [...] J'aime ce monde de ténèbres où il me fait entrer [...]. » (Lettre à Lucien Pépin, 21 février 1952) Un mois plus tard, dans son *Journal*, après avoir lu *Au château d'Argol* (1935) et *Le Rivage des Syrtes* : « Gracq n'atteindra jamais la puissance mystique qu'il laissait désirer dans *Argol* et le *Ténébreux*, s'il ne comprend pas que ses personnages ne doivent faire que les gestes indispensables et extrêmes [...]. » (p. 119)

À notre correspondant, Pierre Emmanuel [...]

1. *L'Autorité*, 27 mars 1954, p. 6. Il s'agit du dernier article d'Aquin publié dans ce journal.

2. Pierre Emmanuel est le pseudonyme de Noël Matthieu, né à Caen en 1916 ; Pierre Emmanuel est avant tout poète, influencé par Pierre Jean Jouve, et essayiste ; il a écrit un seul roman (*Car enfin je vous aime*, 1950). De Pierre EMMANUEL, Aquin a lu, en novembre 1948, un essai, *Qui est cet homme ?* (1946), et, en janvier 1952, un recueil de poésie intitulé *Babel* (1952). Il critique plus sévèrement cet essai dans son journal : « 2 janvier 54. Pierre Emmanuel me donne l'impression de n'être jamais allé jusqu'au bout d'une de ses nombreuses idées et d'analyser profondément et avec soin, maintenant, ce qui furent des engagements nébuleux et des prises de position presque enfantines. » (*Journal*, p. 172)

L'Échéance

1. *Vrai*, 1er décembre 1956, p. 10. Licencié en droit de l'Université McGill, Maurice Gagnon détient également un doctorat en philosophie et une maîtrise en histoire. Depuis 1956, il se consacre à l'écriture et il a fait paraître une vingtaine de romans ; *L'Échéance* (Montréal, CLF, 1956) est son premier roman.

2. Ayant montré un certain intérêt pour la pensée existentialiste, Aquin se familiarisa en 1950 avec *L'Étranger* en participant à un projet de long métrage adapté de cette œuvre d'Albert Camus (voir *Itinéraires d'Hubert Aquin*, *op. cit.*, p. 53). Selon la liste de ses lectures compilée à partir du *Journal*, Aquin a lu *Le Mythe de Sisyphe* en avril 1949, *L'Homme révolté* en mai 1953, *La Chute* en janvier 1960.

3. Son journal intime étant souvent un lieu de réflexion sur la littérature, Aquin aborde le thème de la conscience chez le personnage dans son carnet du 21 janvier 1954 : « Pour moi, il ne devrait pas y avoir de milieu entre un roman de consciences et une étude sociologique. Je ne crois pas à la valeur humaine des romans où plusieurs personnes sont représentées en tant que socialisées, intégrées dans un groupe : leurs réactions — dans un roman — ne m'intéressent qu'en tant qu'elles sont libres et relèvent d'une trame intérieure. »

Les Inutiles

1. *Vrai*, 8 décembre 1956, p. 9. Eugène Cloutier, né en 1921, a obtenu son baccalauréat à Québec en 1943 avant de poursuivre des cours à la Sorbonne (Paris). Il devient journaliste et chef des nouvelles à Radio-Canada en 1947. De 1950 à 1973, il se consacre à l'écriture ; son premier roman, *Les Témoins* (1954), lui a valu le premier prix au concours littéraire et scientifique de la Province en 1954. *Les Inutiles* (Montréal, CLF, 1956 ; Fides, 1981) est son deuxième roman.

2. L'Institut Saint-Jean-de-Dieu est un hôpital psychiatrique fondé en 1873 par la congrégation des Sœurs de l'Asile de la Providence ; il est situé dans le secteur est de la ville de Montréal. En 1976, l'institut devient l'hôpital Louis-Hippolyte-Lafontaine.

3. Au cours de l'année 1960-1961, Aquin fera des remarques à plusieurs reprises dans son *Journal*, sur le rapport entre le réalisme et le symbolisme dans le roman.

4. Ce qui rejoint cette idée énoncée dans son *Journal*, le 26 décembre 1960 : « En littérature, l'important n'est pas l'explication d'un comportement mais sa résurrection, sa renaissance au niveau littéraire. »

Mon fils pourtant heureux

1. *Vrai*, 15 décembre 1956, p. 11. Il s'agit du troisième roman de Jean Simard qui a remporté, en 1947, le prix Kormann de l'Académie française avec son roman *Félix*. Né en 1916, Jean Simard a collaboré à la série Radio-Collège de Radio-Canada de 1952 à 1958, en même temps qu'Hubert Aquin ; il a aussi participé à la mise sur pied de la revue *Liberté* de 1961 à 1965. Il est membre du comité de rédaction des *Écrits du Canada français* depuis 1965, et depuis 1969, professeur à l'Université du Québec à Montréal. *Mon fils pourtant heureux* a été publié par le Cercle du Livre de France en 1956 et en 1968.

De Frontenac à Saint-Denys Garneau

1. *Vrai*, 29 décembre 1956, p. 14.

2. La collection « Classiques canadiens », lancée en 1956, publiera quarante-cinq numéros jusqu'en 1972.

3. Marcel TRUDEL, *Champlain*, Montréal, Fides, 1956 (repris en 1968). Auteur d'un roman en 1946 (*Vézine*, Fides), Marcel Trudel est professeur d'histoire à l'Université Laval à partir de 1947 ; il a mérité plusieurs prix et honneurs pour ses travaux d'histoire, dont le prix David en 1945 et 1951 et le Prix du gouverneur général en 1967.

4. Lilianne et Guy FRÉGAULT, *Frontenac*, Fides, 1956 (1968). Professeur d'histoire à l'Université de Montréal en 1942 et directeur de l'Institut d'histoire en 1946, Guy Frégault a publié plusieurs ouvrages. Pour ses travaux sur l'histoire de la Nouvelle-France, il a obtenu le prix Duvernay en 1944 et, en 1969, le prix

David ainsi que le prix France-Québec. Il a publié en collaboration avec Marcel Trudel *L'Histoire du Canada par les textes* (Fides, 1952).

5. Michel Dassonville, *Crémazie*, Montréal, Fides, 1956 (BIB). Directeur de travaux pratiques et chargé de cours à la Faculté des lettres de l'Institut catholique de Paris, Dassonville publiera également *Fréchette* en 1959 dans la même collection.

6. Benoît Lacroix, *Saint-Denys Garneau*, Montréal, Fides, 1956 (1966). Nommé en 1949 professeur à l'Institut d'études médiévales, affilié à l'Université de Montréal, Lacroix enseigne également au Département de philosophie de 1950 à 1960. Il publie *Vie des lettres et histoire littéraire* en 1954 (Éditions du Lévrier). En 1956, il est secrétaire de la collection « Les classiques canadiens » aux éditions Fides et co-directeur, de 1956 à 1975, de la collection « Vie des lettres québécoises » aux Presses de l'Université Laval.

7. *Op. cit.*, p. 9, 9-10, 10.

8. Ce livre, s'il existe, n'est pas répertorié dans la collection « Classiques canadiens ».

Les Roses de septembre

1. *Vrai*, 5 janvier 1957, p. 14. D'André Maurois, Hubert Aquin a lu, en juin 1952, *Byron* (vol. II, Paris, Émile Paul, 1931, BIB) et *Prométhée ou la vie de Balzac* (Hachette, 1965, BIB). *Les Roses de septembre* a été publié par Flammarion, 1956, 1964 et 1972. Voir l'introduction.

2. *Op. cit.*, p. 69.

Lettres de voyage

1. *Vrai*, 12 janvier 1957, p. 11 ; Pierre Teilhard de Chardin, *Lettres de voyage*, Paris, Grasset, 1956 (1961, 1962). Sur la lecture des ouvrages de Chardin par Aquin, voir l'introduction, p. 16.

2. *Op. cit.*, p. 87.

3. *Op. cit.*, p. 87.

4. *Op. cit.*, p. 61.
5. *Op. cit.*, p. 86.
6. *Op. cit.*, p. 77.
7. *Op. cit.*, p. 107.

Le Déménagement

1. *Vrai*, 2 février 1957, p. 10 ; Jean CAYROL, *Le Déménagement*, Paris, Seuil, 1956. Voir l'introduction, p. 15.

2. Dans l'entrevue qu'il accorde à Aquin, publiée sous le titre « Si l'on en croit Jean Cayrol » (*L'Autorité*, 19 septembre 1953), Cayrol établit ce même rapport du romancier avec le monde des objets : « Dans mes romans, je ne décris pas mes objets à froid, scientifiquement comme s'ils étaient en dehors de l'homme. Non, ils sont humanisés. » Et plus loin : « Le monde des objets est un monde à double sens, les objets sont des signes. Il y a toujours une signification surnaturelle à un objet matériel et même aux gestes humains, aux événements. »

Conférences et allocutions (1950-1975)

Liberté de pensée et sincérité

1. Hubert Aquin a déjà abordé cette question dans « Discours sur l'essentiel », texte publié dans le *Quartier latin* du 9 décembre 1949 : « La sincérité du scandale témoigne de l'idéal qu'on a et de la gravité de ce qui le menace. » (p. 1)

2. Dans son *Journal* de l'année 1949, Hubert Aquin prête une attention particulière à la sincérité de ses émotions et de ses réflexions. Sa vision de la sincérité est grandement influencée par la pensée naturaliste de Gide. L'approche théologique telle que la conçoit le discours thomiste admet difficilement cette démarche, comme en témoigne cet écho indirect de la communication d'Aquin, tiré d'un compte rendu de « Carrefour 1950 » fait par Marie-Joseph D'ANJOU, s.j., dans la revue *Relations* (avril 1950, n° 112, p. 99-102) :

> Réclamer, au nom de la « sincérité », le droit de publier à tous les échos, d'annoncer à tous les hommes — quelque inaptes qu'ils soient à en juger — la « vérité » de sa crise intérieure, ne serait-ce pas, en doutant publiquement de ce qu'on est et doit être devant Dieu en contestant à la foi sa valeur de norme absolue et à Jésus-Christ son rôle de Maître divin de Vérité et de Vie, répandre la pire tentation, celle de l'orgueil humaniste, dont tous nos efforts d'intellectuels doivent précisément tâcher à libérer les esprits ? (p. 100)

L'existence politique

1. Le RIN se définit comme un mouvement d'éducation populaire, indépendantiste, mais sans orientation sociale précise. Hubert Aquin maintiendra un contact assez étroit avec ce mouvement, occupant le poste de vice-président pour la région de Montréal au printemps 1964, et il se dissociera du projet de fusion avec le Mouvement souveraineté-association d'où naîtra le Parti québécois en 1968.

2. Avec un gouvernement libéral au pouvoir depuis 1897 (jusqu'en 1936), les milieux nationalistes québécois s'inquiètent de l'importation massive de capitaux étrangers, en particulier d'origine américaine. Dans les années 1930, des courants nationalistes contestent l'explication de la sauvegarde politique du fait français au Canada par l'Acte d'union fédérale de 1841 ; ils attribuent par ailleurs l'infériorité économique des Canadiens français à l'existence de cette union et ils réfutent l'interprétation dominante qui associe cette condition économique à un trait atavique des Canadiens français. En 1935, Maurice Duplessis fonde le parti de l'Union nationale pour préserver les richesses naturelles et développer une autonomie politique provinciale. Mais ce courant nationaliste est associé à un conservatisme, critiqué principalement par Pierre Elliott Trudeau et les membres de la revue *Cité libre*, conservatisme qui affectera surtout le développement culturel de la province. Cette période est d'ailleurs communément appelée « la grande noirceur ».

3. Après des études de philosophie à l'Université de Montréal en 1950-1951, où il a lu Thomas d'Aquin et plusieurs de ses exégètes, Hubert Aquin entreprend, en 1953, à Paris, une licence de philosophie portant sur la phénoménologie. Ses lectures de Jean-Paul Sartre, *L'Être et le Néant*, *Situations II*, etc. sont notées dans sa liste de lectures de l'année 1953 de son *Journal*.

4. Fondée en 1867, la Confédération des territoires britanniques de l'Amérique du Nord avait pour but d'unifier et de centraliser les pouvoirs économiques et législatifs canadiens à Ottawa (sauf dans les domaines de l'éducation, des affaires municipales, familiales et civiles, lesquelles sont de juridiction provinciale). (Voir notes 19 et 21.)

5. Expression empruntée au monde des enfants, signifiant « se soumettre », « abandonner », « céder ».

6. Référence à un passage du *Journal* d'André Gide : « C'est avec les beaux sentiments qu'on fait de la mauvaise littérature. » (*Journal 1939-1942*, 2 septembre 1940, Paris, Gallimard, 1946, p. 82, BIB) Hubert Aquin connaît bien le *Journal* d'André Gide puisqu'on lit dans son propre *Journal* en février 1952 : « Après m'être nourri des subtiles pensées du *Journal* de Gide pendant quatre ans au moins [...] ».

7. Marcel Chaput fut un des fondateurs du RIN ; premier vice-président (1960), il fut président général du RIN en 1962. Il a démissionné de son poste au Conseil de recherche pour la Défense à Ottawa, le 4 décembre 1961, après avoir été suspendu pour s'être affiché comme indépendantiste à une conférence qui avait eu lieu à l'Université Laval en novembre 1961. Chaput a publié l'ouvrage *Pourquoi je suis séparatiste* (Montréal, Éditions du Jour, 1961) et a fondé le Parti républicain du Québec le 17 décembre 1962 ; ce parti ne vivra qu'une année.

8. Fondateur de l'Alliance laurentienne en 1957, Raymond Barbeau est également professeur à l'École des Hautes Études commerciales, rattachée à l'Université de Montréal. Barbeau a publié *J'ai choisi l'indépendance* (Montréal, Éditions de l'Homme, 1961). L'Alliance laurentienne se veut un mouvement d'éducation nationale qui prône une idéologie conservatrice inspirée de la doctrine sociale de l'Église catholique.

9. Raoul Roy est dirigeant de l'Action socialiste pour l'indépendance du Québec (fondée le 9 septembre 1960) et rédacteur de *La Revue socialiste* dont le but est de « lutter par tous les moyens à sa disposition afin que soit reconnue l'impérieuse nécessité de l'indépendance du Québec pour la libération nationale des Canadiens français » (*La Revue socialiste*, n° 5, printemps 1961, p. 4). L'ASIQ est la première à mettre de l'avant l'idée d'un socialisme décolonisateur qui influencera l'idéologie du RIN.

10. Hubert Aquin se réfère probablement aux passages concernant la Charte des Nations Unies dans l'ouvrage de Marcel Chaput, *Pourquoi je suis séparatiste* (voir note 7) et dans lequel Chaput considère que « la troisième phase sera celle des négocia-

tions avec Ottawa et les Nations Unies » (p. 149). Le 27 novembre 1961, l'Assemblée générale des Nations Unies créait le Comité des Vingt-quatre, chargé d'appliquer la Résolution sur l'octroi de l'indépendance qu'elle considérait comme une charte historique en faveur du droit irrépressible de toutes les nations à l'autonomie et à l'indépendance.

11. Québécisme calqué de l'anglais.

12. Façon de désigner, par les capitales fédérale et provinciale, le gouvernement canadien et le gouvernement québécois.

13. La révolte des Patriotes de 1837 est une insurrection armée qui s'est soldée par la défaite des troupes canadiennes-françaises face aux forces de l'ordre anglaises. Révolte célèbre dans l'histoire du Québec, qui a entraîné le projet de l'Union du Haut et du Bas-Canada. Hubert Aquin se référera à plusieurs reprises à cette révolte dans ses romans. Voir en particulier *Prochain épisode*.

14. Le 6 février 1962, le gouvernement conservateur a consenti à faire imprimer, dans les deux langues, tous les chèques émis par ses services et tirés sur le compte du Receveur général du Canada. Cette mesure, mise en application huit ans après la première demande, fut reçue dans les milieux indépendantistes et nationalistes québécois comme un affront à leur volonté de reconnaissance d'un statut politique distinct.

15. Ainsi dénommé à l'époque, il s'agit du Nouveau Parti démocratique fondé en août 1961. Ce parti représentait, pour le mouvement ouvrier québécois, un exutoire politique important. La question de la reconnaissance d'une nation canadienne-française avec des droits spécifiques fut au cœur des débats lors du congrès de fondation de la section NPD-Québec (29-30 juin 1963). Ceux-ci entraînèrent une division de la représentation sociale démocrate selon des tendances fédéralistes (NPD-Québec) et des tendances nationalistes, qui formèrent le Parti socialiste du Québec en novembre 1963.

16. Marcel Rioux est alors professeur au Département de sociologie à l'Université de Montréal ; la citation n'est pas complète : « La révolution dans la Province de Québec sera une révolution globale et une révolution idéologique, ou elle ne sera pas. » (*Liberté*, vol. IV, n°s 19-20, 1962, p. 50)

17. Anglicisme : éliminer, mettre de côté, écarter.

18. Allusion aux fédéralistes de la revue *Cité libre* : Jean Marchand, Pierre Elliott Trudeau, etc. (voir l'article « La fatigue culturelle du Canada français », *Liberté*, vol. IV, n° 23, 1962, p. 299-325, pour un examen plus approfondi de ce propos).

19. L'Acte de la Confédération ou Acte de l'Amérique du Nord britannique fut signé par les provinces de Québec, d'Ontario, de Nouvelle-Écosse et du Nouveau-Brunswick en 1867, alors que le système fédéral était en voie d'élaboration depuis vingt ans. Les autres provinces canadiennes se sont jointes à la fédération progressivement, entre 1870 (le Manitoba) et 1949 (Terre-Neuve). (La Colombie-Britannique en 1871, l'Île du Prince-Édouard en 1873 et la Saskatchewan en 1905)

20. Le Nouveau Parti démocratique. Voir note 15.

21. Référence aux *Actes de l'Amérique du Nord britannique* (1867) qui sont la codification des statuts des provinces canadiennes, de l'Union des provinces et les rapports avec la Reine d'Angleterre à qui « sont par les présentes attribués le gouvernement et le pouvoir exécutif du Canada » (*Codification des Actes de l'Amérique du Nord britannique* [*1867 à 1965*], préparé par Elmer A. Driedger, Ottawa, Ministère de la Justice, 1973, Acte 9, p. 3). Ouvrage figurant dans la bibliothèque d'Hubert Aquin.

[*Faillite de la littérature québécoise*]

1. Michel van Schendel (né à Asnières, France, en 1929) est écrivain et professeur de littérature à l'Université du Québec à Montréal ; au moment de cette communication, il était journaliste au quotidien *La Presse*. Hubert Aquin et Michel van Schendel se sont connus à Paris en 1952 ; ce dernier ayant émigré au Canada, ils ont suivi une carrière semblable (réalisateur et scripteur à Radio-Canada, traducteur, écrivain, professeur). Dans « Constat de quarantine » (*Mélanges littéraires II*), Hubert Aquin mentionne le départ de M. van Schendel de la revue *Liberté*.

La citation n'est pas littérale : « Il se dégage des livres récents une subtile inversion des rapports amoureux. Je n'ai pas à me prononcer sur ce point. Je voudrais ajouter cependant que l'inversion plus ou moins apparente dont il s'agit a une lourde signification. On a déjà noté que le colonialisme s'accompagnait [...] de nombreuses formes de désorganisation sociale et de prescription mentale. » (*Recherches sociographiques*, vol. V, n°s 1-2, janvier-août 1964, p. 165) Alors que van Schendel traite de l'inversion des rapports amoureux dans la littérature, Aquin critique le « déviationnisme » des rapports amoureux invertis qui sont, selon la terminologie freudienne, des rapports amoureux orientés vers le même sexe.

2. Né à Montréal en 1919, Jean Filiatrault (Montréal, 1919-1982), romancier, auteur de pièces de théâtre radiophoniques et de téléromans à Radio-Canada, était, avec Hubert Aquin, membre du comité de rédaction de *Liberté* (il démissionna en 1965).

3. Gilles Marcotte, né à Sherbrooke en 1925, est professeur de littérature au Département d'études françaises de l'Université de Montréal depuis 1966 ; il fut également réalisateur à Radio-Canada de 1955 à 1957, puis recherchiste et scénariste à l'ONF de 1957 à 1961. Il avait publié, en 1962, *Le Poids de Dieu* (Paris, Flammarion, 1962) qui racontait la contestation du milieu ecclésial par un prêtre.

4. Le monde de l'espionnage a fasciné Hubert Aquin, particulièrement durant cette période de sa vie ; son premier roman publié, *Prochain épisode*, écrit quelques mois plus tard, comporte une trame d'espionnage importante et Aquin rédige avec Louis-Georges Carrier une comédie musicale, « Ne ratez pas l'espion », qui sera jouée à l'été 1966 au Théâtre des Marguerites. Pendant l'année 1966, il rédige également un téléthéâtre intitulé *Faux Bond*, adapté d'un scénario de Jean-Charles Tachella, qui sera diffusé le 27 janvier 1967 et dans lequel il tient le rôle d'un agent double.

5. Le discours indépendantiste est de plus en plus présent dans la société québécoise et diverses organisations sont créées qui répondent, soit de façon violente, soit par des voies démocratiques (groupes de pression, partis politiques, etc.) aux intérêts nationalistes d'un nombre grandissant de Québécois. Les activités terroristes de regroupements indépendantistes débutent en mars 1963 (attaque de trois casernes militaires avec des bombes incendiaires) et s'intensifieront durant cette année.

6. Allusion à la polémique en 1946-1947 entre Robert Charbonneau, Berthelot Brunet et des écrivains français, dont Louis Aragon, François Mauriac, André Billy, au sujet de l'autonomie et de l'originalité de la littérature canadienne-française. Voir *La France et nous* de Robert CHARBONNEAU (« Bibliothèque québécoise », 1993).

7. Cette communication a lieu quelques mois après la rédaction de « Profession : écrivain » (*Parti pris*, vol. I, nº 4, 1964, p. 23-31) où Hubert Aquin explique pourquoi il refuse la reconnaissance du statut d'écrivain (se référant principalement à l'analyse d'Albert MEMMI dans *Portrait du colonisé*, Paris, Corrêa, 1957) : « Or, dans mon cas, si la structure éclate sous le coup de la déflagration qui se produit en moi, ce n'est pas pour laisser la place à une contre-structure littéraire, mais pour ne laisser aucune place à la littérature qui n'exprimerait, si je cédais à ses charmes, que la domination dont je suis le lieu depuis deux siècles. » (p. 26)

A Writer's View of the Situation in Quebec

1. Emploi incorrect : *labelled* ou *described.*

2. Cette dénomination n'apparaît dans aucun document concernant les démêlés d'Hubert Aquin avec la justice canadienne ; aucune accusation pour activités subversives ne fut portée contre lui lors de son procès en 1964. Aquin se réfère peut-être à son expulsion de la Suisse à l'automne 1966 sur les bases de ses activités militantes au sein du RIN (Rassemblement pour l'Indépendance nationale).

3. Hubert Aquin affirme être toujours membre de l'exécutif national du RIN, même après le démantèlement de l'aile radicale, à laquelle ses propos l'associent (les 16-17 mars 1968) ; le texte aurait-il été écrit auparavant ou est-ce le signe de son ambivalence ?

4. L'unilinguisme français était un important élément de négociation en vue d'une éventuelle fusion du RIN avec le Mouvement souveraineté-association de René Lévesque, et des dissensions idéologiques divisaient le RIN quant au projet d'une république socialiste indépendante.

5. Les violences séparatistes ont débuté au Québec en février 1963 par des bombes et des manifestations puis se sont poursuivies, avec quelques regains et sursis (l'automne 1967 et l'hiver 1968 sont particulièrement agités) jusqu'en octobre 1970 au moment de l'application de la loi des mesures de guerre par le gouvernement canadien dirigé par Pierre Elliott Trudeau.

6. D'abord empruntée à Rilke, l'expression renvoie aussi au roman de Hugh Maclennan (professeur à l'Université McGill et romancier), *Two Solitudes* (New York, Duell Sloan, 1945) dont le titre est devenu l'expression de l'ignorance réciproque qui caractérise les rapports entre francophones et anglophones au Québec.

7. Citation tirée de la correspondance entre lord Durham et lord Glenelg du 8 août 1838. John George Lambton, premier comte de Durham (1792-1840) fut gouverneur général et haut-commissaire de l'Amérique du Nord britannique du 30 mars au 1er novembre 1838 et chargé de préparer le rapport sur les rébellions de 1837. Lord Glenelg était, à Londres, le secrétaire aux Affaires des colonies anglaises (1835-1839). La source exacte d'Aquin pour l'ensemble de ces citations historiques nous est inconnue. La bibliothèque du collège Sainte-Marie, où il travaille pendant l'été 1967 à la traduction d'un ouvrage sur l'Acte d'Union, possède un ouvrage intitulé *Lord Durham's Report on the Affairs of British North America* (Oxford, the Clarendon Press, 1912, 3 vol.). Le dernier volume (*Appendixes*) contient diverses lettres de Durham dont une datée du 8 août 1838 à lord Glenelg qui contient ce passage (p. 320-321). Quelques brefs segments sont délaissés par Hubert Aquin (le passage complet se trouve à l'Appendice IV.1). Aquin utilise cette même citation, qu'il traduit lui-même, pour l'annotation d'*Histoire de l'insurrection du Canada* de Louis-Joseph Papineau, dont il a également écrit l'introduction.

8. Citation incomplète tirée de la même lettre :

> If Lower Canada had been isolated from other colonies, and so well peopled as to leave little room for emigration from Britain, it might have been right at the conquest to engage for the preservation of French institutions, for the existence of a « Nation Canadienne » ; but, considering how certain it was

> that, sooner or later, the British race would predominate in the country, that engagement seems to have been most unwise. (p. 322)

9. Un trait au crayon bleu indique de déplacer à cet endroit la parenthèse qui se trouvait plus haut auparavant : « the second (after France) French » (l. 21).

10. Sir James Henry Craig (1748-1812), militaire de formation, fut gouverneur du Bas-Canada de 1807 à 1811. Son règne, parfois nommé « règne de la terreur », entraîna un raffermissement du nationalisme canadien-français, surtout après qu'il eut emprisonné les propriétaires-rédacteurs du quotidien francophone *Le Canadien*. Comme le mentionne Hubert Aquin, le gouverneur Craig a dissous à trois reprises le gouvernement du Bas-Canada (1808, mai 1809, janvier 1810).

11. Ce passage, vraisemblablement tiré de l'ouvrage de Mason Wade (*The French Canadians 1760-1945*, Toronto, The Macmillan Company of Canada, 1955, p. 110), n'est pas complet :

> Representative government was not at all to Craig's absolutist taste, especially when "To a People circumstanced as I have described these to be, ignorant and credulous in the extreme, having no one common tie of affection or union, viewing us with jealousy, mistrust and hatred, having separate and distinct interests, it has been thought proper to give a share in the Government of the Country, by a House of Representatives in which they must ever have the Majority".

12. Le gouvernement britannique modifia, en 1791, les institutions parlementaires du Bas-Canada ; le gouverneur, dépositaire de pouvoirs exécutifs importants, conservait un veto sur le Conseil législatif (quinze membres nommés à vie par le roi) alors qu'une chambre basse formée d'au moins cinquante députés élus était chargée de représenter la majorité de la population (composée à 85% d'origine française). Cette tendance à la démocratisation des mœurs politiques de la colonie contrecarrait les pressions exercées par les marchands anglais sur le gouverneur pour limiter les pouvoirs de la majorité française, formée avant tout d'agriculteurs et de paysans.

Craig, farouche défenseur des visées impériales, proposa des réformes fondamentales de ces institutions, trop démocratiques selon ses vues, en vue de briser le support nationaliste canadien-français dans ce gouvernement. Après la désapprobation de ces démarches par le gouvernement britannique, le Parti canadien connut de plus en plus de succès lors des élections suivantes.

13. La Rébellion de 1837-1838 se solda par la défaite des Patriotes, mal organisés et peu armés, aux mains des milices britanniques, mieux entraînées et plus nombreuses. Cette révolte populaire, le seul haut fait de l'histoire de la résistance canadienne-française à la britannisation de leurs mœurs, entraîna la pendaison de douze condamnés et l'exil d'une centaine d'autres. À la suite des recommandations du rapport Durham (1839) pour l'union des deux Canadas, la vie parlementaire du Bas-Canada fut d'autant plus agitée qu'une forte immigration de sujets britanniques menaçait le peu de pouvoirs de la majorité canadienne.

14. Ce passage est extrait d'un article du quotidien *The Montreal Courier* (5 avril 1849), choisi par lord Elgin dans sa lettre du 30 avril 1849, pour démontrer le chauvinisme violent de certaines personnalités britanniques de la colonie du Bas-Canada. Le passage complet se trouve à l'Appendice IV.2.

15. L'origine de cette citation nous est inconnue.

16. Nous n'avons pu trouver l'origine de cette citation.

17. Ce sont des extraits du chapitre 17 « Colonialism and Economic Growth » du livre de Everett E. HAGEN, *On the Theory of Social Change. How Economics Growth Begins* (Homewood, Ill., The Dorsey Press Inc., 1962, p. 411, 412 et 415). Une transcription complète des sections d'où proviennent les extraits est donnée à l'Appendice IV.3.

18. Emploi incorrect ; *unsympathetic*.

19. Citation tirée de *Social Disorganization* de Mabel A. ELLIOTT et Francis E. MERRILL (Harper and Row Publishers, New York, 1961), deux auteurs dont les noms sont confondus par Hubert Aquin. Le passage cité diffère légèrement de celui qui se trouve à la page 693 de la quatrième édition de ce volume (1961). Hubert Aquin aurait consulté la troisième édition publiée en 1950.

Quelle part doit-on réserver à la littérature québécoise dans l'enseignement de la littérature ?

1. Le premier roman d'Hubert AQUIN, *Prochain épisode* (Montréal, Le Cercle du Livre de France, 1965), a connu un grand succès de librairie ; cet ouvrage a tôt fait partie de programmes d'enseignement de la littérature au niveau secondaire et au niveau collégial.

2. Hubert Aquin a fréquenté différents collèges au cours de ses années d'études secondaires ; il a complété ses études classiques au collège Sainte-Marie de Montréal (de 1946 à 1948). Il a de nouveau commenté la méthode des « morceaux choisis » et son influence sur sa propre lecture de Gustave Flaubert, lors d'une interview à l'émission radiophonique « Plaisir à Flaubert » (dans la série *Horizons* de Radio-Canada, le 4 avril 1976) ; il y faisait mention du profond désenchantement ressenti à la lecture d'extraits de *Madame Bovary* dans une anthologie.

3. Voir note 1.

4. Dans les notes de cours d'Hubert Aquin portant sur *Ulysse* de James JOYCE, les commentaires d'ordre esthétique prévalent sur l'analyse des valeurs symboliques. Ces commentaires, influencés particulièrement par la notion d'esthétique développée par Umberto ECO dans *L'Œuvre ouverte* (Paris, Seuil, 1965) en fonction surtout de la lecture de l'œuvre de James Joyce, rappellent d'autres lectures d'Aquin sur l'esthétique : *Esthétique et philosophie* (Paris, Klincksieck, 1967) de Mikel DUFRENNE, *L'Esthétique mondiale au XXe siècle* (Paris, PUF, 1961), etc. Une liste plus complète de ces lectures apparaît dans *Itinéraires d'Hubert Aquin* à l'année 1968.

La mort de l'écrivain maudit

1. Hubert Aquin et Louis-George Carrier ont élaboré, en novembre 1967, un projet de jeu-théâtre télévisé « Faites-le vous-même… » qui, après diverses modifications et reformulations, sera intitulé « Smash ». Dans un document présenté par Hubert Aquin et Louis-George Carrier à la Société Radio-Canada, ce projet est décrit

comme un « “spectacle total” en cela que toutes les ressources de la télévision seront mises à contribution ».

2. Anglicisme : groupe de discussion, table ronde, etc.

3. Gaston Miron, né en 1928, est poète (*L'Homme rapaillé*, Montréal, PUM, 1970) et éditeur ; il est une des personnalités importantes du milieu littéraire indépendantiste québécois. Il fut l'un des fondateurs des Éditions de l'Hexagone et de la revue *Liberté*. Dans un texte rédigé à l'automne 1963 (« Lettre morte (à Gaston Miron) », *Liberté*, vol. XXV, n° 6 (150), p. 4-6), alors que les premiers prisonniers felquistes subissent leur procès, Hubert Aquin fait part à Gaston Miron, « poète maudit », de sa compassion à l'endroit des prisonniers.

4. Intellectuel québécois influent, André Laurendeau (1912-1968) fut chef de parti et député du Bloc populaire (1944-1947), directeur de *L'Action nationale* de 1937 à 1943 et de 1949 à 1954, puis éditorialiste et rédacteur en chef du *Devoir* de 1947 à 1963 ; écrivain et essayiste, il fut nommé, en juillet 1963, coprésident de la Commission royale d'enquête sur le bilinguisme et le biculturalisme, ce qui le discrédita aux yeux de l'intelligentsia indépendantiste. Dans « L'affaire des deux langues » (*Liberté*, vol. X, n° 2 [56], 1968, p. 5-7), article rédigé à la suite de la publication du premier tome de la Commission, Hubert Aquin, dans un jugement péremptoire, fait référence à André Laurendeau : « André Laurendeau passera à la postérité pour avoir été celui qui aura le plus nui à la diffusion de la langue française en Amérique du Nord. »

5. Ce terme renvoie aux procédés de composition dans l'œuvre de James Joyce, en particulier *Ulysse*, qui a profondément influencé Hubert Aquin. Dans ses notes de cours (UJJ, UJ), il explicite cette caractéristique de l'écriture joycienne.

6. Pierre Trottier, écrivain et diplomate canadien né en 1925, a occupé divers postes à l'étranger depuis 1951. Il a collaboré à la revue *Liberté* et a reçu, en 1960, le prix David du gouvernement québécois puis, en 1964, le Prix de la Société des gens de lettres. Le nom de Pierre Trottier apparaît dans la correspondance d'Hubert Aquin (2 décembre 1966) alors que ce dernier séjourne en Suisse (quelque temps avant son expulsion) et qu'il est invité à participer

à une discussion organisée par l'Institut France-Canada à Paris. Le 12 décembre, Hubert Aquin demande à Pierre Trottier de lui rembourser ses frais de déplacement. Le nom de Pierre Trottier reviendra, cette fois accompagné d'une malicieuse ironie, dans « Constat de quarantine » (*Point de mire*, vol. III, n° 14, mai 1972, p. 34) : « Cette revue littéraire [*Liberté*] compte, parmi ses collaborateurs célèbres [...] Pierre Trottier (porté disparu dans la valise diplomatique Karachi – Uplands) [...] »

7. La démarche littéraire de Jorge Luis BORGES semble fasciner Hubert Aquin puisqu'on trouve de nombreuses citations et notes le concernant dans les dossiers du cours sur le baroque qu'il donne au collège Sainte-Marie. La citation, tirée d'*Histoire de l'infamie. Histoire de l'éternité* (Monaco, Éditions du Rocher, 1951, BIB ; ouvrage qui comporte plusieurs marginalia dont une concernant le passage cité) et transcrite par ailleurs dans le dossier CBA-O des notes de cours, contient toutefois une erreur de transcription dans le texte de la conférence. Au lieu de « risqué », il faudrait lire « résigné » ; de plus, un point-virgule (et non une virgule) suit l'infinitif « d'écrire ». La suite des commentaires sur la dimension littéraire de Jorge Luis Borges provient essentiellement des notes prises à partir du livre d'Ana Maria BARRENECHEA, *Borges and the Labyrinth Maker* (New York, New York University Press, 1965, 175 pages, BIB).

8. Le nom de Paracelse apparaît également à la suite d'une liste de noms de médecins des XIVe et XVe siècles dans un dossier de notes de lecture (C1972 - C, M, etc.) concernant la préparation du troisième roman d'Hubert Aquin, *L'Antiphonaire* (publié en novembre 1969). Quant à l'identification d'Aquin à Paracelse, elle sera reprise dans une lettre à Louis-Georges Carrier datée du 15 mars 1970 : « [...] je respire de mes poumons et peux même taper du bout de mes doigts crochus l'impression visqueuse que je ne suis plus qu'un pauvre paradigme du pauvre Paracelse [...] » (Lettre reprise avec des variantes dans *Point de fuite*, Montréal, Cercle du Livre de France, 1971, p. 130-131).

9. Il ne nous a été possible de retracer la source de cette citation ni dans *Œuvres médicales* de PARACELSE (Paris, PUF, coll.

« Galien », 1968), figurant dans la bibliothèque d'Aquin, ni dans les autres textes de Paracelse ; cette citation semble provenir d'une source secondaire non identifiée. L'expression « vapeur condensée » est reprise dans la nouvelle « L'Alexandrine » (1969) : « [...] la douce et belle victime des diaboliques machinations de ce Pirelli iatro-chimifié. Maudite "vapeur condensée", vase d'horreur et suaire de l'antéchrist, Edgar Pirelli m'apparaissait [...] » (*Point de fuite*, p. 26).

10. Mot allemand qui signifie sosie, double. L'importance de la duplicité chez les personnages fictifs d'Hubert Aquin trouve ici une assise biographique reliée à sa pratique d'écrivain.

[*Le rôle de l'écrivain dans la société*]

1. *Prochain épisode*, Montréal, Cercle du Livre de France, 1965, 174 pages.

2. Dans *Prochain épisode*, la ville de Drummondville n'est jamais mentionnée ; la route 22 l'est à trois reprises (p. 10, 90, 145) tandis que les villages d'Acton Vale et de Richmond font partie d'une suite de plusieurs noms de villages présente à deux reprises (p. 10 et 90).

3. *L'Antiphonaire*, Montréal, CLF, 1969, 250 pages.

4. Le Centre civique de Drummondville est mentionné à quelques reprises, surtout aux pages 73, 77, 78 de *L'Antiphonaire*.

5. Le Motel Hillcrest apparaît à plusieurs reprises dans *L'Antiphonaire*, surtout au début du texte (p. 9, 35, 43, 46, 47, 49,... jusqu'à la page 111).

6. L'intérêt d'Hubert Aquin pour la composition de ce roman existe depuis ses études philosophiques et littéraires à Paris en 1952-1953. Les procédés stylistiques et narratifs ont retenu particulièrement son attention après la lecture de *L'Œuvre ouverte* d'Umberto Eco en septembre 1968. On trouve dans les notes de cours, donnés par Hubert Aquin au collège Sainte-Marie en 1968, plusieurs références à des textes critiques sur l'œuvre de Joyce.

7. Hubert Aquin a rencontré Georges Simenon en juin 1962 dans le cadre de la production du film, *La France revisitée*, alors

qu'il travaillait pour l'ONF. Des témoignages de cette rencontre sont présents dans le *Journal* (30 juin et 3 juillet 1962). La bibliothèque d'Hubert Aquin contient plusieurs ouvrages de cet écrivain.

8. Dans une lettre à Pierre Tisseyre (21 janvier 1970), au sujet des possibilités de publication de *L'Antiphonaire* en France, Aquin fait référence à des œuvres de Joyce et de Faulkner : « D'abord attristé par ces documents, voilà que je me réjouis presque à l'idée que vous allez proposer à Yves Berger "L'Antiphonaire". Si cela lui convient, je serai fort content ; mais dans le cas contraire, je devrai me dire que les éditeurs français auraient aussi refusé *Ulysse* de J. Joyce, *Le Bruit et la Fureur* de Faulkner... »

Conscient de cette filiation plutôt prestigieuse, Aquin indique en post-scriptum : « PS : Jamais il ne me serait venu à l'idée que je suis dans la trace de Joyce ou de Faulkner : n'allez pas croire que je suis pris de mégalomanie... » Quant à Rabelais, Aquin en fait mention dans une autre lettre datée du 29 janvier 1970, commentant un passage (la seule référence indiquée par Aquin est l'année « 1922 ») de Valéry Larbaud qui compare *Ulysse* de Joyce à l'œuvre de Rabelais : « Ce livre est grand et compréhensif et humain comme l'œuvre de Rabelais. »

9. Cette liste de noms de physiciens, parmi lesquels se trouve un philosophe phénoménologue, a vraisemblablement été tirée du chapitre I de *L'Œuvre ouverte* d'Umberto Eco.

10. Hubert Aquin habita à Laval d'avril 1967 à juin 1972.

11. *De sang-froid* est la traduction de *In Cold Blood* (Toronto, Signet Books, 1965, 384 pages), ouvrage qui figure dans la bibliothèque d'Hubert Aquin. Dans ses notes de lecture (UJ-C), Aquin suggère que Truman Capote s'est inspiré jusqu'à un certain point de James Joyce.

12. Hubert Aquin se déclare écrivain quand il remplit le questionnaire de demande de passeport canadien en 1958. Toutefois, il répudiera ce titre dans « Profession : écrivain » (*Parti pris*, vol. I, n° 4, janvier 1964, p. 22-31), cette fois non pour des considérations socio-économiques mais plutôt au nom d'un engagement politique qui refuse toute participation à une société dominée par des forces politiques antinationalistes.

L'écrivain et les pouvoirs

1. Expression à connotation péjorative ridiculisant la fonction de chef.

2. Allusion aux 100 000 emplois promis par Robert Bourassa, durant la campagne électorale de l'automne 1970.

3. Allusion difficile à clarifier portant à la fois sur le choix contesté du site de construction d'un aéroport international (de juridiction fédérale) à Sainte-Scholastique (le futur aéroport de Mirabel) et, en ce qui concerne la scène sociopolitique québécoise, sur la hausse du taux de chômage au début de l'année 1971 qui fait régulièrement l'objet de virulents débats. Aquin jouerait-il sur les deux sens du mot « fermes » ?

4. Terme de psychiatrie qui désigne la constitution mentale des épileptiques se traduisant par une affectivité particulière et une lenteur des processus psychiques. Hubert Aquin fut hospitalisé à la fin du mois de janvier de l'année 1971 à la suite de crises épileptiformes répétées.

5. Maurice Tessier dit Dekobra (1885-1973), écrivain français connu pour ses romans cosmopolites. Nous ne pouvons trouver d'indices d'un rapport plus particulier entre H. Aquin et M. Dekobra.

6. Devise du Parti Rhinocéros tournant en dérision celle du Canada (*A mari usque ad mare*). Le Parti Rhinocéros, fondé en 1963 à Montréal, avait pour but de ridiculiser les campagnes électorales fédérales en présentant un programme politique des plus farfelus. Son principal représentant et fondateur était l'écrivain Jacques Ferron (1921-1985).

7. Appellation sarcastique du Conseil des Arts (voir plus loin « Conseil fédéral des Arts fédéraux ») insistant sur l'origine fédérale (canadienne) de cet organisme qui fut créé le 28 mars 1957. Le Conseil des Arts subventionne en grande partie l'organisation des Rencontres des écrivains.

8. Expression québécoise signifiant coincé, bloqué.

9. Ce mot provient certainement de l'usage fait par la conception psycho-philosophique de la forme dans les théories esthétiques comme celles d'Umberto Eco.

10. Il s'agit d'une fabrication ironique d'Aquin qui, tout en respectant la dénomination triadique romaine, lui ajoute un qualificatif moderne (« junior »). On peut toutefois le rapprocher de Catullus Caius Valerius (Catulle) ; Hubert Aquin s'est inspiré des travaux de divers exégètes de Catulle pour rédiger, pendant l'année 1971, une dramatique intitulée *Double sens* (diffusée le 30 janvier 1972).

11. Néologisme fréquent dans les écrits d'Aquin.

12. Nous n'avons pu trouver cette citation dans l'œuvre de Jean Cocteau.

13. Selon la tradition catholique québécoise, à l'occasion des processions organisées lors de la fête du 24 juin (à l'origine une célébration du solstice d'été — 21 juin — dans la Gaule païenne), le berger Jean-Baptiste, saint patron du peuple canadien-français, est accompagné d'un agneau censé représenter la nature candide des Québécois. Toutefois, depuis la critique faite en 1913 par Olivar Asselin (1874-1937) du symbolisme de ces cérémonies, l'agneau a pris une connotation péjorative et est devenu l'emblème de la soumission et de la passivité du peuple québécois.

14. La fonction de gouverneur général incarne la foi en la communauté et la continuité canadiennes ; il s'agit en fait du titre de chef de l'État, représentant de la Couronne (pouvoir royal) au Canada. Le Prix du gouverneur général, décerné pour la première fois en 1937 par l'Association des auteurs canadiens, est, depuis 1959, administré par le Conseil des Arts du Canada ; il représente la plus prestigieuse distinction littéraire au pays. La « surcharge » de prix invoquée par Aquin renvoie au fait que, depuis quatre ans, cinq membres de *Liberté* avaient obtenu ce prix : Jacques Godbout en 1967, Hubert Aquin (qui l'a refusé) et Jean-Guy Pilon, alors directeur de la Rencontre, en 1969, puis Jacques Brault en 1970. Fernand Ouellette, qui l'avait emporté en 1970 dans la catégorie Essai, l'a refusé pour à peu près les mêmes raisons qu'Hubert Aquin.

15. Québécisme signifiant un état d'exaspération.

16. Jacques Folch-Ribas (né à Barcelone, en 1928), est, tout comme Aquin, membre du comité de direction de *Liberté* depuis 1961 ; il a démissionné en 1994.

17. S'agit-il d'une erreur due à l'uniformisation typographique ?

18. Le nom de Bakounine est mentionné également dans *Prochain épisode* (Montréal, Cercle du Livre de France, 1965, p. 73) et dans *Trou de mémoire (*Montréal, Cercle du Livre de France, 1968, p. 9, 13).

19. Il s'agit du centre de détention Parthenais réservé aux criminels en attente de transfert ou de jugement.

20. C'est en avril 1969 que lui fut attribué le Prix du gouverneur général pour l'année littéraire 1968. Hubert Aquin confond ici le prix littéraire du Québec, catégorie roman, qui lui fut accordé le 17 novembre 1970 et doté d'une bourse, au montant identique, de 2500 $ avec le Prix du gouverneur général. Voir, à l'Appendice V, la lettre de refus d'Hubert Aquin.

21. Hubert Aquin n'a en effet obtenu que difficilement un montant de 45 dollars en décembre 1966 pour défrayer les coûts de transport de Lausanne à Paris où il a participé à la discussion organisée par l'Institut France-Canada. (Voir « Nos cousins de France », *Point de fuite*.)

22. Paul Rose, membre du Front de libération du Québec, fut condamné à la prison à perpétuité (13 mars 1971) pour le meurtre du ministre québécois Pierre Laporte. Dans sa plaidoirie, prononcée le 12 mars, Paul Rose a déclaré : « Je suis coupable d'être québécois et j'en suis fier. » Il fut admis à une libération conditionnelle partielle en décembre 1981. Au cours du mois d'octobre 1970, Hubert Aquin et Andrée Yanacopoulo ont eu le projet d'écrire un livre sur l'affaire Cross-Laporte qui traiterait plus spécifiquement du phénomène des enlèvements et de la médiatisation de ces événements au Québec. Un dossier de seize feuillets, composé de coupures de presse et de notes ainsi que de plans dactylographiés ou manuscrits, témoigne de ce projet. Dans une lettre datée du 3 avril 1973, Hubert Aquin, répondant à un questionnaire biographique de Patricia Smart, indique en marge que « les événements de 70 au complet ! » l'ont marqué.

Prix David 1972

1. Guy Frégault, né à Montréal en 1918, historien et professeur à l'Université de Montréal (1942), est surtout connu pour ses travaux sur l'histoire de la Nouvelle-France, dont *La Civilisation de la Nouvelle-France (1713-1744)* (Montréal, Société des Éditions Pascal, 1944) et *La Guerre de la Conquête* (Montréal, Éditions Fides, 1955), qui lui ont mérité le Prix David en 1969. Membre fondateur de l'Académie canadienne-française, il fut sous-ministre des Affaires culturelles du gouvernement québécois de 1961 à 1966, puis de 1970 à 1975. Il était membre du conseil exécutif du gouvernement québécois au moment de sa mort le 13 décembre 1977.

2. Devise adoptée depuis longtemps selon ses proches et actualisée lors de ses lectures sur l'anarchie en vue d'un projet de film avec Jacques Godbout au cours de l'année 1970-1971. Dans un mémorandum destiné à ce dernier et daté du 12 décembre 1970, il mentionne : « Il importe de demeurer conscients que nous jouons sur la déception (relative) du spectateur ; bien dosée, cette déception devient facteur de mystification et de plaisir. » (« Anarchie 70 », Aquin-Godbout, f.1). Dans ce même dossier on trouve cette note manuscrite : « Anarchie - pourquoi ? “Je déçois” » (f. 45). La formule semble donc provenir d'une source secondaire inconnue.

3. Il n'existe pas de traces de ce texte.

4. Claire Kirkland-Casgrain, ministre d'État (1962-1964), est alors ministre des Affaires culturelles (de février 1972 à février 1973). Dans une lettre datée du 22 janvier 1973, elle annonce à Hubert Aquin qu'il a été désigné à l'unanimité lauréat du prix Athanase-David. Elle assigne Guy Frégault à la remise du prix « étant donné que vous êtes l'ancien élève de Guy Frégault » (allusion au cours d'histoire qu'a suivi Aquin à l'automne 1957 à l'Université de Montréal). Par ailleurs, les relations Casgrain-Aquin étaient plutôt froides puisque, l'année précédente, celle-ci avait refusé unilatéralement d'accorder à Hubert Aquin une bourse d'aide à la création de 5000 $ et ce, malgré les recommandations du jury pourtant choisi par elle-même.

5. Allusion ironique à la situation nationale québécoise et à la menace linguistique anglophone.

6. Louis-Athanase David (1882-1953), avocat et politicien, a fondé le prix Athanase-David de même que l'École des Beaux-Arts de Québec ; il a également participé à la mise sur pied du musée provincial et des Archives de la province de Québec. Son œuvre ne correspond toutefois pas du tout au nombre de tomes mentionné par Aquin ; on ne lui connaît qu'une œuvre publiée : *En marge de la politique* (Montréal, Éditions Albert Lévesque, [1934], 181 p.). L'ironie s'appuie ici sur l'écart entre la prolixité d'un Balzac, qui suscitait l'admiration d'Aquin, et à laquelle renvoie très certainement la mention « 32 tomes », et l'unique publication d'A. David.

7. En dissociant ainsi les institutions culturelles (la Bibliothèque nationale, le « Gouvernement culturel ») des institutions juridiques, Hubert Aquin rappelle un certain parallélisme entre son statut d'écrivain et ses démêlés matrimoniaux et criminels avec la Justice.

« La disparition élocutoire du poète » (Mallarmé)

1. Il y a omission d'un mot dans la citation de Mallarmé (reprise telle quelle du tapuscrit) : « L'œuvre *pure* implique la disparition élocutoire du poète, qui cède l'initiative aux mots… » ; extraite d'*Œuvres complètes*, (Paris, Gallimard, Bibliothèque de la Pléiade, 1945, p. 366). Cette citation et son interprétation proviennent de la lecture de *L'Œuvre ouverte* d'Umberto Eco (Paris, Seuil, 1965, p. 185 et sq. ; ouvrage figurant dans la bibliothèque d'Aquin avec de nombreuses marginalia) qui utilise ce même passage pour indiquer « le principe de l'impersonnalité de l'œuvre d'art, qui est l'une des caractéristiques de la poétique joycienne » (p. 185).

2. Hubert Aquin avait commencé ses recherches pour *Neige noire* et cette même représentation de l'attente du lecteur se retrouve à la dernière page du livre : « Celui qui s'est rendu jusqu'ici sait que ce n'est pas un film qu'il regarde par les yeux d'un spectateur, mais un livre qu'il continue lui-même de feuilleter en tremblant. » (p. 264)

3. Dans les notes de lecture du dossier *Œdipe*, « après rencontre ha-lgc [Louis-Georges Carrier] du 18 mars 1971 » (f. 12, 14),

Hubert Aquin souligne le genre féminin originel (en grec) de « *la* Sphinx (et non : le Sphinx) » pour désigner cette figure mythique. L'utilisation du genre féminin vient des recherches d'Aquin sur les différentes versions d'*Œdipe* et plus particulièrement de sa lecture de l'ouvrage (fortement annoté) de Marie Delcourt, *Œdipe ou la légende du conquérant* (Liège-Paris, Droz, 1944) où l'auteur fait l'histoire des divers traitements de cette figure.

[*Assuming the collective identity*]

1. Aquin reprend une argumentation développée en novembre 1973 (voir la conférence « La disparition élocutoire du poète » (Mallarmé)) où il soulignait, à la suite de ses lectures critiques des romans de James Joyce, l'importance de la dimension formelle de l'œuvre romanesque en tant que stratégie de la représentation littéraire.

2. Emploi incorrect : *brow*.

3. Emploi incorrect : *famous*.

4. Michel Tremblay, auteur dramatique et romancier, né à Montréal en 1942, dont les pièces (en particulier *Les Belles-Sœurs*, 1968 et *Hosanna*, 1973) se situent dans des quartiers typiques de Montréal. Le 28 février 1974 eut lieu la première du film d'André Brassard *Il était une fois dans l'Est*, d'après un scénario de Michel Tremblay, film dans lequel la représentation réaliste de ce quartier ouvrier de Montréal suscita des protestations.

5. Roch Carrier, romancier, né en 1932, publie en 1973 son quatrième roman *Le deux millième étage* (Montréal, Éditions du Jour, 1973, 168 pages), roman traditionnel, mais dont le ton ironique et protestataire fut louangé par la critique. Carrier a reçu le Prix littéraire de la province de Québec en 1965.

6. André Major, romancier et critique, né en 1942, publie en mars 1974 *L'Épouvantail* (Montréal, Éditions du Jour, 1974, 228 pages), premier roman d'une trilogie, *Histoire de déserteurs*, qui reçut un accueil enthousiaste de la critique québécoise ; il collabore régulièrement à la revue *Liberté* et il a participé à la fondation de la revue *Parti pris* en 1963.

7. Victor-Lévy Beaulieu, né en 1945, romancier prolifique et éditeur, publie en mars 1974, son huitième roman *Don Quichotte de la démanche* (Montréal, L'Aurore, 1974, 277 pages) ; partageant avec Hubert Aquin les mêmes insatisfactions à l'endroit de l'« establishment » littéraire québécois ou canadien et le désir de poursuivre le métier d'écrivain tout en décriant les conditions politiques et idéologiques dans lesquelles se pratique cette profession au Québec, Victor-Lévy Beaulieu fut solidaire de la démission d'Aquin de la revue *Liberté* en 1971, refusant peu après une subvention du gouvernement fédéral (*Le Devoir*, 3 juin 1971, p. 12). Quelques lettres échangées (entre mai 1971 et octobre 1974) laissent croire à une certaine complicité dans leur idéal littéraire, du moins jusqu'en 1975, alors qu'Hubert Aquin accepte un emploi aux Éditions La Presse, ce qui entraînera des invectives publiques de part et d'autre (*La Presse*, 30 septembre 1975, p. A-5, 13 octobre, p. A-5, *Le Devoir*, 27 septembre 1975, p. 5).

8. Né en 1933, Jacques Godbout est un écrivain dont la carrière rappelle celle d'Aquin : réalisateur à Radio-Canada, membre fondateur de la revue *Liberté*, réalisateur et scénariste à l'ONF. Il est, parmi cette liste d'auteurs, celui qui connaissait le mieux Hubert Aquin. Il publie à l'automne 1972 son quatrième roman, *D'Amour P.Q.* (Montréal, Hurtubise HMH et Paris, Seuil, 1972, 156 p.), qui se rapproche beaucoup des préoccupations formelles et stylistiques d'Aquin. Ce dernier a d'ailleurs mis au programme de son cours sur le baroque littéraire (JJ - C, G, M, O, Q) à l'UQAM le roman précédent de Godbout, *Salut Galarneau* (Paris, Seuil, 1967). Jacques Godbout fut un fervent lecteur des œuvres d'Aquin jusqu'à son dernier roman qu'il considérait comme « un mauvais scénario de cinéma » (*Le Maclean*, vol. XV, n° 1, janvier 1975, p. 6) ; il a réalisé à l'automne 1979 un film sur la vie et sur le suicide d'Aquin intitulé *Deux épisodes dans la vie d'Hubert Aquin* (en collaboration avec François Ricard, ONF, 57 minutes).

9. Pierre Turgeon, né en 1947, est romancier, journaliste et éditeur ; il publie un roman intitulé *Prochainement sur cet écran* à la fin de l'année 1973 (Montréal, Éditions du Jour, 202 pages) qui s'apparente à *Neige noire* par sa thématique policière et sa structure

en abîme. Hubert Aquin le souligne lui-même dans une lettre à Pierre Turgeon, datée du 28 octobre 1974 : « François Ricard, dans *Le Jour* du 26 octobre 74, fait un rapprochement entre *N*[*eige*] *noire* et *Prochainement sur cet écran*. Il a raison ! Je me souviens de l'émotion bizarre que m'a flanquée ton titre à l'époque, alors que j'étais au milieu de mon livre ! »

10. Emploi incorrect : *discarded*.

11. Cette remarque à propos de l'effet du médium sur l'aspect narratif d'une œuvre n'est pas innocente puisque Hubert Aquin possède une bonne expérience, en tant qu'auteur d'une dizaine de téléthéâtres et de radiothéâtres.

12. Le terme n'est pas un verbe : *write*.

13. Le terme n'existe pas en anglais : *alter*.

14. *Profane*.

15. Aquin fait écho à l'annonce par le gouvernement libéral du Québec, lors du discours d'ouverture de la session parlementaire, le 14 mars 1974, d'un projet de loi visant à faire du français la langue officielle du Québec : « [...] langue de la Loi, du Gouvernement, des communautés urbaines, des corporations municipales et scolaires et des Institutions subventionnées [...] » (*Le Devoir*, 15 mars 1974, p. 5).

Prix de l'éditeur de La Presse

1. Ce passage rappelle un court compte rendu fort ironique, « Nos cousins de France » (*Liberté*, vol. IX, n° 1 [49], 1967, p. 76-78), à propos d'une réception à Paris (12 décembre 1966) où le même genre de conflit semble avoir été soulevé : « Nous devons faire un effort pour nous approcher d'eux et comprendre leurs problèmes spécifiques [...] Et n'oublions jamais, nous Québécois, que les Français sont nos petits cousins et qu'à cause de cela précisément ils ont des complexes. »

2. Ringuet est le pseudonyme de Philippe Panneton.

3. Marcel Dubé, auteur dramatique né en 1930, travailla à Radio-Canada à partir de 1953 et ses nombreux téléthéâtres lui ont valu le Prix Victor-Morin décerné par la société Saint-Jean-Baptiste,

à deux reprises en 1966 et en 1973. Marcel Dubé et Hubert Aquin se sont connus alors qu'ils étaient tous deux étudiants à Paris en 1953-1954.

4. Depuis la parution du roman *Maria Chapdelaine* (Montréal, J.-A. Le Febvre, 1916), les institutions littéraires française et canadienne-française se disputent les honneurs de ce roman (traduit en une vingtaine de langues). Le roman trace un portrait assez fidèle des mœurs québécoises au début du siècle à Péribonka ; il est reconnu comme un ouvrage canadien-français ; en raison de la nationalité française de l'auteur, de son réalisme, plus près de la tradition française, le roman est rattaché à l'institution française. Pierre PAGÉ (ami d'Hubert Aquin), dans « Un problème d'histoire littéraire : la signification de *Maria Chapdelaine* » (*in : L'Œuvre littéraire et ses significations*, collectif sous la direction de Renée LEGRIS et Pierre PAGÉ, Montréal, PUQ, 1970, p. 147-166, ouvrage auquel a collaboré Hubert Aquin), tente de trouver une solution au problème de la reconnaissance nationale unique en interprétant ce texte comme un récit de voyage.

De plus, l'acquisition par la bibliothèque de l'Université de Montréal en 1969 des archives privées de Louis Hémon, à la suite de la publication, par Nicole Deschamps, de *Louis Hémon. Lettres à sa famille* (Montréal, PUM, 1968) a eu pour effet de favoriser une reconnaissance canadienne de ce roman. C'est d'ailleurs ce que relève Hubert Aquin dans un compte rendu de ce livre, publié dans *Liberté* (vol. X, n° 2 [56], 1968, p. 69) : « On peut dire que Louis Hémon a inventé le Québec en littérature ; et il a été un inventeur de génie que le livre de Nicole Deschamps nous permet de mieux connaître et, en quelque sorte, de "naturaliser" après coup. »

Cher lecteur

1. Cette citation est tirée d'un extrait plus long de *La Répétition* de Sören KIERKEGAARD que donne, sans référence complète, Philippe SOLLERS dans *Logiques* (Paris, Seuil, 1968, p. 29).

2. Citation extraite du même ouvrage de Philippe Sollers (p. 112).

3. Cet énoncé se rapproche d'un passage du livre de Philippe Sollers, peu avant la citation précédente (voir note 2) : « Le livre n'est rien d'autre que le passage du monde au théâtre, l'apparition théâtrale du monde comme texte [...] »

4. Cette même définition du lecteur apparaît dans la conférence « La disparition élocutoire du poète » (Mallarmé) » (p. 246).

5. Ce long passage se rapproche de certains fragments de l'ouvrage de Vladimir Jankélévitch, *L'Irréversible et la Nostalgie* (voir Appendice II).

6. Citation de Dante extraite de l'ouvrage de Philippe Sollers, *Logiques* (p. 47).

7. Cette citation de Marcel Proust est tirée du chapitre « Le roman et l'expérience des limites » dans *Logiques* (p. 239) de Philippe Sollers, qui en rappelle le contexte précis.

8. Ces deux phrases sont des extraits de la première partie (« Don Quichotte ») du chapitre III de *Les Mots et les Choses* (Paris, Gallimard, 1971, p. 61) de Michel Foucault.

9. Passage extrait d'une citation de Dante dans *Logiques* de Philippe Sollers (p. 71).

10. Suite du passage de Proust cité par Philippe Sollers dans *Logiques* (p. 239).

Projets de roman
(1971-1976)

1er mai 1961

1. Voir l'introduction, p. 282.

2. Homme politique, auteur d'une *Histoire de l'insurrection* (1838) qu'a présentée et commentée Aquin pour les éditions Leméac en 1968 (voir *Mélanges littéraires II*), Louis-Joseph Papineau (1786-1871) est la principale figure du mouvement indépendantiste au Canada français. Le 6 août 1962, Aquin note dans son journal : « Dans le sommeil imparfait, j'ai longtemps buté sur le titre : *Papineau inédit* ou *Journal inédit de L. J. Papineau* » (p. 243). Il s'agit de la reprise de ce projet un an plus tard mais il ne subsiste aucune trace de réécriture.

3. Lord Byron, et surtout l'interprétation de sa vie en tant que modèle du mouvement romantique par Charles Du Bos (*Byron ou Le besoin de la fatalité*, 1928) dont un exemplaire très annoté figure dans la bibliothèque d'Aquin, fait partie de l'aréopage littéraire dont s'entoure Aquin depuis ses lectures de jeunesse. Aquin possède également le tome deux du *Byron* (Paris, Émile Paul, 1931) d'André Maurois. De Byron, les œuvres présentes dans sa bibliothèque sont : *A Self-Portrait. Letters and Diaries 1798 to 1824* (Londres, 1950) et *The Poetical Works of Lord Byron* (Londres, 1948). Ces lectures datent de juin 1952, alors qu'Hubert Aquin prépare un voyage en Suisse et en Italie sur les traces de Byron et de Stendhal (*Journal*, p. 124-125 et *Itinéraires*, p. 68-69).

4. Aquin commente les romans *Lucien Leuwen* et *Le Rouge et le Noir* dans son *Journal* en février 1952 (p. 100-101). Par la suite, il fait des remarques sur ces romans dans ses dossiers de lectures CC(1973), f. 3 et 41 de même que CBA (1970), f. 9.

5. La rébellion des Canadiens français en 1837 est née à la suite du refus par le gouverneur général, lord Gosford, d'accepter les 92 Résolutions proposées par l'Assemblée législative, dominée par les Canadiens français et dirigée par Louis-Joseph Papineau. Après une première résistance victorieuse à Saint-Denis, le 23 novembre 1837, les forces patriotes sont dispersées le 25 novembre à Saint-Charles ; ces deux villages sont situés le long de la rivière Richelieu. Le village de Saint-Eustache, situé dans le comté de Deux-Montagnes, a été le dernier foyer d'insurrection ; défaits par un imposant contingent de soldats anglais, les deux cents Patriotes sont en grande majorité faits prisonniers.

6. Amery Girod, agronome suisse, a été un des dirigeants patriotes lors de la bataille de Saint-Eustache. Ayant réussi à fuir, il est impitoyablement traqué par l'armée ; il se suicide à l'hiver 1838.

7. Georges POULET, *Études sur le temps humain*, Plon, 1950.

8. Cette remarque formelle annonce la structure narrative employée dans *Prochain épisode.*

9. *Le Guépard* (Seuil, 1959) de Tomasi DI LAMPEDUSA fait partie de la bibliothèque d'Aquin qui l'a lu en février 1960. *Autant en emporte le vent*, célèbre roman de la romancière américaine Margaret Mitchell, a été publié en 1936.

10. St. Alban et Swanton sont des petits villages frontaliers de l'État du Vermont où plusieurs chefs patriotes ont trouvé refuge en 1838 grâce à l'aide de sympathisants américains.

11. Titre d'une chanson très populaire, écrite en 1842, par Antoine Gérin-Lajoie (1824-1882), écrivain et avocat, directeur de la revue *Le Foyer canadien* et président de l'Institut canadien ; cette complainte a été composée à la suite de la condamnation à l'exil de cinquante-huit Patriotes faits prisonniers au moment de la révolte de 1837-1838 au Bas-Canada.

[*Journal d'un crime*]

1. Aquin séjourne à Nyon, en Suisse, du 15 juillet au 19 décembre 1966. Le 19 novembre, la Police fédérale des étrangers l'informe qu'il n'a pas obtenu le permis de séjour en Suisse. Son passé de militant indépendantiste et son incarcération en 1965 semblent avoir motivé ce refus. Aquin raconte avec humour ce séjour européen dans « Un Canadien errant » (*Point de fuite*, 1971, p. 31-45). Il y déclare que son séjour est motivé avant tout par le goût d'écrire et de poursuivre son œuvre romanesque. À la fin du *Journal*, une note, datée du 1er septembre 1966, indique que l'intrigue de son deuxième roman, *Trou de mémoire*, le préoccupe au premier chef.

L'insomnie a une fonction créatrice pour Aquin qui avouait dans son *Journal* du 6 août 1962 (p. 127) : « J'ai trouvé, au fond de mon insomnie la nuit dernière, la forme — nouvelle et qui me provoque — de mon roman. » Durant son internement à l'Institut Provost, Aquin notait dans son *Journal* le 31 juillet 1964 (p. 139) : « L'attentat, crime parfait : prototype du meurtre capable de procurer à son auteur une satisfaction profonde. »

2. L'écriture, le meurtre et le suicide occupent une place privilégiée dans l'œuvre d'Aquin et dans le *Journal* du 4 août 1964 (p. 263), on peut lire cette obsession : « Écrire comme on assassine, sans pitié, sans régression émotive, avec une précision et dans un style intraitables. Que l'écriture retentisse cet acte fondamental premier : tuer. Créer la beauté homicide. »

3. L'incognito de l'auteur est un trait récurrent dans l'œuvre d'Aquin qui fait dire à son narrateur, dans *L'Emprise de la nuit*, téléthéâtre (1960, p. 40) : « Ce soir je suis venu incognito. » Les motifs de l'incognito, du masque et du double seront également mis en évidence et repris dans *Prochain épisode* (1965) et *Faux Bond* (1966).

4. L'équilibre ou l'oscillation entre la haine et la pitié sont aussi présentes dans les autres romans d'Aquin, particulièrement dans *Prochain épisode* (1965) et *L'Antiphonaire* (1969).

5. Dans *L'Emprise de la nuit* (janvier 1960, p. 48), le narrateur revendique une même démarche inquisitrice en affirmant : « Je

connais ta vie privée. » La thématique de la filature, du voyeurisme, du mensonge et de l'établissement est une constante dans l'œuvre d'Aquin, de *L'Invention de la mort* (1991) à *L'Antiphonaire* (1969).

6. Dans *Prochain épisode* (1965, p. 16), nous lisons cet aveu du narrateur : « [...] je cède au vertige d'écrire mes mémoires et j'entreprends de dresser un procès verbal précis et minutieux d'un suicide qui n'en finit plus. »

[*La réussite*]

1. C'est surtout la question de l'échec ou de la chute qui hantait Hubert Aquin (voir *Journal*, p. 206-209 et p. 251 : « L'échec, voilà mon obsession »). Celui-ci se plaisait par ailleurs à décevoir l'attente du lecteur ; à plusieurs reprises, dans ses projets de roman, l'inversion devient une formule de déception intégrée dans la structure narrative du texte.

2. Borromini est un des maîtres de l'art baroque italien. Aquin a fait des recherches sur la perspective et l'art baroque au cours de la préparation de son roman *Trou de mémoire*.

[*Le roman - 18 juin 1968*]

1. Voir la note 1 de [La réussite].

2. Hubert Aquin fait référence aux *Fragments d'un journal intime* (Paris, Stock, 1949) de Henri Frédéric AMIEL dans son *Journal* en octobre 1962 (p. 249). Une édition du *Journal intime I (1939-1951)* d'AMIEL (L'Âge d'homme, 1977) figure dans la bibliothèque d'Aquin qui l'a vraisemblablement utilisé dans ses notes préparatoires à un cours, donné à l'UQAM en 1976-1977, qui portait sur le journal intime. Voir l'introduction de Bernard Beugnot au *Journal* d'Aquin.

3. Jean Éthier-Blais, critique et professeur de littérature, a effectivement qualifié le texte d'Aquin de baroque dans sa critique de l'œuvre pour le compte du journal *Le Devoir* (11 mai 1968, p. 15).

4. Écrivain et cinéaste, compagnon de longue date d'Hubert Aquin, Jacques Godbout a réalisé le film *Deux épisodes dans la vie*

d'Hubert Aquin (ONF, 1979). Il n'y a pas de trace d'échange épistolier entre eux au cours de l'année 1968.

5. Allusion à l'édition de Nicole Deschamps, professeur au Département d'études françaises de l'Université de Montréal, de la correspondance de Louis HÉMON (*Louis Hémon, lettres à sa famille*, PUM, 1968) dont Aquin a fait un compte rendu dans *Liberté* (mars-avril 1968, n° 56, p. 69).

6. L'œuvre de James Joyce a été marquante pour Hubert Aquin, surtout après la lecture de l'analyse qu'en a faite Umberto ECO dans *L'Œuvre ouverte* (Seuil, 1965). Quant à l'aspect innovateur de l'œuvre de Joyce, voir « La fatigue culturelle du Canada français » (*Mélanges littéraires II*) et l'introduction de Gilles Thérien à *L'Antiphonaire* (« Bibliothèque québécoise », 1993).

7. Le Tanqueray et le Beefeater sont deux marques très populaires sous lesquelles est commercialisée la liqueur de genièvre.

8. Stéphane, né le 13 septembre 1958, et Philippe, le 28 décembre 1959, sont les fils du mariage d'Aquin avec Thérèse Larouche.

[***Roman. 11 nov. 74***]

1. Aquin évoque dans son *Journal* (le 11 septembre 1968, p. 147) une précédente tentative de suicide ; le texte relatant cettte tentative devait être remis à sa compagne, Andrée Yanacopoulo. Les entrées du *Journal* (le 29 mars 1971, p. 148-149) constituent ses dernières « volontés » adressées à Andrée Yanacopoulo avant sa tentative de suicide par barbituriques à l'Hôtel Reine-Elizabeth. Dans *Obombre*, le narrateur laisse un avant-dernier message : « J'ai fini de plastronner, ami, car j'entreprends à l'instant mon dernier livre. Quand tu liras ces lignes, je serai déjà absent [...] ». Aquin a par ailleurs laissé une lettre d'adieu à Andrée Yanacopoulo, lors de son suicide le 15 mars 1977 (*Signé Hubert Aquin*, Montréal, Boréal Express, 1977, p. 267-268), qui confirme un pacte entre le couple sur ses projets de suicide.

2. Le *Journal* consigne à plusieurs reprises l'obsession d'Aquin pour la mort : « [...] tous les jours je pense au suicide [...]

tous les jours je me lève nihiliste. J'ai une connaissance quotidienne du néant. [...] la mort m'habite. Tout ce que je fais est posthume [...] » (17 août 1961, p. 109) « Mais comment dire aux autres que mon visage est un masque mortuaire ? Je n'ai plus la vie pour démontrer que je suis mort en dépit des apparences ! » (11 septembre 1968, p. 271).

3. Le narrateur de *Prochain épisode* (1965, p. 138) parle du « rituel sacré de ma mise en scène ». La thématique de la mise en scène théâtrale est développée dans *Trou de mémoire* (1968, p. 128) et confirmée ainsi : « Le spectacle était consommé à l'instant même où j'entrais en scène avec fracas [...] ».

4. Le narrateur de *L'Invention de la mort* (1991, p. 15) confesse : « J'aurais voulu naître comédien au Japon et vivre maquillé du berceau à la tombe [...] ». Dans « Le Pont (VII) », se retrouve cette affirmation : « Morte je le suis car j'ai décidé de me tuer, minutieusement à la japonaise » (*Blocs erratiques*, 1977, p. 234). Aquin écrivait au sujet de *L'Héritage des Samouraï* de Paul E. OHL aux Éditions La Presse (« Le mot du directeur littéraire », *La Presse*, 22 novembre 1975, p. 5) : « Ces fils de l'empire nippon dont le cadre de vie était une préparation quotidienne à la mort [...] ». Aquin songeait peut-être à l'écrivain japonais Yukio Mishima qui s'était suicidé en 1970 par un sappuku (« hara-kiri »).

5. Motif récurrent dans l'œuvre d'Aquin. On le découvre dans le *Journal* (1991), ainsi : « Mais tout est fini » (5 janvier 1953, p. 65), « Tout est fini [...] » (18 février 1953, p. 67) et « Je ne veux voir personne. Personne ne peut m'aider. Personne ne m'aidera. Je suis fini. » (31 octobre 1961, p. 120). On le retrouve au début de *L'Invention de la mort* (1991, p. 13), dans *Le Choix des armes* (1959) et *Prochain épisode* (1965, p. 78) ; « tu sais bien que tout est fini », dans *Trou de mémoire* (1968, p. 131), « Tout est fini, tout commence, tout est lent et majestueux, j'orbite doucement [...] », et, finalement, dans la note laissée par Aquin avant son suicide (*Signé Hubert Aquin*, 1985, p. 276) : « J'ai vécu intensément, c'en est fini. »

6. Dans la préface de *Point de fuite* (1971, p. 10), Aquin se réfère ainsi à Dante : « Pourrais-je, un jour, utiliser tout ce que je

découvre dans l'enfer dantesque ? » Ultérieurement, dans « Le cadavre d'une émission » (*Point de fuite*, 1971, p. 62), on trouve une association entre la descente et l'enfer dantesque : « Sachez que l'allure dantesque de cette émission n'est pas dantesque sans raison ! Le cadavre en question descend aux enfers et n'en remontera que lorsqu'un spectateur, connaissant la clé de cette intrigue, voudra l'en faire revenir. » Voir « Saga Segretta » (section « Projets de roman ») et, plus spécifiquement, la note 65 relative à Dante et à *La Divine Comédie*.

7. Petite ville de l'Ontario ; Aquin s'y rend le 27 mars 1974 pour participer à la rencontre des écrivains qui s'y tient le lendemain. À ce propos, voir *Itinéraires d'Hubert Aquin* de Guylaine MASSOUTRE (Montréal, « Bibliothèque québécoise », 1991, p. 134).

8. La mise en scène théâtrale joue un rôle important dans l'œuvre d'Aquin et dans *Trou de mémoire* (1968, p. 131), on retrouve l'image du rideau qui tombe : « T'aimer sans te retrouver. Chaque soir après la tombée du rideau, t'aimer sans habitude et sans quotidienneté cyclique [...] »

9. Aquin est fasciné par l'idée et l'image du point Oméga ; dans *L'Invention de la mort* (Leméac, 1991, p. 31-32), il fait dire à l'un de ses personnages : « J'avance vers un certain point mort [...] qui se resserrait de façon concentrique en un point Omega. »

Joue Frédéric, joue

1. Le compositeur romantique polonais Frédéric Chopin, auteur de mazurkas et de polonaises inspirées par la nostalgie de la patrie captive, est à l'origine de ce projet de roman conçu comme une composition musicale historique et romantique. Dans un entretien avec André Gagnon en janvier 1973 (*Voix et Images*, vol. I, n° 1, sept. 1975, p. 8), Aquin répond à une question sur ce sujet : « Donc, il y a un effet compensatoire. C'est un peu comme une fugue en musique, avec le contrepoint. Ce serait un langage contrapunctique. » Aquin construisait ses romans comme des partitions musicales et il avouait dans une entrevue avec Yvon Boucher (« Aquin par Aquin », *Le Québec littéraire* 2, 1976, p. 133) : « C'est

un processus de retombée, mais c'est construit comme un motif musical : il y a véritablement deux partitions, la partition froide, lucide, qu'est le *contrepoint* de la partition affabulatrice. » L'ouvrage de Franz LISZT, *Chopin* (Paris, [1852], 1950) figure dans la bibliothèque d'Aquin.

2. Dans une lettre adressée à l'ami et confident de jeunesse et de toujours, Louis-Georges Carrier, Aquin promettait en songeant à son projet « Saga Segretta » : « Il sortira bientôt une brique (en 6 points romains) en 16 chapitres pour tourner en dérision Dante qui a fait son machin en 33 chants [...] ». Aquin a toujours eu Dante comme maître et guide. Voir la conférence « Cher lecteur » (1975).

3. Le thème de la forêt obscure qui constitue l'image initiale de *La Divine Comédie* de Dante est repris abondamment dans l'œuvre d'Aquin. Entre autres lieux, dans son *Journal* : « [...] une longue forêt épaisse et confuse me sépare encore de la mer que je ne suis pas sûr de rejoindre mais vers laquelle je marche désespérément » (p. 132). Toujours dans le *Journal*, Aquin, résigné, notait : « Si je ne puis même pas rendre une personne heureuse, que je me cache dans la plus obscure forêt, et que j'y meure d'ennui. » (p. 43) Dans *Prochain épisode* (1965, p. 136), l'obscurité de l'Église est associée à cette image de la forêt obscure : « Le silence à l'intérieur avait quelque chose de terrifiant, j'étais soudain pris à la gorge par le mystère de cette forêt obscure qui m'envoûtait. » Plus tard, dans « Saga Segretta » (liasse C, f. 4), Aquin parle du livre comme de « l'arbre qui va cacher la forêt obscure ».

4. Aquin a toujours montré une prédilection pour les mots rares. Son *Journal* (du 31 juillet et du 7 août 1964 ; p. 259 et 264), ses dossiers préparatoires, les projets narratifs « Saga Segretta » et « Obombre » ainsi que tous ses romans offrent des exemples éloquents et multiples de cette recherche et de la constante fascination d'Aquin pour les mots « rares » et « générateurs » d'idées et de thèmes romanesques.

5. Cette mention fait suite à la nomination d'Aquin, le 21 février 1975, comme vice-président et directeur littéraire des Éditions La Presse (voir Guylaine Massoutre, *Itinéraires d'Hubert Aquin*, « Bibliothèque québécoise », 1992, p. 140).

6. Partie du refrain d'une chanson interprétée par Janis Joplin, dont le titre est : « Banks of the Ohio ». Dans le feuillet 2 du 28 mars 1971, relatif à Œdipe, Aquin fait référence à Janis Joplin comme à un guide aveugle au milieu de la forêt obscure : « Après, Œdipe — yeux crevés, joues ruissellantes de sang [...] — chante une chanson de la regrettée Janis Joplin (morte il y a un mois [...]), mais l'accent louisianais des paroles la rend plus hermétique encore que les blasphèmes des Messéniens [...] ». Plus loin sur le même feuillet, on trouve de nouveau le prénom de la chanteuse dans ce passage : « Après, celui qui a découvert sous sept couches de marde séculaire la ville splendide des bords de l'Euphrate du nom de Marde tente, dans un dernier spasme, de s'immiscer à jamais dans les mardes mouvantes (qu'on a accoutumé de désigner maintenant sous le nom de sables mouvants) de l'Euphrate qui, Janis le sait, coule vicieusement dans les rigoles merdeuses de la Nouvelle-Orléans pour rejoindre un delta célèbre pour la couleur bleu ciel de sa glose [...] les idées de mars se découvrent enfin sous leur vrai jour, ce sont les idées de marde [...] ». Ce dernier passage d'Aquin est signé « HA né à Marde, le 15 mars en 44 avant J.C. ».

7. Après avoir mentionné l'« Ode à Billie Joe », Aquin fait référence au Mississipi, dans une lettre à Louis-Georges Carrier du 9 avril 1970 (*Point de fuite*, 1971, p. 138) : « Ils achoppent dans le sombre delta du fleuve Marde — le grand Mississippi qui charrie 340 tonnes de marde à la minute dans les eaux doucereuses du golfe du Mexique ». Plus loin, Aquin ajoute (p. 139) : « Ils se sont fait enterrer dans la superbe marde bleu ciel de leur horizon du Nord (encore un delta : celui du Nil ! ach [...]). » Déjà, dans *Trou de mémoire* (1968, p. 98), on trouve cette préoccupation d'Aquin pour l'image du delta et du fleuve : « [...] je ne m'y comprends pas dans le secret des lagunes et des deltas innombrables qui me séparent de la femme que j'ai perdue », plus loin « [...] je m'ensable et je m'emprisonne dans le tracé du littéral et dans les calligrammes deltaïques du rivage », et finalement (p. 203) : « Il a perdu la raison quelque part dans le delta funéraire du grand fleuve. » *Obombre* reprend le même thème du delta mississipien : « Et moi je coule à la dérive dans l'immense flot indifférencié qui prend la forme d'un delta. Tout s'y

précipite. Fosse inversée, entonnoir du néant, cuvette mississippienne dans laquelle se distille tout ce qui s'installe et où tout ce qui était n'est plus tout à fait de la même façon [...] » (liasse A).

8. Bateau théâtre qui a donné son nom à une célèbre comédie musicale américaine de laquelle on a tiré un film.

9. Expression anglaise signifiant avancer péniblement, bouger avec difficulté.

10. Le thème de l'eau et de la noyade, important dans toute l'œuvre d'Aquin, et cela dès *L'Invention de la mort*, est associé au temps, à l'amour, au plaisir et à la mort : « Le temps coule [...] oui il coule comme du sang artériel », (p. 6) « Voilà ! Le plaisir. Ce fut cette lente noyade dans le ventre de Madeleine, ma glissade éperdue dans le firmament liquide » (p. 57), « je me noierai dans ton ventre je mourrai en toi [...] ». Dans *Prochain épisode* (1965, p. 22), le narrateur déclare : « Je m'ophélise dans le Rhône » et dans « Obombre » (*Liberté* n° 135, p. 17), cette affirmation : « L'eau vole et je coule, plenaître, dans l'air glacial de novembre 1837 [...] » et, plus loin (p. 19) : « Et moi je coule à la dérive dans l'immense flot indifférencié qui prend la forme d'un delta [...] "Tout s'y précipite." Fosse inversée [...] ». *L'Antiphonaire* (1969) avait repris et developpé le thème de la noyade et de la mort, ainsi (p. 131) : « Car je coule ; dans cette eau sale et polluée [...] » (p. 208), « [...] si la jouissance obtenue [...] avec un inconnu me rend circulaire en cela qu'elle me fait tourner en rond et plonger dans un gouffre sans fond ! » et, finalement, « Et, dès lors, je me laisse aller, j'écris comme si je me noyais, j'étouffe, je suffoque [...] » (p. 214).

11. Phrase célèbre tirée d'un film culte américain, *Casablanca*, mettant en vedette Humphrey Bogart et Ingrid Bergman. La chanson thème du film, composée par Max Steiner et interprétée par Dooley Wilson, est intitulée « As time goes by ». Cette phrase de « Play it again Sam » est devenue un cliché et une repartie célèbre. Selon le témoignage d'Andrée Yanacopoulo, « Olivia » fait référence à la chanteuse Olivia Newton-Jones, très appréciée d'Aquin.

12. Paroles tirées d'une chanson interprétée par Olivia Newton-Jones, dont nous n'avons pu retracer le titre.

Saga segretta

1. L'adjectif italien, qu'Hubert Aquin écrit toujours avec 2 « t » (sauf à une occasion, le 27 décembre 1972), n'en compte en réalité qu'un seul.

2. Dans *Souvenirs littéraires* (tomes I et II, Paris, Hachette, 1882, 584 et 585 pages, BIB), Maxime Du Camp rapporte plus d'une fois que les lettres que lui écrivait Flaubert « étaient précédées par ces mots : *Solus ad solum*, le seul au seul ; orgueil sans conséquence de l'extrême jeunesse qui avait du moins pour résultat de nous exciter au travail et de nous tenir en garde contre des débuts trop précoces. » (p. 319)

Dans un dossier de lecture (NL71-liasse C), on trouve deux feuillets portant sur deux tomes des *Souvenirs littéraires. Solus ad solum* : « (utilisé par Flaubert dans certaines lettres amicales) », y est précédé du mot « exergue ». Le feuillet relatif au premier tome des *Souvenirs littéraires* se trouve également lié à un projet de film contemporain de « Saga segretta », et intitulé « Histoire de l'anarchie ».

3. Il pourrait s'agir de Lucien Pépin, notaire et ami avec qui Aquin a entretenu une brève correspondance (cinq lettres) en 1952, et de Pierre Désaulniers, avocat d'Aquin dans la cause qui l'opposait à son épouse Thérèse Larouche. Mes Pépin et Désaulniers affirment n'avoir jamais eu connaissance du projet « Saga segretta ».

4. Dans *L'Œuvre ouverte* (Paris, Seuil, 1965, 315 pages), Umberto Eco illustre *l'œuvre en mouvement*, inhérente à l'œuvre ouverte, à partir du *Livre* de Mallarmé :

> il existe une étonnante anticipation de *l'œuvre en mouvement* : le *Livre* de Mallarmé, cette œuvre colossale et totale, cette œuvre par excellence, qui devait constituer l'aboutissement de l'activité du poète, mieux : l'accomplissement du monde entier [...]

Il est probable qu'Aquin, ayant lu et annoté l'essai d'Eco, vers septembre 1969, ait été frappé par l'exemple de Mallarmé qui a voulu écrire un livre colossal et mouvant.

5. *Inimportance* : ce néologisme est représentatif du goût

d'Aquin pour les créations verbales avec préfixe négatif. Signalons à titre d'exemples : *anhistorique* (*Prochain épisode*, p. 26), *désidentifié* (*Prochain épisode*, p. 47, et « Saga segretta », E3), *déréalisante* (*Prochain épisode*, p. 94), *arythmales* (*Prochain épisode*, p. 24).

6. Première occurrence manifeste du vœu de réécrire *Hamlet* dans les documents d'Aquin. Contemporains l'un de l'autre, les projets romanesque « Saga segretta » et télévisuel « Amlödi » font tous deux figures d'ancêtres de *Neige noire* par leur intention d'adapter le célèbre drame de Shakespeare. Notons par ailleurs que, dans *Prochain épisode*, le thème de la noyade (« Je m'ophélise dans le Rhône », p. 22) et de la folie, tout autant que l'évocation des spectres et des brumes hanséatiques, présentent des liens significatifs avec *Hamlet*.

7. Dans *La Société féodale* (Paris, Albin Michel, coll. « L'évolution de l'humanité », 1968, 702 p., BIB), Marc BLOCH rapporte à la note 138 : « Cette restriction [de droits à propos des ventes immobilières au XIIIe siècle] apparaît dès 1055-1070, dans une notice du *Livre Noir de Saint-Florent de Saumur* [...] ».

8. *Le Petit Littré* (Paris, Gallimard et Hachette, 1959, 2449 p., BIB).

9. Il s'agirait plutôt de l'*Inglinga Saga* et de la *Völsunga Saga* (Aquin aura francisé la syntaxe de ces titres). Voir « Les kenningar » dans Jorge Luis BORGES, *Histoire de l'infamie. Histoire de l'éternité* (traduction de Roger Caillois et Laure Guille, Monaco, Éditions du Rocher, 1951, 226 p., BIB).

Aquin revient fréquemment à l'essai « Les kenningar » de Borges et à Borges lui-même dans son cours « Esthétique et techniques d'écriture », en 1968-1969. En 1971, il lance la formule dans son article « Éléments pour une phénoménologie du sport » :

> Il est temps, je crois, que nos esprits, déformés par des siècles de conditionnement discriminatoire, reconnaissent aux sports-spectacles le même intérêt et la même valeur qu'ils confèrent d'emblée aux tableaux non figuratifs, aux enluminures irlandaises, aux kenningar et au journal intime d'André Gide... (*Blocs erratiques*, p. 171)

10. Aquin donnera suite à cette intention (voir note 16), comme quoi les nombreux infinitifs qui parsèment les projets aquiniens ne sont pas toujours que l'expression de vœux pieux.

11. Par son application formelle des jeux d'anamorphose propres à l'esthétique picturale d'Holbein le Jeune, *Trou de mémoire* s'attachait déjà à multiplier les points de vue sur le réel. L'idée d'une narration tout en perspectives assimilée au déplacement des astres s'y trouve déjà. P. X. Magnant, sous l'effet des drogues, à sa table d'écriture, s'identifie au « tout-puissant » :

> Je suis le tout-puissant. [...] Le soleil c'est moi ! Oui, moi moi moi et seulement moi ! Oui c'est moi le pur flambeau astral, le centre de toutes les circonférences au sommet [...] À l'instant même, l'astre clandestin écrit un ouvrage cochon et autobiographique ; facile, me direz-vous, d'écrire quand on est soleil... (« Bibliothèque québécoise », 1993, p. 24-25)

Dans *La Littérature européenne et le Moyen Âge latin* (Paris, PUF, 1956, 738 p.), Ernst Robert Curtius relève justement les nombreux rapports symboliques entre le livre, le cosmos et la nature chez les Modernes :

> [...] Dante dans son extase suprême et sacrée a recours au symbole du livre. Tout ce qui est dispersé de par l'univers, dissocié, détaché comme des *quaderni* séparés, se trouve maintenant (relié) en un volume — par l'amour [...] (p. 407)

Cette intention probable d'Aquin de construire un livre à la manière des auteurs médiévaux ne serait pas à négliger comme point de départ de « Saga segretta » puisque la préoccupation de donner dans les styles baroque (*Trou de mémoire*), romantique (*Prochain épisode*) et biblique (*Les Rédempteurs*) est au cœur de son écriture. Quoi qu'il en soit, les noms de Copernic, Kepler et Galilée reviennent de manière obsessionnelle dans l'œuvre aquinienne. Il n'est pas de romans, comme il est peu d'articles, qui ne les évoquent pas lorsque les idées de cinétique, de giration, de rotation s'imposent à Aquin. Notons enfin que le romancier donne aux noms de Copernic, Kepler et Galilée, ainsi qu'aux adjectifs copernicien et galiléen, un sens érotique.

12. Comme en témoigne l'échange épistolaire publié dans *Point de fuite*, Aquin et Carrier caressaient un projet d'adaptation télévisuelle de *L'Odyssée* tout au long de l'hiver et du printemps de 1970. Le projet devait échouer rapidement.

13. Presses où fut imprimé *L'Antiphonaire* et réimprimé *Prochain épisode*.

14. Les archives de l'ÉDAQ ne possèdent aucune trace de ce bilan. Le CLF l'aurait-il communiqué à Aquin par téléphone ?

15. Avec illustrations originales de Mary Meigs, publié à Montréal par Jacques Hébert aux Éditions du Jour, en 1968. Cette édition de luxe, au prix de 50 $ l'unité, dans un coffret cartonné, compte 136 pages, 35 planches (dont trois dans une pochette). Il en a été tiré cinq cents exemplaires numérotés sur Japon Laurentique (parmi lesquels vingt-cinq exemplaires hors commerce).

16. Le plan de *L'Antiphonaire* (intitulé « La mort de l'écrivain ») inclut des éléments de structure, de diégèse et de régie de la forme-contenu. Voir l'édition critique de *L'Antiphonaire* par Gilles Thérien (« Bibliothèque québécoise », 1993).

17. Allusion aux séquestrations du ministre libéral (provincial) du Travail Pierre Laporte, à compter du 9 octobre, et de l'attaché commercial britannique James Richard Cross, à compter du 5 (libéré le 3 décembre), par des membres du Front de libération du Québec (FLQ). Constaté le samedi 17 à 22 h 30, le décès de Pierre Laporte était rendu public le 18 vers 0 h 30. Ce que l'historiographie québécoise a appelé Événements (ou Crise) d'octobre devait mener le premier ministre libéral (fédéral) Pierre Elliott Trudeau à décider d'une intervention militaire au Québec en décrétant, le 16 octobre, la Loi sur les mesures de guerre. D'où, sans doute, le terme de « suspense » après la date.

18. Aquin ne reproduit aucune citation de Catulle dans ses notes de cours et de lecture. L'ouvrage de Jean Granarolo (voir note 36), dont la bibliothèque de l'Université de Montréal possède un exemplaire, pourrait cependant lui fournir de nombreux extraits de Catulle.

Le poète est cité aux pages 70, 71, 77 et 78 du téléthéâtre *Double sens* (archives de l'ÉDAQ). Dans *Point de fuite*, Aquin a « l'impression de réaliser, sur papier noir, une chaîne vocalique déchaînée… voire même : de réduire la double brève de Catulle en une longue » (p. 9). Dans *Neige noire*, il interroge « la virulence catulienne » (p. 234, CLF), après avoir cité « Odi et amo… ? », vers que Gerson (*Double sens*) attribue également à Catulle.

19. Selon la chronologie d'Aquin établie par Guylaine Massoutre pour le compte de l'ÉDAQ, Aquin relit Proudhon en 1970 pour son projet de film sur l'anarchie (voir note 33).

20. Le dossier « Hamlet (1970) » donne de nombreuses citations du répertoire shakespearien. L'ouvrage (ou les ouvrages) duquel elles ont été tirées n'a pas encore été identifié.

21. Aquin connaît la pensée d'Érigène pour avoir lu de nombreux ouvrages sur la philosophie au Moyen Âge et sur l'histoire de l'Église.

Dans *L'Antiphonaire* il est fait allusion à la pensée du philosophe (p. 19) et à ses qualités de « grand auteur » (p. 83). Le dossier « Hamlet (1970) » donne deux citations d'Érigène au second degré.

22. Ettore Schmitz, dit Italo Svevo. Aquin aura croisé l'initiale du prénom avec celle du pseudonyme. Dans « L'Alexandrine » (1963) et dans « La scène du lit » (1970), nouvelle et projet télévisuel recueillis dans *Point de fuite*, il est fait mention des « lettres authentiques […] d'Italo Svevo… » (p. 26) et « des lettres de condoléances écrites par Italo Svevo à d'Annunzio… » (p. 87).

23. Déesse personnifiant la force reproductrice de la nature. Dans *Point de fuite*, Aquin se dit « partisan de Cybèle » (p. 10), qu'il associe par ailleurs au Tibre dans ses notes de lecture sur l'ouvrage de Jérôme Carcopino (voir note 30). Notons que dans *Double sens* une femme nommée Cybèle est trouvée morte devant son téléviseur.

24. Voir note 65.

25. A[lfred] de Musset. Les études aquiniennes ont signalé l'influence d'Alfred de Musset sur l'œuvre d'Aquin. Selon Françoise Maccabée-Iqbal :

> Comme Musset, romantique admiré et très présent dans son œuvre, Hubert Aquin vit l'angoisse devant le néant et l'ennui. L'angoisse de Musset, de Kafka et de Kierkegaard a

> nourri sa jeunesse. N'est-ce pas à fréquenter œuvre, journal et correspondance d'auteurs maudits que ce dévoreur de livres en vient à croire dans son inconscient que pauvreté, tourment et malheur sont marques de génie et de sensibilité ? (*Desafinado*, p. 291)

L'exergue de *Prochain épisode* témoigne d'une lecture de la correspondance de George Sand et d'Alfred de Musset. Par ailleurs, dans « Constat de quarantine » (1972), il est fait allusion au « modèle incantatoire » d'Alfred de Musset (*Blocs erratiques*, p. 162) ; dans « Le texte ou le silence marginal », il est fait mention de ses « sanglot[s] » (*ibid*, p. 270). Les dossiers « Notes de lecture - 1970 ha » et « Hamlet (1970) » mentionnent des citations de Musset de seconde main. Enfin, Aquin aurait relu *Lorenzaccio* (découvert lors du voyage d'études à Paris) en vue d'un projet de film sur l'anarchie (voir note 33), en 1970.

26. Dans *Copies conformes* (projet de roman, 1973), il est fait allusion aux « précédents jurisprudentiels de la Cour Suprême contre l'extorsion, l'usurpation de fausse identité, etc. » (liasse I). Voir l'édition critique de *Neige noire*, à paraître dans « Bibliothèque québécoise ».

27. Dans « L'art de la défaite » (1965), Aquin analyse l'erreur des Patriotes de 1838, « désemparés par la fuite de Papineau » (*Blocs erratiques*, p. 115). Dans *Trou de mémoire*, « Louis-Joseph [aurait été] mandaté [...] pour tuer la révolution [...] » (p. 96). Dans *Prochain épisode*, Papineau « aurait mieux fait de se suicider » (p. 161).

28. Io : pronom italien : je, moi.

29. Philolaüs, que *Le Robert* orthographie Philolaos : disciple de Pythagore.

30. Dans le dossier « Notes de lecture 71 (ha) » on trouve deux feuillets dactylographiés relatifs à l'ouvrage de Jérôme CARCOPINO, *Virgile et les origines d'Ostie* (Paris, PUF, coll. « Hier », 1968, 701 p.). Les notes prises par Aquin se rapportent surtout à la déesse Cybèle et au Tibre.

31. Les pages 21 et 22 de l'ouvrage de Marcel BERNASCONI, *Histoire des énigmes* (Paris, PUF, coll. « Que sais-je ? », n° 1087,

1970, 126 p., BIB), donnent l'étymologie du nom Œdipe et rapportent l'énigme proposée à Œdipe par le Sphinx. L'exemplaire d'Aquin porte des traits en marge des pages relatives à la célèbre énigme. On trouve également des notes à propos de ce livre et de ce passage dans « Notes de lecture 71 (ha) » et « Notes de lecture H 69 + 70 ». Il s'agit de l'une des sources d'« Œdipe recommencé. Chantefable », projet de téléthéâtre entrepris et achevé en 1971.

32. Le soulignement sous « machiavéliens » et « hist[oire] des énigmes » semble constituer des paragraphes afin d'isoler les références à ce terme et à cet ouvrage.

33. Sans doute est-il fait référence à « L'histoire de l'anarchie », projet cinématographique pour le compte de l'Office national du film, en collaboration avec Jacques Godbout, entrepris en mai 1970 et remis au réalisateur François Séguillon le 1er mars 1971. Le film ne sera jamais réalisé. Dans son projet, Aquin dresse une liste exhaustive des divers types d'anarchistes ; les « enragés » cependant n'y figurent pas.

34. Une partie du deuxième chapitre de l'ouvrage d'Henri-Irénée Marrou, *Saint Augustin et la fin de la culture antique* (Paris, Éditions E. de Boccard, 1958, 713 p., BIB), est consacrée au concept de *musica*. Il y est traité, en page 205 (où l'on note une marque au crayon), de l'imagination, selon les vues de saint Augustin, trop encline

> à évoquer un âge d'or où l'art musical, la culture libérale et la spéculation philosophique se trouvaient en communion intime et en parfaite harmonie. On nous montre Pythagore et ses disciples penchés sur le monocorde, et reliant la structure de la gamme à celle de l'univers [...].

Dans le dossier « Notes de lecture - 1972 h », la liasse B se rapporte à l'ouvrage de Marrou sur saint Augustin. La page 205 s'y trouve ainsi résumée : « 205 — la musique dans l'Antiquité et Pythagore (tableau idyllique...) TB ».

Dans *L'Antiphonaire*, Christine, se trouvant laide, dégradée, sordide, punie, sans équilibre, aura recours au relativisme qui aurait fait dire à saint Augustin « que le plus beau des singes est laid quand on le compare à l'homme... » (p. 208).

35. Anthelme Édouard CHAIGNET énumère quelques caractéristiques et manières des sociétés fondées par Pythagore qui se répandirent à partir de Crotone « où était la société mère ». Il s'attarde également, à la page 70 du tome premier de son ouvrage, *Pythagore et la philosophie pythagoricienne* (tomes I et II, Bruxelles, Culture et civilisation, 1968, 354 et 392 p. ; impression anastatique de l'édition parisienne de 1873), aux signes de reconnaissance que les membres de ces sociétés utilisaient entre eux.

Aquin aurait vraisemblablement annoté les deux tomes de la bibliothèque de l'Université du Québec à Montréal (Bibliothèque centrale. B243.C52 1968) à partir desquels il prend des notes. Un trait horizontal au crayon feutre rouge, en marge de la page 72, et un autre, également horizontal, à la page suivante, isole le passage relatif aux femmes « pour la première fois appelées à une vie politique et intellectuelle » (p. 73).

Les notes dactylographiées de la liasse F dans « Notes de lecture - 71 (ha) » se rapportent, entre autres, aux communes pythagoriciennes « qui essaimèrent depuis Crotone », à la notion de secret et à la « promotion » des femmes dans ces mêmes communes (p. 70-72). De la page 145, Aquin retient la citation de Pythagore : « Je vais chanter pour ceux qui peuvent comprendre, fermez les portes, profanes », qu'il signale comme étant l'« exergue à SERRE-TÊTE HA ».

Pythagore s'inscrit encore dans l'épigraphe de *Point de fuite* : « N'écris rien sur la neige », l'une des similitudes (formules énigmatiques chères aux pythagoriciens) que Chaignet relève et soulignée par Aquin d'une marque au crayon.

36. Dans « Notes de lecture - 1970 ha », Aquin retient de sa lecture de l'*Œuvre de Catulle* :

> « 160 - Baudelaire : pro Catullo TTTTTTTB » ; [Ce qui est contraire aux démonstrations de Granarolo]
>
> « 324 - œuvre "fugitive" des Anciens : l'épyllion » ;
>
> « 371 - A. de Musset, *Lorenzaccio*, Acte IV, scènes 3, 5 et 9 : ex : "De quel tigre a rêvé ma mère enceinte de moi ?.... De quelles entrailles fauves, de quels embrassements velus suis-je sorti ?..." »

La page 124 est consacrée à des rapprochements entre l'art de Catulle et le style décoratif, architectural de l'époque, étudiés de façon spécifique dans *L'Art de la composition chez Catulle* par H. BARDON.

Sur le feuillet A 14 de « Saga segretta », Aquin entend encore s'inspirer de l'ouvrage de Granarolo. À la note 1 de la page 207, il évoque un Catulle « imbu de principes socratiques ». Mais Aquin aura probablement mal transcrit le chiffre, puisque ce qu'il retient dans ses notes de lecture (voir référence plus haut) renvoie à la note 2 de *L'Œuvre de Catulle* où il est dit que « ce sont Catulle et les néotériques qui ont les premiers pris l'amour au sérieux [...] » (E. Burck, cité par Granarolo).

Les notes de lecture d'Aquin résument ainsi les notes 2 et 1 des pages 207 et 297 :

> « 207 - n. 1 CATULLE ET LES NÉOTÉRIQUES ONT PRIS L'AMOUR AU SÉRIEUX »
>
> « 297 - n. 1 : clichés que CATULLE a rendus valables :
> dentales
> hypocoristiques
> labiales
> disjonctions
> spondée central
> distique ».

37. Deux citations de Lucrèce figurent dans les notes de lecture intitulées « Hamlet (1970) ». La première (liasse A) est tirée de l'ouvrage de Robert Lenoble (voir note suivante pour la référence bibliographique) et se rapporte au projet télévisuel mettant en scène le personnage d'Œdipe auquel Aquin s'intéresse en 1971 avec le concours de Louis-Georges Carrier. La première citation est la suivante : « L'homme est un malade qui se fuit lui-même. » (p. 133) La seconde (liasse W), probablement rapportée, elle aussi, de seconde main, aurait servi au projet télévisuel « Hamlet ».

38. Le troisième chapitre de l'ouvrage de Robert LENOBLE, *Esquisse d'une histoire de l'idée de Nature* (Paris, Albin Michel, coll. « L'évolution de l'humanité », 1969, 446 p., BIB), est intitulé « Le bouillonnement de la Renaissance - La nature aimée mais igno-

rée - Les alchimistes - Rabelais » ; ce chapitre aborde, entre autres sujets, l'âme et la magie des minéraux et des métaux, de même que la fabrication des corps chimiques qui donne à l'homme de la préhistoire comme à celui de la Renaissance l'impression de manipuler la vie (« la "vie apparente" des animaux et des plantes ne se [prêtant] pas encore à la mainmise de l'homme », p. 297), « l'illusion de produire à volonté cette "vie cachée", plus mystérieuse mais par là plus séduisante encore que l'autre » (p. 297). « La doctrine des semences lapidaires » (p. 297), qui persiste jusqu'au milieu du XVIIe siècle, témoignerait de cette conception démiurgique.

Aux pages 275-276, il est question de la « ferveur stoïcienne dans l'épicurisme de Lucrèce ». Le monde a beau n'être qu'une machine, il appelle tout de même l'émerveillement. De ce monde, c'est la fécondité qui retient l'attention du philosophe, la vie elle-même comme objet philosophique. « Les anciennes doctrines, dit Lenoble, étaient des philosophies de l'esprit ; pour la première fois Lucrèce demande à la vie elle-même, telle qu'elle est et sans raisonner sur elle, les raisons de l'optimisme. » Dans cette optique, il cite son *De natura rerum* commençant « par un hymne à Vénus, mère des Énéates, plaisir des hommes et des dieux ».

Dans « Notes de lecture H 69 + 70 », liasse B, des notes dactylographiées concernent « la théorie des semences lapidaires » et « l'ode » à Vénus de Lucrèce. Aux pages et aux passages retenus dans lesdites notes, correspondent des *marginalia* dans l'exemplaire d'Aquin.

39. À la page 464 de *La Philosophie au Moyen Âge. Des origines patristiques à la fin du XIVe siècle* (Paris, Payot, 1952, 782 p.), Étienne GILSON commente, entre autres sujets, l'attitude de Lulle vis-à-vis de Socrate et perçoit son idée des tourniquets « sur lesquels sont inscrits ses concepts fondamentaux » comme un premier essai « de cet "Art combinatoire" que Leibniz [...] a plus tard rêvé de constituer ».

À la page 138, une bibliographie sommaire succède à un passage sur saint Augustin concluant le deuxième chapitre relatif au platonisme au IVe siècle. Le troisième chapitre, « De Boèce à Grégoire le Grand », donne d'entrée de jeu une courte biographie de Boèce.

Gilson confronte (p. 222) la parole d'Érigène à celle des docteurs de l'Église et démontre l'incompatibilité de sa pensée avec les doctrines de « théologiens nourris aux sobres enseignements de la tradition latine ». Il y est question de « la stupeur des contemporains de Scot Érigène ».

L'« art combinatoire », le nom latin de Boèce (Anicius Manlius Torquatus Severinus Bœtius) — avec les lieux et la date de naissance et du décès du philosophe —, ainsi que « la pensée de J. Scot Érigène [qui] a stupéfié ses contemporains » sont les éléments retenus par Hubert Aquin de *La Philosophie au Moyen Âge* dans « Notes de lecture - 1972 h ».

Aquin aurait vraisemblablement annoté l'un des exemplaires de la bibliothèque de l'UQAM (Bibliothèque centrale. B721.G54 1962 ex. 2).

40. Voir note 36.

41. Page 10 de *L'Essor de la littérature latine au XIIe siècle* (Paris, Desclée de Brouwer, 1955, 584 p.) où Joseph de Ghellinck note, à propos de cette période, « un vrai parallélisme entre l'essor de la théologie et des autres disciplines scolaires fidèles au latin d'une part, et d'autre part le progrès des œuvres en langues nationales ». Une série de titres suit.

Les pages 114 à 117 s'ouvrent sur Honorius d'Autun — « Augustodunensis » —, « "le grand inconnu" de l'histoire littéraire du XIIe siècle » (p. 114), « mystérieux écrivain qui, dès le début du siècle, fait figure d'agent de liaison entre l'enseignement scolaire et le monde de l'Église [...], il se donne comme mission de vulgariser dans le bas clergé les connaissances qu'il a prisées dans les écoles » (p. 113).

La page 133 est consacrée à Pierre de Blois. Et c'est bel et bien lui, « [f]idèle aux directives de Quintilien », et non Jean de Salisbury, comme l'a lu Aquin, qui « se pique d'écrire et de composer, rapidement, *citius, festinato* » pour exclure tout « soupçon de plagiat ».

La page 391 traite des *Miracula* (recueils de récits religieux à caractère populaire), des martyrologes des IXe et Xe siècles, puis traite encore de l'époque des « grands légendiers » qu'est le XIIe siècle.

Des notes qu'il tire de cet ouvrage (« Notes de lecture 1970 ha »), Aquin retient, de la page 10, des titres d'œuvres littéraires en langue vulgaire. Le passage consacré à Honorius d'Autun semble l'intéresser également. À propos de Jean de Salisbury, il note qu'« écrire vite c'était conjurer le plagiat ». Page 185 : « les nombreux commentaires du *Cantica cantiquorum* ont influencé l'amour courtois ». Le mot sur le XIIe siècle, époque des « grands légendiers », figure parmi ces notes.

Aquin a vraisemblablement annoté, parmi d'autres, les pages 133 et 391 de l'exemplaire de l'UQAM (Bibliothèque centrale, PA8035. G44). La première marque, au crayon feutre bleu, renvoie aux pratiques d'écriture de Pierre de Blois ; la seconde, au crayon feutre rouge, se rapporte à « l'époque des grands légendiers ».

42. À la page 83 de *La Fin du monde antique et le début du moyen âge* (Paris, Albin Michel, coll. « L'Évolution de l'humanité », 1951, 554 p., BIB), Ferdinand LOT étudie la densité des populations dans les petites et les grandes villes du Bas-Empire, puis les besoins de l'homme antique : logement, alimentation, vêtements, activités.

Dans le chapitre intitulé « Décadence et transformation de l'art antique », il est observé que les qualités de pureté et de goût de l'art en général sont perdues rapidement après le IIIe siècle de l'ère chrétienne (« L'art, même l'art d'imitation, ne réussit pas à traverser la tourmente du IIIe siècle » [p. 157]). En outre, l'architecture et la sculpture sont prises à partie.

Dans les « Notes de lecture 1970 - ha », les pages 83, 157 et 158 se résument à : « la mode : ennui », « CONTRE L'IMITATION » et « Phrase géniale de Renan ». Tandis que la mode est abordée à la page 84 de l'ouvrage de Lot (elle « existe à peine et elle n'exerce son influence que sur les classes supérieures et non sur l'ensemble de la société, comme de nos jours »), l'aphorisme de Renan (selon lequel le « christianisme sombra dans sa victoire », au IVe siècle, quand l'Église pactisa avec l'État) se trouve, lui, à la page 58.

43. La page 285 de l'ouvrage d'Eugène DE SAINT-DENIS, *Essai sur le rire et le sourire des Latins* (Paris, Belles Lettres, 1965,

302 p.), ainsi que les pages qui précèdent et qui suivent, s'intéressent à Sidoine Apollinaire, « le principal représentant de la littérature artificielle et précieuse du Bas-Empire, où devait aboutir la surenchère dans la recherche des fioritures » (p. 282). De Saint-Denis illustre à l'aide de nombreux exemples les divers procédés littéraires de Sidoine tels, le « vocabulaire bigarré », les « jeux de mots », les « métaphores hardies », « les métaphores doublées d'un jeu de mots ou d'une antithèse », les « métonymies et périphrases », etc.

À la page 278, il est question du style précieux d'Ovide dans les *Tristes* et les *Pontiques* : parallélismes, antithèses, chiasmes, allusions mythologiques, comparaisons, effets de surprise et « cliquetis [de] mots [y] foisonnent [...] ».

Aux pages 183 et 184, l'auteur interroge deux passages des *Épîtres* d'Horace qui ont « fait couler beaucoup d'encre » (p. 182).

Aquin inscrit dans ses « Notes de lecture - 1970 ha » :

285 - métaphores hardies

[...]
278 - les vents, OVIDE TTTTB
[...]
183-184 - L'hypallage, selon Horace et Littré

Eugène de Saint-Denis relève comme métaphores hardies chez Sidoine : « le labyrinthe des questions insolubles (*quætionum insolubilate*) ; le trésor de la science qu'on jette au vent (*scientiæ thesauri euentilarentur*) ; la porte de la sécurité (*ianuam securitatis*) et la fenêtre de la liberté (*libertatis fenestra*) ; la trompette de l'Eurus (*tuba Euri*) » (p. 285).

Voici le passage cité en rapport aux « vents » chez Ovide : « Les mêmes vents, pour que mon supplice soit double, emportent je ne sais où mes voiles et mes vœux (*Tr.*, I, 2, 17-18). » (p. 278) L'hypallage comme procédé littéraire propre à l'un des deux vers « problématiques » d'Horace est non pas le fruit de la perception qu'a Horace de sa propre poésie, mais bien de celle de F. Ruyt qu'une citation de Littré contredit.

44. La page 304 du tome premier de l'ouvrage d'Edgar DE BRUYNE, *Études d'esthétique médiévale* (I. *De Boèce à Jean Scot*

Érigène, II. *L'Époque romane* et III. *Le XIIIe siècle*, Bruges, De Tempel, 1946, 370, 420 et 400 p., BIB) étudie les règnes (animal, minéral et végétal) qui « interviennent dans la composition des matières colorantes [...] », le secret qui entoure leur fabrication ainsi que les pays lointains et les légendes qu'évoquent certains noms de couleurs.

La page 144 s'intéresse aux formules hispériques, aux « pages de Taine où le génie latin se trouve opposé au génie saxon », le classique au baroque. Une note infrapaginale cite deux auteurs critiques au sujet de la rhétorique de Rabelais et de J. Joyce assimilables à la manière hispérique.

À la page 120, la clarté est aux classiques ce que l'obscurité est aux baroques. Il y est aussi question des Hispériques qui témoignent, en matière de néologismes, « d'une démesure sans limite [...] ».

Le trait vertical, figurant dans l'exemplaire d'Aquin, souligne justement cette « démesure ». Celui de la page 144 couvre la note.

À la page 183 du tome deuxième, on peut lire des vers de Geoffroi de Vinsauf sur la beauté féminine. Aquin marque d'un trait le commentaire de De Bruyne sur le poème.

La page 56 du tome troisième expose la théorie de Thomas de Cîteaux sur la laideur et la beauté de l'âme. L'intérêt de la page 123 réside dans les perspectivistes et les mathématiciens du Moyen Âge, dont Alhacen, Gondissalvi et Robert Grosseteste.

Les pages 196 et 197 commentent saint Bonaventure à propos du plaisir esthétique, du beau et de l'amour mutuel qui rend le plaisir délicieux. On y trouve, notamment, des considérations sur la délectation et la fruition.

À la page 268, dans le chapitre IX consacré à Ulric de Strasbourg et à sa théorie esthétique, la laideur et la beauté sont considérées sous leur jour formel et matériel. La page 273 expose sa théorie du Laid. On étudie beauté et laideur sous l'éclairage moral du mal et du péché.

Dans les « Notes de lecture - 71 (ha) », liasse K, Aquin écrit sur la fabrication des couleurs. Il rédige deux notes à la page 144 : « note 1 : Rabelais et J. Joyce sont hispériques TTTB » et

« note 2 : passage de Rabelais à comparer avec 143 ». Il s'attarde aux questions de clarté et d'obscurité, page 120.

Son attention est retenue par l'idéal de beauté féminine, page 183 du deuxième tome.

C'est sur le même sujet, à la page 56 du troisième tome, qu'Aquin écrit brièvement. Le perspectiviste Gondissalvi et le mathématicien Alhacen figurent également parmi ces notes. « Le plaisir de l'amour TTTTTTB », « la mesure du laid » et « la laideur comme perversion » sont les sujets qu'il retient des pages 196-197, 268, 273.

L'ouvrage de De Bruyne est l'une des sources principales de *L'Antiphonaire.* Les auteurs hispériques, les théories du beau et du laid, des commentaires du *Cantique des cantiques* sont autant de correspondances entre le roman et *Études d'esthétique médiévale. Neige noire* s'en inspire également pour la puissance évocatrice des couleurs.

45. La logistique, la vie militaire et la domination italique que tentent de conserver les empereurs du Iᵉʳ siècle (après J.-C.) sont au cœur de la page 47 de l'ouvrage de Jean GAGÉ, *Les Classes sociales dans l'empire romain* (Paris, Payot, 1964, 485 pages). À la page 201, l'auteur décrit la Colonne Trajane.

La page 47 d'un des exemplaires de l'UQAM (Bibliothèque centrale. HN10. R7G3) semble annotée par Aquin à propos des « tendances sécessionnistes qui devaient se déclarer, soit en Gaule (postumus), soit en Orient syrien (les dynastes de Palmyre et de Zénobie), au IIIᵉ siècle ».

Les « Notes de lecture 1970 - ha », liasse L, signalent de la page 47, « “les tendances sécessionnistes de la Gaule (posthumes)” au 3ᵉ siècle » et relèvent de la page 201 la « description détaillée de la colonne Trajane ».

46. La page 35 de l'ouvrage de Jean TOUTAIN (*Les Cultes païens dans l'Empire romain. III. Les Cultes indigènes nationaux et locaux*, Rome, « L'Erma » di Bretschneider, 1967, 470 pages) se rapporte à Cælestis, déesse africaine : « Comme Diana, elle est la vierge céleste, Virgo Cælestis [...] ». Les pages 41 et 42 inventorient génies et divinités locales africains. À la page 81, Toutain se penche sur les reproches qu'adressent saint Augustin et Salvien à

Cælestis. La page 109 aborde l'onomastique latine chez les indigènes dans l'Afrique du Nord ancienne. Aux pages 251 et 268, on traite de la représentation des dieux et des déesses du peuple gallo-romain dans la sculpture.

On trouve des *marginalia*, vraisemblablement d'Aquin, à la page 35 de l'exemplaire de la bibliothèque de l'UQAM (Bibliothèque centrale. BL801T6873 1967 V1 (T3)). Les deux marques au crayon rouge se rapportent à Cælestis. La page 81 est annotée sur les passages que nous avons signalés plus haut. Deux *marginalia*, page 109 : les deux sont relatifs à l'onomastique chez les Africains du Nord. Celui de la page 251 établit un rapport entre la procession rituelle des Éduens au cours de laquelle on promenait à travers les champs « une image de Cybèle placée sur un char » et « un groupe en terre cuite trouvé à Autun », de facture gallo-romaine. Un trait vertical, p. 268, marque un passage à propos d'une statuette de bronze de Besançon qui « a pour attribut une corne d'abondance ».

Des notes qu'il prend de cet ouvrage, et qu'il retient pour son projet de livre secret (source qu'il éliminera cependant à la relecture de ce dernier), concernent Cælestis « déesse de la fécondité » — et les « orgies consécutives de sa fête », puis la « liste des dieux locaux de Numidie ». Aucune note en rapport avec les pages 109, 251 et 268 ne figure dans la liasse J des « Notes de lecture - 71 (ha) ».

Le troisième tome des *Cultes païens dans l'Empire romain* est l'une des sources de *Neige noire* dans « les divinités poliades de l'antique Numidie : Gharez-Zemma, le désert vierge, El Kenissia, le désert fécondé, Bou Kourneim, le désert céleste [...], les sables de Tipasa et les dunes de Sainte-Salsa » qu'évoquent « les paysages suspendus aux seins de Claudia Cardinale » (*Neige noire*, CLF, p. 206). Toutain aborde « le culte du Serpent ou *Draco* [qui] ne nous est connu que par de rares inscriptions, et par le récit de la passion de sainte Salsa, la martyre de Tipasa » (p. 38). (Ce passage est marqué d'un trait au crayon feutre rouge, vraisemblablement de la main d'Aquin.) Le premier chapitre intitulé « Les cultes africains » traite encore abondamment des sanctions de Gharez-Zemma, El Kenissia et du Dj. Bou Kournein.

47. Voir note 7.

48. La page 186 du tome premier de l'ouvrage de Jean EHRARD, *L'Idée de nature en France dans la première moitié du XVIIIe siècle* (2 volumes, Paris, S.E.V.P.E.N., 1963, 861 pages), commente « La conception de l'histoire naturelle » dans l'œuvre de l'abbé Pluche.

La page 256 regarde le relativisme — « le goût est affaire de civilisation » — découlant de la querelle des Anciens et des Modernes et traite de l'unanimité de ces derniers quant au travail d'imitation de la nature que doit poursuivre l'œuvre d'art. L'illusion, « le charme insidieux de la pastorale », l'art mensonger, le merveilleux dans l'art, sont les points abordés en page 271. La note 3 de la page 214 renvoie au *Quatrième Mémoire sur les Monstres* de Lémery. On y discute de son idée de la loi naturelle.

À la page 711 du second tome, on observe les caprices de la nature et l'influence des conditions climatiques sur divers secteurs de la vie humaine de l'Europe des XVIe, XVIIe et XVIIIe siècles. La page 712, sur le même sujet, remonte à l'Antiquité romaine. On consulte, en page 719, la théorie de Montesquieu relativement à « l'action du climat sur le caractère des peuples ». Enfin, le commentaire repose, en page 744, sur la différence morale, spirituelle et sociale entre le « sauvage » et l'homme policé qui faisait l'objet de débats dans la France du XVIIIe siècle.

Aquin a vraisemblablement annoté l'exemplaire de la bibliothèque de l'UQAM (Bibliothèque centrale. BD581.E33 1963). Il aura isolé, de deux traits de crayon, à la page 256 du premier tome, ce passage où « Chacun admet [des Anciens et des Modernes] que l'art doit *imiter la nature* [...] ». Un trait à la page 271 se rapporte aux « charmes insidieux de la pastorale qui lui viennent [...] de son artifice », ce que soutient une citation de Fontenelle soulignée d'un second trait.

À la page 711 du second tome figure une ligne au crayon soulignant, de la note 2, le passage sur le refroidissement du climat au XVIIe siècle par rapport à celui du XVIe. En page 712, la marque relève que « l'air de la ville et de la campagne romaine [...], bien qu'il s'adoucisse depuis l'Antiquité, se corrompt ». Les deux traits, page 719, isolent la théorie de Montesquieu pour qui le vent d'Est, en Angleterre, « provoque des épidémies de suicides ».

Aquin observe dans ses « Notes de lecture 1970 - ha », liasse P, que Linné répertorie 800 espèces d'insectes (p. 188, et non 186, d'Ehrard). Il note encore que l'art « doit imiter la nature » et souligne à la page 271 un éloge de l'artifice. Entre autres notes relatives au deuxième tome, on trouve résumé ce qu'Aquin avait annoté aux pages 711, 712, 719. Le thème du « bon sauvage », page 744, attire son attention.

49. À la page 37 du *Génie romain dans la religion, la pensée et l'art* (Paris, Albin Michel, coll. « L'Évolution de l'humanité », 1969, 506 p., BIB), Albert GRENIER rapporte la découverte par M. H. Graillot, en 1896, de fragments archaïques de sculptures, comparables en beauté, aux « belles statues de Veies ». Les ruines du temple de Conca, *l'ancien Satricum*, recelaient une « antéfixe féminine aux yeux mi-clos, au sourire prononcé, [qui aurait] toute la finesse enveloppée du grand art ».

Grenier se penche, à la page 50, sur le rôle des femmes en Étrurie (important si on le compare à celui qui leur échoit chez les Grecs et chez d'autres peuples « de même souche que les Latins ») et sur le respect et la « délicatesse particulièrement tendre des anciens Romains » à l'endroit des femmes. Dans une même perspective, il est question, à la page 51, du mariage romain.

La page 260 traite des Romains qui reçurent de Pergame (où triomphait alors l'hellénisme) « l'initiation à la vie artistique grecque ».

La page 397 se rapporte aux « collèges de carrefour » ou *collegia compitalicia* issus de l'intervention des Lares — « dieux accueillants et sans préjugés » — qui groupent autour de leurs autels « tous les vagabonds, tous ceux qui n'ont pas de famille, pas de foyer, pas de culture propre ». Cette page traite également des diverses divinités liées au culte familial.

Dans l'exemplaire d'Aquin, le trait en marge de la page 37 est relatif à « l'antéfixe » et celui de la page 397 regarde l'abolition ou la restitution par Clodius, Cicéron ou César des *collegia compitalicia*.

Dans ses « Notes de lecture 1970 - ha », liasse R, Aquin écrit, entre autres notes :

« 37 - "antéfixe" - terme de décoration » ;

« 50 - la femme » ;

« 51 - le mariage » ;

« 260 - Pergame (près de Hellespont) » ;

« 397 - "collegia compitalicia" : collège de carrefours TTTB ».

50. Page 79 de l'ouvrage de Louis BRÉHIER, *Vie et mort de Byzance* (Paris, Albin Michel, coll. « L'Évolution de l'humanité », 1969, 632 p., BIB), où il est question de Léon III menant, dans des assemblées populaires, « une propagande insidieuse contre les images ».

Le trait en marge de la page 79 de l'exemplaire d'Aquin concerne un des effets de la colère divine contre le culte de l'image.

À propos de cette page, dans ses « Notes de lecture 1970 - ha », liasse F, Aquin écrit : « le mouvement iconoclaste TTTB ».

51. Le mot pourrait prendre le sens de « transition », « citation » ou encore d'« insérendes » (cf. note 60).

52. En plus de pratiquer certaines répétitions comme motif littéraire, *Prochain épisode* reprend un passage de la page 149 :

> Écoute : n'oublie pas la couleur du papier et le code, tu comprends ? Tu trouveras cela dans le récit de la bataille d'Uxellodunum par Stoffel, page 218... Maintenant, dis-moi : où sont les enfants ? (p. 165)

Neige noire, plus encore que les autres romans d'Aquin, travaillera l'esthétique de la reprise dans certaines scènes analeptiques et proleptiques complétives : celles du médaillon, par exemple, d'une fellation au parc Lafontaine, de Natchez-under-the-Hill et de l'assassinat de Sylvie.

53. Il est probablement fait allusion aux différentes versions, adaptations et traductions que les sagas islandaises ont données des exploits d'Hamlet, prince du Danemark.

Dans *Neige noire* (p. 202), Aquin mentionne la version de l'historien Saxo Grammaticus (XIIIe siècle). Suit l'énumération des divers noms qu'a reçus Hamlet : Amlethus, Ammelhede, Amlaidhe, Amlodi, Amlairh, Hamnet, Hamlett, Anleifr, Hamblet, Amlaigh, et

Anlaf (qui rappelle l'ébauche de titre pour le projet de livre secret : *Le Livre noir d'Anraf Koulan*, A5).

Dans un dossier d'Aquin, « [Sans titre] » (feuillet B, Archives de l'ÉDAQ), se trouve la photocopie d'un collage tiré d'un ouvrage non identifié reproduisant une page du *Secret merveilleux de la magie naturelle et cabalistique du Petit Albert* (Cologne, 1722, page 138) intitulée « La magie naturelle : la mandragore ».

54. Cette intention formelle connaît un précédent chez Denis DIDEROT. Dans *Les Bijoux indiscrets* (*Œuvres*, Paris, Gallimard, coll. « Bibliothèque de la Pléiade », 1951, 1474 p.), Cypria raconte en anglais, latin, italien et espagnol ses aventures scabreuses (p. 224-228) de par le monde. Aquin connaissait-il ce roman ?

55. Dans *Rhizome. Introduction* de Gilles DELEUZE et Félix GUATTARI (Paris, Éditions de Minuit, 1976, 74 p.), il est fait allusion à la méthode du *cut-up*, chez Burroughs. Il s'agit du

> pliage d'un texte sur l'autre, constitutif de racines multiples et même adventices (on dirait une bouture) impliqu[ant] une dimension supplémentaire à celle des textes considérés. C'est dans cette dimension supplémentaire du pliage que l'unité continue son travail spirituel. (p. 15)

Il est probable qu'Aquin, ayant lu Burroughs et nombre d'essais littéraires sur les romanciers du XXe siècle, ait retenu le procédé de pliage ou *cut-up* pour l'intégrer à « Saga segretta ». Le parallèle avec Érasme reste tout de même étonnant, compte tenu des rares allusions à ce dernier dans les notes de lecture et les romans d'Aquin.

56. John Unitas, joueur de football américain dont Aquin analyse la stratégie, le jeu « mystifiant » dans « Éléments pour une phénoménologie du sport » (1971). Dans *Desafinado*, Andrée Yanacopoulo révèle que « John Unitas des Colts de Baltimore et les quarts arrières, à cause de leur position stratégique » figurent parmi les « grandes admirations » d'Aquin (p. 324).

57. C'est en juin 1952, lors d'un séjour d'études à Paris, qu'Aquin découvre les Pères de l'Église. Il lit alors Ambroise de Milan, saint Jérôme et saint Augustin. (Hubert Aquin à Marcel Blouin, Correspondance, le 21 juin 1952, 52-173, archives de

l'ÉDAQ). Le 6 novembre, il confie à Lucien Pépin : « J'ai eu en effet une crise des Pères de l'Église, crise qui a duré plus d'un mois et que je n'ai pas encore passée tout à fait. » (*Idem*, Correspondance, 52-311, archives de l'ÉDAQ) Il est donc possible qu'Aquin ait découvert Origène lors de cette « crise ». Par ailleurs, les *Commentaires du Cantique* d'Origène sont cités aux pages 88-89 de *L'Antiphonaire*.

58. Robert-Lionel Séguin et le père Pascal Poirier ont tous deux produit respectivement des études historiques, lexicologiques et ethnographiques relatives au langage, aux mœurs et aux coutumes des habitants de la Nouvelle-France et de l'Acadie.

59. Dans le dossier « Réserve de poinçons d'argent (A et H) 1971 » (archive privée), constitué en deux temps distincts, Aquin rassemble avec agrafes sur feuillets et pêle-mêle dans une enveloppe des reproductions de poinçons aux lettres A, H, S et autres symboles (fleurs de lys, soleils, flèches, lions, etc.) découpés, selon toute conjecture, dans *Les Poinçons de garantie internationaux pour l'argent*, réunis par Tardy, Paris, Tardy, 1942 (1977 pour la 12e édition consultée à la bibliothèque centrale de l'UQAM), 545 pages, ill.

La première tranche, datée du 7 novembre 1970, est constituée de montages qui semblent être liés à l'authentification de *Point de fuite* (voir le dos de cet ouvrage). Sur l'enveloppe (format de correspondance, avec en-tête de l'ONF) qui constitue la deuxième partie du dossier, on lit, de la main d'Aquin : « HA/8.II.71/Poinçons/+/sigles/(SS+HA/+A) ». Parmi les nombreuses découpures de reproductions de poinçons laissées libres sous pli, l'une d'elles, qu'Aquin semble avoir soulignée d'un trait au crayon feutre rouge — à moins qu'il ne s'agisse d'un dérapage —, rassemble les lettres « SS H » surmontées d'une couronne.

L'usage de reproductions offre donc une alternative intéressante à la fonte coûteuse d'un véritable poinçon, tel qu'il en avait été décidé, par la résolution 12 (A3), pour marquer le cuir (?) de « Saga segretta ».

60. Jean ANDRIEU, *Le Dialogue antique : structure et présentation*, Paris, Éditions latines, coll. « Études latines », n° 29, 1954, 368 p. Aquin emprunte le terme d'*insérende* (insertion) à Andrieu.

61. *Anaclastique* : « 1 – adj. En termes de physique, se dit du point où un rayon lumineux se réfracte ou se réfléchit. Courbe anaclastique, courbe apparente suivant laquelle une ligne est vue à travers un milieu réfringent. 2 – S.f. Partie de l'optique qui traite de réfractions. On ne dit plus que dioptrique. — R. "Anaclastique n'est plus usité", dit Prouhet. » *Littré*, tome I, 1964, p. 404.

Cette application formelle des théories de l'optique n'est pas sans rappeler la thématique de l'anamorphose dans *Trou de mémoire*. Dans *L'Antiphonaire* (p. 84), le terme se rapporte aux mouvements de pensée au Moyen Âge et est synonyme de « diffusive ».

62. S'écrit sans accent circonflexe. Plérome : « S.m. 1 – Terme d'ancienne physique. L'ensemble de tous les êtres. » *Littré*, tome V, 1964, p. 2014. Dans *Neige noire* (p. 263), ce mot fait figure de jouissance, d'extase et d'absolu.

63. Ce feuillet, à l'encre noire, est de la main d'Andrée Yanacopoulo. Le 8 février est un lundi.

64. Typographe aux Ateliers des Sourds (Montréal) inc. où le Cercle du Livre de France fait imprimer *Point de fuite* en janvier 1971.

65. L'expression rappelle la *selva obscura* des premiers vers de *La Divine Comédie* de Dante. Dans le *Journal* d'Aquin, carnets 1961-1962, on trouve également, en date du 9 novembre 1962 : « Une longue forêt obscure et épaisse me sépare encore de la mer que je ne suis pas sûr de rejoindre, mais dans laquelle je marche désespérément. » Par ailleurs, l'œuvre aquinienne renvoie fréquemment à Dante et à l'univers de son célèbre poème. Aquin écrit s'enfoncer « profondément dans le gouffre du passé occidental » depuis la publication de *L'Antiphonaire* en novembre 1969 :

> Ma plongée abyssale m'a fait découvrir un certain Lucrèce dont je demeure un admirateur fanatique forcené — j'aimerais dire : un pâle imitateur, mais Lucrèce est inimitable ! Pourrai-je, un jour, utiliser tout ce que je découvre en descendant dans l'enfer dantesque ? (*Point de fuite*, p. 10)

L'en faire revenir (!)... L'enfer, même s'il est imprégné du mythe d'Orphée, est l'un des ressorts de *Prochain épisode* à travers Charon et sa barque funéraire.

Le Spitzbergen, théâtre d'une scène infernale, « se présente comme le produit d'un délire dantesque » (*Neige noire*, p. 108). Si le temps est un fleuve, « ce fleuve est un cimetière rapide qui emporte tout, même les berges qui l'étreignent, les arbres qui le bordent et les barques qu'il porte ! Le film, mieux que tout autre moyen d'expression, rend bien cette fluidité achérontique, dans la mesure au moins où il ne s'arrête jamais avant la fin de sa propre projection » (*Neige noire*, p. 147). L'enfer, l'Achéron, la barque funéraire, le savoir et le livre tels une forêt obscure où l'on s'enfonce, où l'on découvre les abysses : voilà autant d'échos de l'œuvre dantesque chez Aquin.

Notons que dans ses notes de lecture (« CIT C »), Aquin cite souvent Dante.

66. Ce feuillet répond à la suggestion d'Andrée Yanacopoulo d'adjoindre au livre secret un disque, un bout de film et des photos pour « que l'acheteur continue à se sentir privilégié » (C1) dans l'éventualité d'une seconde édition. Voir note 63.

67. Le copyright de *Neige noire* est d'Aquin et non des Éditions La Presse.

68. Réalisé en 1967 par le réalisateur suédois Bo Widerberg (Malmö, 1930-). *Elvira Madigan* est prévu à l'horaire du vendredi 14 avril à 23 h 08 au canal 2.

69. Chanson enregistrée chez Barclay en 1966, interprétée par Dalida (1933-1987). Paroles de M. Rivgauche, musique de J. Dieval.

70. Traduction de *The Three Gifts*, roman historique du Canadien Wilfrid Theodore Pocock au sujet duquel Pierre Tisseyre avait demandé un avis à Aquin en décembre 1970. De Montréal, le 24 août 1972, Tisseyre lui écrit :

> J'ai passé mes vacances sur votre traduction du livre de Pocock, dont j'ai dû refaire les deux tiers parce que, sans justification, vous avez modifié profondément l'histoire et le caractère des personnages.

Puis il ajoute :

> Mais maintenant que j'ai travaillé sur votre texte dont j'ai sabré des pages entières, je crois impossible la solution qui

> consisterait à vous laisser terminer cette traduction. Il vaut mieux clore ce chapitre. (Pierre Tisseyre à Hubert Aquin, Correspondance, le 24 août 1972, 72-237, archives de l'ÉDAQ.)

L'œuvre est finalement traduite par Michelle Robinson et paraît au CLF en 1974 sous le titre : *Le Rêve impossible*. Aquin l'avait intitulée *Les Trois Dons*.

Le 13 mai 1970, Aquin avait également encouru les foudres de Pierre Tisseyre pour sa traduction de *The Head Nurse* (*L'infirmière chef*) de Jean Barrett.

71. Allusion à la grève des 210 000 employés du secteur public et parapublic regroupés en Front commun contre l'État québécois. Ayant débuté le matin du 11 avril 1972, la grève prit fin le lendemain de la promulgation, le 21 avril, par le gouvernement Bourassa, d'une loi spéciale (loi 19) forçant le retour au travail. Les principaux enjeux de la grève étaient la hausse des salaires et la sécurité d'emploi. Ce feuillet n'aura donc pas été signé le 18 avril, comme la graphie d'Aquin pourrait le laisser croire, mais bien le 15, après « les quatre jours de grève générale [qui] ont suffi à tout mettre à l'envers ».

72. « *Mal comicial* : épilepsie. (À Rome, l'assemblée des Comices se séparait lorsque quelqu'un souffrait d'une attaque d'épilepsie.) *Attaque*, *crise comitiale*, d'épilepsie ». *Robert de la langue française*, tome II, Paris, Le Robert, 1985, p. 726. (On écrit comitial ou comicial.) Dans *L'Antiphonaire*, Christine utilise ce terme pour décrire les malaises de Jean-William Forestier (p. 43) et de Renata Belmissieri (p. 88).

73. *Obscurius per obscurium*. La formation d'Aquin laisse croire qu'il aurait pu inventer ce qui ressemble ici à une citation d'auteur. Quoi qu'il en soit, le fragment n'est signalé dans aucun des *index thesaurus* consultés dans les bibliothèques universitaires de Montréal. Dans les dictionnaires latins, on trouve une entrée à *obscurius* et *obscurus* (obscur, obscurité), mais *obscurium* (tournure adverbiale de *obscurus*), d'usage plus rare, n'y figure pas toujours. Par ailleurs, on connaît le goût d'Aquin pour les citations de seconde main. Dans ses notes de lecture, par exemple, il cite

Lorenzaccio de Musset par le truchement de Jean Granarolo (voir note 36). Louis-Georges Carrier signale qu'« il faut parfois se méfier de l'érudition d'Hubert dans ses écrits » (*Desafinado*, p. 284) :

> Je me suis mis en frais de vérifier un jour, auprès de spécialistes, la longue citation latine [prétendument de Lucrèce] insérée dans le texte de *Double sens*. Après plusieurs vérifications, j'ai appris qu'il s'agissait de divers apports mis bout à bout. S'il faisait ce genre d'étalage d'érudition, c'était en partie pour faire suer un peu le monde parce qu'il en voulait beaucoup aux gens. Il leur en voulait beaucoup, surtout pour cette espèce d'échec qui l'a toujours poursuivi. (*Desafinado*, p. 284)

Dans *Copies conformes*, Aquin se propose également d'utiliser « Obscurius per obscurium » comme exergue. À la relecture de ce projet, il demandera d'inverser les termes à l'aide du symbole d'inversion en usage chez les correcteurs-réviseurs : « Obscurium per obscurius ».

L'idée d'obscurité, d'obscurcissement et le sens d'obscurément sous-entendus par l'exergue appartiennent à l'esthétique baroque, chère à Aquin, que les titres *Neige noire* et « Obombre » traduisent parfaitement.

74. Selon une lecture conjecturale d'Andrée Yanacopoulo dans sa transcription de *Copies conformes*.

Aquin fait peut-être allusion — à mots couverts, pour lui-même ? — à la production de faux actes de décès qui devaient lui épargner le fisc, affaire rapportée avec plus de détails par Louis-Georges Carrier dans l'ouvrage de Françoise Maccabée-Iqbal, *Desafinado. Otobiographie de Hubert Aquin*, p. 381-382.

75. Les arguments narratifs : « celui qui écrit son constat de décès » et « mystère bureaucratique » (G1) sont aussi des composantes du projet *Copies conformes*.

VARIANTES

Conférences et allocutions

Chaque titre des conférences et des allocutions est suivi de la justification du choix du texte de base ainsi que des règles de transcription et des modifications qui y ont été apportées. Viennent ensuite une description de l'état du texte de base et, le cas échéant, des autres états du texte. Nous donnons à la suite le relevé des variantes, avec le renvoi à la page et à la ligne. Chaque correction est précédée d'un mot d'attache pour faciliter la localisation dans le texte.

//	Lieux variants.
[ ]	Biffure (mot ou passage supprimé). S'il y a substitution, celle-ci apparaît à la suite des éléments biffés.
Np [ ]	Non prononcé.
Rd [ ]	Rature dactylographique.
« ill. »	Passage non déchiffré.
( )	Nos commentaires sont placés entre parenthèses.
__	Les ajouts manuscrits sont indiqués par le soulignement.

Liberté de pensée et sincérité

Nous reproduisons le texte tel qu'il a été publié dans *Croire et savoir* (vol. 1, n° 5, novembre 1950, p. 15-21). Le nom d'Hubert Aquin apparaît au début du texte sous le titre et à la fin du texte, suivi de la date de la communication : « Vendredi, 17 février 1950 ».

L'existence politique

Provenant des archives du Secrétariat général du RIN, un dactylogramme de sept pages, daté « fév. 62 » au tampon encreur, contient de larges extraits de la conférence d'Aquin. Il ne reste aucune trace du document original ayant servi au moment de l'allocution. Toutefois, le texte publié dans le numéro de *Liberté* sur le séparatisme, deux fois plus long que le dactylogramme, contient en grande partie ces extraits (sauf quelques passages portant sur la stratégie interne du RIN ou des commentaires sur la scène politique provinciale) et indique une révision minimale des traces d'allocution. Certaines variantes sont directement liées à la publication dans *Liberté* en ce qu'elles atténuent certaines expressions trop virulentes : l'« hostilité » face aux Canadiens anglais dans le dactylogramme devient « irritation » dans le texte de *Liberté*.

Nous avons retenu comme texte de base l'article de la revue *Liberté* (vol. IV, nº 21, mars 1962, p. 67-76). Nous avons corrigé les fautes orthographiques et syntaxiques (« Saint-Thomas », « tout-à-fait », « avoir sur le bras », « aux noms d'idéologies », « coïncer », « reflètera »). Deux modifications ont été apportées :

— « cent ans [,] car il » ; le texte original donnait : « cent ans. car, il »

— « état d'égalité politique [?] » ; le texte original omettait le point d'interrogation.

Une correction typographique a été apportée : nous avons remplacé l'initiale minuscule par une capitale dans l'expression « coup d'État ».

141.26 Début du tapuscrit : /Je comprends mal que les séparatistes passent leur temps à protester de leurs bons sentiments à l'égard des Canadiens anglais : ils ne seraient pas séparatistes, s'ils n'avaient jamais éprouvé de sentiment péjoratif contre eux ! D'ailleurs, il existe des Canadiens français qui ne se sentent pas « minorisés » par les Canadiens anglais : ce sont les moins séparatistes. Ils ne se sont jamais vus comme une minorité, par conséquent ne cherchent pas à se débarrasser de ce sentiment amoindrissant et douloureux… /

141.27 dire sans /l'hostilité/

142.04 susciter… /Que celui qui est sans péché… enfin !/

142.21 positif d'une /h/istoire

143.15 religion… /et que la dialectique nationaliste ressemble à l'apologétique ! Devant ce qui m'apparaît aujourd'hui comme un transfert religieux et devant cette multiplication des conversions autour de moi — sans compter la mienne : car je suis aussi converti à l'indépendance — devant cette vague idéologique profonde et diffuse, je demeure quand même perplexe et je constate que j'ai du mal à réagir politiquement !/

144.03 matin, tel/s ceux/ qui s'adonne /aux rites Voudou,/

144.05 inchangée. /Vous m'en voudriez, monsieur le président, de parler sur ce ton, si je ne donnais pas d'exemples. En voici : n'avez-vous pas parlé d'en arriver à l'indépendance par voie de négociations des termes de l'indépendance avec le gouvernement central ? Cela est de nature à rassurer les gens sur votre pacifisme et votre parti pris de non-violence. D'autre part, certaines étapes sont pour ainsi dire sublimées dans cette procédure. Bien entendu, il serait relativement facile à un gouvernement québécois séparatiste de négocier l'indépendance... Le vrai problème est de devenir ce gouvernement du Québec, d'obtenir le pouvoir./

145.03 /On semble oublier aussi, dans les milieux séparatistes où je croise que l/'ennemi

145.04 Québec. /Faisons des hypothèses : si le RIN se présente comme parti politique, il n'aura pas à battre le gouvernement Diefenbaker mais le gouvernement Lesage./

146.05 inefficace. /Les occasions se ratent parfois ; et, en tant que peuple, nous en avons raté une bonne moyenne au cours de notre histoire.../

146.09 condamnable ! /En Amérique latine, me dira-t-on, c'est monnaie courante, et après tout... Mais n/ous sommes

146.13 douceur. /Je ne donnerais pas cher d'un coup d'État fait par des doux, dans un éclair de violence : l/a violence/

146.18 Ce que j/e

147.15 chemin. /En ce moment, le paysage politique de l'électeur moyen est confus./

147.18 Canadien français. /Je ne peux me contenter de vouloir indéfiniment un état de grâce qui me sera accordé par la magie des Anglais, qui sait ?, ou par la générosité de Diefenbaker... Tant de vague à l'âme me rend insatisfait ; j'ai bien hâte que nos mouvements séparatistes traversent, une fois pour toutes, leur période romantique, car, sous cet aspect, j'ai de quoi me contenter abondamment dans l'histoire de nos aventures collectives depuis 1760, y compris celle, toute chaude encore, du Bloc populaire./

148.12 veulent-ils /ou non,/

149.06 Confédération./Tant que le Québec continuera dans ce provincialisme politique, il est facile de prévoir que le lien entre Québec et Ottawa, qui est un lien de dépendance, suivra des courbes ou des cycles selon que les politiciens du Québec pratiqueront une politique plus ou moins autonomiste, mais, chose certaine, ce lien subsistera toujours. À vrai dire, au parlement de Québec, il n'a jamais été vraiment remis en question et ne peut l'être que si l'opposition ou le gouvernement décident de faire porter le combat sur ce terrain./

149.13 mystique /ou une vague religion.../ La conversion /individuelle ou collective/

150.17 réel, ni /leur force/

151.07 convertir./Marcel Chaput a déjà bien précisé que nous n'avions plus rien à obtenir d'Ottawa, et je trouve cette attitude saine et claire. En fonction de cela, toutefois, il convient au plus vite de surgir sur le plan provincial où, logiquement, se déroulera le vrai combat. Cette transition, si elle n'est pas faite à temps, risque bien de desservir les séparatistes et comporte un désavantage majeur : elle laisse le temps aux deux partis qui siègent à Québec de faire de la surenchère autonomiste capable, à la longue, de calmer les esprits.../

152.01 empêchera les /vaines/

[Faillite de la littérature québécoise]

Nous reprenons le texte publié dans le numéro de la revue *Recherches sociographiques* (vol. 1-2, janvier-août 1964, p. 191-193). Il a aussi paru tel quel dans le livre de Fernand Dumont et de Jean-Charles Falardeau, intitulé *Littérature et société canadiennes-françaises* (Québec, PUL, 1964). Nous avons donné au texte un titre qui correspond à la synthèse du propos d'Aquin.

Le texte contient une seule irrégularité : « pourquoi la littéraire », est-ce un bourdon dactylographique ou une trace de la version orale ? Seule correction au texte : nous avons accordé selon le mode conditionnel le verbe de la proposition principale « Si [...], je m'en tiendrais [...] ». Le texte original donnait : « tiendrai ».

On trouve, dans les dossiers d'Aquin, une liasse de cinq feuillets agrafés (21,5 cm × 28 cm) avec, sur le premier feuillet, une note manuscrite : « Communication à l'U. Laval, 1964, 3 pages ». Sur le deuxième feuillet, la photocopie de la page de titre du livre *Littérature et société canadiennes-françaises* est agrafée sur une page blanche avec la note suivante, dactylographiée sous le titre : « colloque tenu à l'Université Laval, du 27 au 29 février 1964 ». Le troisième feuillet est la photocopie de la page 191 du livre, agrafée également sur une feuille blanche, avec une note dactylographiée dans le coin supérieur droit « (LA RÉVOLTE) ». Le numéro de page du livre a été rayé à la main et la pagination manuscrite par H. Aquin débute, dans le coin inférieur droit, avec ce feuillet. Les quatrième et cinquième feuillets sont composés des pages 192 et 193, agrafées selon la même méthode d'assemblage, et paginés successivement.

A Writer's View of the Situation in Quebec

Le tapuscrit de ce texte inédit compte onze feuillets (21,5 cm × 35,5 cm) agrafés et paginés de deux à onze dans le coin supérieur droit. Centrée dans le haut du premier feuillet, la mention dactylographiée « CONFÉRENCE (Buffalo, le 23 mars 1968) » est suivie du titre de la conférence. Le texte est dactylographié en une colonne légèrement décentrée vers la droite de la page et comporte des biffures dactylographiques, des ratures et des reprises manuscrites à l'encre bleue qui proviennent d'une révision effectuée soit au moment de la conférence, soit le 17 mai 1968, comme l'indique la datation manuscrite, au crayon feutre bleu (crayon différent de celui de la révision) à la fin du tapuscrit. Ces modifications ont peut-être été faites en fonction d'un projet de publication de divers articles et essais que Hubert Aquin soumet à son éditeur Pierre Tisseyre. Dans une lettre à ce dernier, datée du 31 juillet 1968, il indique qu'il « a fait déjà un choix des textes qu'il me ferait plaisir de vous faire lire [...] ».

Le texte est rédigé dans un anglais plus gallicisé qu'idiomatique. Nous avons uniformisé, selon la convention typographique anglaise, l'emploi irrégulier des accents (« rôle », « Québec ») et nous avons corrigé les fautes orthographiques (« politicaly », « colonised », etc.).

Le tapuscrit est divisé en quatre sections soit par des tirets horizontaux regroupés ou espacés, soit par des tirets obliques. Une nouvelle subdivision est indiquée à la main au moment de la relecture (p. 178, l.01). Les ajouts manuscrits sont disposés soit dans la marge, avec un trait indiquant le lieu d'insertion, soit dans l'espace supralinéaire.

175.02	the situation [of] (in)
175.13	may be [considered or] design[ed]ated
175.16	images or fiction
175.24	the historical Rd[fact] reality
175.29	Then there [is] begins
176.01	this phenomen[a]on
176.09	and does
176.11	a painter or of an objective describer
176.13	it is because Rd[its soci] his society
176.18	and, in a
177.05	and so poorly Rd[classified] analysed
177.17	terrorism and he is free to reject [of] the Rd[separatist]
178.05	considered as Rd[an] a
178.08	duplicate myself so
178.10	… or Rd[alomost] almost no attach [in] to
179.01	operation of Rd[this]
179.07	and political Rd[changes] crises
179.10	Canadians were apparently
179.15	french, Rd[and]
181.03	(which correspond[s]ed
181.22	at present they Rd[completely] are completly
182.05	the new « united parliament »
182.09	Frenchmen, Rd[is to force]

182.25 proclaims tant I Q[uote]
183.16 the major issues in the actual policy of [the] Quebec [Government] and Canada...
184.01 conquered, dominated, [assimilated] colonised
184.19 They modified [other]
184.27 the indigenous Rd[societ] people
186.06 also its present bursting - (Un trait indique qu'il faut interchanger la position des deux mots).

Quelle part doit-on réserver à la littérature québécoise dans l'enseignement de la littérature ?

L'article publié dans la revue *Liberté* (vol. X, n° 3, mai-juin 1968, p. 73-75) sert de texte de base. Nous avons corrigé deux erreurs : une coquille dactylographique dans le mot « apophtegme » et l'oubli du trait d'union dans « notion-clé ». Les mots en italique sont reproduits tels quels.

Un dossier, assemblé par Hubert Aquin, est constitué d'une liasse de trois feuillets dont le premier porte des indications manuscrites superposées : « Article /re : la litt[érature] et/les enseignants/ 1968/2 pages ». Les deux feuillets suivants sont un montage sur papier blanc (21,5 cm × 35,5 cm) des pages 73, 74 et 75 du numéro 57 de la revue *Liberté*. La marge supérieure des pages de la revue, contenant le titre courant et le numéro de page, a été découpée. Une pagination manuscrite débute dans le coin supérieur droit du deuxième feuillet et se poursuit sur le troisième feuillet.

Une seule variante apparaît sur le texte de cette liasse. Il s'agit de la biffure de la parenthèse de la première ligne : « À vrai dire, cette question (à savoir : redire...) a de [...] ». Cette biffure fut probablement effectuée au moment de l'assemblage des feuillets en fonction du projet de publication d'un recueil d'essais proposé à son éditeur Pierre Tisseyre.

Nous donnons en variantes notre transcription de l'enregistrement de la conférence[1]. L'omission, dans le texte édité par *Liberté*, d'un long passage sur l'approche structuraliste en matière de critique littéraire, présentée par Serge Doubrovsky[2] lors de la conférence d'ouverture de la Rencontre, justifie le recours à cet enregistrement. D'autres éléments variants n'ont pas été retenus parce qu'ils sont surtout le fait d'hésitations dans l'énonciation ; par exemple : « ...je veux dire... »

191.03	d'enseignement. Un /vieux proverbe/
191.09	part /qui est/ faite à /cette/ littérature québécoise /en termes/
191.13	utilisées. /Voilà des questions que je veux aborder./
192.08	faire sur /un roman qui s'appelle/ <u>Prochain épisode</u> /que j'ai écrit./
192.14	appelait /son/

1. Disponible pour écoute à La Médiathèque de l'Université de Montréal (cote RAU0421).

2. « La crise de la critique française », *Liberté*, vol. X, n° 3, mai-juin 1968, p. 7-30.

192.18 d'ailleurs /en classe/
192.19 l'année approchait/, etc., etc./
192.24 d'un passage, /d'un autre passage du même roman et bien délimité/
192.24 Et puis, /cela se produit/
193.01 existe /aussi deux autres méthodes critiques, je veux dire d'abord un mot sur, pour ne pas dire une parenthèse, le structuralisme. Hier Monsieur Doubrovsky a parlé d'une théorie de la structure qui serait forcément cachée ou inconsciente, structure de l'œuvre. Ces dites structures en vérité peuvent si je peux dire... il y en a partout. Bien sûr on trouve des structures dans les romans, mais on en trouve aussi dans les livres ennuyeux ; voire même dans les élucubrations d'un ivrogne dans une taverne. Je crois pour ma part qu'il y a beaucoup à tirer de l'analyse structurale des œuvres, mais il importe de savoir que cette structure est inégalement révélatrice en termes d'esthétique. Je pense donc en conséquence que le structuralisme est une méthode qui appelle son complément, soit la connaissance existentielle de l'œuvre, de l'ouvrage plutôt... contexte. Somme toute, le structuralisme ne peut avoir de sens que comme une méthode auxiliaire, tout, d'ailleurs, comme la symbolique. Ce qui compte, c'est d'avoir une méthode globale dont la mesure unique et irremplaçable est l'œuvre. Tout l'enseignement de la littérature doit reposer sur une esthétique de l'œuvre. La seconde méthode dont je veux vous parler, c'est celle-ci :/ c'est celle qui
193.03 québécois /plus particulièrement/
193.11 seulement /au fond ici/
193.12 québécoise Np[en ce moment]
193.21 acte même de Np[la]
193.26 méthodologie /en quelque sorte, pourrait-on dire/
193.28 transaction /si possible/
194.03 symbolique/, sa structure./

194.06 littéraire. /L'ouvrage, en quelque sorte, est comme l'unité de transaction si vous voulez autour de laquelle doit s'organiser l'enseignement de la littérature./

La mort de l'écrivain maudit

Le texte de base est l'article publié dans *Liberté*, vol. XI, n°s 3-4 (63-64), 1969, p. 26-31.

Nous avons apporté quelques modifications à ce texte : les tirets omis dans les locutions adverbiales (« au-dessus », « au-devant ») ont été remis et les fautes grammaticale (« une fois pour toute ») ou orthographique (« Philippe Théophraste Bombast von Hohenhaim ») ont été corrigées. L'article « un » (« [...] exemplaire a un je-ne-sais-quoi [...] »), présent dans le tapuscrit mais absent du texte publié, a été réintroduit. L'absence de capitales initiales (« être québécois ») et la ponctuation, fautive à plusieurs reprises, n'ont pas été modifiées puisqu'elles respectent le tapuscrit d'Aquin.

Il existe un tapuscrit de huit feuillets (feuilles 25,5 cm × 35,5 cm, au verso de papier à en-tête du collège Sainte-Marie), qui correspond certainement à la première rédaction de ce texte. La liasse n'a pas de pagination et elle est agrafée dans un ordre qui n'est pas celui du texte publié dans *Liberté*. Sept feuillets sont des doubles au carbone ; un seul, le troisième feuillet, est une page originale. Une pagination dactylographiée débute au troisième feuillet et se poursuit sur les trois feuillets suivants ; cette pagination est systématiquement biffée sauf au sixième feuillet.

Le texte débute avec un passage ne figurant pas dans le tapuscrit (p. 20, *l.* 1 à 15) ; il continue au début du deuxième feuillet puis se poursuit avec le premier feuillet du tapuscrit. Les feuillets trois et quatre sont éliminés du texte publié. La suite du texte se trouve (p. 203, 24) au septième feuillet (passage pourtant raturé). La section comprise entre les « Si mes souvenirs […] » et « merci Belzébuth » (p. 204-205) n'est pas reprise du tapuscrit quoiqu'elle s'inspire à divers égards des feuillets éliminés (« l'eau bénite », « mort mythique », etc.). Le texte continue (p. 205, 10) avec le feuillet huit dont un passage de onze lignes, partiellement biffé, est toutefois omis, puis avec les feuillets cinq et six.

Il semble donc qu'il y ait eu au moins deux sessions d'écriture ; une première rédaction de quatre feuillets (les feuillets un, deux, sept et huit) à la suite d'une analyse du prospectus de la Rencontre (voir Appendice VI). Puis une deuxième séance au cours de laquelle la série des quatre feuillets (trois, quatre, cinq, six), ceux-là paginés au fil de la composition (p. 2, 3, 4, 5), ont été rédigés. On peut dater approximativement cette session du 25 ou 26 avril, puisqu'il est fait mention, sur le premier feuillet de cette série, d'un événement qui s'est déroulé le 24 avril 1969. Les nombreuses biffures du tapuscrit servent essentiellement à éliminer tous les tirets de début de paragraphe (texte composé de plusieurs fragments) de même que les innombrables points de suspension (parfois prolongés de deux ou trois points supplémentaires). On note quelques corrections typographiques (par exemple, une majuscule après la biffure d'un premier segment d'une phrase). Biffures et ajouts indiquent une révision qui semble postérieure à la publication, puisque certains passages biffés du tapuscrit apparaissent dans le texte publié.

Pourtant, une fois la liasse assemblée et le texte révisé, ce travail de correction ne servira pas à la publication dans *Liberté* ; Hubert Aquin songeait-il à publier cette communication ailleurs ? De fait, il avait proposé à l'automne 1968, à son éditeur Pierre Tisseyre, de publier un recueil d'essais et d'articles ; celui-ci ne sera cependant pas terminé avant octobre 1970. Ce texte ne sera pas intégré à *Point de fuite* (Montréal, CLF, 1971) mais l'on peut toutefois croire que le travail de révision fut effectué à cette occasion.

L'ordre des feuillets selon l'ordre publié : f. 2, f. 1, f. 7, f. 8, f. 5, f. 6 (les feuillets 3 et 4 sont donnés en variantes).

201.16	(Début du tapuscrit)
201.29	autant, qu'il faut [ambitionner de]
202.02	à la littérature.[..] (sans alinéa)
202.06	révèle la Rd[vraie]
202.12	lecteur… [Alors, aussi bien disqualifier radicalement la terminologie d'« écrivain maudit »… Il vaudrait mieux comprendre que l']
202.16	méthodes /de tel ou tel écrivain/.[..]
202.20	anormal ! [et de là à considérer ce qui est maudit comme étant inaccessible, il n'y a qu'un pas…. qui est vite franchi…]
202.24	discussion[, ce matin] indique que ses auteurs — (Reprise manuscrite du même segment dactylographié, dans la marge de gauche, devant la ligne précédente ; problème de disposition avec la copie carbone ?)

202.29	tranchant postule[nt]
202.30	est invaincu ! [..]
202.31	Si je « ill. »
203.01	phrase-titre « ill. » [et]
203.18	proposition. 4) - (Quatrième partie de ce développement disposée de la même façon que les trois premières.)
203.22	malédiction ! [.. mais pas les deux : ce serait, en quelque sorte, trop beau......]
203.25/ 204.11	(Ce long passage est encadré par un trait continu qui se termine au centre par un X recouvrant les deux paragraphes.)
204.19	notre Christ ! [.. et]
204.19	hommage en Rd[lui]
205.10	[Quelque [*sic*] soit le message d'un écrivain québécois, quel que soit le contenu d'un livre ou d'un écrit, il] L'écrivain québécois (Ajout manuscrit dans la marge supérieure du texte suivi d'un trait qui le relie à la fin de la biffure.)
205.18	vraisemblablement être (Soulignement dactylographique)
205.21	malade. [..] /Marie-Claire Blais a réussi, à sa façon, cette entreprise d'enracinement-déracinement (même si elle n'a pas joué des tours pendables au Gouverneur Général...) ; Godbout aussi, même si cet écrivain n'a peut-être pas donné le maximum de ce qu'il peut donner. [...] Et je pourrais ainsi continuer.... Ferron n'y échappe pas, non plus que Roger Fournier qui, à bien des égards, se différencie considérablement de l'axe d'enracinement passionné dont je parle.[...Il n'en va pas ainsi de Claude Jasmin à qui en passant, je veux rendre hommage, car il est tout-à-fait habité, lui, de cette passion excessive qui hisse son œuvre à un niveau très élevé...]/ (sans alinéa)
206.01	vous Rd[me]
206.02	Depuis que l'eau bénite se vend en format de famille et à rabais, il va de soi qu'on en boive à satiété [...] et

qu'on se gave — en famille — de ce produit pourtant rare. [..] Que cette eau soit sacralisée, rien de plus normal. [...] Cela fait partie du jeu, cela est inévitable, peut-être même souhaitable.... Fernand Dumont a bénéficié de l'émancipation sexuelle du Gouverneur Général : il a reçu le prix comme le Christ lui-même a reçu sa première gifle — c'est-à-dire en présentant aussitôt l'autre joue — histoire de ne pas [éviter] passer à côté d'une occasion semblable, ni de se priver d'un 2500 dollars non sécables et non imposables....

Maintenant que nous avons fait avec Fernand Dumont, cadavre exquis pour l'occasion, passons à des choses plus sérieuses....

La littérature n'est rien de plus qu'un savoir-faire. [...] Un savoir-faire qui ne peut se définir que par contraste avec la grise ivresse du non-savoir-faire généralement courant ! [...] Après tout ce schème est facile à comprendre lorsqu'on l'applique à l'adresse d'un Jean Béliveau capable de scorer le but gagnant en période de prolongation devant des millions de téléspectateurs éblouis [...] et admiratifs. [...]

Quand on a compris que la production littéraire n'est qu'une émanation d'un savoir-faire, il me semble qu'on peut du coup comprendre que celui qui détient ce savoir-faire a intérêt à le manifester. [..] Histoire de se valoriser et de sur-classer [leur] ses concurrents ! [Histoire de ne pas donner suite au projet (inquiétant d'ailleurs) qui semble présider à cette rencontre : celui d'enterrer les / — feuillet 4 —

écrivains dans la fosse commune d'un mythe dépassé...]

En effet, il est question dans le titre de ce panel de « La mort de l'écrivain maudit... » [...] Faut-il comprendre que les écrivains bénis seront les seuls à survivre, les seuls dont la capacité de vivre sera reconnue [...] ? [Ou alors dois-je comprendre que les organisateurs de cette 7ème et dernière [de] rencontre des écrivains maudits sont un peu enclins à la nécrophilie… ? ? ? ? Autre hypothèse — non moins sinistre — … : cette 7ème rencontre des écrivains prélude à la mort de la [rencontre] 8ème rencontre des écrivains…

[« La mort de l'écrivain … » (mythique ou maudit, que m'importe) n'est pas sans me communiquer une sensation désagréable que je devrais envisager de me sentir de trop parmi les vivants qui, eux — plus réalistes…, se contentent de lire….] Après tout, si Rimbaud — sombre cave — a déjà déclaré : « La vie est ailleurs » […], cela ne concerne que lui […] et il n'en découle pas nécessairement que la vie est toujours ailleurs… Et [qu']il en va de même de la « vie » de tout écrivain digne de ce nom. […]

[Bien sûr, me dirait-on, la mort dont il est question n'est qu'une mort mythique — tout comme la vie « ailleurs » de Rimbaud n'est qu'un phantasme… Rien de funèbre là-dedans, mais uniquement et seulement du futile…. Ailleurs, je place volontiers la vie futile, la vie moche de préférence, celle des autres — mais assurément pas la [nôtre] mienne]

206.07 sommes [l'] les invincibles incarnations

206.13 déjà dit : Rd [« La lecture n'est après tout qu'un acte postérieur à celui d'écrire »]

206.16/17 (Biffure manuscrite en forme de X sur ces deux lignes.)

206.20 correction… Rd[J'ai] Je

206.22 courtoisie (écrire) ! […]

206.28 (Alinéa après « incessante »)

206.31 de « LA MORT DE L'ÉCRIVAIN MAUDIT « …

206.31/ 207.03 MAUDIT.[…Mais je m'enferre dans les entrelacs de la prose de Borges et je m'y complais même, adoptant ainsi, sans aucune gêne, ses postulats indémontrables et ses « indiscernables identités » (principe qu'il tient d'ailleurs de Leibniz…)…].

207.04 qui manqu« ill. »

207.05	hérisse, Rd[qui]
207.11	Théop/h/raste
207.12	a dit « /L/
207.12	je dis
207.14	condensée e/t polluée… »/
207.16	mon « dopple ganger »….

[Le rôle de l'écrivain dans la société]

Nous n'avons pas retenu comme titre la mention « conférence Drummondville » qui apparaît sur ce feuillet et qui revient en tête du premier feuillet du tapuscrit, nous avons préféré un titre qui correspond au sujet principal de l'allocution d'Aquin.

Quelques corrections ont été apportées ; certaines d'ordre grammatical (« par conséquence », « un des personnage », etc.), d'autres, orthographique (« leitmotifs ») et enfin deux de nature syntaxique : « je défie qui que ce soit à me définir » et « finissent […] à acquérir ». Des formulations boiteuses ont été conservées lorsque le sens était malgré tout évident (« je vous dois de [vous] faire […] »). Le pronom placé entre crochets avait été raturé dans le tapuscrit d'Aquin, nous le reprenons pour assurer la compréhension de la formulation.

Nous n'avons pas standardisé la typographie des titres de roman ; les titres des romans d'Aquin sont dactylographiés avec la capitale initiale seulement, alors que les titres des romans des autres auteurs sont écrits au complet en capitales et sont parfois soulignés. Nos interventions sont signalées par des crochets ([ ]).

Le document original se compose de quatorze feuillets. Sur le premier feuillet, manuscrit, sont indiqués le lieu et l'année de la conférence ainsi que le nombre de pages du tapuscrit ; la mention « inédit » apparaît dans le coin inférieur gauche. Le premier feuillet du tapuscrit présente, dans le coin supérieur droit, la rature d'une datation manuscrite erronée « 1969 » et la reprise de la date juste : « 1970 ». La pagination du tapuscrit est située dans le coin inférieur droit et débute avec ce feuillet ; elle est du même crayon que le feuillet manuscrit et fut certainement effectuée au moment de la révision. Par ailleurs, une pagination dactylographiée, située dans le coin supérieur droit, débute avec le troisième feuillet du tapuscrit et se poursuit jusqu'à la fin ; elle est toutefois systématiquement biffée.

Des corrections au crayon feutre noir (ratures, biffures et ajouts) indiquent qu'une relecture fut effectuée probablement en fonction d'un projet de publication. Aquin prévoyait-il intégrer ce texte à *Point de fuite* ? ou l'a-t-il relu en fonction de *Blocs erratiques* ? Aucun document ne nous permet d'apporter une réponse certaine. Les points de suspension, toujours nombreux dans les rédactions d'Aquin, sont en grande majorité biffés. Les ratures, plus parcimonieuses, concernent des corrections de lourdeurs de style ou des modifications typographiques.

Quelques passages plus biographiques concernant soit d'anciennes activités (Radio-Canada), soit son poste d'enseignant et de directeur de département à l'UQAM, sont rayés de traits croisés.

213.02 Messieurs, [Je suis positivement honoré par votre aimable invitation.]
213.11 Prochain épisode, [je sais que]
213.12 circulai<u>ent</u> [tout]
213.13 Windsor, puis <u>sur</u>
213.20 dois de [vous]
213.21 Je ne connaissai[t]s
214.02 (paru en Rd[décem] novembre
214.05 civique à Rd[de]
214.08 savais rien <u>!</u>[..]
214.14 coïncidences, [que justement] qu'
215.02 des professions [...] <u>;</u>
215.15 reconstituer l'[anbiance] ambiance
215.22 [Mal placé pour produire des romans parce que j'enseigne la littérature, j'ai tenté, jusqu'à maintenant, de surmonter cet obstacle... Mais, je ne saurai peut-être jamais si j'ai réussi ; car, en] En
216.07 physique. [Confidence de professeur à l'UQAM, JJ est un de ces auteurs qu'on ne peut juguler aisément — qu'il n'est plus possible d'apprivoiser avec facilité...]
216.09 croire que [JJ] James Joyce (Ajout dans la marge supérieure de la page avec un trait le reliant aux initiales biffées)
216.13 nord Rd[du Qu] de Montréal
217.14 psychologiques Rd[dont]
217.24 l'inspiration [si]
218.16 touche de Rd[cynisme]
218.19 d'années <u>!</u> [......]
218.28 Capote. [Ce n'est pas plus compliqué que cela, mais son système repose sur un postulat qu'il a d'ailleurs énoncé avec simplicité : en] En
219.13 vente des livres<u>,</u> supposé[s]e
219.30 que lui, mais [,]
220.03 limite — <u>au</u>
220.06 concurrentiel <u>libre</u>.
220.10 avec des mots <u>!</u> [...]

220.12 passeport [… et] Et

220.13 romans [dont il me semblerait contre-indiqué que j'en parle ici, devant vous…] l'indique !

220.17 non-écrivains. [Exemples : j'ai été directeur d'un département de l'UQAM à ses débuts, j'ai même été sollicité par des anciens employeurs — CBC… — pour m'exprimer avec une grande liberté sur l'image du canal 2…|alinéa| Paradoxe d'autant plus grand que, de mon pdv, j'avais ouvertement commis quelques affronts publics à cette société de la Couronne : j'étais devenu séparatiste (je le demeure… en secret…), j'avais tenu des propos incriminants, j'avais agi par provocations diverses écrites ou parlées… De toute façon, il faut bien le dire, la CBC m'a rendu généreusement la monnaie de ma pièce ; il s'est trouvé quelques fonctionnaires pour me rendre la vie (disons…) difficile…]

220.17 non-écrivains. [Mais]

221.13 bien-être. |alinéa| [Dans mon cas, je parais être, en fin de compte, plus professeur qu'écrivain ; mais la vérité fiscale (si tant est qu'elle existe…) m'oblige à me définir plus par mes droits d'auteur que par mon traitement de professeur…|alinéa| Et la fiscalité, nous n'y pouvons rien, finit par révéler la véritable spécificité de notre activité… plus encore que les titres ou les diplômes.]

L'écrivain et les pouvoirs

Le texte de base est l'article publié dans *Liberté*, vol. XIII, n° 2 (74), 1971, p. 89-93.

Nous avons corrigé les coquilles et les fautes orthographiques ou grammaticales (« rabottées », « s'appliquer d'écrire », etc.).

Comme le confirment, sur le dernier feuillet du tapuscrit, les signes manuscrits « CC » (pour copie conforme) effectués avec le même crayon que la signature d'Hubert Aquin, une relecture fut certainement effectuée en vue d'une publication. Une entente préalable avec Jean-Guy Pilon de la revue *Liberté* stipulait qu'Hubert Aquin réserverait son texte pour le numéro sur la Rencontre des Écrivains. Toutefois, les corrections manuscrites, qui indiquent une révision rapide, peut-être même au moment de l'allocution puisqu'elles créent certaines ambiguïtés syntaxiques, n'ont pas été intégrées à la transcription du texte dans la revue. Ces modifications ont pu également être faites en fonction du recueil proposé par Aquin à son éditeur (voir la Présentation).

227.21 m'a tenu en vie « ill. » jusqu'à
227.24 le premier jet [du] d'un (Soulignement présent dans le tapuscrit)
228.07 notre société [comme une] est comme une
228.08 négligeable ! [du moins par les pouvoirs !]
229.08 Cet « ill. » écart[s]
229.09 métaphorique « ill. »
230.07 LIBERTÉ et moi !
230.15 la revue LIBERTÉ, mais
231.21 le $50. [de cachet pour] de ce soir et que
231.22 ce $50 - % éloquent par son aspect privatif ! (Soulignement présent dans le tapuscrit)
231.27 le cas en Rd[1970]
232.01 refuser en 1970 [d']
232.02 donne la nausée ! ! !
232.16 information viciée ! ! !

Prix David 1972

Le tapuscrit d'une page (feuillet 25,5 cm × 35,5 cm) porte dans le bas la date de l'allocution : « 30 janvier 1973 ». Nous avons apporté deux corrections typographiques : « au Directeur de la Bibliothèque », « prix Athanase-David » de même que des corrections orthographiques : « stoiquement ».

« La disparition élocutoire du poète » (Mallarmé)

Nous retenons comme texte de base l'article paru dans la revue *Cul-Q* ; nous avons complété les omissions (indiquées par des crochets [ ]) et nous avons corrigé les coquilles (« élucutoires »).

On trouve, dans les dossiers d'Aquin, le double au papier carbone d'un tapuscrit de huit pages comportant des biffures dactylographiques, des ratures et des ajouts manuscrits provenant de la main de l'auteur. Dans le coin supérieur gauche du premier feuillet figurent la date et le lieu de la conférence : « 27 novembre 1973 », « UQAM ». Seuls les deuxième et troisième feuillets sont paginés à la machine à écrire. Sur deux feuillets (les quatrième et cinquième), des flèches, du même crayon feutre que les ratures, dirigées vers le bas de la page indiquent la suite du texte sur la page suivante. L'interruption à la mi-page du quatrième feuillet et, au dernier quart, du cinquième feuillet, alors que tous les autres feuillets contiennent des pages pleines, de même que les interrogatives, formule particulière au cinquième feuillet, laisse croire à au moins deux sessions d'écriture ; la nouvelle thématique du sixième feuillet suggère l'existence d'une éventuelle troisième séance d'écriture.

244.03	sorte, mais Rd[que ce plaisir]
244.07	celle qui est Rd[ju]
244.20	dont on Rd[écarte] néglige
245.09	un peu, Rd[et]
245.31	ressemble Rd[à]
246.11	les mêmes [plaisirs] émotions
246.27	par une [stratégie] feinte
247.04	par la médiation « ill. »
247.08	quand l'œuvre est Rd[terminée] écrite
247.14	et une Rd[valeur] dimension
247.18	rejaillit sur Rd[le texte] l'œuvre
247.27	durée extérieure Rd[à elles]
248.25	Remarques Rd[liminaires] finales :
249.01	que les livres Rd[soient] ne deviennent
249.02	je me demande si la grande
249.04	anonymes, « ill. »

[Assuming the collective identity]

Le texte de base est un manuscrit de douze feuillets (21,5 cm × 28 cm) paginés, au crayon feutre bleu, dans le coin supérieur droit. Sur le premier feuillet, écrites plus tard, les indications, à l'encre noire, du lieu et de la date de la conférence. Le document n'est pas signé.

Le texte est fortement gallicisé. Plusieurs fautes d'orthographe (par exemple : « anti-true », « desperatly », « traditionnal ») et de syntaxe (« evade from it ») ainsi que l'absence de capitales initiales (« the french canadian writers ») ont été corrigées. Pour témoigner de l'état de langue, certains mots dont l'emploi est incorrect mais le sens compréhensible font l'objet d'une annotation. Seuls les mots « Québec » et « Montréal » sont rédigés en français dans le manuscrit, nous avons choisi de ne pas uniformiser leur graphie. Les soulignements sont repris tels quels du manuscrit.

253.11	to you [some]
253.16	In Québec [litt] literature, the [basic]
253.25	completely [and to produce some works]. [that]
253.28	notorious, [starti]
254.07	important in the [fr literature] french canadian literature
254.10	structure [is has been] has been
254.15	The traditional [time] narrative time structure that [were] was
254.16	by Ringuet [of]
254.17	only of [the] TV writers who [still] who still
254.20	an innovation [in itself]
254.23	is not [secon] unimportant -
254.24	more and more [conditionned] up to date
254.26	introduced [in a] to a
254.31	validity of [the language] the french
255.06	ever, we [are] can
255.15	should be [without] expurgated of [an] all
255.16	would feel [victimised] victimised

Prix de l'éditeur de *La Presse*

Il s'agit d'un tapuscrit d'un seul feuillet (21,5 cm × 28cm) comportant des ratures manuscrites et des biffures dactylographiques. Dans la marge supérieure du premier feuillet est inscrite la date « 24 octobre 1974 » puis, au-dessous, les initiales « HA ». Les ajouts sont placés dans la marge de gauche du feuillet.

Nous avons rendu tels quels le soulignement, les capitales ; nous avons ajouté des espacements entre chacune des neuf sections du texte. Les seules modifications apportées sont l'ajout d'une capitale à « l'État du Québec » et la correction de l'adjectif « québecois » qu'Hubert Aquin écrit sans accent sur le deuxième « e ».

262.04 par une [étrange] aberration de l'histoire,
262.07 étrangère. [Un phénomène analogue se produit] Cela se produit
262.30 je répète [encore une fois]

Cher lecteur

Le texte de base est la transcription de l'enregistrement provenant du Language Resource Center de l'Université Carleton. Nous avons tenté de respecter le rythme de l'allocution d'Hubert Aquin en assignant à la ponctuation une fonction plus mélodique que syntaxique. Nous avons éliminé les nombreuses répétitions et avons substitué des virgules ou des points de suspension à ces instants d'hésitation. Par exemple : « Tout ça, en réalité ça c'est l'aspect [...] » devient « Tout ça, en réalité, c'est l'aspect [...] ». D'autres passages où les reprises étaient trop lourdes ont été omis ; par exemple : « [...] ce serait Dante la Vita Nuova, je veux dire le cas de la Vita Nuova [...] » devient : « [...] ce serait le cas de la Vita Nuova [...] ». Nous avons laissé certaines des locutions interjectives les plus fréquemment employées par Hubert Aquin (exemple : « si vous voulez »). Nous avons fait quelques ajouts, soit pour faciliter la lecture, soit pour respecter une structure grammaticale.

Une seule correction a été apportée ; Hubert Aquin employait « palingénèse » pour palingénésie.

Projets de roman

La description des fonds et des manuscrits d'Aquin ainsi que le relevé des variantes de chacun des textes sont précédés, s'il y a lieu, des modifications effectuées lors de la transcription. La transcription respecte tant qu'il se peut la mise en pages d'Aquin. Pour certains feuillets où la disposition des mots est anarchique, la barre oblique indique le rejet du segment sous un autre. Les fautes d'orthographe grammaticale et d'usage n'ont pas été corrigées ; elles sont signalées par un [*sic*] entre crochets. Les signes de ponctuation et les majuscules demeurent également intouchés. Quant aux crochets, ils signalent une lecture conjecturale ou complètent une abréviation (sauf abréviations latines et courantes de mois, millésimes, pages, etc.). Le point abréviatif, s'il s'impose ou s'il est fautif, n'a pas été ajouté ou corrigé. La cote apparaissant après le titre du projet de roman correspond au *Répertoire numérique détaillé du fonds Hubert-Aquin*, préparé par Martine Jeanson, du Service des archives de l'UQAM.

1er mai 1961

(44P-205A/001)

a) Ce projet est composé de dix-huit feuillets manuscrits au crayon à encre bleue, paginés dans le coin supérieur droit. Ils sont rassemblés en deux liasses brochées ; la première contient dix feuillets et la deuxième qui commence avec la datation du « 7 mai 61 » en comprend huit.

b) Relevé :

1.4 ou q[uel] q[ue] ch[ose] du genre.
2.5 en fév[rier] 1838

[Journal d'un crime]

(44P-205A/004)

a) Ce projet est écrit au crayon à encre bleue, sur un seul feuillet portant à l'endos l'en-tête : « Hôtel d'Angleterre/ 1000 Lausanne 6 — Ouchy / (Suisse) ».

b) Relevé :

295.04 crime ‹*ill.*› (Pièces
295.06 auteur, AS mais on ne connaît
295.12 victime. AM La victime
295.17 systématique AM mensonge, établissement

La réussite

(44P-205A/006)

a) Ce dossier est composé de deux liasses brochées, manuscrites, rédigées au crayon feutre noir. Seule la mention de la date (« Octobre 1967 ») et son soulignement sont au crayon feutre rouge. La première liasse, comprenant cinq feuillets, est entourée d'une bande cartonnée, pliée en deux, portant le titre et la date à l'encre bleue : « La réussite 13 juillet 1968 ». Le même procédé est répété avec la deuxième liasse : « La réussite projet détaillé du 1er août 68 ». Dans cette liasse, neuf feuillets sont écrits à l'encre bleue et huit au feutre noir.

b) Relevé :

297.14	présente, [et] pernicieuse
297.16	avouée [ou] du
300.09	chap. [La nuit] Le pouvoir
301.08	de [voler] voler
301.16	patiemment [que] cet
302.11	aventures ‹ *ill.* › à lui
302.20	injurie, ‹ *ill.* ›, blesse
302.25	correction ‹ *ill.* › apprise
303.09	argent ‹ *ill.* › (odieuse)

Le roman. 18 juin 1968

(44P-205A/007)

a) Ce projet est composé de vingt feuillets manuscrits, paginés de 1 à 25 ; les huit derniers feuillets sont écrits recto-verso (à partir de la page 18, verso de la page 17). Une bande cartonnée avec la mention « Projet de roman daté du 18 juin » entoure cette liasse non brochée.

b) Relevé :

305.11	œuvre ‹*ill.*› de jeunesse
305.19	formuler [notre] réserves
306.21	les [portraits] drapés mortuaires
306.27	autant que ‹*ill.*› sa forme
306.27	mystifiante [chevauchante] à cheval
307.15	espace [de] traditionnel
307.16	elles [ont] ‹*ill.*› un rôle
307.23	par son [P] personnage
307.26	Prochain épisode [ou] et de
308.04	universitaires [qui] canadiens
308.05	ont ‹*ill.*› éprouvé
308.07	qui [me] m'a
308.09	est [continu] co-extensive
308.09	à [la] l'humiliation
308.13	doute, [n'est-il-pas] est-il
308.15	délirante [de] d'inventer
308.15	déjà [navrante , inexistente] navrante
308.22	de vivre [fondamentalement?] tout banalement?
308.23	[je ne pense pas] Passage biffé ‹*ill.*› [Je] ‹*ill.*› je refuse
308.23	théorie [de lui] qui fait
308.28	un [ou deux] gin
309.05	non! [et] la fin

[Roman. 11 novembre 1974]

(44P-205A/19)

a) Ce projet est constitué de quatre feuillets au crayon feutre rouge et d'un feuillet au crayon feutre orange (« 13 nov. la lettre [...] »).

b) Relevé :

311.03	adressée à [celle que] une
311.10	quand [laisse] celui
312.02	révèle [tout] une

Joue Frédéric, joue

(44P-205A/20)

a) Ce dossier est constitué de deux liasses brochées et de deux feuillets individuels. La première liasse contient deux feuillets, datés du « 25 fév[rier] 1975 » et rédigés au crayon feutre bleu. Suit, dans le dossier, un feuillet daté du « 28 févr. 1975 », avec le même crayon feutre. La deuxième liasse comprend six feuillets brochés, datés avec le même crayon du « 7 mars 1975 ». Le dernier feuillet, daté du « 30 mai 1975 », est écrit au crayon feutre noir.

b) Relevé :

313.09	‹*ill.*› le guide
314.11	play it... [Janis Joplin]
314.18	fini... [Adieu] ‹*ill.*› tu lui
314.19	temps. [et] Quand
314.19	m'étire [de] ‹*ill.*› senestre ‹*ill.*› [quand je] ou me
314.22	reflets [ombrés] chatoyants
315.01	Éternels [Pas de fleurs] regrets.

Saga segretta

(44P-205A/009)

a) Règles de transcription. L'anglicisme « voûte », les néologismes « inimportance », « ré-investi », etc. restent tels quels.

b) « Saga segretta » se compose de quarante-trois feuillets partagés en sept liasses. Aux quarante et un feuillets, dont l'un est d'Andrée Yanacopoulo, répartis en six liasses rassemblées et déposées par Aquin dans une chemise portant le titre « Livre secret (Plan 71 ha) » (dactylographié sur une étiquette autocollante), s'ajoutent deux autres feuillets relatifs à « Saga segretta », recensés lors du collationnement des pièces d'Aquin dans un dossier étranger au projet. Ces derniers ont été intégrés sous forme de photocopies aux fac-similés de « Saga segretta » à l'ÉDAQ seulement. Les originaux figurent toujours au plan de « Copies conformes », projet de roman inédit contenu dans les cartons intitulés « ROMAN 73 Plan I ». Par ailleurs, les six derniers feuillets de « Saga segretta » ne représentent que des doubles au papier carbone de six des sept feuillets dactylographiés de la liasse A. Notre édition critique n'en tient donc pas compte.

c) Relevé :

[*Liasse A*]

317.02 Souligné deux fois ; le feuillet est manuscrit. Crayon feutre noir sur papier à dactylographier 27,9 cm × 21,5 cm.

[*1*]

317.05 Les feuillets 1 à 7 de la liasse A sont dactylographiés. *SAGA SEGRETTA* figure à l'encre rouge.

[*3*]

318.24 « Afin » et « ne » portés à la main, au crayon feutre noir. Remplacent l'expression raturée « de telle sorte ».

319.22 Un trait oblique au crayon feutre noir sépare la conjonction du nom.

[*5*]

321.14 Un trait en marge de la résolution 20, au crayon feutre noir, reporte l'échéance à : « novembre 72 ! »

321.24 Ce titre est dactylographié à l'encre rouge.

321.26 Ce titre est dactylographié à l'encre rouge.

322.04 Ce titre est dactylographié à l'encre rouge.

[*8*]

324.21 Ici commence la partie manuscrite du document. Crayon feutre noir. La date du 25 mai précède celle du 24.

[*9*]

325.10 Souligné deux fois.

325.13 Souligné deux fois.

325.16 Souligné deux fois.
325.20 Souligné plusieurs fois.

[*10*]
325.20 Sous le 17, le 16 est raturé.
325.22 « Préciser » souligné deux fois.

[*12*]
326.18 Papier ligné, recto et verso, 27,5 cm × 21,3 cm.

[*13*]
327.03 Une croix au crayon feutre bleu élimine cette source.

[*14*]
327.07 « 222 » Une croix au crayon feutre bleu élimine cette source.
327.09 « 185 » Souligné deux fois.
327.10 Ces deux derniers chiffres sont soulignés plusieurs fois.
327.12 Une croix au crayon feutre bleu élimine cette source.

[*15*]
327.15 Une croix au crayon feutre bleu élimine cette source.
327.16 Une croix au crayon feutre bleu élimine cette source.
327.16 « 20 » devant « 251 » est biffé.
327.18 « 271 » Souligné trois fois.

[*18*]
328.12 Cette ligne est écrite au crayon feutre bleu.

[*19*]
328.17 Les traits en marge « d'in extenso » sont au crayon feutre bleu.

[*20*]
329.02 Les traits en marge « des niveaux historiques très divergents » et le « TB » sont au crayon feutre bleu.

[*Liasse B*]

329.08 Écrit au crayon feutre bleu. Le double trait vertical en marge du point « 78 » est au crayon feutre noir.

[*2*]

330.01 Ce qui suit « etc. » est écrit au crayon feutre rouge ; ce qui le précède, au crayon feutre bleu.

330.03 À la suite de « 52 / » « + aérien » a été biffé.

[*4*]

330.11 Deux feuillets agrafés l'un par-dessus l'autre occupent la moitié inférieure de la page. Celui du dessous est vierge. Celui du dessus, déchiré dans le haut, de gauche à droite, est réparé avec du ruban adhésif. Le numéro « 85 », la date et les ratures qui couvrent le chiffre « 84 » sont au crayon feutre noir.

[*5*]

330.16 « 86) » Au crayon feutre rouge. Ce qui suit est au crayon feutre noir.

[*Liasse C*]

332.02 Au crayon feutre noir sur papier à sténographie.

[*2*]

332.15 Au crayon feutre noir, sur papier non ligné 16,5 cm × 9 cm.

332.18 Les trois derniers prix avec le nombre d'exemplaires correspondants sont encadrés.

[*3*]

333.04 Écrit au crayon feutre rouge au verso d'une fiche lignée 15,2 cm × 10,2 cm.

[*4*]

333.07 Au verso d'une feuille à en-tête de l'Université du Québec à Montréal. Les dimensions de la feuille pliée sont de 21,5 cm × 13,8 cm.

[*Liasse D*]

333.13 Écrit au crayon feutre noir sur papier non ligné 27,9 cm × 21,5 cm.

333.18 « Si bien » est souligné deux fois.

[*1*]

334.01 Écrit au crayon feutre bleu.

[*Liasse E*]

334.04 Écrit au crayon feutre rouge sur papier bleu clair non ligné, 28,8 cm × 21,5 cm. La date est soulignée deux fois.

334.07 Le titre est souligné deux fois.

[*Liasse F*]

335.11 À l'encre rouge. Ce feuillet est dactylographié au verso d'une feuille non lignée à en-tête de l'Université du Québec à Montréal, 27,6 cm × 21,6 cm.

335.11 « SOLUS AD SOLEM » à l'encre rouge ; souligné au crayon feutre noir.

335.13 Porté à la main au crayon feutre bleu.

[*Liasse G*]

335.15 Manuscrit ; au crayon feutre rouge, sauf pour ce qui figure entre parenthèses (au crayon feutre noir) ; papier ligné recto et verso, 27,9 cm × 21,4 cm.

[*1*]

336.10 La locution « en même temps que » devant « au moment où » a été barrée.

Obombre

(44P-205A/21)

a) Ce dossier est constitué de 121 feuillets regroupés, pour la plupart, en neuf liasses. La première liasse (A) est dactylographiée et comprend neuf feuillets ; aucune rature manuscrite n'apparaît. La deuxième liasse est constituée de quatre feuillets (fiches 13 cm × 20,5 cm) manuscrits et paginés recto-verso de 1 à 8. La liasse C comprend quatre feuillets, paginés « RII » à « RV » au crayon feutre noir et à l'encre bleue. Cinq feuillets manuscrits, paginés de 96 à 100 et datés du « 18 avril 1976 », composent la liasse D. La cinquième liasse, la plus volumineuse, est brochée et contient soixante-sept feuillets manuscrits, paginés de 2 à 66. L'utilisation de différents crayons (feutres rouge, noir et bleu) indiquent plusieurs sessions d'écriture et de relecture. Datée du « 13 mars 76 » et portant l'indication « Plan », la liasse F comprend deux feuillets brochés, rédigés au feutre rouge. La septième liasse (G) est constituée de quatre feuillets manuscrits brochés ; elle est datée « Dimanche 31 octobre 1976 ». La liasse H est intitulée « Mots générateurs/ notes pour roman/ 1976 » ; elle contient douze feuillets rédigés au crayon feutre noir comme la liasse précédente. La dernière liasse (I), non paginée, est composée de dix-neuf feuillets brochés ; le premier porte la mention « Mots générateurs » et il est daté du « 1er novembre 76 ». Les sept suivants sont manuscrits et les dix derniers sont dactylographiés. Une page arrachée d'un bottin d'adresses d'hôtels de Chicago constitue le dernier feuillet.

b) Relevé :

[*Liasse B*]

346.03 dans cette [projection] production humaine

[*Liasse C*]

348.01 [Titre - Consécration ! / non!]

[*Liasse D*] (les ratures dans cette liasse sont faites au feutre rouge)

348.16 Pâques [liquide] m'a

348.17 jour (V.J.) [le futur du terme étant complémentaire du ‹*ill.*›] Je n'ai

348.18 devant moi. [J'inscris Grotthilf oui, aide-moi Dieu Christ de] Ton nom

348.19 instants ou [au cours de mon] cette nuit

348.20 l'intrigue [que je perds de] du roman de Nordenskiöld [ne me parviendront] [ne seront jamais ‹*ill.*› précis dans leur] n'auront

348.21 de leur [bigarrures pariétales et de] zébrures

348.24 Si [ma vie] je quitte

348.25 tout ce qui [s'était] [avait] a laissé [sa glyphe] des inscriptions [dans mon système] en moi partira [dans le déluge. Tout coulera sauvagement] avec le

349.02 la dépravation [de vivre] de l'existence, l'incroyable [angoisse] beauté

349.05 roman [inédit] qui [me fuit traîtreusement pour ton] [qui transforme et dont] m'évacue

[*Liasse E*]

349.20 [narration] / [montre]

350.02 qu'il vient de [terminer] lire

353.23 AM(de Gothembourg) AM Un de ces jours [jusqu'à] Goteborg

356.03 AM Au notation écrites / signes informatiques / surimpressions

356.07 AM microfilm / des hiéroglyphes / des Roscharch

356.14 AM Génial

356.24 [ce livre merveilleux, j'en ai commencé] la lecture AM commencer par insérendes

356.26 plus tard [enco] plongé dedans, [incapable] inapte à me [démarquer de] désobséder

356.29 [le lecteur, au début, se croit devant un roman au 1er degré]

360.13 AM Génial

[*Liasse H*]

366.06 [phase (fleuve)]

366.18 [transtigride]

366.21 [germination = nucléation]

366.24 [interphase]

[*Liasse I*]

369.06 discours sur la [politique] peinture

369.21 [monographie sur Gothembourg, ville d'origine de Max Globenski]

369.28 AM exposé sur le romantisme, sa théorie de la littérature

372.07 [ombres modelantes]

372.25 (une page de bottin d'adresses d'hôtels de Chicago est insérée entre deux feuillets)

377.27 [lustration]

378.12 [planaire]

APPENDICES

Appendice I

Lettre adressée par Hubert Aquin au Devoir *pour signifier son entrée dans la clandestinité. Elle fut publiée dans* Québec libre, *juillet 1964, p. 3.*

*

« Je reviendrai... »

Alors que nos frères du FLQ ont commencé de jeûner et que la révolution opère implacablement en chacun de nous, et plutôt que d'appeler sans cesse une révolution qui doit être vécue, je déclare la guerre totale à tous les ennemis de L'INDÉPENDANCE du Québec.

Je refuse de pactiser plus longtemps avec l'ordre social qui nous étrangle. Et puisque l'on prend des moyens secrets, nous lutterons secrètement. Il me reste assez de courage pour vouloir la révolution jusqu'au bout.

Je CHOISIS de combattre clandestinement et par tous les moyens possibles les contre-révolutionnaires, quelles que soient les nuances de leur pensée, leurs liens de vassalité avec les pouvoirs d'Ottawa, qu'ils soient policiers ou députés, ou simplement des adversaires de bonne volonté.

La relation harmonieuse que j'ai maintenue jusqu'à ce jour avec une société qui triche est rompue définitivement.

Si je quitte le RIN, c'est parce qu'il le faut. Le Parti est moins que la révolution ; le Parti est un instrument de la révolution, mais cet instrument, s'il est seul, demeure fragile.

Beaucoup d'entre nous ont payé cher le crime d'aimer leur pays, depuis les premiers coups de feu tirés en 1837 jusqu'au jeûne des présumés membres de l'ALQ. Je veux bien payer de ma vie moi aussi, mais au moins que cela ne soit pas inutile ! Que ma vie serve à tout prix !

Je réfute d'avance ceux qui contesteront mon choix, au nom du droit de chaque homme d'aimer son pays jusqu'au bout et au nom du droit de chaque homme à agir avec certitude, quitte à ce qu'on le fusille.

À ceux qui restent dans le Parti, je DIS :

« Ne désespérez pas, car c'est vous que j'appellerai bientôt. Ce sont vous mes frères et mes soeurs dans la révolution, mes compagnons de combat. Je vous exhorte à vous préparer dans l'ardeur et la discipline. La révolution viendra parce que nous la ferons comme on fait la guerre. »

Pendant quelque temps, je serai éloigné ; puis après cette période, je viendrai parmi vous et je m'adresserai à vous. Préparons-nous. La Révolution s'accomplira. Vive le QUÉBEC.

Hubert Aquin,
Commandant
de l'Organisation Spéciale

Appendice II

1. Nous transcrivons exactement le tapuscrit tiré des dossiers d'Hubert Aquin. Seuls les titres de livre ont été complétés et ces modifications sont indiquées par des crochets ([ ]*).*

MONTAIGNE

« Il y a plus à faire à interpréter les interprétations qu'à interpréter les choses ; et plus de livres sur les livres que sur tout autre sujet ; nous ne faisons que nous entregloser. »

Essais, livre III, chap. XIII

FOUCAULT

« Le propre du savoir n'est ni de voir ni de démontrer mais d'interpréter… La tâche du commentaire, par définition, ne peut jamais être achevée. L'interprétation est infinie… »

[Les] Mots [et les Choses], 56

FOUCAULT

« L'aventure de Don Quichotte sera un déchiffrement du monde… Don Quichotte lit le monde pour démontrer les livres. »

[Les] Mots [et les Choses], 61

JANKÉLÉVITCH

« La nostalgie, comme l'amour, implique l'interversion passionnelle de la causalité idéologique… *La cause est la répétition de l'effet*… J'aime parce que j'aime… »

[L'] Irréversible [et la Nostalgie], 288-289

DANTE *Divine Comédie*

« Ô toi qui lis tu entendras un jeu nouveau… »

(O tu che leggi udirai nuovo ludo…)

DANTE

le texte est « un haut vaisseau chantant ».

SOLLERS

« C'est parce qu'il a été au *Paradis* que Dante a pu écrire l'*Enfer* ; c'est parce qu'il a pu écrire l'*Enfer*, qu'il s'est révélé à lui-même le *Paradis*. »

Log[iques], 76

SOLLERS : HERMÉTISME

« Le lecteur, au lieu d'éprouver sa propre obscurité par rapport à lui-même, accuse le texte d'hermétisme… »

[p.] 109

SOLLERS

« Nous ne nous rendons pas compte que lire c'est lire ce que nous sommes… »

[p.] 110

MALLARMÉ

« Tous les livres contiennent la fusion de quelques redites… »

*

2. *Extraits de* L'Irréversible et la Nostalgie *(Paris, Flammarion, 1974) de Vladimir Jankélévitch. Nous ne donnons que les passages qui se rapprochent directement de certains énoncés de l'allocution d'Hubert Aquin.*

> La forme élémentaire de la nostalgie, à la fois la plus simple et la plus optimiste, est celle où le retour est capable de compenser exhaustivement l'aller. […] *L'Odyssée* est le récit de ce retour qui devrait être la cure infaillible de la nostalgie. […] Car Ulysse est le héros du retour ! Le héros du retour ne cesse de revenir… (p. 285)

Finalement la nostalgie, comme l'amour, implique l'interversion passionnelle de la causalité idéologique, interversion entrevue par Pascal, approfondie par la logique des sentiments et par Stendhal, redécouverte par Bergson. [...] Mais d'autre part le mouvement circulaire se concentre dans le rapport de la passion prévenante à elle-même : car l'amour commence par l'amour et finit par l'amour. Si bien qu'on peut dire à volonté : j'aime parce que j'aime [...]. (p. 288)

Cette étiologie où la cause est la répétition de l'effet ressemble fort à une tautologie : la cause est contradictoirement l'effet de son propre effet, et l'effet la cause de sa propre cause ; le parce-que renvoie ainsi au pourquoi et répond à la question par la question. (p. 288-289)

Le chapitre de la déception, qui commence à l'instant où Ulysse retrouve son île et son épouse, nous rend plus claire l'ambivalence de la nostalgie. Le retour renvoie au départ, et de nouveau le départ au retour. [...] Mais si le départ est un rebondissement du retour, parfois préformé dans ce retour, et si le retour est souvent le présage d'un nouveau départ, si le retour est en quelque sorte un départ précoce, l'inverse n'est pas moins vrai : le retour est le but secret du départ, annoncé à mots couverts par ce départ lui-même ; le départ est une lointaine prophétie du retour ; le départ est un retour avant la lettre, un retour anticipé, surpris dès son premier commencement. (p. 296)

Appendice III

Article d'Hubert Aquin paru dans L'Indépendance, *vol. II, n° 2, février 1964, p. 6.*

Le témoignage émouvant
d'un jeune écrivain militant
« C'est pour ÉCRASER les TRAÎTRES
que je REFUSE la DÉMISSION »

Je suis membre du RIN, et j'ai décidé de le rester indéfiniment, sans démissionner, sans douter, sans jamais renoncer à faire l'indépendance de mon pays. Le RIN n'est pas le ciel, ni la sainte Église ; mais ce n'est pas non plus un centre de loisirs. Le RIN est un parti et, à ce titre, ne prétend pas à l'angélisme, ni à la sagesse mystique. Il est critiquable, contestable peut-être ; il est surtout composé d'hommes qui veulent la révolution. Ces hommes sont mes compatriotes, mes frères ; et je suis heureux de la solidarité profonde qui nous unit. Je ne démissionnerai pas.

Pendant des générations, il était de bon aloi pour nos hommes politiques de démissionner. Engagés à demi dans un pays partagé, ils étaient, dès le début de leur carrière politique, des démissionnaires virtuels. Aussitôt élus, ils se considéraient éligibles à un autre poste : le sénat, la magistrature ou la diplomatie. De G. E. Cartier à Ernest Lapointe, de Lafontaine à Lionel Chevrier, nos leaders ont aspiré à toute autre chose qu'à exercer le pouvoir. On me dira que précisément le pouvoir, c'était l'affaire du groupe anglais.

La trahison des élus

J'en conviens ; je suis même disposé à imputer à une inégalité historique la trahison de ceux qu'on avait élus pour transformer cette situation intolérable. Leur trahison m'inspire plus de pitié que d'indignation.

Mais aujourd'hui, il n'en est plus ainsi : il est grand temps de ne plus invoquer de circonstances atténuantes pour excuser le double jeu de Lesage et de Lamontagne, ou la myopie historique des Pelletier, Laurendeau et Trudeau.

La pureté du cœur n'excuse pas la politique confusionnelle décrétée par nos oracles. Que Chevrier se fasse nommer haut-commissaire du Canada au Piccadilly Circus, si cela l'amuse et lui tient lieu de fin de carrière ! Mais cela ne nous empêchera pas de savoir qu'il ne nous représente pas plus à Londres qu'il nous représentait à Ottawa.

Il n'est plus dans la course, ni même à la mode et, à Londres, il ne saurait représenter rien d'autre que le néant fédéral dont il est une des expressions les plus suaves. Tant pis pour lui : il ne comprendra même pas !

Rien moins que des traîtres

Quant aux vivants, ceux qui pratiquent encore, sous le couvert d'un fédéralisme légèrement visqueux, la politique de l'abolition de notre pays réel au profit du pays dominateur, ce ne sont rien moins que des traîtres. Ce serait tomber dans un contre-piège que de les considérer d'abord comme des irresponsables. À quoi bon le gouvernement responsable dans lequel chaque individu aurait le droit de faire le Ponce Pilate !

Il devient pressant de désigner publiquement nos ennemis et de cesser de croire que ce sont des bons « canayens », au fond, et que peut-être, tout en nous trahissant dans les deux langues, ils travaillent sincèrement à notre bien. Ceux qui ne sont pas avec moi sont contre moi, a dit le Christ.

Cette loi s'applique ici implacablement. Ceux qui ne sont pas avec nous sont contre nous ; ceux qui ne sont pas avec nous pour l'indépendance, sont décidément des ennemis de l'indépendance.

Notre tâche maintenant n'est pas seulement de désigner nos ennemis, de nommer Lesage ou Lamontagne ou Favreau ou Sauvé ou Pépin ou les autres ; notre tâche consiste surtout à vaincre nos ennemis, à les combattre inlassablement, à les réduire à zéro. C'est pourquoi je demeure au RIN et n'en démissionnerai pas. Je veux lutter jusqu'à la victoire. Je veux l'indépendance.

Appendice IV

1. Extraits de Lord Durham's Report on the Affairs of British North America, *vol. 3, Sir C. P. Lucas Ed., Oxford, The Clarendon Press, 1912, p. 320-321.*

> This hatred of races is not publicly avowed on either side ; on the contrary, both sides profess to be moved by any other feelings than such as belong to difference of origin ; but the fact is, I think, proved by an accumulation of circumstantial evidence more conclusive than any direct testimony would be, and far more than sufficient to rebut all mere assertions to the contrary. If the difference between the two classes were one of party or principles only, we should find on each side a mixture of persons of both races, whereas the truth is that, with exceptions which tend to prove the rule, all the British are on one side, and all the Canadians are on the other. What may be the immediate subject of dispute seems to be of no consequence ; so surely as there is a dispute on any subject, the great bulk of the Canadian and the great bulk of the British appear ranged against each other. In the next place, the

mutual dislike of the two classes extends beyond politics into social life, where, with some trifling exceptions again, all intercourse is confined to persons of the same origin. Grown-up persons of a different origin seldom or never meet in private society ; and even the children, when they quarrel, divide themselves into French and English like their parents. In the schools and the streets of Montreal, the real capital of the province, this is commonly the case. The station in life, moreover, of an individual of either race seems to have no influence on his real disposition towards the other race ; high and low, rich and poor, on both sides—the merchant and the porter, the seigneur and the habitant—though they use different language to express themselves, yet exhibit the very same feeling of national jealousy and hatred. Such a sentiment is naturally evinced rather by trifles than by acts of intrinsic importance. There has been no solemn or formal declaration of national hostility, but not a day nor scarcely an hour passes without some petty insult, some provoking language, or even some serious mutual affront, occurring between persons of British and French descent.

*

2. Extraits de « Reports, Correspondence and Other Papers Relating to The Red River Settlement, The Hudson's Bay Company and Other Affairs in Canada » dans British Parliamentary Papers, *session 1849, Colonies, Canada, vol. 18 (Shannon, Ireland, Irish University Press, 1969, p. 85-88).*

It terminates however in the words—« We are glad of it—the sooner the cloven foot is made visible the better : the obvious intention of that majority, composed of Frenchmen, aided by traitorous British Canadians, is to force French institutions still further upon the British minority in Lower Canada. The intention is obvious, as we said, and we are glad that it is openly shown. We trust that the party of the Government will succeed in every one of their obnoxious measures. When French tyranny becomes insupportable we shall find our Cromwell. Sheffield, in the olden times, used to be famous for its keen and well-tempered whettles ; well, they make bayonets there now, just as sharp and just as well-tempered. When we can stand tyranny no longer, it will be seen whether good bayonets in Saxon hands will not be more than a match for a mace and a majority. »

To persons accustomed to the working of constitutional government in well-ordered communities, it may seem incredible that such language should be employed by the organs of any respectable party in reference to a body comprising the freely-chosen representatives of a constituency, formed on a most popular basis ; but the cause of the anomaly is apparent enough to all who are acquainted with the history of Canada.

*

3. Extraits de On the Theory of Social Change. How Economics Growth Begins. *(Homewood, Illinois, The Dorsey Press Inc., 1962, p. 411, 412 et 415). Les passages placés entre les traits obliques (/ /) sont omis par Aquin.*

Colonial rule, wherever it was imposed, created extreme psychological pressures on the subject people /not only as a result of measures which the colonial masters adopted as a matter of deliberate policy but also inescapably by virtue of what the colonial administrators were and what their presence in the colonial area represented.

To begin with, they /came unwanted and conquered the society by force. In doing so they provided an unqualified demonstration that the structure of native society was of no importance to them / relative to the satisfaction of their own desires/—that in their view the indigenous structure of political and social power was not worth preserving. / In their administration they disrupted further the overt structure of administration relationships./ They / regrouped local governmental areas for the sake of administrative convenience, provided for choice of legislative or administrative officials in new ways for convenience or in the name of advance toward democracy, and /modified other traditional political mechanisms to control their functioning. They had to do some or all of these things to prevent the traditional channels of leadership from being mechanisms for the organization of resistance to their rule. / (p. 412-415) /

For generations adults in the society had perceived the contempt of the colonial masters for the values of the society. The deep belief of the indigenous people in those values had conflicted with their respect for or fear of the power of the colonial rulers. The conflict had caused intense anxiety, as well as rage which it was necessary to repress. Children observing this anxiety and humiliation in adults had learned to repress their values, as a defense against pain, but the process had generated rage, none the less intense because it was unconscious. From generation to generation the effect had deepened ;/retreatism became more complete./

Appendice V

Lettre de refus d'Hubert Aquin extraite de l'article « Hubert Aquin refuse le Prix ». Anonyme, Le Devoir, *22 avril 1969, p. 10.*

*

Excellence,

Je me dois de vous informer que je refuse le Prix que vous m'avez décerné pour mon roman Trou de mémoire.

Vous comprendrez certainement que mon refus délibéré est conforme à un engagement politique que j'ai publiquement assumé et que, ce faisant, je continue d'exprimer. J'en fais une question de principe.

Signé : Hubert Aquin.

Appendice VI

Notice adressée aux conférenciers de la première séance plénière de la VIIe Rencontre des écrivains (1969). « Les écrivains, la littérature et les mass média », Liberté, *vol. XI, n°s 3-4 (63-64), 1969, p. 5-6.*

*

LA MORT DE L'ÉCRIVAIN MAUDIT

La notion d'écrivain maudit (Baudelaire, Verlaine, Nelligan) est une notion romantique qui reste encore vivace dans la mythologie littéraire ; à preuve J. Genet, A. Sarrazin, etc. et surtout l'enseignement de la littérature.

Mais il est évident qu'aujourd'hui la mise en marché de l'œuvre littéraire enlève à l'écrivain et à son œuvre leur dimension critique et que l'écrivain maudit n'est plus qu'un objet de consommation privilégié.

L'écrivain par son œuvre de parole appartient au monde du sacré. Comme le prêtre, l'écrivain est (était) un mage : au commencement était le verbe. Mais le verbe s'est fait chair et il se vend en livre de poche. Et si l'auteur est matière à scandale il est récupérable plus vite encore.

Aujourd'hui l'écrivain et son œuvre sont récupérés quant au fond par la massification et le commerce, quant à la forme par les linguistes et les critiques universitaires qui sont à la littérature ce que le téléphone blanc est à Hollywood : le symbole d'une vie heureuse et sans histoire.

Il faudrait donc tenter de faire.

1) La description du mythe de l'écrivain tel qu'il survit.
2) La description des pouvoirs « magiques » de l'œuvre littéraire.
3) L'analyse de la mort du mythe et de ce qui l'a tué.
4) Des hypothèses sur ce qui a remplacé le mythe de l'écrivain dans notre société contemporaine.

Appendice VII

LE TEXTE OU LE SILENCE MARGINAL ?

« Toute spécialisation atrophie » (T.W.)

Michèle,

Il me presse de te faire part de ce texte que tu m'as demandé pour *Mainmise.* « Faire part » n'est pas une expression choisie au hasard puisque mon texte est mort en chemin et je n'en finis plus d'en ramasser les débris chaque fois que je me penche. Tu ne peux pas savoir.

Au tout début, je rêvais de produire une glose énorme et affriolante sur l'ennui, mais, mine de rien, l'ennui conjure les raccourcis et contraint à une sorte d'étirement longitudinal dont la progression me semble en contradiction formelle avec l'idéologie de *Mainmise.* Et quel labeur après tout ! Pourquoi mettre une telle énergie digitale à n'exprimer que soi ? Pourquoi ne pas se relâcher et devenir les autres tout simplement ? Ce serait tellement plus simple, plus facile et, sait-on jamais ?, plus exaltant. On ne dénoncera jamais assez le prix exorbitant de l'individuation.

Tu viens de comprendre ou plutôt de deviner, Michèle, que je voulais situer mon texte dans la problématique de l'individu et du collectif. En effet, je rêvais de toucher du bout de mes doigts pensants cette jointure entre le moi et le néant, et de dessiner la frontière aqueuse qui sépare le moi de l'autre, l'individu de sa propre et grisante dissolution dans le groupe.

Mais soudain me frappe l'analogie entre cette opposition de l'ego et de l'infini et celle, typographique, du texte au silence marginal qui le presse, le cerne et bientôt le dévorera. Le texte ne remplit pas la page, pas plus que l'être humain n'occupe la plénitude de son champ existentiel. Pense à toute l'étendue stressante qui étrangle chaque caractère imprimé, chaque mot, chaque sanglot de Musset, chaque phrase interminable et divinement embrouillée de Proust. En fin de compte et somme toute, c'est le néant qui différencie l'être et non pas l'être le néant. La vie n'émerge vraiment que de son contraire absolu. Le néant distingue, tout comme la marge invente le texte.

L'existence est une interpolation.

« Je ne suis pas ce que je suis » (O.S.)

> Cette dernière phrase, il faut bien l'admettre, confine au meurtre, à moins qu'elle n'en masque un — celui de l'un par le collectif.

C'est pour te retrouver que je pars et pour te réinventer que je fais semblant de te perdre. Rideau.

* * *

Deuxième acte. Oui, il y a une suite. Et je comptais, Michèle, attaquer la deuxième partie de mon texte en démontrant que le collectif agrandit le moi et transforme la perception du réel. Cela paraît simpliste, ainsi formulé, et pourtant il faut reformuler l'équation un nombre incommensurable de fois pour éprouver ce vertige de l'intellection. Imagine un pauvre type investi soudain par le multiple : d'un seul coup ses sensations privilégiées se dissolvent, ses pensées originales s'émoussent, ses goûts subtils s'évaporent. Plus rien. Une fumée déguisée en roseau pensant. Viande avariée pour végétariens. Christ de christ de christ.

Pis encore, Michèle, imagine que l'être personnel ne transcende jamais le hasard, et que cette entité aléatoire qui domine et corrompt tout est nombre. Ça recommence encore à ressembler à cette omniprésente et omnivoyeuse marge qui finalement est la seule structure décelable de tout texte imprimé. À force d'être imprégné par la marge qui le guette, le texte écrit ne fait plus figure d'insertion, mais d'exsertion. On peut toujours décentrer un peu plus ou un peu moins vers la gauche ou vers la droite, mais si le texte est excentration, il ne tient donc qu'à sa propre marge.

Le texte s'écrit continuellement dans le texte ou le long des marges d'un autre texte. Le moi est un intertexte, la conscience du moi un commentaire désordonné — marginalia parfois indiscernable mais pourtant toujours formante, instauratrice. Le fini est bordé délicatement par son propre infini ; c'est comme si une ombre lumineuse enveloppait la lumière assombrissante de l'intelligence.

> Il faut parfois se taire, mais je continue de laisser libre cours à cette parole superflue. Le superflu est le signe indélébile de la pauvreté et je me sens démesurément pauvre.

Ce que je voulais te dire, en fin de compte, Michèle, c'est que l'histoire individuelle est indissociable de l'aventure cosmique et que le sens mystique se glisse précisément à la charnière du moi et du collectif... Les mutations de la perception qu'on peut attribuer à l'imprégnation du moi par le collectif ne sont rien à comparer à la révolution opérée par la résurgence du mystique dans l'existence individuelle. Saint Paul a dit : « Heureux le monde qui finira dans l'extase. »

> Entre cette notion paulinienne de l'extase et l'hypertrophie de l'idée contemporaine de l'orgasme extatique, il y a une différence non pas de nature mais d'intensité. Extase, selon saint Paul, est synonyme de douceur ; rien de moins orgastique que cette joie inondante, rien de moins trippatif que ce voyage ralenti vers le *nucleus* du moi.

Dieu seul est devant et autour. Et, comme le dit Schiller, « le milieu est plus consistant que les centres ». On n'en sort pas et c'est pourquoi j'y reste. J'y reste en attendant la fin d'une fuite sans fin.

ANNEXES

Annexe I

Textes non édités parus dans *L'Autorité* (1953-1954)

1. « Jacques Perry. “Je n'aime écrire un roman qu'à la première personne...” » (25 juillet 1953, p. 6)
2. « À la Galerie Antoine. Les grands maîtres de l'impressionnisme. » (19 septembre 1953, p. 7)
3. « Si l'on en croit Jean Cayrol... le romancier ne peut traiter qu'un seul sujet : le péché. » (19 septembre 1953, p. 6)
4. « Gérard Filion », 26 septembre 1953, p. 1.
5. « “Il faut servir la langue que l'on parle” nous déclare Louis Guilloux évoquant le problème des “satellites” littéraires. » (26 septembre 1953, p. 6)
6. « Malgré Sartre et Camus... la littérature française n'a pas rebondi depuis l'avènement du surréalisme. » (3 octobre 1953, p. 6)
7. « “Les Français (aussi) achètent des livres qu'ils ne lisent pas”, nous déclare François-Régis Bastide, qui place le “roman social à la Druon” au premier rang du goût populaire. » (10 octobre 1953, p. 6)

8. « En évoquant Jacques Rivière, Paul Beaulieu a retrouvé l'esprit de *La Nouvelle Relève*. » (17 octobre 1953, p. 6, 8)
9. « Jacques Cervione, un "engagé" dénoncé. "L'escroquerie littéraire" de Montherlant. » (24 octobre 1953, p. 6)
10. « Le roman se bâtit sur une idée générale, du moins pour Pierre Boulle qui déclare recommencer au moins trois fois chaque chapitre de ses ouvrages. » (31 octobre 1953, p. 6)
11. « "Les romans sont plus écrits qu'avant la guerre", déclare Robert Margerit. » (14 novembre 1953, p. 6)
12. « Dominique Rolin : "La famille est la cellule d'où surgit la substance romanesque." » (5 décembre 1953, p. 6)
13. « Luc Estang victime de l'inquisition » (19 décembre 1953, p. 5)
14. « La nostalgie d'un art complet. Paul-André Lesort » (26 décembre 1953, p. 6)
15. « "J'ai tout dit sur Stendhal", déclare Henri Martineau qui s'intéresse maintenant à l'œuvre de P. J. Toulet. » (2 janvier 1954, p. 6)
16. « Monsieur Goncourt 1953 a lu François Hertel. Pierre Gascar se confie à un Canadien. » (30 janvier 1954, p. 6)
17. « La chasse royale, Pierre Moinot, prix Ste-Beuve 53, nous parle de sa technique et rêve de chasser le chevreuil au Canada. » (6 février 1954, p. 6)
18. « "Je ne cherche pas un style : il se trouve que j'écris comme cela", confie Bourniquel à notre correspondant. » (20 février 1954, p. 6)

19. « Pour situer son œuvre, empreinte de poésie, de mystère et de sacrilège, une étrange et jeune romancière avoue : “Seuls les contraires me satisfont.” Simone Jacquemard » (20 mars 1954, p. 6)

Annexe II

Conférences et allocutions (sans textes)

1963 Compte rendu du discours d'Aquin à l'assemblée spéciale du RIN, le 1er mars ; cf. « Quand le RIN parle », *L'Indépendance*, avril, p. 12.

Extraits parus dans *Le Devoir*, 4 mars 1963, p. 5 (anonyme).

1964 Assemblée du RIN à la Fraternité des policiers de Montréal, 5 avril ; cf. *La Presse*, 6 avril 1964, p. 21 (L. Beauregard).

Colloque « Bilan, effets et orientation du nationalisme », 23 avril ; extraits parus dans *La Presse*, 24 avril 1964, p. 45 (Mireille Lagacé).

Assemblée du RIN le 10 mai ; nomination au poste de premier vice-président pour la région de Montréal ; cf. *L'Indépendance*, juin 1964, p. 5 (anonyme) ; *La Presse*, 11 mai 1964, p. 24 (anonyme).

1967 Université de Moncton, avril, (sujet ?) ; cf. *L'Évangéline*, 18 avril 1967, p. 4, (René E. Guénette).

Septième anniversaire de fondation du RIN, 10 septembre ; cf. annonce dans le *Journal de Montréal*, 8 septembre 1967, p. 14. Extraits dans « Le RIN est là pour rester », *L'Indépendance*, vol. 5, nº 20, 16 au 30 septembre, p. 2-3 (Jacques Elliott et Pierre Charette).

« Le statut de l'écrivain », selon le thème des conférences soumis à *Liberté*, collège de Victoriaville, le 6 décembre 1967.

1968 Collège Sainte-Marie, 26 mars ; *Itinéraires d'Hubert Aquin* 1968, 03, 26, p. 193 (source : Andrée Yanacopoulo).

« Dostoïevski et la recherche formelle », Cercle de philosophie de Trois-Rivières, 2 avril ; selon feuillet de publicité.

1971 Cégep du Vieux-Montréal, 5 mai ; *cf.* corr. V.-L. Beaulieu, 30 mai 1971.

1972 « Littérature sans manuscrit », UQAM, 6 avril.

« Écrivain mais québécois... », SUNYAB, 14 novembre ; rencontre organisée par H. Aquin : « Vivre le Québec libre » — 9 au 15 novembre.

1973 Cégep de Hull, 7 février ; cf. *Le Droit*, 8 février, p. 20 (Murray Maltais).

1974 Université de Toronto, congrès des Sociétés savantes, mai/juin ; peut-être le 29 mars ; corr. 10 mai.

Cérémonie de remise du prix du Cercle du Livre de France, 20 novembre ; Hubert Aquin est président du jury. *Cf. Le Devoir*, 21 novembre, p. 19 (Jacques Thériault).

Collège Glendon (Toronto), 15 novembre ; cf. corr. 20 juin, 10 sept. 1974.

Collège Glendon, 26 novembre ; cf. corr. 10 septembre 1974.

Annexe III

Débats (non édités)

1964 Émissions de télévision de Radio-Canada « Ô Canada, La coexistence des groupes ethniques dans la Confédération » dans le cadre de la série « Affaires publiques », diffusées les 1er, 8 mars et 31 mai 1964 ; Aquin y figure en tant que représentant du RIN. Disponibles aux archives de Radio-Canada, cote 640301-3, 640308-1 et 640531-3.

1966 Débat Hubert Aquin/Gilles Marcotte, Université de Montréal, 24 mars. *Cf.* enregistrement sonore à la Médiathèque de l'Université de Montréal, cote RAU0583.

1966 Émission de télévision de Radio-Canada « Paris et la littérature canadienne », diffusée le 15 décembre 1966 ; débat organisé par l'Institut France-Canada qui eut lieu le 12 décembre

1966. Enregistrement sonore disponible à la Médiathèque de l'Université de Montréal, cote RAU0109.

1970 Cégep de Jonquière, « La semaine de la littérature québécoise », 17 mars ; avec Paul-Ghislain Villeneuve lors d'une soirée consacrée au roman québécois ; *cf.* *L'Illettré*, 4, été 1970 ; corr. ÉDAQ, 15 janvier 1987 ; corr. Victor-Lévy Beaulieu.

1971 Cégep de Saint-Hyacinthe, 7 avril 1971 ; *cf.* corr. 26, 30 mars.

Université de Carleton, 16 avril 1971 ; *cf.* corr. 17, 23 mars, 8, 16, 19 avril.

1972 Collège Glendon (Toronto), Assoc. « La Chasse-Galerie », 11 janvier 1972 ; présentation de Pierre Fortier du Collège Glendon et remerciements par Ben Shek du Collège University ; *cf.* corr. 25 nov. 1971.

« Vive le Québec libre » — Colloque organisé par H. Aquin du 9 au 15 novembre 1972 à la SUNYAB (Buffalo) ; débat du 13 nov. intitulé « The Quebec Question » avec Pierre Aubéry, Arthur Bowler, Godson Madubuike, François Paré (débat en anglais). Selon feuillet publicitaire.

1973 Cégep François-Xavier Garneau, « La Quinzaine des Écrivains québécois » du 3 au 13 avril ; débat ayant pour sujet l'anarchie, le 4 avril ; *cf.* corr. 21 mars.

Centre des médias du Cégep François-Xavier Garneau, cote CA-3/C 848.54/A657/Y.

1974 Université de Carleton, 4 avril ; *cf.* corr. 19 mars.

Collège Sainte-Marie, 10 avril ; suite au numéro de la revue *Maintenant* portant sur « la langue au Québec » dans lequel Aquin a publié « Le Joual-Refuge » ; débat avec Michèle Lalonde, Gaston Miron et Hélène Pelletier-Baillargeon.

Collège Saint-Laurent, oct.-nov. ?

1975 Université du Québec à Trois-Rivières, nov. 1975 ; *cf.* corr. Édaq, 17 sept. 1980.

1976 Bibliothèque de la ville de Saint-Léonard, 26 mai ; une copie de la cassette vidéo de la responsable de la bibliothèque est disponible au centre de documentation de l'ÉDAQ.

Université du Québec à Chicoutimi, 13-14 nov. 75 ; selon talon de chèque (montant de 300 $), dossier Conférence.

Université du Québec à Rimouski, 1er décembre 75 ; selon talon de chèque (montant de 300 $), dossier Conférence. Enregistrement sonore disponible au centre de documentation de l'ÉDAQ.

Le Quartier Latin

AVERTISSEMENT DU RECTEUR

LES MAUDITS FRANÇAIS

ET LES ÉTRANGERS DE MÊME TITRE

par

JEAN-GUY BLAIN

Triomphe de Séraphin . . .

Depuis l'automne de 1949, le Recteur a reçu maintes protestations contre certains articles parus dans le Quartier Latin, notamment contre celui qui était intitulé FAUT-IL ÊTRE ANTICLÉRICAL, contre le commentaire collectif du journal sur la conférence de presse présidée par Mgr le Chancelier, contre la présentation de CARREFOUR 50, surtout contre la lettre de M. Pierre Gélinas, parue dans le numéro du 21 février 1950.

Le Recteur tient à dégager la responsabilité de l'Université: celle-ci n'est pour rien dans les articles incriminés. Personne n'avait consulté l'autorité avant leur publication.

Cependant, le Quartier Latin, qu'il le veuille ou non, engage l'Université, parce qu'il est le journal des étudiants. À bon droit, le public ne fait pas de distinction entre le journal et l'institution dont il émane.

Afin d'éviter dans l'avenir tout conflit de ce genre, le Recteur stipule ce qui suit:

1° Dorénavant, tout article destiné au Quartier Latin, devra lui être soumis avant d'être livré à l'imprimeur;

2° la non-observance de cette mesure entraînera les sanctions qui s'imposent, contre les responsables.

Le Recteur,

Olivier MAURAULT, P.D., C.M.G.

Le Quartier latin, fac-similé de la une du numéro 37.

Inventaire chronologique des textes édités dans *Mélanges littéraires II*

Sigles

(A) : Articles et essais
(CR) : compte rendu

1961

Qui mange du curé en meurt
Liberté, vol. III, nos 3-4 (15-16),
mai-août, p. 618-622 (A)

Le bonheur d'expression
Liberté, vol. III, no 6 (18), décembre,
p. 741-743 (A)

1962

Les Jésuites crient au secours
Liberté, vol. IV, no 22, avril, p. 274-275 (A)

La fatigue culturelle du Canada français
Liberté, vol. IV, no 23, mai, p. 299-325 (A)

1963

Lettre morte (à Gaston Miron)
Liberté, vol. XXV, no 6 (150),
décembre 1983, p. 4-6 (A)

Essai crucimorphe
Liberté, vol. V, no 4 (28),
juillet-août, p. 323-325 (A)

1964

Critique d'un livre écrit par un ami
Liberté, vol. VI, n° 1 (29-30),
janvier-février, p. 73-74 (CR)

Le corps mystique
Parti pris, vol. I, n° 5, février, p. 30-36 (A)

Le basic bilingue
Liberté, vol. VI, n° 2 (31-32),
mars-avril, p. 114-118 (A)

1965

L'art de la défaite. *Considérations stylistiques*
Liberté, vol. VII, nos 1-2 (37-38),
janvier-avril, p. 33-41 (A)

Calcul différentiel de la contre-révolution
Liberté, vol. VII, n° 3 (39),
mai-juin, p. 272-275 (A)

1966

L'originalité
Le Quartier latin, 3 février, p. 3 (A)

Éloge de la mini-jupe
Liberté, vol. VIII, nos 2-3 (44-45),
mars-juin, p. 1184 (A)

Autocritique
Arts et Loisirs, nº 44,
27 juillet - 2 août, p. 8-9 (A)

1967

Un âge ingrat
Liberté, vol. IX, nº 6 (54),
novembre-décembre, p. 66-68 (A)

1968

Introduction à
Histoire de l'insurrection du Canada
de Louis-Joseph Papineau
(Montréal, Éditions Leméac,
coll. « Quebecana »), p. 9-38 (A)

[*Marcel Proust, critique littéraire*,
par René de Chantal]
Liberté, vol. X, nº 1 (55),
janvier-février, p. 72-73 (CR)

L'affaire des deux langues
Liberté, vol. X, nº 2 (56), mars-avril, p. 5-7 (A)

[*Les Alligators* de Robert Beaudoux]
Liberté, vol. X, nº 2 (56), mars-avril, p. 71 (CR)

[*La Geste* d'Ivan Steenhout]
Liberté, vol. X, nº 2 (56), mars-avril, p. 71 (CR)

[*Louis Hémon. Lettres à sa famille*,
éditeur : Nicole Deschamps]
Liberté, vol. X, nº 2 (56), mars-avril, p. 71 (CR)

[*Nègres blancs d'Amérique* de Pierre Vallières]
Liberté, vol. X, nº 2 (56), mars-avril, p. 71 (CR)

[*Les Soleils des indépendances*
d'Almadou Kourouma]
Liberté, vol. X, nº 2 (56), mars-avril, p. 71 (CR)

Michel Brunet
Liberté, vol. X, nºs 5-6, (59-60),
septembre-décembre, p. 84 (CR)

Littérature et aliénation
Mosaic, vol. III, nº 1, automne, p. 45-52 (A)

1969

Dictionnaire politique et culturel
Liberté, vol. X, nº 7 (61),
janvier-février, p. 23, 43-44, 46, 53 (A)

[*Le Pouvoir déclaratoire du Parlement*
d'Andrée Lajoie]
Liberté, vol. XI, nº 5 (65),
août-septembre-octobre, p. 174 (CR)

Propos sur l'écrivain
Blocs erratiques
(Montréal, Quinze, coll. « Prose entière »), 1977 (A)

1970

Considérations sur la forme
romanesque d'*Ulysse*, de James Joyce
Les Cahiers de l'Université du Québec,
n° 24, PUQ, p. 53-66 (A)

1972

Éléments pour une phénoménologie du sport
Problèmes d'analyses symboliques,
sous la direction de Pierre Pagé
et de Renée Legris (Montréal, PUQ,
coll. « Recherches symboliques », III, p. 115-146) (A)

Constat de quarantine
Point de mire, vol. III, n° 14, mai, p. 34-36 (A)

1973

De Vico à James Joyce, assassin d'Ulysse
Le Devoir, 10 novembre, p. XXXII (A)

1974

Le joual-refuge
Maintenant, n° 134, mars, p. 18-21 (A)

Dans le ventre de la ville
Le Devoir, 24 août, p. 10 (A)

1977

Le Québec : une culture française originale
Forces, n° 38, 1er trimestre, p. 36-39 (A)

Table des matières

Mélanges littéraires I

I.2 — L'Autorité

I.3 — Vrai

II. CONFÉRENCES ET ALLOCUTIONS

III. PROJETS DE ROMAN

Édition critique

NOTES

VARIANTES

APPENDICES

ANNEXES

Publications
de Claude LAMY

« Pythagore et la formule du livre (à propos de *Point de fuite* d'Hubert Aquin) » *Littérature québécoise. La recherche en émergence*, sous la direction de François DUMONT et de Francis FORTIER, Nuit Blanche Éditeur, « Les Cahiers du CRELIQ », 1991.

En collaboration avec Luc GAUVREAU et sous la direction de Laurent MAILHOT, *La Littérature québécoise depuis 1960*, publication des Services audio-visuels de l'Université de Montréal, 1993, 378 p.

ÉDITION CRITIQUE DE L'ŒUVRE D'HUBERT AQUIN

I. *Itinéraires d'Hubert Aquin*,
par Guylaine MASSOUTRE

II. *Journal 1948-1971*,
par Bernard BEUGNOT

III. *ŒUVRES NARRATIVES*

1. – *Récits et nouvelles*
par François POISSON

2. – *L'Invention de la mort*,
par André BEAUDET

3. – *Prochain épisode*,
par Jacques ALLARD

4. – *Trou de mémoire*,
par Janet M. PATERSON et Marilyn RANDALL

5. – *L'Antiphonaire*,
par Gilles THÉRIEN

6-7. – *Neige noire*,
par Pierre-Yves MOCQUAIS

IV. *ŒUVRES DIVERSES*

1. – *Point de fuite*,
par Guylaine MASSOUTRE

2-3. – *Mélanges littéraires*,
par Claude LAMY et Jacinthe MARTEL

4. – *Œdipe*, par Renald BÉRUBÉ

Parus dans la
Bibliothèque québécoise

Jean-Pierre April
CHOCS BAROQUES

Hubert Aquin
JOURNAL 1948-1971

L'ANTIPHONAIRE

TROU DE MÉMOIRE

Bernard Assiniwi
FAITES VOTRE VIN VOUS-MÊME

Philippe Aubert de Gaspé
LES ANCIENS CANADIENS

Noël Audet
QUAND LA VOILE FASEILLE

Honoré Beaugrand
LA CHASSE-GALERIE

Marie-Claire Blais
L'EXILÉ suivi de
LES VOYAGEURS SACRÉS

Jacques Brossard
LE MÉTAMORFAUX

Nicole Brossard
À TOUT REGARD

Arthur Buies
ANTHOLOGIE

André Carpentier
L'AIGLE VOLERA À TRAVERS LE SOLEIL
RUE SAINT-DENIS

Denys Chabot
L'ELDORADO DANS LES GLACES

Robert Charbonneau
LA FRANCE ET NOUS

Robert Choquette
LE SORCIER D'ANTICOSTI

Laure Conan
ANGÉLINE DE MONTBRUN

Jacques Cotnam
POÈTES DU QUÉBEC

Maurice Cusson
DÉLINQUANTS POURQUOI?

Léo-Paul Desrosiers
LES ENGAGÉS DU GRAND PORTAGE

Pierre DesRuisseaux
DICTIONNAIRE DES EXPRESSIONS QUÉBÉCOISES

Georges Dor
POÈMES ET CHANSONS D'AMOUR ET D'AUTRE CHOSE

Fernand Dumont
LE LIEU DE L'HOMME

Jacques Ferron
LA CHARRETTE
CONTES

Madeleine Ferron
CŒUR DE SUCRE
LE CHEMIN DES DAMES

Guy Frégault
LA CIVILISATION DE LA NOUVELLE-FRANCE
1713-1744

Hector de Saint-Denys Garneau
REGARDS ET JEUX DANS L'ESPACE

Jacques Garneau
LA MORNIFLE

Antoine Gérin-Lajoie
JEAN RIVARD, LE DÉFRICHEUR
suivi de JEAN RIVARD, ÉCONOMISTE

Rodolphe Girard
MARIE CALUMET

André Giroux
AU-DELÀ DES VISAGES

Jean-Cléo Godin
et Laurent Mailhot
THÉÂTRE QUÉBÉCOIS (2 tomes)

François Gravel
LA NOTE DE PASSAGE

Alain Grandbois
AVANT LE CHAOS

Lionel Groulx
NOTRE GRANDE AVENTURE

Germaine Guèvremont
LE SURVENANT

MARIE-DIDACE

Pauline Harvey
LA VILLE AUX GUEUX

Anne Hébert
LE TORRENT

LE TEMPS SAUVAGE suivi de
LA MERCIÈRE ASSASSINÉE et de
LES INVITÉS AU PROCÈS

Louis Hémon
MARIA CHAPDELAINE

Suzanne Jacob
LA SURVIE

Claude Jasmin
LA SABLIÈRE - MARIO

UNE DUCHESSE À OGUNQUIT

Patrice Lacombe
LA TERRE PATERNELLE

Félix Leclerc
ADAGIO

ALLEGRO

ANDANTE

LE CALEPIN D'UN FLÂNEUR

CENT CHANSONS

DIALOGUES D'HOMMES ET DE BÊTES

LE FOU DE L'ÎLE

LE HAMAC DANS LES VOILES

MOI, MES SOULIERS

PIEDS NUS DANS L'AUBE

LE P'TIT BONHEUR

SONNEZ LES MATINES

Michel Lord
ANTHOLOGIE DE LA SCIENCE-FICTION QUÉBÉCOISE CONTEMPORAINE

Hugh McLennan
DEUX SOLITUDES

Marshall McLuhan
POUR COMPRENDRE LES MÉDIAS

Antonine Maillet
PÉLAGIE-LA-CHARRETTE

LA SAGOUINE

LES CORDES-DE-BOIS

André Major
L'HIVER AU CŒUR

Gilles Marcotte
UNE LITTÉRATURE QUI SE FAIT

Guylaine Massoutre
ITINÉRAIRES D'HUBERT AQUIN

Émile Nelligan
POÉSIES COMPLÈTES
Nouvelle édition refondue et révisée

Francine Noël
MARYSE

Jacques Poulin
LES GRANDES MARÉES

FAITES DE BEAUX RÊVES

LE CŒUR DE LA BALEINE BLEUE

Marie Provost
DES PLANTES QUI GUÉRISSENT

Jean Royer
INTRODUCTION À LA POÉSIE QUÉBÉCOISE

Gabriel Sagard
LE GRAND VOYAGE DU PAYS DES HURONS

Fernande Saint-Martin
LES FONDEMENTS TOPOLOGIQUES DE LA PEINTURE

STRUCTURES DE L'ESPACE PICTURAL

Félix-Antoine Savard
MENAUD, MAÎTRE DRAVEUR

Jacques T.
DE L'ALCOOLISME À LA PAIX ET À LA SÉRÉNITÉ

Jules-Paul Tardivel
POUR LA PATRIE

Yves Thériault
L'APPELANTE

ASHINI

CONTES POUR UN HOMME SEUL

KESTEN

MOI, PIERRE HUNEAU

Michel Tremblay
LE CŒUR DÉCOUVERT

DES NOUVELLES D'ÉDOUARD

LA DUCHESSE ET LE ROTURIER

LA GROSSE FEMME D'À CÔTÉ EST ENCEINTE

LE PREMIER QUARTIER DE LA LUNE

THÉRÈSE ET PIERRETTE À L'ÉCOLE DES SAINTS-ANGES

Pierre Turgeon
FAIRE SA MORT COMME FAIRE L'AMOUR

LA PREMIÈRE PERSONNE

UN, DEUX, TROIS

Pierre Vadeboncoeur
LA LIGNE DU RISQUE

Achevé d'imprimer en janvier 1995 chez
VEILLEUX
IMPRESSION À DEMANDE INC.
à Boucherville, Québec
00468